김용섭저작집 10

해방세대 학자의
역사의식 · 역사연구

김용섭저작집 10

해방세대 학자의 역사의식 · 역사연구

제1판 1쇄 인쇄 2022. 10. 1.
제1판 1쇄 발행 2022. 10. 16.

지은이   김용섭
펴낸이   김경희
펴낸곳   (주)지식산업사
　　　　본사 • 10881, 경기도 파주시 광인사길 53
　　　　전화 (031)955-4226~7 팩스 (031)955-4228
　　　　서울사무소 • 03044, 서울특별시 종로구 자하문로6길 18-7
　　　　전화 (02)734-1978 팩스 (02)720-7900
　　　　한글문패   지식산업사
　　　　영문문패   www.jisik.co.kr
　　　　전자우편   jsp@jisik.co.kr
　　　　등록번호   1-363
　　　　등록날짜   1969. 5. 8.

책값은 뒤표지에 있습니다.

이 책을 읽고 저자에게 문의하고자 하는 이는
지식산업사 전자우편으로 연락 바랍니다.

김용섭저작집 10

해방세대 학자의
역사의식 · 역사연구

김 용 섭

지식산업사

책 머리말

필자는 평생 두 계통으로 글을 써 왔다. 하나는 필자의 전공 영역에 관한 것으로 농업사, 토지제도사를 중심으로 한 것이었다. 처음에는 책 원고가 모이는 대로 낱 권 단위로 이를 일조각에서 간행하였고, 그러다가 후에 지식산업사에서 다시 〈조선후기농업사연구〉(Ⅰ)을 중심으로 계통을 세워, 여러 권의 저작집으로 간행하였다.

다른 하나는 필자가 대한민국 학술원의 학술활동에 참여하여, 그 주어지는 주제를 중심으로, 작은 단행본의 글을 쓴 것이었다. 지식산업사에서는 이를 《東아시아 역사속의 한국문명의 전환》으로 간행하였다. 한국사의 흐름을 큰 틀로서 거시적으로 정리한 공을 많이 들인 저술이었다. 그리고 이 두 계통의 연구를 하나의 체계로 종합하고 간추려서 《농업으로 보는 한국통사》를 간행하였다.

필자의 한국사연구에 관한 저술 저작집은 이것이 전부였다. 필자는 이밖에도 역사연구에 관한 時論적인 글, 고대농업사(고조선사) 연구를 지향하며 쓴 단문의 글이 몇 편인가 있지만, 이는 글의 성격상 이들 저작집의 일부로 편집되지 못하였다.

그러나 동료들 가운데는 필자의 이 같은 저작집 편찬에 동의하지 않기도 한다. 저작집은 한 학자의 학문 활동 인생을 마감하는 작업임으로, 그 저작집에는 그 학자의 사상이 담긴 글이 모두 포함되어야 한다는 것이었다. 이러한 견해에는 필자도 동감이나, 필자는 글의 내용에 따라서는 저작집을 분류할 필요가 있다고 생각한다. 그래서 먼저 《한국고대농업사 연구》(김용섭저작집 ⑨)를 간행하고, 이어서 나머지 글들을 모아 '보유편'의 형태로 정리하였다. 이에 이 책의 제목도 그 취지를 살려서 "해방세대 학자의 역사의식, 역사연구"라고 하였다.

필자는 저작집을 한권 더 내고, 평생의 학문활동을 일단락하여 정리한다는 점에서 매우 뿌듯하지만, '전신쇠약증'의 환자로서 지적 활동이 어려운 형편임으로, 이 일을 혼자서 수행하는 것은 사실상 불가능하였다. 일을 성취하기 위해서는 평소에 가까이 지내는 동학들의 도움을 받지 않으면 안 되었다. 편집 계획에서 교열에 이르기까지, 이경식, 김도형 교수의 주관 아래, 백승철 교수, 신효승 박사의 도움을 받았고, 세세한 일들은 연세대 사학과에서 공부하는 정다영 석사와 김호걸, 이정윤 박사생이 수고하였다. 저작집 보유편 작업에 노고를 아끼지 않는 이들에게 감사하는 바이다.

2018년 6월 21일
김 용 섭

편자 머리말

이 책은 송암 김용섭선생의 저작집 10권으로 기존의 저작집에 수록하지 못한 여러 편을 보유편 수준으로 만들었다. 선생님은 저작집을 마무리하는 작업을 생전 마지막까지 붙들고 계셨다. 노쇠하신 가운데서도 직접 책의 제목, 편목을 정리하고, 짧은 머리말까지 작성해 두셨다. 그러나 간행하는 일이 점차 지연되었다. 몇 차례의 교정 작업을 하는 사이에 그만 선생님께서 유명을 달리하시고 말았다(2020년 10월 20일). 책 간행을 보시지 못하고 가셨기에, 그 나머지 작업은 몇몇 제자들이 하지 않을 수 없게 되었다.

그 동안 지식산업사의 호의로 선생님의 저술을 저작집의 형태로 1~9권까지 간행하였고, 그 외 몇 책은 별도의 단행본으로 출간하였다. 그러기에 선생님은 이 모든 것들을 하나의 저작집 속에 체계적으로 정리한다는 생각을 가지셨다. 이미 저작집의 이름 아래 간행한 9책을 이어서, 각각 단행본으로 나왔던 것들을 ⑩《남북 학술원과 과학원의 발달》, ⑪《東아시아 역사 속의 한국 문명의 전환》, ⑫《회고록: 역사의 오솔길을 가면서》, ⑬《농업으로 보는 한국통사》로 하고, 이 보유편을 마지막 저작집의 ⑭로 했으면 하는 구상을 하셨던 것으로 보인다. 돌아가시고 난 뒤 나온 유품 속에 그 메모를 남겨 놓으셨다.

그러나 이 작업들은 단시일 안에 이룰 수 있는 것이 아니었다. 그리하여 우선은 선생님이 보유편 작업을 마무리하되, 저작집 간행 작업이 더이상 없을 것이므로, 이를 좀 더 확대하자는 논의가 제기되었다. 선생님의 학은을 많이 입은 사람 가운데 이경식, 안병욱, 김도형, 백승철, 최윤오, 이지원, 김성보, 박평식 등이 보유편의 보완은 물론 전체 저작집의 구성, 송암 사학에 대한 평가, 회고 등을 어떻게 할 것인지를 의논하였다.

몇 차례의 논의를 통하여 선생님이 구상했던 저작집 보유편을 확대 보완하기로 하였으며, 이와 더불어 선생님을 추모·회고하는 후학·제자들의 글을 모아 간행하기로 하였다. 이 두 책은 모두 2주기(大祥)에 맞추기로 하였다. 이 책 저작집 보유편은 이런 과정을 거쳐 꾸미게 되었다.

처음 선생님이 보유편으로 직접 작성한 편목은 아래와 같았다.

제1편　연구주제를 시대배경과 조화시켜서
　　Ⅰ. 나의 한국농업사연구 회고
　　Ⅱ. 학술원의 성립과정
제2편　시대의 전환과 역사연구의 전환
　　Ⅰ. 일제 관학자들의 한국사관
　　Ⅱ. 일본·한국에서의 한국사서술
　　Ⅲ. 한국의 학술연구, 역사학, 총설 – 학술정책
제3편　한국농업사 연구 餘滴
　　Ⅰ. 한국농업사 – 중근세편
　　Ⅱ. 토지제도사 – 중세편
　　Ⅲ. 高麗 忠烈王朝의 '光山縣題詠詩序'의 分析
　　　　– 신라 김씨가 관향의 광산지역 정착과정을 중심으로
　　Ⅳ. 정약용과 서유구의 농업개혁론
　　Ⅴ. 수탈을 위한 측량

그러나 선생님이 계시지 않는 가운데 '저작집'을 완간해야 할 것이므로 남긴 글들을 빠짐없이 수록해야 한다는 것이 여러 제자들의 책무였다. 선생님이 직접 보유편을 구상하시면서 수록하지 않은 글들을 그냥 외면할 수 없었다. 기존의 저작집과 선생님의 저술 목록을 새로 작성하고 이를 검토하였다. 기존 저작집에서 수록하지 못했던 초창기 글들도 책 제목으로 정해놓은 '해방세대 학자'의 고민을 엿볼 수 있고, 이 또한 한국사학사 차원에서도 필요할 것이라고 판단하였다. 그리하여 "해방세대 학자의 역사의식, 역사연구"라는 제목에 걸맞게 여러 편의 논고를 추가하였다. 1950년 후반에서 60년대 전반, 신진학자였던 선생님의 우리 역사 체계화에 대한 고민과 노력이 담긴 글이었다. 기존의 일제 관학자의 역사학을 넘어서기 위해 시론적으로 행했던 글들을 비롯하여 약간의 대중적인 글, 서평 등을 모두 망라하였다. 이 연구들은 후에 조선후기 농업사 연구의 밑바탕이 되어, 여러 논고에 녹아 들어가 있지만, 독자의 논문으로 발표했던 점을 고려하여 선정하여 포함하였다. 다만 하나의 체계 아래 편집하면서 용어, 각주 등을 지금 많이 사용하는 형식으로 바꾸었고, 원래의 문장, 표현 등은 선생님 본연의 문투이고, 또한 당시의 글쓰기를 엿볼 수 있다는 점에서 가능한 그대로 두었다.

또한 선생님께서 처음 꾸민 체제 속에는 식민사학을 분석하고 비판했던 일제 관학자 역사학에 관한 두 편의 글을 넣었으나, 이 글들은 이미 회고록《역사의 오솔길을 가면서》에 수록되어 있기에 제외하였다. 그 외 두서너 편 중복된 것을 제외한 것은, 회고록이 '저작집'의 틀과 무관하게 출간했지만, 회고록을 비롯한 여타 단행본들도 언젠가는 선생님의 구상대로 모두 저작집 속에 넣어 편찬하기 위한 포석이기도 하다. 보유편에 수록할 글들이 모두 농업사 연구이거나 또는 이와 맥을 통하는 것이므로, 선생님이 남긴 메모 속의 구상과 달리 보유편을 저작집 제10권으로 하는 것이 좋다는 의견을 모았다.

이 책이 저작집의 마지막 책이므로, 부록으로 선생님의 전체 저술

목록을 첨부하였다. 저술 목록 작성과 추가된 논문의 입력, 윤문 등은 최윤오, 박평식 두 교수의 지휘 아래 연세대 사학과, 서울사대 역사교육학과 대학원생들이 수고하였다.

　선생님 가신 뒤 小祥을 맞아서도 발간 작업을 마무리하지 못하였다. 코로나라는 역병만 탓할 것이 아니다. 다만 죄스러움으로 얼굴조차 들 수 없지만, 이 책을 다시 꾸미면서 해방세대 한국사학자가 시대 변화 속에서 제기한 새로운 한국사 체계화를 다시 살펴볼 수 있는 기회를 제공했다는 것으로 위안을 삼을 뿐이다.

2022년 8월
송암김용섭선생 추모문집편찬위원회

차 례

제3편 한국농업사 체계화 구상

제4편 한국농업사 연구 餘滴

제5편 한국농업사 연구 주변

제1편

나의 韓國農業史研究 회고

나의 韓國農業史研究 회고[1]

1.

　나는 청소년 시절을 일제 말년의 암울한 시기, 해방 정국의 혼란한 세태 속에서 지냈다. 학생으로서 학교 공부를 소홀히 한 것은 아니지만, 고학년이 되면서는 사회과학에 관한 이런저런 책 읽는 것을 더 즐겼던 것 같다. 막연하게나마 장차 경제사를 공부하고 경제사학자가 되었으면 하는 것이 꿈이었다. 그러나 곧 6. 25의 비극을 맞아 남북이 분단되고 가족이 이산되는 가운데 인생의 진로 학문의 방향에 적지 않은 조정이 있게 되었다. 세계적으로는 6.25를 미소, 동서 양 진영 간의 냉전의 산물로서 '한국전쟁', '조선전쟁'이라 하였지만, 그러나 나는 그

---

　1) 이 글은 지난 2000년 여름에 있었던 일(학술원 회원 추천)과도 관련하여, 동년 12월 9일에 歷史學會에 인사차 들러 행한 講演少를 정리한 것이다.

것이 국내적으로는 우리 역사 속의 모순 구조의 발로, 따라서 그것은 계급문제, 체제를 달리하는 정치집단, 국가 사이의 '남북전쟁'으로 이해되었다. 그리고 이것이 계기가 되어 나는 대학에 진학하면서 우리나라의 역사를 보다 더 깊이 있고 폭넓게 연구하는 과학자로서의 역사가가 되어야겠다고 생각하였다.

전쟁 중에서 전후에 걸치는 혼란 속에서 대학과 대학원 공부가 충실할 수는 없었다. 그러나 나는 좋은 선생님들을 지도교수로 모시고—대학에서는 孫寶基교수, 대학원에서는 申奭鎬교수—, 특히 申교수의 배려로 국사편찬위원회에 촉탁 근무도 하면서 학비조달과 생활문제도 해결하는 가운데, 자료를 쉽게 접하기 어려운 혼란한 시절에 기왕의 연구 업적과 기본사료를 자유롭게 보며 생각하는 바 공부를 할 수 있었다. 대학의 졸업논문에서도 그러하였지만, 대학원 석사논문의 주제는 우리 역사상에서의 모순구조의 문제, 즉 민족 내에서의 계급적 대립이 전쟁으로까지 확대되는 문제를 다루어 보려는 것이었다. 그것을 필자는 동학란·농민전쟁의 성격문제를 중심으로 고찰하되 그것을 동학과의 관련에서보다도 〈全琫準 供草〉의 분석을 중심으로 그 이전의 사회발전 민란과의 관련에서 고찰하고자 하였다. 그리고 그 연장선상에서, 그 민란을 피동적으로가 아니라 그 運動者들의 주체적 입장에서 발전적으로 파악해 보고자 하였다.[2]

그렇지만 이때의 이 연구는 다소간의 새로운 시각에 의한 연구이기는 하였지만, 그러나 이것이 역사논문으로서 충실한 연구일 수는 없었다. 그것은 당시까지의 학계의 연구 성과가 조선후기의 농업·농업 문제를 깊이 있게 다루고 있지 못한 조건하에서, 그리고 개항 통상 이후의 농업 문제도 잘 밝혀져 있지 않은 상황 하에서, 배경에 대한 고찰

---

2) 이때의 이 연구는 이를 첨삭 보완하여 《韓國近代農業史硏究[Ⅲ]—轉換期의 農民運動—》(지식산업사, 2001, 김용섭저작집 6)으로 간행하였다.

없이 갑자기 1894년의 동학란·농민전쟁을 농업 상의 모순구조의 문제로서 연구한다는 것은 연구 방법상 무리가 아닐 수 없었기 때문이었다. 이러한 문제가 깊이 있게 연구되기 위해서는 먼저 그 역사적 배경으로서의 조선후기의 농업, 농민, 농촌사회, 토지제도 등이 최소한으로나마 좀 더 밀도있게 해명되지 않으면 안 되었다. 그리하여 필자는 대학원 시절에 석사논문을 준비하는 한편으로는 조선후기 농업사에 관한 연구를 하기 위하여 여러 가지 면에서 새로운 준비를 하지 않으면 안 되었다. 그리고 그 결과로서 농업사 연구를 평생의 연구영역으로 하고, 그 연구를 축으로 하면서 우리나라 역사의 기본체계를 세우고자 하는 역사가의 길을 걷게 되었다.

2.

그러한 준비는, 우리나라 경제사, 농업사에 관한 여러 연구를 세심히 재검토하는 가운데, 다른 나라의 농업사도 구체적으로 고찰함과 아울러, 그러한 농업이 기초하는 이론적 바탕을 또한 면밀히 비교, 검토하지 않으면 아니 되는 것이었다. 한국농업사는 다른 나라의 농업사와 같은 방법으로 정리되어서는 아니 되며, 그것은 한국의 고유한 역사 풍토 위에서 전개되지 않으면 아니 됨을 비교 고찰을 통해 확인하기 위해서였다. 역사 연구에서 개별 국가에 대한 연구는 세계사적인 보편성을 전제로 하되 그 국가의 개별성을 또한 충분히 반영하지 않으면 아니 되며, 여러 국가들의 역사에 있어서의 개별성의 종합적 고찰을 통해서는 세계사적인 보편성이 또한 도출되지 않으면 아니 되기 때문이었다. 그리하여 가까이는 일본의 농업사 연구에 관한 저술을 구입하여 검토하고, 중국의 농업사 연구에 관한 저술도 어렵게 구입하여 고찰하였으며, 멀리는 유럽 몇몇 나라의 농업사 연구에 관해서도 적으나마 구하여 살폈다. 모두 우리의 학문 수준을 월등히 넘어서는 것이었으며, 따라서 그 내용을 전부 이해하는 것은 어려운 일이었다. 그러나 日本史, 中國史, 西洋史에 관한 이런 저런 논문과 저술을 섭렵하고, 또 같은 시기에 대학원 과정을 이수하고 있었던 李公範교수, 朴成壽교수와는 수시로 학문적 토의를 하는 가운데 —주로는 한국사를 공부하는 필자가 도움을 받았다— 그 각각의 연구방법 논리 전개의 취지는 이해할 수 있었다. 그리고 이를 통해서 나는 나름대로 우리의 농업사 연구, 특히 조선후기 농업사 연구의 구도를 우리 농업사에서의 개별성을 반영하는 방향으로 세울 수가 있었다.

外國史에 관한 식견을 넓히는 문제와 관련해서는 외국 유학을 하는 것이 최선의 방법이겠지만 나는 그렇게 하지 못하였다. 당시에는 외국 유학이 쉽지 않았기도 했지만, 무엇보다도 우리 역사는 우리나라 안에서 연구해야 할 것으로 생각하였다. 자료도 그렇고 역사인식의 자세도 그러하였다. 그 대신 외국사에 관한 강의를 충실히 듣고 서양사, 동양사, 일본사 논문을 되도록 많이 읽기로 하였다. 그리고 기회가 생기면 우리 역사와 가장 깊은 관련이 있는 中國史에 관해서는 논문도 써 보기로 하였다. 서양을 보지 못하고 西洋史 논문만을 읽는 것이 연구의 방법상 아쉬운 일이었으나, 이는 후일을 기다려 서양 농촌을 답사하는 가운데 서양 중세의 농촌에 관하여 전문가의 설명을 듣는 것으로 만족해야 했다.

그러나 조선후기 농업사 연구의 구도를 세우는 것이 위와 같은 여러 연구에 대한 고찰과 그것을 참작하는 것만으로서 충분할 수는 없었다. 이와 아울러서는 필자가 앞으로의 작업을 위해서 연구자로서의 자세를 분명히 하지 않으면 아니 되는 중요한 문제가 또한 있었다. 그것은 당시까지 역사학 특히 사회경제사학에서 일반적으로 수용하고 있었던

L·마쟐 또는 K·윗트포겔 등의 이른바 아시아적 생산양식과 관련된 정체성이론을 어떻게 이해해야 할 것인가 하는 문제였다. 이 이론에서는 아시아에는 토지의 私的所有가 없었으며, 있었다 하더라도 그 소유 개념이 미약하였으며, 토지는 國有인 것으로 이해하고 있었는데, 이는 아시아의 국가, 특히 중국이나 한국의 역사적 사실에 비추어 볼 때, 너무나도 거리가 먼 잘못된 사실 파악의 위에 세워진 이론이기 때문이었다. 더욱이 이 이론은 제국주의 국가의 식민지 지배와 연결되는 가운데, 한국사에서는 타율성 이론을 또한 수반하고 있었으므로, 그 잘못은 설상가상으로 누적되고 있었다. 그런데 우리나라에서는 日帝下 이래로 이 같은 이론에 의거해서 우리의 역사를 연구하는 논저가 적지 않았다. 그러므로 필자가 조선후기 농업사 연구의 구도를 새로이 세우기 위해서는, 이 같은 연구방식, 학풍 그리고 그 이론적 기저(《자본론》)에 대해서도 진지하게 검토하고 그것을 유럽 역사에 대한 아시아 역사의 개별성이란 차원에서, 이를 일면 비판적으로 그리고 다른 일면 이를 긍정적으로 해결하지 않으면 아니 되었다. 그리고 그러기 위해서 도달하게 된 결론은, 이 시기에 대한 역사연구는 우선 자료의 선정 이용에 신중하고 실증적인 작업을 통해서 우리의 역사를 사실대로 파악하되, 이를 통해서 그 역사의 발전과정과 체계를 새로이 재구성하지 않으면 아니 된다는 점이었다. 이는 요컨대 우리 역사를 내재적, 발전적으로 연구하지 않으면 아니 된다는 것이었다.

3.

　이 같은 구도 위에서 수행되는 조선후기 농업사에 대한 필자의 연구는, 일차적으로는 민란, 농민전쟁의 역사적 背景을 이해할 수 있는 17

~19세기의 농업을 탐구하는 것에서부터 시작하였다. 그러나 필자는
농민전쟁의 역사적 의의를 제대로 파악하기 위해서는 그것이 그 뒤 역
사의 전개 과정에서 어떠한 역할을 하였는지도 파악해야 할 것으로 보
고 있었으며, 한 걸음 더 나아가서 필자의 이 같은 연구는 애초에 현대
한국의 비극적인 체제분단 전쟁을 농업사 측면에서 파악하고 체계화하
려는 데서 출발하였으므로, 그 후의 연구는 농업사 농업체제 전체의
체계적인 발전과정을 추구하는 것이 되지 않을 수 없었다. 그러므로
필자의 연구는 조선후기의 농업사 연구에 이어서는, 개항 전후의 농업
사정을 검토하고, 이어서는 우리나라 근현대의 농업체제가 성립되기까
지의 농업 사정, 다시 말하면 한국의 현대 농업(남북한의 농업개혁)이
성립하는 농촌적 기원에 관해서도 아울러 고찰하지 않으면 아니 되었
다. 그러한 점에서 필자의 연구는 1) 조선후기의 농업, 2) 근대화 과정
기의 농업 3) 근현대 사회 성립기의 농업 등을 하나의 발전과정으로서
체계화하는 것이 되지 않으면 아니 되었다. 따라서 이 경우의 발전은
체제적 모순의 극복과정, 즉 '窮則變-變則通-通則久'(周易), 다시 말
하면 '모순구조-개혁-새로운 체제의 성립이라고 하는 變易, 變通의 변
증법적 논리로서 추구되지 않으면 아니 되었다.

1) 조선후기의 농업

조선후기의 농업에 관해서는 농업, 농민, 사회변동, 토지제도, 農政
思想, 農學思潮 등에 관한 연구를 중심으로, 《朝鮮後期農業史硏究-農
村經濟·社會變動-》(初版本 1970), 《朝鮮後期農業史硏究-農業變
動·農學思潮-》(初版本 1971)을 저술하였으나, 그 후 새로운 자료의
발굴에 따라 이를 더욱 증보 확대하여 ①《朝鮮後期農業史硏究 -農村
經濟·社會變動-》(增補版 1995), ②《朝鮮後期農業史硏究 II -農業과

農業論의 變動-》(增補版1990, 新訂增補版 2004), ③《朝鮮後期農學史研究(1988) 등 3권으로 증보 간행하였다.

① 書에서는 우선 총론 격의 제Ⅰ편에서 정조의 勸農政求農書輪音(求言敎)에 應旨上疏한 관료 학자 농촌지식인들의《應旨進農書》를 분석함으로서 조선후기 농업문제의 전체상을 살피고자 하였다. 한 개인의 견해가 아니라 되도록 많은 사람의 눈을 통해서 전체를 객관적으로 파악하고자 한데서였다. 그리고 제Ⅱ편에서는 이 시기 농업사에서 가장 궁금한 문제의 하나이고 중심축의 하나가 되는 농민층의 경제사정, 농지 소유 상황을 살피되, 이를 대구, 의성, 전주, 고부, 진주 등지의 量案 그리고 임천지역의 家座冊을 중심으로 民, 農民層의 토지소유와 농민층 분화의 실태를 고찰하였으며, 제Ⅲ편에서는 고부, 재령 지역의 民田宮庄土의 秋收記 등 경영문서를 통해서 우리나라 봉건 말기의 地主佃戶 관계의 質的變動 상황, 時作農民의 抗租運動과 경제적 성장 사정을 고찰하였다 그리고 제Ⅳ편에서는 이 시기의 농민 농촌사회의 동향을 살피되, 상주, 대구의 양안, 호적, 洞約 등을 중심으로 농민층의 농지소유와 신분변동 및 사회구성변동의 관계를 고찰하고, 지배층이 이 같은 변동을 저지하고 체제와 질서를 유지하기 위하여 동약·향약을 시행하지만 그것이 효과가 없었음을 고찰하였다. 단, 이 경우 양안의 검토에서는 농민층의 농지소유관계를 최소한 면 단위로 그치고 군 단위의 작업은 후일로 미루었다.

② 書에서는 이 시기 농업사의 다른 중심축인 농업생산, 농업경영, 농업 주체의 문제를 살피되, 제Ⅰ편에서는 水田農業, 제Ⅱ편에서는 旱田農業의 농업기술이 발달하고 농법이 변동하는 가운데(전자에서는 이앙법, 水田二毛作, 水利問題, 후자에서는 畎種法, 麥作技術, 木斫과 所

訖羅) 농업생산력의 발전, 농민층 분화가 일어나게 되는 생산기저를 고찰하였으며, 제Ⅲ편에서는 이 시기에는 상품화폐경제가 발달하는 가운데 경영지주(地主型 富農), 경영형 부농이 등장하여 농업생산을 賃勞動을 이용한 상업적 농업으로서 행하게 되는 사정을 고찰하였다. 그러나 이 시기에는 일반적으로 농업발전이 있기는 하였지만, 지주가의 농지를 借耕하는 作人에 따라서는 粗放農業으로 廣作에만 치중하는 나머지 집약적인 농업을 하지 못하는 한계가 있었음도 부언하였다. 그리고 제Ⅳ편에서는 이러한 사정들과 기타의 원인(삼정문란—④書에서 상론)으로 인해서 농촌사회가 분해되고 無田農民이 확대되는 농업문제 · 농업모순이 발생하고 있었는데, 이 시기의 국왕이나 정치인 그리고 지식인들은 이 문제를 어떻게 해결하려 하였는지, 그들의 농업론의 동향을 살폈다. 여기서는 특히 宣祖朝의 〈雇工歌〉("雇工歌"와 "答歌")를 통해서 볼 수 있는 농업재건론의 두 방향과, 지주제를 축으로 하는 朱子 토지론에 대한 찬반이나 그것에 반대하는 토지개혁론 등을 통해서 그 시대사조를 고찰하였다.

③ 書는 처음에 農書의 저술 간행과정을 중심으로 《朝鮮後期 農學의 發達》이라는 조그만 책자(모노그라프, 서울大 韓國文化研究所, 1970)로 발표하였고, 이를 《朝鮮後期農業史研究—農業變動 · 農學思潮—》(初版本, 1971) 에 수록하였으며, 그 후 이를 더욱 증보, 확대하여 단행본《朝鮮後期農學史研究》(初版本, 1988)로 간행한 것이다. 조선후기에는 많은 지식인들이 여러 가지 農書를 편찬함으로써, 이 시기의 농업이 당면하고 있는 과제, 즉 兩亂 후의 파괴된 농업생산, 농민생활을 농서, 농학을 통해서 재건하고 발전시키고자 하였는데, 필자의 이 저술에서는 이들 농서의 농업기술과 농학사상을 조선초기에서 기론하여 시대를 따라 분석하고 비교 고찰함으로서 그 농업문제 해결을 위한

사상과 방법(농업기술 농법의 개량, 상업적 농업의 장려, 임노동제 농
업협동제 강조, 지주제와 自耕小農制의 조정 문제), 즉 조선후기 농학
사상의 흐름, 농학사조를 파악하고자 하였다. 그리고 그 일환으로서는
조선 농학이 도달하고 있는 旱地農法으로서의 水稻作 기술의 수준을,
평안도 지방의 水稻乾播 기술, 乾畓栽培 기술(《農政要志》)을 통해서 고
찰하였다.

2) 근대화 과정기의 농업

개항통상 국교확대를 전후한 시기, 사회개혁 근대화 과정기의 농업
에 관해서는, 민란, 농민전쟁 등으로 드러난 농업모순을 타개하기 위하
여 제기된 농업개혁론·농업정책의 문제를 집중적으로 고찰하였다. 세
단계에 걸쳐 작업을 하였는데,《朝鮮後期農業史硏究》가 어느 정도 마
무리되어 가는 1960년대 후반부터 이와 병행하여 연구하고 집필하기
시작하였다. 처음에는 이를 건강 사정으로 불충분하나마 단권의《韓國
近代農業史硏究》(1975)로 간행하였으나, 그 후 여러 편의 논문을 추보
하는 가운데 ④《韓國近代農業史硏究-農業改革論·農業政策-》(增補
版 1984, 新訂增補版 2003), ⑤《韓國近代農業史硏究 Ⅱ-農業改革
論·農業政策-》(增補版 1984, 新訂增補版 2003)으로 증보 간행하였
으며, 여기에다 ⑥《韓國近代農業史硏究 Ⅲ-轉換期의 農民運動-》
(2001)을 새로 추가하였다.3)

④ 書에서는 개항 전의 이 시기에 관한 첫 단계 작업으로서, 제 Ⅰ편

---

3) 증보판의《韓國近代農業史硏究》는 처음에 이를 上, 下 2권으로 分冊 표기하였으나, 저작집본
에서는《韓國近代農業史硏究》Ⅲ이 한 권 더 추가되었으므로, 증보판의 分冊 표기를 Ⅰ, Ⅱ,
Ⅲ으로 통일하였다.

에서는 아직 조선후기를 살고 있으면서 이 시기 농업의 모순구조(고문
서를 통해서 그 실정을 분석하였다)를 목도하고 그 개혁의 필요성을
절감하고 있었던 실학파 학자들(정약용과 서유구)의 농업개혁 · 사회개
혁론(閭田論, 井田論, 屯田論)을 긴 논문과 작은 관련논문(量田制 改革
論)으로서 고찰하였다. 그리고 제Ⅱ편에서는 정부 · 집권세력이 당시의
社會 경제와 농정을 운영하는 가운데 그들 스스로 그 불합리를 자행하
고 농민수탈을 강행하면서도(三政紊亂), 그 개혁의 필요성을 절실히 느
끼고, 이를 均賦均稅를 지향하는 농정책 · 부세제도 釐正策으로서 수행
하고 있었음을 여러 편의 논문으로 역사적 고찰을 하였으되, 이를 다시
한편의 긴 논문으로 종합 정리하였다. 그리고 이와 아울러서는 부수되
는 문제로서 민란의 결과 三政釐整策이 등장하게 되는 사정을 고찰한
논문도 첨부하였다. 이 두 계통의 논문은 이 시기 두 계통 정치세력
지식인의 개혁사상 · 개혁방안을 비교 고찰한 것으로, 전자는 농민적
입장의 개혁을, 후자는 지주적 입장의 개혁을 지향하는 것이었다. 필자
가 이 같은 작업을 시도한 것은 근대화를 위한 개혁운동은 서양사상을
도입하는 데서 비로소 시작되는 것이 아니라, 그 이전부터 사회모순
타개를 위한 방안으로서 제기되고 있었던 사회개혁의 방안, 노선이 이
미 내재하고, 그러한 위에 서양사상이 수용되어 그것이 입장이 같은
구래의 개혁사상, 개혁방안, 개혁노선과 연결되는 가운데 전개되는 것
이라고 보기 때문이었다.

  ⑤ 書는 개항 후의 高宗朝에 들어서 있게 되는 둘째, 셋째 단계의
작업을 수록하였다. 제Ⅲ편에서는 전자, 즉 민란 농민전쟁이 전개되는
가운데 제기되고 있었던 여러 계통의 여론 · 농업개혁론(지주적 입장,
농민적 입장, 절충적 입장)을 개혁기의 농업론으로서 정리 고찰한 것이
다. 이 시기는 농민항쟁의 시기였으므로, 그것을 수습하기 위한 방안이

대부분 농민적 입장의 개혁론으로서 제기되고 있었는데, 이는 이 시기의 시대사조였다고 하겠다. 그리고 제Ⅳ편에서는 후자, 즉 그러한 가운데 개화파 정권이 日帝 및 民保軍과 결합하여 농민군을 진압한 후, 대한제국 정부가 개항통상 국교확대 이후의 새로운 정세와도 관련하여 지주층, 지배층, 왕실 중심의 개혁론을 정부의 근대화 방략, 즉 광무개혁의 농업정책으로서 택하게 되는 사정을 살핀 것이다. 여기서는 광무년간의 양전 · 지계사업, 中畓主와 驛屯土地主制, 왕실의 均田收賭問題 등등을 중심으로 그 근대화 방안, 개혁정책으로서의 의의, 성격 등을 고찰하였다. 이때의 농업 근대화정책에 관해서는 구래의 結負制를 미터법이나 헥타르제를 도입하여 新결부제로 개혁하는 사정에 관해서도 더 고찰해야 하였으나, 이곳에서는 그 요점만을 기술하고 구체적인 사항은 뒤에 언급하는 ⑧의 저서에서 상론하였다.

⑥ 書는 위에서와 같은 여러 계통의 농업개혁론, 정부의 농업정책이 나올 수밖에 없도록 한 哲宗朝의 진주민란, 三南민란과 갑오년의 동학란 · 농민전쟁 그 자체를 분석 고찰한 것이다. 앞에서 언급한 대학원 시절의 석사논문을 증보 확대하여 정리하였다. 여기서는 조선후기의 농업문제와 실학의 관계를 도론으로 하고, 按覈使 朴珪壽의 진주민란 안핵문건을 분석함으로서 그 민란의 성격을 파악하며, 고부민란을 이해하기 위하여 당시의 사회경제사정과 고부지역의 지적인 환경을 조사한 위에서, 甲午政權의 재판문서인 '전봉준 공초'를 분석 고찰함으로서 민란과 농민전쟁의 성격을 농민적 입장에서 파악하고자 하였다 다시 말하면 조선후기 이래의 농업상의 모순구조가 타개되지 못하였을 때, 그 결과는 결국 민의 반란, 농민전쟁으로까지 귀결되었는데, 이 같은 과정에서 농민들은 여하히 그들이 지향하는 농민적 입장의 농업개혁, 농업혁명을 달성하고자 하였는지를 살핀 것이었다. 민란이나 동학란 ·

농민전쟁은 단순히 삼정문란에서 그리고 피동적으로 전개되는 것이 아니라, 민의 사회의식, 반체제의식이 역사적으로 성장하는 가운데 그들이 농업체제의 구조적 모순을 심각하게 의식하고, 따라서 그들의 반란을 그 모순 타개와 관련하여 주체적으로 전개하고 있었던 농민운동, 혁명운동이란 각도에서 살핀 것이다.

3) 근현대 사회 성립기의 농업

우리나라의 근현대는 일제의 침략으로 말미암아 역사의 흐름 상에 굴절이 생기는 시기였다. 농업에서도 그러하였다. 그러므로 필자의 근현대사회 성립기의 농업사 연구는, 전통적인 농업론, 농업정책의 흐름과 일제가 한국을 침략하고 강점하면서 있게 된 농업상의 변동을 연계시켜 고찰하지 않으면 아니 되었다. 필자는 이 같은 작업을 1970년대 초부터 앞에서 언급한 바, 여러 연구들과 병행하여 틈틈이 조금씩 진행시켰다. 농업경영에 관한 사례를 찾아 연구를 하려는 데서 세월이 많이 흘렀으며, 겨우 1990년대에 들어서야 단행본으로 묶을 수가 있었다.

처음에 이 책은《韓國近現代農業史硏究-韓末・日帝下의 地主制와 農業問題-》(初版本 1992)로 간행하였고, 저작집본을 내면서 그리고 일본에서 日譯本을 내게 되면서는 여기에다 자질구레한 보완을 하여 ⑦《韓國近現代農業史硏究-韓末・日帝下의 地主制와 農業問題-》(增補版 2000)으로서 간행하였다. 그것은 全 3편으로 구성되는데, 여기서는 현대 한국의 남북한 농업(농업개혁)의 역사적 연원, 성립배경, 농촌적 기원을 찾고 그 계통을 세울 것에 유의하면서 작업하였다. 그 내용은 다음과 같이 구성되었다.

제Ⅰ편 "近代化와 地主制"는 本書의 도론으로서, 일제강점기에 일본 자본주의의 지주제가 성립되는 배경을 이해하기 위하여, 조선후기 이래의 사회개혁론과 근대화론의 추이 및 한말에 일제의 한국에 대한 농업식민책이 지주제를 중심으로 전개되는 사정을 살폈다.

제Ⅱ편 "地主制의 矛盾–農民運動의 指向과 對策"에서는 이 시기 지주제의 성격을 좀 더 포괄적으로 이해하기 위한 작업을 하였다. 즉 한말과 일제강점기의 지주층과 농민층의 대항관계(항조, 민란, 농민전쟁, 소작쟁의, 농민조합운동)와 이에 대한 여러 계통 지식인들의 대책, 개혁방안을 살핌으로서, 그들의 지향하는 바가 어떠한 것이었는지를 살피고, 이를 통해서 이 시기 지주제의 역사적 성격 역할을 이해하고자 하였다.

요컨대 이 시기 "지주제와 농업문제"를 이상과 같이 고찰한 결과로서 필자는 다음과 같은 결론에 도달할 수 있었다. 즉, 일제, 일본자본주의의 한국 강점과 이에 대한 농업정책은, 구래의 한국인이 중심이 되고 지주제를 축으로 하였던 한국농업을 일본인이 중심이 되고 일본자본주의의 지주제를 축으로 한 농업으로 재편성하며, 이로 인해서는 그 지주제가 확대 강화되고 점차 자본주의적으로 경영되도록 하는 것이었다. 그리고 이로 인해서는 구래의 지주제를 중심으로 하여 발생하고 있었던 다분히 중세적 성격을 지녔던 모순구조, 농업문제가 이제는 자본주의적인 모순구조, 농업문제로 질적인 변동을 보이면서 심화되고 있었다. 그러므로 그 모순구조의 귀결점으로서의 소작농민의 항쟁, 즉 소작쟁의는 당연히 반제국주의적이고 반자본주의적인 민족주의운동과 사회주의운동으로서의 성격을 지니게 되었으며, 그뿐만 아니라 이 같은 모순구조를 타개하려는 방안도 당연히 반봉건적 반지주제적이며 自營小農制를 확립할 것을 목표로 하는 것이 되지 않을 수 없었다.

그리하여 이 작업에서는 이 같은 역사적 사실이 여하히 해방 후 남북한의 농업개혁으로 이어지는지를 결론으로서 정리하였다.

4.

필자는 주로 조선후기에서 해방 후에 이르는 시기의 농업사를 연구하였지만, 다른 한편으로는 그 관심이 늘 고대, 중세의 그것에 가 있기도 하였다. 그것은 두 가지 사정에서였다. 그 하나는 조선후기의 농업사를 옳게 파악하고 체계화하기 위해서는 그것에 선행하는 시대의 농업사를 체계적으로 정확하게 이해할 필요가 있었기 때문이었다. 그리고 다른 하나는 우리나라의 농업은 중국이나 일본의 그것과 여러 가지 면에서 다른 점이 있었는데, 그러한 차이점을 염두에 두면서, 우리 농업사의 특징이나 개별성을 중국, 일본의 그것과 비교 고찰할 수는 없을까 하는 관심에서였다. 필자는 이 같은 문제에 관하여 1970년대부터 최근에 이르기까지 틈나는 대로 몇 편의 논문을 작성할 수 있었으며, 이를 묶어서는 ⑧《韓國中世農業史研究》(初版本 2000)으로 간행할 수 있었다.4) 그 구성은 다음과 같다.

> 제Ⅰ편 土地制度 槪觀 (수록논문: 土地制度의 史的 推移)
> 제Ⅱ편 結負·量田制 (수록논문: 高麗時期의 量田制, 高麗時期의 田品制, 結負制의 展開過程)
> 제Ⅲ편 農業開發政策 (수록논문: 朝鮮初期의 勸農政策, 世宗朝의 農業技術)
> 附論 (수록논문: 高麗刻本,《元朝正本農桑輯要》를 통해서 본《農桑輯要》의 撰者와 資料)

이같이 구성된 本書의 작업에서, 필자가 주로 관심을 갖고 추구한

---

4) 보주: 고대, 중세 농업사에 대한 관심 속에서 여기에서 소개한 《한국중세농업사연구》외에 고대 농업사에 관한 몇편의 글은 저작집의 하나로 《한국고대농업사연구》(지식산업사, 2019)로 간행하였다.

것은 다음과 같은 몇 가지 점이었다.

첫째는 우리나라 중세의 토지제도에는 소유권과 수조권에 의한 田制가 병존하고 있었으나, 국가의 田政 운영, 봉건적 관료체제 운영은 수조권 분급을 중심으로 하는 것이 전부인 듯이 보였고 연구자들은 그 수조권 분급을 국가의 국유지 소유권의 분급, 따라서 租=地代의 분급으로 이해하고 있었다는 점이다. 이러한 입장에서 우리나라 중세의 토지제도는 토지국유제, 토지국유론으로 이해되는 것이 일반이었으며, 이는 앞에서도 지적한 바와 같이 한국사의 정체성론으로 이어지고 있었다. 그러나 고려시기의 사료를 면밀히 검토하는 것만으로도 수조권 분급이 토지소유권, 즉 지대의 수취권 분급이 되기는 어려웠다. 고려시기 국가의 租는 什一稅였기 때문이다. 필자의 생각으로는 국가의 수조권 분급제는 국가가 백성, 민에게서 수취하는 조세를 중심으로 운영하는 제도, 더 정확하게 말하면 국가가 백성, 민이 소유하는 사유지에서 조세를 수취할 때의 제도였다. 이는 이 시기의 양전제를 분석하는 것으로서 해명될 수 있었다. 국가의 관료, 지배층에 대한 수조권 분급제, 田政의 운영방식을 이같이 정리하고 보면, 이는 중국이나 일본의 국가운영 방식과 적잖이 차이가 있는 것이었다고 하겠다. 그리고 그러한 점에서 우리나라 중세국가의 국가운영상의 개별성, 특성도 지적될 수 있는 것이라고 생각되었다.

다음은 위의 수조권 문제와도 관련되는 것으로, 양전제는 중국이나 일본의 그것(頃畝法, 町步法)과는 달리 結負量田制였다는 점이다. 이 결부제는 역사상의 기술에서는 그 제도로서의 원리상의 불합리성 때문에, 그리고 그 운영이 현실적으로 수탈성을 수반한다는 점에서 비판을 받기도 하였지만, 그러나 이는 우리나라 특유의 토지파악, 소출파악, 조세부과를 위한 기층적인 제도로서, 중세 봉건적인 관료체제를 운영하기 위해서는 대단히 편리하고 합리적인 제도였다. 조세 부담자의 입

장을 고려한 제도가 아니라 수취자, 즉 국가와 수조권자, 즉 관료지배
층의 입장만을 주로 생각한 제도였다. 그러나 그렇기 때문에 이 제도는
농업발전, 사회발전이 있게 되면 이와 관련하여 변동될 수 있는 것이었
으며, 실제로 역사상 결부제의 변동은 여러 차례 있었다. 그뿐만 아니
라 이 제도는 원리상으로도 변동 조정될 수 있는 융통성이 있는 것이어
서, 중세국가가 근대국가로 변동, 이행 하듯이 국가의 체제가 질적으로
바뀌는 데 따라서는, 이 제도도 중세적 결부제(地積, 소출, 조세를 종합
한 제도)에서 근대적 新 결부제(地積만을 파악하는 제도. 1等田 1結을
중심으로 量田尺 1 尺을 1미터, 1結을 1헥타르가 되게 조정한 결부제)
로 개혁 법제화되고, 따라서 근대적인 토지조사 地積 파악도 이 新 결
부제로써 자연스럽게 행해질 수 있게 되었다. 이곳에서는 이 같은 제도
의 발전과정을 통시대적으로 고찰해 보았다.

셋째는 농업기술상의 문제로서 기록상에는 왕왕 우리의 농업이 중국
농업에 비해 대단히 낙후한 것으로 지적되고, 따라서 위정자, 식자층은
이를 농민층의 빈곤, 나태함에서 연유하는 것으로 보고 크게 탄식하고
있었다는 점이다. 사실 역사적으로 보면 우리나라에서는 지식인들이
중국의 농업기술을 수용하기 위하여 그 농서를 구입하여 참고하거나,
이를 판각, 간행하여 보급시키기도 하고, 또는 농서를 편찬할 때 이를
크게 이용하기도 하였다. 그러나 그럼에도 불구하고 농민들이 중국의
농업기술을 수용하는 데는 제한적이어서, 식자층이 농서에서 극구 찬
양한 외국의 농업기술도 우리 농촌의 현지에서는 제대로 보급되지 못
하고 있는 것이 실정이었다. 그러므로 식자층이 탄식하는 것은 무리가
아니었다.

그러나 이 같은 사실은 우리나라의 농업환경의 특징을 반영하는 것,
우리 농업기술의 중국 농업기술에 대한 차이성을 반영하는 것 이외의
아무것도 아니었다. 그 근본 원인은 우리나라의 자연조건이, 특히 남부

지방의 경우 중국 中原지방(黃河유역)의 그것과 크게 다른 데서 연유하
는 것이었다('風土不同'). 그러므로 그 농법, 농업기술은 중국 古農書의
그것과 같을 수 없고, 따라서 그것은 우리의 농업환경에 맞는 것으로서
개발되고 발전하지 않을 수 없었다. 그리고 우리의 농서를 편찬함에
있어서도 그 농법, 농업기술은 우리의 풍토, 우리의 농업환경에 맞는
것으로서 기술하지 않으면 아니 되었다. 그러나 그러한 가운데서도 우
리의 농법 농업기술은 다양하게 발전하고 그 기술수준도 절정에 달하
고 있었다. 시대가 흐름에 따라 우리의 풍토, 우리의 농업환경에 맞도
록 개발된 水稻의 乾播재배, 乾畓재배기술이나, 水田에서의 回還농법
이 널리 보급되고 발전하고 있었음은 그 한두 예가 되겠다. 이는 요컨
대 전근대에 있어서의 중국, 일본의 농업과 우리 농업의 차이성·개별
성을 보여주는 것이 아닐 수 없었다. 이 저서에서는 그 같은 문제들을
한 시기 또는 통시대적인 문제로서 파악해 보고자 하였다.

5.

끝으로 필자가 수행한 구체적인 작업은 아니지만, 필자는 앞에서와
같은 작업을 하면서 우리 역사의 발전에는 어떠한 특징이 있다고 보았
는지, 또 이와 관련하여 당시 역사를 추진하고 있었던 정치인 지식인들
의 정치사상, 정치적 자세에는 어떤 문제점이 있다고 보았는지 몇 가지
점을, 나머지 말·논찬·史評 형식으로 부연하고자 한다.[5]

---

5) 필자는 평생 농업사에 관한 기초적인 연구를 하였을 뿐인데, 연구의 회고담을 말하지 않으면
아니 되게 되었다. 그리고 이어서는 70대의 마루턱을 오르고 있으니 그간의 연구를 되돌아
보고 후진들을 위해서 남길 만한 말을 글로서 남겨달라는 부탁을 받기도 하였다. 필자는 평범
한 역사학자에 불과하고 그것도 지금은 사양 산업으로 밀리고 있는 농업사를 연구하였으니
남길 만하고 도움이 될 만한 말이 있을 리 없다. 그래서 결국은 앞에서와 같이 필자 개인의
연구사를 말하는 것으로 그쳤고 이로써 면책되기를 바랐다. 그런데 학회의 이태진 회장은

첫째, 우리의 역사는 이웃 나라 역사의 발전과정과 비교하여, 그리고 세계사적인 발전과정에 견주어 보아도, 지극히 정상적이며 개별성이 강한 발전과정을 거치고 있었다는 점이다. 그러나 우리의 역사는 이웃 나라의 그것과 비교하여 그 발전이 서서히 점진적으로 진행되었으며, 당쟁, 반정(정권교체)과 같은 정변은 빈번히 있었으나, 선이 굵고 기복이 심한 왕조교체와 같은 혁명, 큰 정치적 변혁과정은 적었다. 이 시기 여러 차례의 정변, 심지어 농민전쟁까지도 역성혁명·왕조교체를 지향하는 것은 아니었다. 거대한 군사력 없이 신 왕조를 건설한다는 것은 불가능한 일이었다. 이는 일견 정치적으로 평온이 유지되고 있는 역사 발전과 같이 보이기도 하나, 그러나 그러면서도 그 내부에는 모순구조의 조성과 진통이 거듭되고 정권교체의 시도가 수시로 발생하는 발전이었다. 이는 일면 체제를 유지하려는 정치세력이 다수이고, 다른 일면 국가경영을 위한 정치사상, 國定敎學이 단선적이며, 민을 지배하는 통치사상이 강대하였던 탓이라고 생각된다. 이 시기 조선왕조의 정치가 그 민 백성을 편하게 그리고 잘살 수 있게 한다면, 그들이 구태여 왕조교체 역성혁명을 꾀할 필요는 없었으며, 당시의 집권세력을 축출하는 정도의 정권교체로서도 족하였다. 그러한 점에서 조선왕조는 그 신료들이 정치를 바르게 하고, 사회 내부에 모순 갈등이 조성되지 않는 한, 그 왕조 체제를 유지하는 데는 문제 될 것이 없어 보였다. 조선왕조의 정치구조, 즉 왕권, 신권, 백성 등의 정치세력이 서로 대치하고 있는 구도 속에서, 그러한 문제를 조정할 수 있는 것은 왕권이었다.

둘째, 그러나 이 시기에는 그러한 평온을 기대할 수 없었다. 신료들

회고담을 말할 때 마지막 부분에서 언급한 말까지도 더 첨부해 달라고 한다. 그것은 필자의 연구 분야에서 볼 수 있는 우리나라 역사 발전의 특질에 관한 것, 당시의 시대 상황과 관련하여 역사를 추진하고 있었던 여러 계통 인물들의 정치사상 정치적 자세에 대한 총괄적인 論贊, 史評에 속할 수 있는 것이었다.(* 편자 부기 : 이런 글들은 《역사의 오솔길을 가면서》와 이 책에 수록하였다.)

의 바른 정치는 실종되고 관료들과 왕실은 부패하였으며, 정치세력 간의 갈등도 심각하였다. 지배층의 수탈이 도를 넘는 가운데 사회적 모순이 누적되고, 그것은 몰락양반, 民 백성으로 하여금 思亂을 꾀하고 광범한 민란, 농민전쟁을 발발케까지 하고 있었다. 이를 계기로 외세침략도 노골화하였다. 이는 왕조 체제의 말기적 현상으로서, 이러한 거대한 혼란 위기상황을 타개하기 위해서는, 최소한 부패세력을 일소하는 정권교체, 반정이 필요하였다. 그리고 이를 포괄적으로 해결할 수 있는 大 타협의 정치와 시의에 맞는 변혁적 정치사상, 그리고 정책상의 방략이 요청되었다. 그러나 이 시기의 국왕 정치인들은 민 백성의 思亂 의식을 제대로 인식하지 못하였고, 뿐만 아니라 그것을 외세를 통해서 진압하는 과오까지도 범하고 있었다. 민 백성의 항쟁을 기회로 삼아 그것을 국민화합 근대민족 형성이라고 하는 전향적 방향으로 활용하지 못하고 있는 것이었다. 국왕에게는 그의 신료와 민 백성을 동격으로 다루고 이들을 조정할 수 있는 능수능란한 정치적 수완이 없었다. 난세를 돌파할 수 있는 정치적 지략이 뛰어난 책사 참모도 거느리지 못하였다. 그러므로 그들은 외세를 통해서 민 백성과의 항쟁에서 승리할 수는 있었으나, 그것은 외세에게 국권을 내주는 계기를 마련하는 바가 되지 않을 수 없었다. 수백 년의 정치적 경험을 쌓은 조선왕조의 정치인들이 어찌하여 이렇게 되었는가?

셋째, 그 원인은 이 시기의 정치사상, 국정교학이 유연성, 융통성이 부족한 것과 깊은 관련이 있었던 것으로 이해된다. 중세의 정치사상, 특히 주자학은 그 특징이 사회를 상하관계로 질서화하고 지배층이 백성을 교화하고 지배하는 사상이었다. 그것은 지배층 위주의 정치사상이며 통치자의 백성지배를 위한 사상이었다. 조선시기에는 그 같은 사상을 수용하여 국정의 교학으로 삼았으며, 국가와 지식인들은 그 사상의 가르침을 교조적으로 따랐고 또 따르도록 강요되었다. 그러므로 처

음에는 그 정치사상이 국가의 체제와 사회질서를 확립하는데 큰 기여
를 하였다. 조선왕조는 바로 이 정치사상에 의해서 국가 기반이 확립되
는 것이라고 해도 좋겠다. 그러나 현실 사회는 변동 발전하는데 그 사
상은 그대로 지속되고 있었으므로, 그 사상이 변동 발전하는 역사 속에
서 수백 년씩 지도이념으로서 유효하기는 어려웠다. 이럴 경우에는 그
정치사상 쪽에도 자기 변신이 있어야만 하였다. 국가와 사회를 이끄는
정치 사회사상은 최소한 그 시대 그 사회의 발전정도, 발전수준에 상응
하거나 앞서가는 것이어야만 하기 때문이다. 그러나 이 시기의 국가와
지배층은 왕권과 신권 사이의 권력의 균형문제는 조정하였으나, 사회
가 발전하는데 따라 요청되는 지배층과 민 백성이 공유할 수 있고 평등
을 지향하는 새로운 정치사상을 수용하거나, 그러한 정치사상을 권위
있는 국가기관을 통해 공적으로 연구함으로써, 새로운 시대의 위기상
황에 대처할 수 있는 우리나라 특유의 정치사상을 새로 개발 정착시키
고 있는 것은 아니었다. 그러므로 후대로 내려올수록 정부지배층의 정
치이념과 사란을 꾀하는 민 백성의 사회의식은 평행선을 달릴 수밖에
없었다.

　물론 변화가 없었던 것은 아니었다. 조선후기로 넘어오면서 國王은
民을 중심으로 한 농업재건을 구상하고, 18, 19세기에는 사회모순, 사
회변동에 따라 유교사상내부에 고전유학, 양명학의 이념에 기초하여
민의 입장에서 현실의 사회모순을 타개하고, 왕권과 민을 결합하는 가
운데 평등사회를 지향하는 국가개혁 · 사회개혁을 추구하는 사람들이
등장하고 있었다. 그러나 이들은 그 정치사상을 펴나갈 만한 위치에
있지 않았다. 이들은 정치의 주도세력이 되지 못하고, 정치의 중심부에
서 밀리고 배제되고 있었다. 집권세력이나 그 계통 지식인들 내부에도
민 · 백성 · 민국의 중요성을 강조하고 국가권력을 민과 결부시키려는
경향이 늘어났으며, 정부의 사회정책에 민의 권리를 인정하려는 정책

이 더러 법제화되고, 부세제도의 균부균세화, 신분제의 부분적 해체를 추구한 경향이 늘어났다. 그러나 그것도 전통적 정치사상 내에서의 일이었다. 이를 종합하고 진보적 지식인들의 개혁사상도 수렴해서 이 시기의 사회모순을 해결하고 사회변동을 전진적인 방향으로 이끌어 갈 수 있는 새로운 정치사상, 신분해방·평등사회에 기초한 국가론으로까지 성립시키고 있는 것은 아니었다. 권력이 특정 사상을 신봉하는 정치인, 지식인 등, 하나의 당색에 의해서 장기간 독점되고, 양반사회에서 문벌주의를 강조하는 경향이 확산되면서부터는 새로운 정치사상의 확립은 더욱 어려웠다.

그 후 시간이 많이 흐르고 민 백성의 저항을 호되게 치른 후에야, 국가는 겨우 전통적 정치사상의 기반 위에 민권사상까지도 포함한 서양사상을 수용하고 참작하는 가운데 정치사상의 변화를 시도하였다. 늦기는 하였지만 조선왕조로서는 새로운 시대를 이끌어갈 만한 정치사상을 창조하지 못하였지만 그나마 다행이었다. 그러나 이 경우도 그 기저는 아직 우리의 전통적 중세적 정치사상을 완전히 탈피하고 있는 것이 아니었으며, 따라서 처음에는 서양사상 중에서도 전진적 자세에 있는 앞선 사상은 채택될 수 없었다. 그 같은 사상은 그 후에 이르러서야 구래 정치사상 중에서 선진적 사상과 결합하는 가운데 새로운 단계의 정치사상으로서 정착될 수 있었다.

그러므로 이 같은 정도의 여러 계통의 정치사상으로서 조선후기, 말기의 사회 내부에 조성된 심각한 모순구조 위기상황을 신권과 민 백성의 권한을 대등하고 평등한 입장에서 타개하기는 어려웠다. 한말에 있었던 정치개혁 근대화과정은 아직은 그러한 제한성 위에서 지배층 위주, 지주층 위주로 수행되고 있는 것이었다. 이 시기의 국가와 정치인들은 국권유지에 급급하기는 하였으나, 그것을 사회 내부의 모순구조를 타개하는 가운데, 민의 고양된 힘을 통해서 유도해내고자 하는 탄력성 있는 정책은 생각지도 못하고 있었다. 종래의 정치사상의 한계를 인식하고 이를 새로운 정치사상으로 재창조할 것에 관해서는 더욱 그 러하였다. 구 정치사상의 거대함에 눌려, 그러한 발상을 하는 사람은 지극히 소수였다. 이는 조선왕조의 학술 문화정책의 획일성에서 연유 하는 것이기도 하고, 국가나 학자들이 이 사상을 절대적으로 신봉하는 학문적 자세에서도 연유하는 것이었다고 하겠다. 조선왕조와 그 정치 인들은 농민혁명을 힘으로 진압하기는 하였으나, 그들 스스로는 혁명 을 하지 않아도 될 만큼 진보적이고 융통성 있는 정치사상을 확립하고 있는 것이 아니었으므로, 그 수행하는 정치개혁, 사회개혁에는 자연 한계가 있을 수밖에 없었다.

《歷史學報》180, 歷史學會, 2003. 12.[6)

---

6) 편자 부기 : 이글은 회고록(《역사의 오솔길을 가면서》, 지식산업사, 2011)의 '제3장 한국 농업사의 체계 구상과 연구'에 수정, 보완되었다.

제2편

해방 후 시대 전환 속의
농업사연구 시론

朝鮮時代 農民의 存在 形態

　　본고는 동학란 연구의 일부로서 동란 발발의 전제조건의 형성이라는 점을 조선의 사회경제 면에서 고찰하려 하는 것이다.

　　그런데 1894년의 全琫準을 중심으로 한 민중운동은 본질적으로 지배층인 집권적 봉건 관료기구에 대한 피지배층인 농민 대중 자신의 해방을 위한 무력투쟁이었다는 이면성이 있다. 그러므로 이 민중운동의 사회적 경제적 전제를 논하려면은 집권적 봉건국가에 있어서 민중의 생활상태는 如何하였으며, 지배층으로부터 받은 박해와 수탈의 정도는 어떠한가를 고찰하여야 되겠다. 따라서 이러한 고찰은 조선의 건국 기반이며 동시에 500년 간의 집권적 봉건사회의 경제적 토대가 되고 농민 대중의 유일한 생산수단이었던 토지문제에서 시작함을 필요로 한다.

1. 농지개혁의 성격

여말의 복잡 다난한 내외 정세하에서 정국의 추이를 통찰하고 친명 사대를 표방하고 나선 李成桂 일파는 위화도 회군을 계기로 정권을 잡으매 문란이 극심한 麗朝의 토지제도를 개혁하여 과전법을 실시하게 되었으니, 이 전지개혁은 사회적 혼란과 麗朝 쇠약의 원인이 되고 있는 기성 권세층에 의한 토지의 겸병, 사전의 확대를 阻止하고, 전지의 국가 공유제를 부활시키고 이것을 토대로 하여 국가재정을 확립하고 민생을 도탄에서 구하려는 것이라고 말한다.[1]

그러므로 이와 같은 토지개혁에서 개혁의 목적인 私田의 폐지 문제가 어떻게 취급되고 있는가 하는 것을 살펴보면은 그 성격 문제도 해명

---

1) 여말에 있어서의 토지제도의 혼란상태는 《高麗史》食貨志에 그 전모가 잘 드러나 있다. '文宗 躬勤節儉 省冗官 節費用 太倉之粟 紅腐相因 家給人足 富庶之治 於斯爲盛'; '毅 · 明以降 權姦 擅國 貼喪邦本 用度濫益 倉廩彈竭 及至事director 誅求無厭 朝覲 · 饑遺 · 國贐等事 家抽戶斂 徵科 萬端 由是 戶口日耗 國勢就弱 高麗之業 遂衰 叔季失德 版籍不明 而良民盡入於巨室 田柴之科 廢而爲私田 權有力者 田連阡陌 標以山川 徵租一歲或至再三 祖宗之法盡壞 而國隨以 亡'(p.583)이라 한 두 자료는 전기와 후기의 좋은 대조가 된다.
   충숙왕은 이러한 암흑사회에 있어서 '功臣賜田 山川爲標 所受日廣 而不納稅 貢賦之田 日益減 縮 其數外剩占者 窮推還本'(忠肅王 5년 敎旨); '權勢之家 奪人土田 田屬勢家 稅乃本主 甚爲民 害 自今受賜田 雖功臣 毋得過百結'(忠肅王 12년 敎旨)(588쪽)하라 하는 사전 겸병의 폐단을 시정하기 위한 교지를 내리었는데, 여기서는 권세가들이 어떻게 토지를 점유해 가는가 하는 것을 알 수 있다.
   그들은 奪人土田하여 토지를 집적하였기 때문에 一畝에 대한 전주가 1인에 그치지 아니하고 수조하여 가는 자도 8 · 9명이나 되었다. '奸宄之黨 跨州包郡 山川爲標 皆指爲祖業之田 相攘 相奪 一畝之主 過於五六 一年之租 收至八九'(591쪽)이라 한 것이 그것이다.
   그들은 온건한 전주로서 수조해가는 것이 아니었다. 趙浚은 다음과 같이 말하고 있다. '兼并之 家 收租之徒 稱兵馬使 · 副官 · 判官 或稱別坐 從者數十人 騎馬數十匹 陵轢守令 摧折廉使 飮 食若流 破費廚傳 自秋至夏 成群橫行 縱暴侵掠 倍於盜賊(591쪽) 즉 成群作黨하며 마적단과 같이 약탈해가는 것이 보통이었다.
   이러한 權勢之家의 사전 점유의 폐단을 시정하려고 조준 등이 상소문을 올리게 되고 필경 李成桂의 세력을 배경으로 하여 그 개혁의 실현을 보게 된 것이었다. '竊惟 私田利於私門 而無 益於國 公田利於公室 而甚便於民 利於私門 則兼并以之而作 用度由是而不足 利於公室 則倉廩 實而國用足 爭訴息而民生安矣 有國家者 當以經界爲仁政之始 豈可開兼并之門 使民陷於塗炭 乎 …'(596쪽)이라는 昌王 元年 8月에 조준이 올린 상소문의 일단이 농지개혁에 대한 당당한 이유였다.

될 수 있는 것이라 본다. 사전의 폐지와 존속 문제에 관하여는 이미
조선의 토지문제를 연구한 제 선학에 의하여 논의되고 있는 바이지만
그 고증에는 석연치 못한 데가 있다. 그것은《高麗史》食貨志에 보이는
과전법 규정에 '今後凡稱私田 其主雖有罪犯 不許沒爲公田'이라는 一條
의 조문 해석 如何로서 그리되었던 것이다.2) 그런데 이 규정은 종래에
보아온 바와 같이 전혀 규정으로서의 법적 효력을 발휘한 것도 아니며
그렇다고 深谷 씨의 주장하는 바와 같이 처음부터 그렇게 합리적으로
되어있는 것도 아닌 듯하다. '李派 내부에도 이미 이러한 요구의 동기
가 있었다고 볼 수 있다'고 한 李相佰 씨의 견해가 문제의 핵심에 접근

---

2) 이 문제에 대한 대선배들의 견해를 열거하면 다음과 같다.

　　和田一郎: 그런데 그때 토지를 사유한 자는 상류사회 즉 權豪 양반이므로 정부는 아무리
田籍을 태워 버리고 엄격한 명령을 발한다 하더라도 그들의 반항을 전혀 무시해 버리고 사전
의 권리를 公收할 수는 없었다. 그리하여 그 조화책으로, 금후부터 모든 사전은 그 주인이
비록 죄를 범하더라도 공전으로 몰수하지 않는다는 규정을 만들게 되었다. 그래서 토지 사유
제도는 형식상 의연히 그 존재가 인정되었으며 일단 조정의 명령으로 焚燒된 文記도 다시 작
성되는 기운을 보게 되었다. (《朝鮮土地制度及地稅制度調査報告書》)

　　周藤吉之: 태조 이성계는 종래부터 사전 개혁론자이었으므로 이미 즉위 전 공양왕 3년부
터 전제의 개혁을 하고, 즉위 후에는 계속 이 정책을 답습하여 사전을 개혁하여 공전으로 하
고, 공신에게는 공신전을, 朝士에게는 과전을, 군사에게는 군전을 분급하였다. 그리하여 공신
전 과전은 畿內에서 분급하고 군전은 畿外에서 급여하였다. 그러나 당시 사전을 철저하게 개
혁할 수는 없었던 것이다. 〈鮮初에 있어서의 농장의 발달에 대하여〉, 《靑丘學叢》 17)

　　李相佰: 이 개혁안을 보고 우리가 이상케 생각되는 바는 上揭 제15조 즉 '今後凡稱私田
其主雖有罪犯 不許沒 爲公田'의 一項이다. 이것은 사전 점거자인 巨族 世家들이 아직 정부의
樞機를 점거하고 있던 당시에 있어 부득이한 타협이라고 볼 수도 있으나 실상은 李派 내부에
도 이미 이러한 구상의 동기가 있었다고 볼 수 있다. 그들이 열심히 주장한 사전을 폐하고
국초의 公田之制을 실현하려는 희망은 도리어 사전을 보호 장려하는 것 같이 보이는 타협에
낙착되어 버렸다. 〈李朝太祖의 私田改革運動과 建國後의 實績〉, 《震檀學報》 15)

　　深谷敏鐵: 和田一郎 설에 대하여 '和田 씨가 上記 一節을 가지고 과전법 그것의 외부의
사실인 토지공유를 부정한 것은 개념의 범주를 혼동한 것이라 하겠다'라고 하였고, 周藤吉之
설에 대하여 '여기서 말하는 사전은 태조에 의하여 개혁의 대상이 된 까닭에 과전법 내부의
개념으로서의 사전이 아니고 당연히 不輸租의 사유지인 사전이라고 해석되지 않으면 아니 된
다. …' '이러한 질적 불철저성은 근대적 Roma 법적 개념으로서의 소유의 색안경을 통해서
오는 영상에 불과하다. 이러한 先入感을 떠나서 조선민족의 토지 소유의 관념에 투철한 이해
를 가진다면 李太祖의 개혁의 본질을 파악할 것이고 그 철저함을 알 것이다'라고 하였으며,
'소위 토지집적으로서의 농장은 麗의 농장과 그 성질이 다른 것을 알아야 된다. 즉 조선의
농장에서는 부역을 부담하였다는 것이다. 실로 이 농장의 부역 부담이야말로 태조의 토지제도
개혁의 본질에 連絡되는 것이며, 따라서 일견 모순되는 것 같이 보이는 두 가지 기록은 태조의
개혁의 본질을 시사하는 것이라 하겠다'라는 결론을 내리고 있다. 〈鮮初의 土地制度一斑〉,
《史學雜誌》 50-5·6)

하고 있기는 하지만 그러나 좀 더 시대의 성격 면에서 파악되어야 할 것으로 생각된다.

대체로 지배형태의 면에서 집권적 봉건관료국가의 운영을 본다면 '중세국가는 때로는 분권적 신분적 가산제와 집권적 관료적 가산제와의 중간을 동요 방황한다. 그 권력을 강화하려는 국왕 또는 황제는 집권적 가산관료제를 좋아할 것이고 지방관이나 무인은 중앙집권적 지배를 벗어나서 그들의 세력을 지방에 토착하려 한다.'[3] 이러한 경우에 있어서 '왕권 측이 일단 그 약점을 폭로하기 시작하여 이것을 규율하기 어렵게 되면 억제할 수 없는 이 힘(가신의 세력 욕구와 물질적 관심)이 온갖 간극을 다 뚫고 착착 중앙집권제를 잠식하기 시작한다.'[4] 즉 표면상 복종만이 있는 듯한 집권적 봉건관료국가에 있어서의 왕권과 관료 사이에는 항상 세력 욕구와 물질적 관심에서 암암리에 투쟁이 계속되고 있다는 것이다. 우리는 고려왕조와 조선왕조가 모두 집권적 봉건관료국가였다는 점에서 '今後凡稱私田 其主雖有罪犯 不許沒爲公田'하라 하는 조문을 이와 같은 면에서 해석하고자 한다. 다시 말하면 이 조문은 고려왕조에 대한 가신인 토지개혁파의 재정적 관심에서 법규화될 수 있었던 것이고, 개혁에 성공한 가신(이성계)이 후에는 이씨 왕권을 세우게 되었기 때문에 이 조문을 인정하지 않으려는 노력이 案出되어 문제가 복잡하게 되었다는 것이다.

이제 개혁의 동기를 좀 더 추구하기로 한다. 麗朝에 있어서의 토지개혁 문제는 이것이 이성계 일파에 의해서만 논의된 것이 아니고 그 이전에 이미 麗朝의 충신 李穡이나 崔塋에 의하여서도 여러 번 疏請되었던 터이므로, 물론 그 후에 계속해서 이성계를 배후 세력으로 삼고 제기된 趙浚의 개혁에 관한 상소문도 이것을 동일한 운동이라 하겠다. 따라서

---

3) 靑山秀夫, 《막스웨-바의 사회이론》, 166~167쪽.
4) 同上, 182쪽.

토지문서의 소각과 과전법 규정에 관한 조문의 작성도 이것을 麗朝의
존속을 전제로 하고 그 문란한 제도를 개혁하려는 것이었다고 보아야
할 것이다. 그러므로 '今後凡稱私田 其主雖有罪犯 不許沒爲公田'한다
하는 규정은 조선왕조의 건국을 예상하고 장차 있을 새로운 왕권을 위
해서 작성된 것은 아니라는 것을 지적할 수 있고, 그러므로 해서 이것
이 과전법 규정으로서 조선에서 논의될 성질의 것은 아니라고 하겠다.
이러한 점에서 이 조문은 확실히 麗朝의 귀족에게 사전 점유의 권리를
보장한 것이며 종래에 선학들이 논평한 바와 같이 비록 개혁은 하였으
나 기성 권세층 즉 토지개혁 반대파와의 사이에 타협점을 발견하고 있
다는 것을 확정할 수 있게 된다. 그러나 그와 동시에 이러한 타협이란
개혁파의 反개혁파에 대한 양보에서만 성립된 것도 아니라는 것을 알
수 있다. 왜 그러냐 하면 사전의 폐해를 제거하려는 것이 개혁의 목적
인데도 불구하고 폐해의 근본이 되는 사전의 존속과 토지 겸병의 가능
성이 이 조항에 함축되어 있기 때문이다.

　여기서 우리는 이성계 일파가 신진관료이기 때문에 재정적으로 확고
한 기반이 잡혀 있지 않으며 토지의 소유에 있어서 跨州包郡하고 산천
을 爲標로 하고 있는 대토지 소유자 기성 권력층 사이에서 그들과의
세력균형이 잡히지 않고 있다는 것에 착안하게 된다. 즉 이성계 일파의
如此한 일련의 개혁운동은 대토지 소유자들 말하자면 구세력에 대한
토지의 공정 소유와 세력균형을 부르짖는 의도성에서이었다는 것이다.
이와 같은 확정은 다음의 두 가지 사실에서도 입증 또는 반증된다.

　첫째 麗朝의 충신 이색은 열렬한 개혁주의자였지만 이성계 일파를
배후 세력으로 하는 趙浚의 개혁안에는 적극 반대한 사실이다.[5] 세세
한 이유는 그만두더라도 크게 이해관계의 상반에서 오는 것이었다. 이

---

5) 李相佰,《李朝建國의 硏究》, 137쪽.

를테면 사전의 전적 폐지도 아닌 개혁파만의 이익 획득을 목적으로 하는 개혁은 麗朝의 구제 없는 기성 권력층의 세력 상실이기 때문이다.

둘째로 麗朝에서는 실시된 이 조항이 조선에 들어와서는 空文化하였다는 것을 들 수 있다. 만일 개혁파의 의도가 前記한 바와 같은 것이 아니라면 이 조항은 당연히 조선에 들어서도 생명을 이어가야 할 것인데 그렇지 못하다. 즉 조선왕조는

若干犯於上 情理切害者斬 籍沒家産6)

하는 법문을 만들어서 '雖有罪犯 不許沒爲公田'한다는 조항을 부정하고 있는 것이 그것이다. 그 좋은 예가 국초에 佐命功臣 중 일등공신인 李茂의 전지 1,500결을 몰수한 사실이다.7)

叙上의 사실은 집권적 봉건관료국가의 통치자와 그의 가신들 사이에 당연히 있을 재정적 관심에 의한 투쟁으로서 통치자가 가신의 세력 증대를 억제하려는 노력의 단적인 표시이려니와 이러한 사실에서 과전법 규정은 이성계 일파의 예상되는 신생국가에 대한 대비책도 아니었다는 것을 확정할 수 있게 되고, 그들의 토지개혁은 그 궁극목표가 소위 사전을 폐지함으로써 농민의 생활 향상이라든가 욕구 충족을 도모하고 국가의 재정을 공고히 하려는 것도 아니며, 무엇보다도 구세력에 대한 토지 소유의 기회균등 세력균형 유지의 주장이었다는 것을 알게 된다. 그러므로 이성계의 농지개혁은 고려조의 토지제도를 근본적으로 전환시킨 것이 못 되고 그의 생산관계를 재생산 재정비하는 데 지나지 못한다. 이러한 사실은 麗朝의 토지제도의 결함이 비록 개혁이라는 일시적인 미봉책에 의하여 은폐되기는 하였으나 시간의 경과에 따라서는 재

---

6) 《經國大典》, 刑典, 推斷條.
7) 李相佰, 前揭論文, 28쪽.

현될 수 있는 필연성을 띤 것이며 당초부터 조선사회의 제반 難問題를
야기케 하는 모순성을 내포하고 있는 것이라 하겠다.

2. 농민의 생활상태

　농지개혁의 성격이 이러하고 과전법 자체가 집권적 봉건 관료기구
내에 있어서 특정한 지배층에 대해서 분급된 토지, 즉 과전을 중심으로
한 토지제도를 말하는 것인 만큼 농업생산의 담당자인 농민이 토지개
혁에 있어서의 중심대상이 되기를 기대하는 것은 어려운 일이다. 이
개혁에 있어서 농민이 어떻게 취급되고 있는가 하는 것은 다음 규정이
명시해주고 있다. 즉 과전법 규정에 농민에 대한 조문으로

　　　田主奪佃客所耕田 一負至五負 笞二十 每五負加一等 罪至杖八十 職
　　牒不收 一結以上 其丁許人遞受

라 한 것과

　　　佃客毋得將所耕田 擅賣擅與別戶之人 如有死亡·移徙·戶絶者 多占
　　餘田 故令荒蕪者 其田聽從田主任意區處

라 한 것이 그것이다. 이것은 전주의 전객으로부터의 경작지 탈취를
법적으로 금한다는 것과 전객의 사망·이사·戶絶의 경우와 토지를 묵
히는 자에 한해서는 전주가 경작지를 임의로 처분해도 좋다는 전주의

권리의 한계를 표시한 것이며, 전객으로서의 농민은 경작권의 보호를
받고 있는 셈이다. 좁은 의미에서의 농민보호이다. 이것은 집권적 봉건
왕조의 對農政策의 일단이려니와 먼저 우리는 농민의 생활상태를 고찰
하기로 한다.

　물론 집권적 봉건 사회기구 내에서 이루어진 과전법에서 농민이 給
田의 대상이 될 수 없음은 논할 필요도 없는 것이다. 다만 그들은 경작
에 종사하는 소작인적인 전객으로서 전주에 예속됨으로써만 각자의 생
계를 유지할 수 있었던 것이다. 농민은 경작권만을 점유할 수 있었다는
것이다. 그러면 그들은 어느 정도의 경작지를 점유할 수가 있었나.

　과전법의 규정상으로 보면 이 경작권의 점유는 양적으로나 시간적으
로 麗朝의 舊法을 그대로 답습하여 제한을 받고 있지 않다. 이러한 점
에서 본다면 농민의 처지는 대단히 유리한 듯하나 실은 이 무제한성이
야말로 농민생활 빈곤의 근원이 되었던 것이다.

　대체로 경작농민이 점유해야 할 정상적인 規準 전답 결수란 것은 1
丁5結, 1戶10結이라 할 수 있는데[8] 현실에 있어서 실제로 농민이 점유
한 결수는 그렇지 못하다. 그나마 경작에 종사할 耕田조차도 如意롭게
분급되지 못하고 있는 것이다.

　《世宗實錄》83, 世宗 20年 11月條에 '我國家昇平日久 生齒日繁 田
土則無加於古 故耕十結以上者 皆豪富之民 有田三四結者 蓋亦少矣'라
고 한 것이라든가,《世祖實錄》11, 世祖 4年 正月條에 '我國壤地褊小
無田之民 幾乎十分之三'이라고 한 것 등이 당시의 실정을 잘 말해주고
있다. 規準 전답 결수가 1호 10결인데 실제에 있어서 10결을 점유하면
豪富之民이고 3~4결을 가진 자도 많지 않은 형편이라면 농민의 경제
실정을 추측하기는 과히 힘들지 않다. 또 토지가 편소하여 無田之民이

---

8) 深谷敏鐵, 前揭書.

10분의 3도 더 된다고 하였으니 규준 전답 결수는 고사하고 3~4결이라도 있으면 다행한 처지이다. 이것이 다른 때라면 또 모르거니와 조선왕조가 기반을 닦아가는 초창기이며 더욱이 민본주의 정책을 정치 이념으로 하고 있던 세종조의 일이라는데 문제가 중요성을 가지는 것이다. 당시의 경작농민의 경작지 점유 상황은《世宗實錄》74, 18年 7月條의 기록을 기초로 해서 작성된 深谷 씨의 강원도에 있어서의 戶等 전답 결수의 통계로서 분명해진다.

戶等	所耕	平均 所耕	戶數	戶數 百分率	所耕 總數	同上 百分率
大戶	50결 이상	80.0	10	0.1	800	1.3
中戶	20~49	35.6	71	0.6	2,449	4.0
小戶	10~19	14.5	1,641	14.3	23,795	38.0
殘戶	6~9	7.5	2,043	17.5	15,322	25.0
殘殘戶	0~5	2.5	7,773	67.4	19,432	31.0
計			11,538	100.0	61,799	100.0

표에 의할 것 같으면 규준 이하의 호인 잔호와 잔잔호의 所耕 면적은 평균 2.5~7.5결인데 이 농가 호수는 전체의 85%를 점하고 있으며 이에 반비례해서 경작지 점유는 전체의 56%밖에 되지 않는다. 深谷 씨는 이러한 현상을 주로 국토의 협소에 의하는 것이 아니고 근저에 있어서는 농장의 존속 발전에 의한다고 말하고 있다. 土沃物阜한 下三道에서는 더 심하였으리라는 것은 물론이다. 세종대왕의 민본정책에 의한 田品改定이라든가 세제의 개정에도 불구하고 농민의 생활수준이 괄목할 만큼 향상될 수 없었던 근본 원인도 여기 있을 것이다.

《世宗實錄》31年 4月條에 '下三道 土沃物阜 朝士農莊 蒼赤過半焉'이라고 한 것을 참작하면 사리는 분명하여진다. 원래 조선왕조는 祖宗之

法으로서 科田 畿內의 원칙을 준수하고 사전의 외방 설치를 적극 반대하여 "조선 재정은 풍부해지고 세종의 極盛時代를 이루었으며 문종, 단종, 세조에 이르렀으나, 이때부터 이미 토지겸병은 심해지고 농장이 발전하여 왔다. … 다음 예종을 지나 성종 때에는 기강은 이완하고 종친 귀족의 세력은 왕성하여졌다. 토지 겸병은 점점 더 발달하여 농장의 부족을 초래하게끔 되었다."[9]

　이리하여 농장에는 특권이 점차 확대되어 갔으며 농민의 생활은 日益 악화되어 갔다. 그것은 경작지의 절대량은 늘어가면 늘어갔지 줄어들 염려는 없으므로 일견 농민에게 분여될 농지도 증가될 듯하나, '朝士農莊 蒼赤過半焉'이라 한 데서 보는 바와 같이 농장주는 소유 노비로서 농장을 경작케 하여 그 수효가 병작농민보다도 더 많았기 때문에 농장의 확대는 전객인 병작농민들에게는 경작지의 감소를 초래하게 되는 것이다. 그러나 농민경제의 근본적인 위협은 이러한 경작지 감소보다는 도리어 다른 면에 있었다. 이 점은 나중에 언급하려 한다. 세종대왕의 민본주의 정책의 정치이념은 이와 같은 토지집적자 농장의 소유자인 가신의 富力을 제한함으로써 왕권을 공고히 하고 나아가서는 농민을 보호하려는 것이기도 하였다. 사실 정책 그것이 비록 소극적이기는 하였으나 이 시대에 이로써 농민생활이 비교적 안정되기도 하였다.

　국가의 질서가 잡혀가고 왕권의 前途가 洋洋한 세종조에 있어서도 농민생활은 오히려 饒足치 못하였다. 하물며 그 후에 토지점유 이권쟁탈을 목표로 하여 가신들 간에 당쟁이 전개되는 소위 당쟁시대라든가 임진왜란과 병자호란을 전후한 무질서와 통제의 시대에 있어서의 그들의 생활이란 빈곤, 참혹, 남루 그것이었을 것이다. 이 시기에는 그나마 소극적인 농민 보호도 자취를 감추고 말았으며 혼란한 사회상은 농민

---

9) 周藤吉之, 前揭書.

의 육성이 아니고 주구만을 일삼는 풍조를 조장시켰다. 농민들이 감내하기에는 좀 더 힘드는 시대가 돌아온 것이다.

이제 시대를 썩 내려와서 호란 이후에 있어서의 농민생활을 보기로 한다.

효종·현종 연간의 농민생활(전라도 부안)은 柳馨遠의

> 今夫山峽之民 一夫一婦所治 僅水田十斗 旱田一日餘耕 并計不過種 稻二十斗地 亦能饒足 野衍之人 一夫所治 幾種稻三十餘斗 而亦有飢寒 者[10]

라고 한 기록에서 볼 수 있다. 이것에 의하면 種稻 불과 20斗地를 소유한 山峽之民도 饒足하게 살고 있는 셈이다. 그는 이에 계속해서 다음과 같이 말하고 있다.

> … 蓋山居者 其地貴故 小耕而勤力則 所獲倍加 而野人 地廣故 多占 而魯莽則 所收不實故也 以此見之 民之貧饒 由於勤惰 不專在於田地廣 狹 適於其力則 人皆勤業 此乃所以使民豐足之道也

즉 농민의 빈부는 경작지의 다소에만 의하는 것이 아니고 근로정신의 유무 여하에 있다고,

20斗地를 가진 山峽之人이 饒足할 수 있고 30斗地를 가진 平野人이 飢寒에 허덕이고 있다면은 그것은 경작자의 태만한 소치일 것이다. 그래서 磻溪도 농민으로 하여금 勤業케 하여 넉넉한 생계를 이루게 하자는 것이었다. 이것은 그 시대가 1호당 불과 20斗地로서 풍족한 생활을

---

10) 柳馨遠, 《磻溪隨錄》 卷1.

할 수 있다는 것을 의미한다.

그러나 이러한 사실은 가능성에 그치는 것이었고 실제에 있어서는 지배층의 압력과 수취에 의해서 농민생활은 점점 궁핍해가고 있다는 것을 반계 자신이 말하고 있다.

이와 같은 반계의 기록을 인용하여 천관우 씨는 다음과 같은 槪算을 하였다.

즉 "1호 평균 경지면적이 전답 각각 10두락이요 田의 이모작을 가산해도 소출이 精穀 2백 두인데 放番의 布(軍布)가 2백 두에 해당하니 소작인의 경우이면 도조 지출로 적자 생산이 되며 자작농으로 보아도 一年糧道는 오히려 부족한[11] 형편이라고." 放番의 布가 2백 O두에 해당한다 하는 것은

> 放番之布 本雖細布二疋 而京番則兵曹 · 惣府各處 百端侵略 兵營番
> 則兵使所用凡百之物 · 卜駄之價 皆責辦於軍士 而其間吏隷 亦節節索略
> 故一歲所費 率不下常布三四十疋[12]

이라 한 것에 의거하는데, 사실상 효종의 북벌 계획으로 인한 군비체제의 확장 관계로 농민에 대한 부담이 무거워졌을 것만은 당연하겠으나 이렇게 2필에서 30~40필로 비약하고 있는 데는 경악을 금할 수 없다. 이것은 위의 기록에 명기된 바와 같이 국가의 북벌 계획을 위한 군비 확장을 빙자하여 국가가 아니라 관리들이 수차에 걸쳐서 수탈 행위를 하고 私腹을 채운 결과인 것이다. 또

> 今民家生子 未離乳者 盡充軍役 計名收布 民有三四兒者 則其家一歲

---

11) 千寬宇, 〈磻溪柳馨遠硏究(上)〉.
12) 柳馨遠, 《磻溪隨錄》 卷21.

　　所出 將至常布百餘疋[13]

이라고도 하였으니 정부나 관리는 오로지 민중을 誅求하기 위하여 있는 것으로 생각하는 모양이다. 농민생활의 궁박함이 날로 더해 갔을 것임은 명약관화한 일이다.

　　그러기에 昇平百年을 嘉尙하는 英正 시대에도

　　　　今也 昇平百年 而婦女耕田 誠不可使聞於隣國 此豈可但以害農言哉
　　　　其實賊農之甚者 此輩之恰過半國 百年于兹矣 …[14]

라고 한 사회가 그대로 계속되었던 것이다. 부녀자가 농경에 종사해야 한다는 것은 男丁의 노동력을 착취당하고 있는 까닭이다. 이것은 다음 기록으로 더욱 명백하여진다. 즉

　　　　今欲務農 必先去其害農者 而後其他可得而言矣 一日汰儒 計今大比
　　　　之歲 大小科場赴闈者 殆過十萬 非特十萬 此輩之父子兄弟 雖有不赴擧
　　　　亦皆不事農者也 非特不農 皆能役使農民者也[15]

라고 한 것인데 응시자 10만이라 함은 그들의 평균 가족을 5명이라 하고 50만의 양반·호족들이 있어서 能役使農民하고 害農者의 역할을 해왔음을 의미한다.

　　그러기에 이들 양반 관료층이나 향리토호층에게는 자기들에게 예속되어 경작권만을 소유하는 농민들이 농번기를 당하여 전답을 처자에게

---

13) 同上.
14) 朴齊家, 《北學議》坤.
15) 同上.

일임하고 저들을 위한 요역노동에 동원되지 않으면 아니 되었다는 현상이 오히려 당연지사로 생각되었던 것이다. 農者를 害한다 함은 비단 노동력의 착취에 그치는 것이 아니고 민생문제 전체에 脅威를 주는 것을 말한다. 여기에서 집권적 봉건왕조의 양심적인(?) 가신은 자신들의 자중과 수적 감소가 아니면 농민의 생활 유지는 이제 더 지탱할 수 없게 되었음을 인식하고 경고를 하게 되었으며 왕에 대하여 상소문을 올리게까지 되었던 것이다. 비록 농촌경제의 파탄은 지배층 자신의 재정 원천의 고갈을 초래하겠기에 스스로의 안전을 도모하려는 솔직한 고백이기는 하지만 그러기에 또한 처참한 농촌실정을 더욱 명확하게 파악할 수 있는 것이기도 하다.

    그동안 지배층의 반대에도 불구하고 왕권에 의한 소극적인 농민 보호정책이 있기는 있었으나 그것도 항구적인 것이 아니라 간헐적인 것으로 그치었다. 조선왕조는 농업생산에 대한 적극적인 시책도 농민경제 향상에 대한 충분한 의욕도 보이지 않은 채 가신 擅斷의 시대로 옮아간다. 농민반란의 충분한 계기가 여기에 이루어지게 되었던 것이다. (대학원 재학)

《史叢》1, 고려대 사학과, 1955. 12.

哲宗朝 民亂 發生에 대한 試考

1.

우리는 19세기 후반기, 특히 1862년(철종 13) 晋州民亂을 중심으로 해서 빈발한 농민층의 반란을, 三政(田政·軍政·還穀)의 문란과 지배층의 주구에 기인한다고 하여 왔고 현재도 그렇게 보고 있다.[1] 확실히, 삼정은 封建的 官僚國家에 있어서, 국가활동의 재정적 측면을 의미하는 것이었고, 국가는 이러한 물적 수단에 의하여 그의 질서유지가 가능

1) 《日省錄》哲宗 13年 4月 4日條, 慶尚道按覈使 朴珪壽의 啓文;《承政院日記》, 哲宗 13年 5月 22日條;《哲宗實錄》卷14, 哲宗 13年 5月 22日條, 朴珪壽의 疏文;《日省錄》, 哲宗 13年 6月 1日條, 嶺南直撫使 李參鉉의 報告;《鍾山集》卷20, 別單;《日省錄》哲宗 13年 6月 25日條, 全羅右道暗行御使 李後善의 書啓 등을 보면 난 당시에도 이미 삼정의 문란에 대하여는 통렬히 논의되고 있다.

하였기 때문에, 이 물적 수단의 조달과 이용에 의한 국가활동 등이 마비되었을 때, 다시 말하면 국가의 지배체제가 약화되었을 때는, 그 경제적 지위가 본질적으로 토지와 토지의 생산물에 의존되고 있는 지배층은, 국고 수입의 증대를 위해서가 아니라, 사생활의 사활적인 이해관계로서, 농민층에 대한 수탈을 강행하였고, 이로서 농민층은 보다 심한 빈곤에 허덕이게 되었던 것이다. 그러므로 민중이 봉기하게 되는 기본 원인을, 삼정의 문란에 귀결시키는 것은, 움직일 수 없는 사실이라 하겠다.

그러나 이제 당시의 기록을 조사하여 나가노라면, 누구나 삼남 지방에 파견된 안핵사들의 보고문에 접하게 되는데,[2] 그들이 민중봉기의 원인으로 아무리 삼정의 문란 특히 환곡의 폐단을 운위하고, 양반관인층과 서리층의 극심한 주구를 논의하고 있다 하더라도, 이 사상 초유의 광범한 민중의 움직임을, 일련의 지배층의 법외의 수탈과 이로 인한 피지배층의 빈곤화에만 돌려 버리기에는, 너무나 뚜렷한 역사적인 의문이 介在하여 온다. 이 문제가 깊이 추구되고 해결되어야 할 이유는, 특히 이 19세기 후반기에 있어서의 민란이 (1862년 진주민란에서 1894년 동학란에 이르는) 조선사의 발전과정에 있어서 봉건적 관료체제의 붕괴와 근대적 사회에의 태동 여부의 측정에, 중대한 위치를 차지하는 것이며, 그것은 민란 자체의 과학적 성격분석에서 해명될 수 있는 것이기 때문이다. 민란 발생문제에 대한 재검토가 제기될 수 있는 의의도 여기에 있다.

* * *

---

2) 주 1) 참조.

그러면 우리에게 이러한 문제를 제기케 하는 역사적 의문이란 어떠한 것인가. 1862년도의 민란을 검토해보면은 그 대부분이 삼남 지방에서 일어나고 있는데,[3] 왜 민란은 토지가 비옥한 삼남 지방에서만 이렇듯 압도적으로 일어날 수 있는가 하는 것이다. 하필 이 지방만이 민란이 야기될 수 있는 소질을 가진 것은 무엇 때문인가 하는 것이다.

이 의문에의 해답은 극히 간단한 듯하나 실은 결코 그렇지 않다. 누구나 한번은, 그것은 삼남 지방이 비옥하여 생산물이 많은 까닭에 지배층의 부당한 착취도 비례적으로 타지방보다 컸던 탓이라고, 생각할 수 있을 것이다. "奇物은 危物"이라는 말, "寶物이 産하는 곳 土民切骨의 弊가 된다"(《牧民心書》) 등의 말도 역시 그러한 실정을 반영한 것이라고 생각된다. 그러나 이러한 속단은 일면 정당성을 가지면서도 다른 면에 있어서는 불완전한 결론임을 면치 못한다. 그것은 어디까지나 일방적인 고찰이며, 중부 조선 이북의 각 지방이 결코 부당한 수렴과 횡포의 대상으로부터 제외되고 있는 것이 아니라는 것, 그리고 역사상 貪虐不治의 죄목으로 암행어사에 의하여 입건되고 있는 수효나 입건 내용으로 보더라도, 삼남에 못지않게 많았고 간악스러운 것이었다는 것 등이 모두 망각되고 있기 때문이다. 우리는 극히 간략한 것이지만 다음과 같은 표를 작성함으로서 우리가 생각하고 있는 결론이 적절한 것이 못 된다는 것, 따라서 문제가 그리 단순치 않음을 시인하게 될 것이다.[4]

---

3) 민란이 일어난 곳을 지역별로 구분하면 다음과 같다.
　　慶尙道: 晉州 · 開寧 · 善山 · 尙州 · 居昌 · 星州 · 蔚山 · 軍威 · 比安 · 仁同 · 丹城
　　全羅道: 益山 · 咸平 · 扶安 · 金溝 · 長興 · 順天 · 濟州
　　忠淸道: 懷德 · 公州 · 恩津 · 連山 · 淸州 · 懷仁 · 文義
　　京畿道: 廣州
　　咸鏡道: 咸興
4) 《日省錄》과 《實錄》에 의거하여 작성된 것이다. ※ 표는 공란인데 편의상 순조 24년 1월 6일부 어사의 所啓를 대입하였다.

〈표1〉 암행어사에 의하여 입건된 수

	純祖 8年 (1808)	純祖 22年 (1822)	純祖 33年 (1833)	憲宗 8年 (1842)	哲宗 1·2年 (1850~51)	哲宗 8·9年 (1857~58)	小計
慶尚左道	6	16		9	18	20	
慶尚右道	15	8		29	12	11	
全羅左道	17	11		12	17	13	
全羅右道	11	12		26	10	19	
公忠左道	7		21	9	10	9	
公忠右道	10	12	22	11	12	15	430
京畿道	15	11	25	17	8	13	
江原道	9	9		18	10	10	
黃海道	5	11	11	9	10	15	
平安南道	9	12		6	12	14	
平安北道		※ 13		6	15	6	
咸境道		16		8	7	13	343

  이것은 순조 8년(1808)에서 철종 9년(1858)에 이르는 50년간을 두고 조사한 것인데, 각 연대 외에도, 개별적으로 각 도에 대한 어사의 활동이 진행되고 있기는 하지만, 동시기에 전국적으로 조사된 것을 택하는 것은, 삼남과 중부 이북의 입건수를 비교하는 데 편리한 방법이 된다.

  표에 의하면 삼남 지방이 430건이고 중부 이북이 343건이니 건수의 다과만 가지고 논한다면 전자의 경우에 민란이 발생할 가능성이 더 많다고 할 수 있을 것이다. 그렇지만 이 경우에 우리는 다음 사실을 고려에 넣지 않으면 아니 된다. 즉 삼정의 문란은 토지를 매개로 해서 일어난 것이기 때문에, 양반층이나 서리층에 의한 가렴주구의 대상이 될, 삼남과 그 외 지역의 전답 결수의 比는 어떠한가 하는 점이다.《萬機要覽》, 財用編, 田結條에 의하면 元帳付田畓 총 1,456,952결 중, 湖西·湖南·嶺南이 933,759결, 京畿·海西·關東·關西·關北·水原·廣州·開城·江華가 522,833결이고, 實結은 전자가 527,146결 후자가 283,673결로서, 전자는 후자보다 약 배에 가까운 엄청난 차이를 보이고 있다. 우리는 이러한 결수와 前記의 입건수에서, 元帳付田畓結의 경우에는, 삼남은 매 2,172결당 1건, 그 외 지역은 매 1,524결당 1건, 實結의 경우에는 전자가 1,226결당 1건, 후자가 827결당 1건이라는 亂이 발생하고 있는 수치를 얻을 수 있다. 이것은 삼남보다도 중부 이북에서의 주구가 더 빈번하였다는 것을 의미하는 것으로서, 비교적인 고찰에 의하는 한 삼남보다도 중부 이북에서 민란이 발생했어야 하는 결론에 도달한다. 다시 말하면 삼남민 반란 원인에 대한 종래의 생각과는 정반대의 결과가 나타난다는 것이다. 따라서 이 방법으로서는 의연히 의문에 대한 명확한 답변을 제공할 수 없다는 것은 틀림이 없다.

* * *

그러나 그뿐만이 아니다. 삼남 지방의 농민들이 민란을 일으켰다는 사실은, 어떤 의미에서는 역사상 그들이 가혹한 주구와 수탈을 입고 있는 결과에 지나지 않는다고, 생각되지 않으면 안 된다고 하더라도, 원인과 결과가 반드시 그것만이 아니라는 것을 표시하는 종종의 명백한 현상이 있다. 그것은 다음과 같은 점이다.

첫째 주구와 수탈의 논의는 이미 오래전부터 있는 것인데 왜 철종

연간에 와서만 난이 일어날 수 있었는가 하는 점이다. 이러한 회의는 민란 이전에 있어서의 대농민층 주구를 검토하여 보면 더욱더 심각하여진다. 그러므로 이제 우리가 그러한 의문을 가지고 문제의 해결에 임하려 하는 한, 논지의 핵심에 접근하는 방법으로서, 그리고 본문제가 제기될 수 있는 근거를 제시하는 의미에서, 민란 전에 있어서의 주구의 정도를 역사적으로 고찰할 필요성을 느낀다.

대체로 관인지배층·서리층의 대농민 수탈은, 茶山 丁若鏞의 기록에 의하면, 임진왜란 이후에 국방병력 양성을 위한 국가재정의 과도한 조달로 말미암아, 사대부가의 빈곤을 초래한 데서부터이고, 임진왜란 이전에는 그 폐해가 심하지 않은 것으로 되어 있으나,

> 萬曆以前 吏橫未甚 倭寇以來 士大夫祿薄家貧 而國中之財 盡入於五軍門養兵 於是貪風漸長 而吏習隨壞 數十年來日甚一日 今至極盡地頭余在民間 探究弊源 一朝貴受略也 一監司自封也 一守令分利也[5]

서리의 행패는 이미 왜란 전에도 극도에 달하고 있는 듯하다. 曹植(明宗時人)의 말대로, 서리가 專國하여 양반관인층이 그들의 농간으로 朝更暮遞되고, 軍民庶政·邦國機務가 모두 그들의 수중에서 操縱伸縮되었다고 한다면,

> 曹植封事曰 自古權臣專國者有之 戚里專國者有之 宦寺專國者有之未聞胥吏專國如今之時 在大夫猶不可 況在胥吏乎 公卿大夫 濟濟先後而相率 而歸政於僕隷 至於軍民庶政·邦國機務 皆由此刀筆之手 財聚於此 民散於外 雖莽卓之奸 亦未嘗有此也

> 李晬光曰 曹植言 朝鮮以吏胥亡國 可謂痛切 至于今日 吏胥之害滋甚

---

5) 《牧民心書》(《與猶堂全書》 以下同) 卷4, 吏典 第1, 束吏條, 10張.

爲官者朝更暮遞 席不暇煖 而胥輩從少至老 任事自若 操縱伸縮專在其
手 非止竊簿書 盜財物而已 俗所謂江流石不轉以此[6]

조선은 서리로서 망국하리라고 극언하는 것도 근거 없는 망설이나 제
스처만은 아닐 것이다.

원래 농민의 경제실정을 본다면, 민본주의 정책을 정치이념으로 하
여 지배층의 부력 증대를 제한하고, 소극적이나마 농민을 보호하려던
시대인 세종·세조 연간에도, 無田之民이 10분의 3이 더 되었고, 초목
이 무성하고 沙汰가 나서 경작치 못한 陳荒田에도 세를 부과하여, 하층
민중의 원한을 사고 있는 맹점은 있었던 것이지만,[7] 그 후 이권 쟁탈을
목표로 당론의 시비가 대두하는 시대, 다시 말하면 이미 난숙기에 들어
간 조선사회는, 자체 내에 배태하고 있는 모순성을 드러내기 시작하게
되어, 前記한 조식의 말에서 볼 수 있는 사회실정을 빚어내게 되었던
것이다. 특히 이러한 서리층은 防納之人과 결부되었을 것으로, 방납자
에 의한 百端의 侵略가 그들을 배경으로 하여 자행되어 갔을 것임도
추정되지 않을 수 없는 바이다. 그들은 물가의 등귀를 빙자하여 10배나
되는 값을 징수하여 중간 착복하는 것이 예사로 되었고, 이로서 민중은
一物之納에 가산을 탕진하게까지 되었으니,

諫院啓曰 各司防納之弊 其來已久 而近因年凶 物價翔貴 古直一匹者
今至十倍 一物之納 蕩盡家產 防納者緣此 而益圖其利 此由於守令不自
親監輸送 故防納之人 恣爲奸濫也 前亦論及此弊者 固非一再 而不爲處
置之方 故至今未革 請令該曹 磨鍊施之[8]

6) 《增補文獻備考》 卷229, 職官考, 雜職, 吏胥條. 42·46張.
7) 《世祖實錄》 卷11, 世祖 4年 正月 丙子條.
8) 《明宗實錄》 卷6, 明宗 2年 8月 辛卯條.

이러한 현상은 그들 서리층에게는 대단히 편리한 가산 축적의 방도
가 아닐 수 없었다. 이것이 임진왜란에서 병자호란에 이르는(17세기
전반기) 혼란과 무질서의 시대에는 한층 더 심각하여졌을 것임도 명약
관화한 일이다. 그래서 인조 원년 9월에 吏曹正郎 趙翼은 이 시기의
방납으로 인한 민의 受弊를 다음과 같이 말하고

> 各司所用雜物 皆分定於列邑 使民結來納 所謂貢物是也 此外又有本
> 道監兵水營 及本邑所用 皆取之於民 夫以土産採納 宜無難者 而其所分
> 定 或非土産 且雖其土産 民例不得自納 必有防納之人 因緣請托 得其代
> 納 每徵倍蓰之價 且農民唯能生穀而已 至於他物 則雖是土産 非其所能
> 出者多矣 此貢物之弊 所以爲患於民者也 至於各道各官需用 皆取之於
> 民 徵實多門 而貪官汚吏 因緣侵漁 則其取又不貲 可謂征斂無藝矣9)

세제의 개혁을 주장하고 있다. 이러한 防納之人과 因緣請托한 서리
층의 행패는 광범한 관인지배층의 재정적 관심과 결부되었기 때문에,
비록 소극적인 농민보호정책이기는 하였지만, 貢納을 폐지하고 大同法
을 실시하자는 의안이 대다수의 관인지배층에 의해서 집요하게 반대되
는 난관에 봉착하지 않을 수 없었다.

즉 방납으로 인하여 百弊가 蝟興하고 민생이 日困하여지매, 중종조
(1507~1544년)에 文正公 趙光祖에 의해서 貢案改定의 議가 제기되었
으나 실패하고, 선조 2년(1569년)에는 文成公 李栗谷이 공물 대신에
收米之法을 시행할 것을 (詳畧不同이나 大同法 이론의 창시) 청했으나
이도 역시 徒勞에 그쳤으며, 領議政 李浚慶이 방납의 폐를 혁파하려고
都監設定을 건의하였으나 그것도 필경 행하여지지 못하였다. 임진년

---

9) 《浦渚集》 卷11, 論宣惠廳疏.

후 선조 27년(1593년)에 領議政 柳成龍이 收米法의 편리함을 재론하
고, 동 41년(1608년)에 戶曹參議 韓百謙이 공물의 폐를 논하고 作米之
法을 疏請하게 되매, 領議政 李元翼이 覆奏하여 大同詳定條式을 設하
고 비로소 경기에만 그 실시를 보게 된다. 그 후 인조 원년 9월에는
삼도(江原·兩湖)에 실시되었으나, 3년 2월에 兩湖는 치열한 반대로
폐지되었고, 24년 7월에는 호조에서 제기된 공물변통법에 대한 반대가
있었다. 효종조에 들어서면서는 金堉의 적극적인 건의로 호서와 호남
에도 실시되게 되는데, 이때의 효종 5년 2월 호서 대동 시행에 관한
회의와, 동 8년 7월 호남 대동 시행에 관한 회의에서도 가부의 양론은
迫中하고 있다. 그 후 비록 숙종 3년(1677년)에는 영남, 동 34년(1708
년)에는 해서 등지에도 실시되어 전국적으로 그 시행을 보았지만, 旣述
한 바와 같은 집요한 지배층의 반대하에 주구와 탐학만을 위주하는 사
회풍조는 조장되어 가기만 하였던 것이다.

그리하여 兩次에 걸친 대전을 겪고 난 후로부터 영조 26년(1750년)
均役法 제정까지에 이르는 약 100여 년간은 일반 민중이 감내하기에는
좀 더 벅찬 세태가 전개된다. 대동법의 시행으로 응당 폐지되었어야
할 방납의 폐는 여전히 존속하였고,[10] 군포를 圍繞한 극심한 수탈의
강행은 절정에 달한 감이 있다. 이에 관하여 磻溪 柳馨遠의 기록을 참
고하자. 당시로 말하면 種稻 20斗地를 경작하는 농민이면 최소한 생계
는 유지할 수 있었는데,

> 今夫山峽之民 一夫一婦所治 僅水田十斗 旱田一日餘耕 并計不過種
> 稻二十斗地 亦能饒足[11]

---

10) 대동법 시행 당시에도 공물의 일부만이 米로 換置되었고, 일부는 여전히 방납이 계속되었기
    때문에 半大同의 說이 있었으며《仁祖實錄》卷8, 3年 正月 壬戌條;《浦渚集》卷4 論大同答
    辭), 숙종 45年 12月 戊午(實錄 卷64), 景宗 11年 6月 甲戌(實錄 卷8), 哲宗 3年 8月 丁未(實
    錄 卷4), 哲宗 4年 12月 10日(日省錄), 등의 연대에서도 방납의 폐가 운위되고 있다.
11)《磻溪隨錄》卷1, 4張.

放番之布 本雖細布二疋 而京番則兵曹 · 惣府各處 百端侵略 兵營番
則兵使所用凡百之物 · 卜駄之價 皆責辦於軍士 而其間吏隷 亦節節索
賂, 故一歲所費 不下常布三四十疋
今民家生子 未離乳者 盡充軍役 計名收布 民有三四兒者 則其家一歲
所出 將至常布百餘疋[12]

放番의 布(軍布)를 빙자하여 관의 고하를 막론하고, 京地 · 外地를 가리
지 아니하고 百端 侵略하여, 규정상 2필을 납부할 호에서 3 · 40필을
지출하게 되었으며, 혹 有三四兒者이면 一歲 所出이 100여 필에나 달
하였다. 여기에 이 가혹한 징수를 감당키 어려워서 재산있는 자이면
하급관리와 결탁하여 納布의 도피를 꾀하게 되었고, 그 결과 納布의
의무를 지는 자는 필경 무고한 하층 窮民에 국한되어, 정부의 수입이
격감하게 되었다. 정부는 이것을 보전하기 위하여, 군적에 있던 자이면
사망한 후에도 과세하고(白骨徵布), 그 유족의 유아에게도 과세하였으
며(黃口簽丁), 그리고 도망자가 있으면 五家作統法의 엄격한 통제하에
徵族徹隣하였던 것이다. 여하튼 이러한 사회환경 속에 처해 있는 농민
은 결코 균형 있는 안정된 생활을 영위하였다고는 볼 수 없다. 2에서
3 · 40으로 내지는 100으로 비약하는 숫자를 그대로 인정하기에는 너
무나 과장된 표현이라고 아무리 주장하더라도, 그것이 농민층이 관인
지배층과 서리층에 의해서 부당하게 수탈을 입었다는 것, 그리고 그로
말미암아 항상 적자 생산과 빈곤 속에 허덕이고 있었다는 것만은, 부인
할 수 없는 역사적인 현실이라고 아니할 수 없다.

영조 26년(1750년)에 균역법을 시행한 후는 비록 민중의 형편이 좀
피어나기는 하였으나,

---

12)《磻溪隨錄》卷21, 31 · 32張.

　　減軍布之半 二匹者爲一匹 四兩者爲二兩, 一二斗者爲六斗 於是乎民
力少紓矣[13]

　이에 있어서도 역시 수탈 행위가 소멸되었다던가 농민의 생활이 절대
적으로 보장되고 있었다는 것은 아니다.[14] 농민경제에 위협을 주는 것
은, 포 2필이나 전 4냥 또는 미 12두 낼 것을 못 낼 만큼 빈곤한 데
있는 것이 아니고, 그를 구실로 몇 배 내지는 10여 배의 부정 징수를
자행하는 데 있었던 것이다. 서리층의 횡포에 관하여는, 민중은 토지를
'밭'으로 하였지만 서리는 민중을 '밭'으로 삼고 있다는, 다산의 말을
빌리면 족하다.

　　民以土爲田 吏以民爲田 剝膚槌髓以爲耕耨 頭會箕斂以爲刈穫 習與
性成 認爲當然 不束吏而能牧民者 未之有也 …
　　余久在畎畝之中 見縣令黜陟專在吏手 巡營邸吏與吏相應, 虛譽冤誣, 惟意所
欲[15]

　이것은 그들의 습성이 되었고 당연지사로 간주되었으며, 그들의 세
력은 무시 못 할 만큼 증대하여, 지방 수령의 黜陟이 그들의 수중에서
농락되어 갔던 것이다. 그러면 그와 같은 풍조는 다산의 시대에만 한한
일이었던가. 결코 그런 것이 아니고, 그것은 조선시대 말기를 일관한
濁流怒濤와 같은 걷잡을 수 없는 물결이기도 하였다.
　우리는 이상에서 우리가 문제삼고 있는 1862년의 민란에 앞선 제

---

13)《牧民心書》卷8, 兵典 第1, 簽丁條, 13張.
14) 정조 8년에 이미 군정의 폐가 논의되고 있으며(《增補文獻備考》卷156, 財用考, 良役條, 17
　張), 前註의 어떤 부분에서 다산은 다음과 같이 말하고 있다. '寧考有減半之惠 而州縣緫如曾倍
　之賦 其可曰國有法乎 … 今民力所出 比之均役之初 將爲四倍 民安得不困 力安得不匱乎 若以
　寧考之志 臨見此日 其惻怛哀痛之詔 必有倍於當日矣' 즉 다산이 康津에 謫居하던 순조 시대(1
　년부터 19년간)에는, 이미 均役之初와는 판이한 사회정세가 되었음을 알 수 있는데, 이는
　당초부터 수탈을 근절할 수 없는 데서 오는 것으로 보아야 할 것이다.
15)《牧民心書》卷4, 吏典 第1, 束吏條, 1·10張.

단계에 있어서의, 지배층의 대농민 관계를 약술하였다. 제시된 자료를 통하여 보는 한, 그 수단 과 대상물과 정도의 차이는 있을지언정, 민란 발생 이전의 사회를 결코 평온한 정상적인 상태였다고는 볼 수 없게 되었으며, 대농정책에 관하여도 하등의 시정도 개선도 근본적으로 달성되지 못한 사회상태가 繼續되었다고 하겠다. 이와 같이 주구의 시비가 비단 철종 연간에만 있은 것이 아닌 이상 난의 발생을 이 시기의 지배층의 주구에서만 촉발된다고 하는 것은, 이미 무의미한 과거지사의 되풀이에 불과하게 된다. 따라서 민란의 발생 문제를 논의하려면은, 敍上의 이즈러진 사회형태는 하나의 기정사실로 인정하여야 하겠고, 그 범주 내에서 내면적인 주체적인 계기가 주구의 문제와 관련되면서, 추구되고 분석되어 나가야 할 것이 아닌가 생각된다.

* * *

그다음 끝으로, 이러한 시간적, 공간적인 의문과 아울러 우리의 최대의 관심사가 되는 것은 종래에는 볼 수 없었던 봉건적 권력에 대항해 나가는 민중의 투지가, 철종 연대에 와서 발현된 것은 무엇 때문인가 하는 거대한 문제이다. 이 강렬한 투지는 과연 어디서부터 오는 것인가. 이렇듯 피지배층에게 주체적으로 권력에 대항해 나갈 수 있는 힘을 부여한 궁극적인 근거는 무엇이었는가 하는 것이다. 이 문제의 해결은 동시에 前記한 제 의문을 타개하는 관건이 될 것이겠지만, 우선 우리가 말할 수 있는 것은 다음과 같은 태도일 것이다. 즉 반란은 정치적으로도 일어날 수 있기 때문에, 이 시기의 농민이 극단적으로 정치적인 견해를 가졌다면, 그것은 일시적 외면적인 역사상 정치상의 환경 속에서 이루어졌다고도 할 수 있겠으나, 그렇지 아니한 한 적어도 봉건적 절대적인 권력에 대항할 수 있을 만큼 성장한 민중의 의식은, 항구적 내면

적인 사회경제상의 발전과정에서, 육성되어온 것으로 보아야 할 것이
아니겠는가 하는 점이다.

　이상에서 우리는 민란의 발생에 대해서 몇 개의 문제점을 제시하였
으나, 의문되는 점을 일일이 제시하자면 이것으로 그쳐질 것은 아니다.
그러나 본고는 어디까지나 문제의 제기에 그치려는 것이기 때문에, 위
에서 제시해 온 문제점 외에 더 세세한 예증을 열거한다는 것은 필요치
않다. 그것은 전술한 二三의 역사적 의문만 가지고서도, 민란은 결코
삼정의 문란과 주구에 의해서만 일어날 수 있는 것이 아니었다는 사실
을 충분히 수긍할 수 있기 때문이다.

2.

　그러므로 이제 우리가 할 일은 前記한 바와 같은 제 의문을 해결해
나갈 수 있는 연구의 방향을 책정하는 데 있다. 즉 민란이 타 지방이
아니고 삼남에서만 일어날 수 있었다는 것, 역사상 주구는 이미 임진왜
란 이후에 치열해지고 있는데 철종 연대에 와서 비로소 난이 발발하게
된 이유는, 그리고 봉건적 권력에의 대항의식을 민중에게 부여한 궁극
적인 요소는 무엇이었는가를, 계통적으로 밝혀나가는 데 있어서의 분
석 각도를 설정해야 하는 것이다. 그러한 한 우리는 이것을 피상적인
관찰에서 그칠 것이 아니고 역사적 구체적인 인적 구성관계 즉 사회구
성 요소의 변질과정과 이에 따르는 제 문제, 특히 민중의 생활윤리의
변동을 면밀히 검토해야 한다. 그렇지만 이 방법상의 문제도 부단한
새로운 실증적 연구의 구체적인 성과에 의해서 수정되고 향상되어야
할 것은 물론이다.

* * *

그러면 이러한 기본선에 따라서 그 초점만을 요약해 보기로 하자.
첫 단계로 언급해야 할 것은 대동법·균역법의 실시와 이에 따르는 문
제이다.

대동법 실시까지의 경위는 이미 언급한 바이지만, 數次의 세율 변경
이 있은 후, 대체로 숙종 34년(1708)에 이르러서는 전국적으로 그 시행
을 보게 된다. 즉 종래에 방납으로서 너무나 무거운 부담을 민중에게
지워 주던, 다시 말하면 무제한한 징수 방도였던 공납으로부터 혹은
米로, 혹은 布로, 혹은 錢으로써 일정액을 대납하는 결정을 보게 되었
다.16) 이 대동법 실시의 결과는 농민 부담의 기초 부분인 지역별 특산
물(貢物)이 일정액의 米·布·錢 등으로 전환케 되었다는 것만으로 그
치는 것은 아니다. 물론 이러한 형태 전환은 생산물을 납부한다는 사실
에 어떠한 변화를 초래한 것은 못되고, 특산물로서 내던 것을 그에 해당
하는 값만큼, 米나 布나 錢으로서 내게 된다는 점에서 본다면은, 그것은
의연히 농민의 부담이 종전대로 지속됨을 의미하는 것에 지나지 않지
만, 그러나 이 대동법이 실시됨으로써, 방납을 통해서 무제한하게 수탈
을 감행하던 일련의 지배층의 자의성이 붕괴케 되고, 따라서 농민은
생산에 대한 의욕을 가질 수 있게 되었다는 중대한 사실이 간과되어서
는 아니 되겠다. 이것은 이 대동법이 실시되면, 1결 應役額이 木 12필,
米 百數十斗이던 것이, 대동미 一結 所賦 16두에 田稅 三水糧米 등을

---

16) 《萬機要覽》, 財用編, 大同作貢條에 의하면 각 지역별 과세 방법은 다음과 같다.
　　　米 12두: 경기·호서·호남·영남·관동영서 7읍, 해서(田은 粟, 畓은 米로, 그 외에 別收米 3두)
　　　　　16두: 관동 未量 10읍
　　　　　5~6두: 관서·관북
　　　粟 14두: 영동 9읍(大小米 參錯이나 주로 小米)
　　　作米: 호서 山郡 14읍·半山半沿 6읍(折半作木)·호남 山郡 21읍·영남 山郡 45읍
　　　作布: 관동의 영동 9읍·嶺西 중 7읍·호남 산군 중 2읍·영남 山郡 중 4읍
　　　作錢: 관동의 영서 4읍·해서 山郡 4읍·長山 이북 11읍·이남 8읍

합해서 20여 두를 부담하면 되는 것으로 농민은 풍족해지리라는 것,

> 臣竊謂此法苟行之數年　家給人足　可期必致也　何者　一結所賦十六斗
> 而輸運之價　在其中　並田稅三手粮等　則二十餘斗矣　一結一年所得　常田
> 中歲可二三十石　則二十餘斗之米　實不能十分之一矣　其斂豈不輕哉　頃
> 年一結應役之數　多者　木至二十匹　米至百數十斗　當此之時　民猶不盡流
> 亡　亦有支保者　今所賦止於二十餘斗　則其留於民間者　不亦多乎　所留者
> 多　則其足必矣[17]

이 때문에 防納之人·貪官汚吏·豪强品官 등이 이 법을 극력 반대하고, 따라서 양자의 이해관계가 상반되고 있었다는 것,

> 大槪此法　防納人·貪官汚吏·豪强品官　則必惡之　而小民則必好之者
> 也　夫或惡或好　非同然好之　而臣以爲必可行者　以多寡言之　則防納·貪
> 官·豪强少　而小民多　是惡者少而好者多也　以曲直言之　則防納·貪
> 官·豪强皆害小民　而自利者也　皆不直者也　此輩得其利　則小民受其
> 害[18]

그리고 민중은 호서의 대동법이 폐기되었을 때 전일의 무제한한 방납을 생각하고 좋아하지 않았다는 것,

> 此法旣罷之後　竊聞民間囂然不樂　以爲自此吾民無復生道矣　盖前日賦
> 役之出　無有定限　唯防納貪官之谿壑是充　此法則所出有定數　其弊頗減
> 矣　故今復思前日之苦　而不樂如是也　然則此法其行之而民悅　罷之而民
> 怨者也[19]

---

17) 《浦渚集》卷3, 論宣惠廳疏.
18) 《浦渚集》卷14, 論大同啓辭.
19) 《浦渚集》卷2, 論大同不宜革罷疏.

등등에서 추정될 수 있는 문제이다. 다시 말하면 현대적인 개념으로서의 재물에 대한 욕구를 촉진케 됨으로서, 생산력 발전의 계기로서의 기점이 농민층 자신에게로 이행되어 왔다는 사실이다. 이러한 경우에 징수만 일정하여진다면 생산력의 발전은 농민층의 부력 증가를 보장한다. 이것은 구래의 조선사회의 생산력의 부진성 내지는 저위생산력의 원인을, '富의 畜積은 官吏의 誅求를 招來하고 草賊의 目標가 될 뿐이라는 不安에서, 貧窮主義를 標榜하는 農民의 勤勞意慾의 不足에도 있다'[20] 것, '力農之民 家計不貧'[21]이라는 것을 고려한다면 충분히 그 타당성을 인정할 수 있을 것이다.

관인층에 있어서 부력 축적의 첩경인 공물법을 폐지하고 대동법을 시행한다는, 前記와 같은 위로부터의 법제적 조치는, 집권적 봉건관료 국가로서 왕권과 맞서는 의미에서의 지배층의 권한을 제한하려는 왕권 측의 권리의 행사이려니와, 이러한 정책은 동시에 농민경제 파탄의 脅威的인 존재가 되고 있는, 지배층의 수렴의 자의성을 제거케 되는 의미에서 또한 對農보호정책이기도 하였다. 이러한 조선왕조의 대농정책은 그것이 비록 소극적이라 하더라도, 국민적 기반 위에서 진행되었기 때문에, 전쟁·질병·경제적 파탄 등 일련의 국가적 악순환 속에서도, 일시적이나마 그 위기를 면할 수 있었던 것이라 하겠다. 여하튼 이러한 법제적 조치에 의한 농민층의 보호는, 농민으로 하여금 그들 위에 군림하는 광범한 지배층과 겨루면서, 생산력 발전의 계기로서의 기점을 확보하려는 의식, 그리고 이에 따라서 일어나는 財富 축적에의 관심을 비상하게 촉진 성장시키었다는 史的 의의를 가지는 것으로 생각된다.

민중의 의식 수준이 얼마나 향상되어가고 있는가 하는 것은, 영조 26년(1750) 良保布·軍布의 개정과 均役實施案 논란에 즈음하여 민중

---

20) 四方 博, 〈舊來의 朝鮮社會의 歷史的性格〉, 《朝鮮學報》 3, 138쪽.
21) 《牧民心書》 卷8, 兵典 第1, 簽丁條, 28張.

이 취한 태도에서 명백하여진다.

> 自昔說捄弊者 戶布也 結布也 遊布也 口錢也 口錢零瑣 遊布難便 決
> 不可行 今問戶布 · 結布與此外捄弊之道 其各面陳 士庶 · 軍兵多言戶錢
> 便 其言結布便者什二三[22]

즉 良布 2필의 부담이 크니, 그중에서 1필을 감하자는 것은 이미 결정되었고, 반감된 1필의 部分을 어디서 보충할 것인가 하는 것이 논의의 대상이었는데, 이 문제에 대한 영조의 질의는 호포냐 결포냐 그렇지 않으면 다른 방도를 택할 것인가이었다. 이에서 士庶 · 軍兵의 대다수가 호포도 결포도 아닌 호전으로서 가장 편리한 방법이라 하였고, 결포로서 편리하다고 하는 자는 10분의 2 · 3이었다는, 일견 사소한 듯하나 우리에게는 최대의 관심을 경주케 하는 사실이 그것이다. 이것이 그대로 시행되지 못하고 결국에는 結作의 과세로서 落着을 보게 되었지만, 민중의 물납화를 지양하고 금납화에로 전화하려는, 이렇듯 명백한 판단과 태도는 과연 우연한 사실은 아니었다.

결국 이렇게 성장하여 오는 민중의 의식은 재정적 관심과 밀접하게 연관되고 있다. 그러므로 비록 대동법이 실시되었다고 방납의 폐가 완전히 소멸된 것도 아니며 균역법의 강행이 군포의 폐단을 전면적으로 불식한 것도 아니지만, 이 과정을 통해서 일반적으로 농민의 부력이 점증되어 간 것은 필연한 사실이 아닐 수 없으며, 또 민중의 재력이 향상되는 데 따라서 혹자는 致富를 이룬 자도 있게 되었을 것이니, 이

---

22) 《萬機要覽》, 財用編, 均役條. 그런데 이 '戶錢便'은 《增補文獻備考》 卷156, 財用考, 良役條에서도 볼 수 있는데, 《英祖實錄》 卷17, 英祖 6年 5月 庚申條에는 '戶布便'으로 되어 있어 《萬機要覽》 · 《增補文獻備考》와 상치되고 있다. 이것은 영조 자신의 의견으로서는 호포를 원하였음에도 불구하고(實錄 同日條에 "是日朴文秀 先使人飭坊民曰 戶布之議上意也 勿生己見 以戶布爲對 不然有罪라 하였다) 호전으로 결정을 보았던 것을 보면(同上實錄, 同月, 癸亥條에 '聖斷定以戶錢 有司之臣如果善爲奉行 則其於邦國 豈不萬幸 而戶錢實有節簡難便 反不如結布之猶爲可試 …"), 前記한 '戶布便'은 오기된 것인듯하다.

로 말미암아 빈부의 차이로 인한 농민층의 새로운 신분적 구성 다시 말하면 구래의 신분적 계층의 분해과정이 전개되었으리라는 것도 추측할 수 있는 문제이다.

* * *

다음 단계는 이러한 인적 구성관계(봉건적 계급관계)의 분해에 따르는 문제를 검토해야 하는 일이다.

그러면 어떠한 형태로 분해과정을 밟고, 어느 정도로 진전되어 가는가를 보기로 한다. 전단계에서 이미 언급한 바와 같이, 대동법과 균역법이 실시됨으로서 농민층의 형편이 좀 피어나는 것은 사실이나 그렇다고 지방관이나 서리층의 주구가 소멸되지 아니하고 반대로 더 치열해졌음도 분명한 것으로서, 당시의 사료에는 어디나 기록되었고 누구나 이 질식할 사회환경을 痛論하고 있다. 그러므로 여기에 성장하여 오는 민중과, 그 경제적 지위가 토지와 토지의 생산물에 의존되고 재정적 수입의 대부분을 수탈이라는 자의성에다 보장받고 있는 지배층 간에는, 사활적인 이해관계의 대립을 초래하게 된다.

그러나 이러한 대립관계가 끊임없이 계속되었고, 농민층은 날로 그 수탈당하는 바가 더 심하여졌음에도 불구하고, 그들이 정면으로 대항하려는 의욕을 가지기에는 사회적 경제적 조건이 아직 너무나 미성숙하였다. 그들 농민은 지배층의 봉건적 자의성으로부터의 보호를 기대할 수 없었을 때 스스로 자신의 문제를 해결하지 않으면 아니 되었던 것이지만, 정면으로 대항한다는 것을 생각하기 전에, 먼저 이 강제적인 수탈로부터의 도피의 방법을 모색하기 시작하였던 것이다. 우선 그들에게 최선의 방법으로 착상된 것은 말단 행정관리라던가 서리층과 결탁하여 면세 면역의 방법을 취하는 길이다.23) 그러나 이것은 일시적인 변통에 불과한 것이며 항상 불안한 처지를 면치 못한다. 그러므로 그들은 지배층의 수탈로부터 안전할 수 있는 항구적인 도피의 장소를 강구하지 않을 수 없었다. 그것은 신분적으로 양반층으로 승격함으로서, 종래의 양반층과 동등한 계층에 소속되어 버리는 대담한 방법이었다. 즉 농민 그중에서도 부농층에서는, 그들의 부담을 경감하고 지위를 향상시키는 근거를, 호적상 완전한 양반적 신분으로 승진하는 데서 찾아내기 시작했다는 것이다. 이 점에 관하여 四方 博 씨의 면밀한 인구 연구24)를 통해서 구체적인 숫자를 들어보기로 한다. 그의 연구는, 숙종 16년(1690)에서 철종 9년(1858)에 이르는 1世紀半餘에 亘한 기간을 50여 년씩 간격을 두고 조사한 것이며, 그 대상이 된 지역은 大邱市 일부(達西面) 외 達城郡 일부(多斯面·河濱面·城西面·月背面·花園面)로서, 이 지역의 戶口帳籍을 근거로 한 것이었다.

<표2> 신분별 호수

	兩班戶	常民戶	奴婢戶	總數
肅宗 16年(1690)	222	1,360	1,081	2,663
英祖 5·8年(1729·1732)	439	1,609	812	2,860
正祖 7·10·13年(1783·1786·1789)	875	1,508	135	2,518
哲宗 9年(1858)	1,614	807	43	2,464

<표3> 신분별 호수의 백분율

	兩班戶	常民戶	奴婢戶
肅宗 16年(1690)	8.3%	51.1%	40.6%
英祖 5·8年(1729·1732)	15.3%	56.3%	28.4%
正祖 7·10·13年(1783·1786·1789)	34.7%	59.9%	5.4%
哲宗 9年(1858)	65.5%	31.8%	1.7%

---

23) 《牧民心書》 卷8, 兵典 第1, 簽丁條, 18張에 "或一里之民 皆納賂而圖免"이라고 하였다.
24) 四方 博, 〈李朝人口에 關한 身分階級別的觀察〉, 京城帝國大學法學會 編 《朝鮮經濟의 研究》 3.

표에 의하면 총 호수는 숙종 연대에서 철종 연대에 이르는 동안 큰 변화를 보이지 않는 데 대하여, 계층별 호수의 증감률은 현저한 변동을 나타내고 있다. 如上의 양반호의 격감·노비호의 소실은, 인구의 자연적인 증감에, 因由하는 것이 아니고, 한편으로는 각 호가 그대로 신분적으로 변화하고, 다른 한편으로는 노비의 上典戶에의 沒入이 촉진된 것이라고 상상되지 않을 수 없다. 다시 말하면 자연적 원인으로서가 아니고 사회적 원인에 기인한 것이라고 결론지을 수가 있다는 것이다. 그 구체적인 형태로는

1. 양반 신분의 冒稱·良籍의 가탁
2. 身功·納粟에 의한 위계 관직의 취득 또는 면천
3. 노비의 속량·도망·투탁

등을 들 수가 있겠으나, 이러한 현상을 발생케 한 이유는 단지 추상적인 사회적 우월에의 갈망에 그치는 것이 아니고, 稅賦軍役을 면하려하는 현실적인 이해관계에서 온 것이었다.[25]

우리는 이 표를 통해서, 변화되어 가는 사회구성면을 구체적인 형태로 파악할 수 있는 기점을 시사받을 수 있게 되었지만, 그러나 우리가 추구해야 할 문제는 여기서 그쳐질 것이 아니고, 이 분해과정이 미쳐주는 영향에 더 큰 관심이 있는 것이다.

그것은, 신분적으로 양반층으로 승진한 부유농민은, 원리적으로는 종래의 양반층과 다름없는 권력주의의 徒黨으로 化하였기 때문에, 그들의 뜻대로 면세 면역되고 잔존한 영세농민층에게는 보다 많은 부담이 가중되었다는 사실이다.

古者簽軍之法 編戶之民 無或漏丁 今焉士夫之墓村 校院之濫錄 儒卿

---

25) 四方 博,〈李朝人口에 關한 身分階級別的觀察〉, 392~394쪽.

之冒帖 吏輩之稧房村 許多名色 皆得免役 而只以殘民編簽 一人或兼三
四役之苦26)

　　이러한 현상은 이미 英正 시대부터의 일인데 이 金道喜(헌종조 우의
정)의 啓言은 그 일례를 군역의 경우에서 언급한 것에 불과하다. 그렇
기 때문에 이 부당성을 시정하려고, 양심적인 양반관인층이 지배층 자
신들의 자제와 수적 감소를 호소하고,27) 지배층 자신에 대한 비판도
하게 되었으며,28) 19세기에 들어와서는 자주 왕명을 발하여 班民의
常民 침해를 금지하려고까지 하게 된 것이었다.29)

　　그다음 이와는 대척적인 각도에서 중대한 점을 발견한다. 즉 누구나
재정적인 여유만 있으면, 그러한 경지에 도달할 수 있다는 생각이 일반
화되었기 때문에, 그리고 사실상 많은 상민층의 양반화가 실현된 탓으
로, 지배적 계급성의 절대적인 지위가 상대적인 위치에로 전락되어 갔
다는 사실이다. 대체로 조선사회의 봉건적 착취에 있어서의 양반관인
층과 서리층의 자의성을 보증해준 것은, 유교적인 윤리성 위에 구축된
절대적인 봉건적 신분관계이겠는데, 이 인적 관계가 근본적으로 동요
되고 그들의 높은 권위가 민중 앞에 상실되게끔 되었다는 것은, 일반

---

26) 《日省錄》憲宗 11年 正月 10日條.

27) 《北學議》坤, 應旨進北學議疏.

28) 이것은 慶尙道安覈使 朴圭壽의 사족에 대한 태도인데, 이러한 태도에 대하여 副護軍 李晩運
　　등이 그를 탄핵한 것을 보면, 박규수가 양반층 전체를 상대로 돌리고 보고문을 작성하였다는
　　것은, 비장한 결심하의 일이었다고 하겠다. 다음은 이만운 등의 彈劾疏文의 일부이다. 《承政
　　院日記》哲宗 13年 5月 27日條, '副護軍李晩運等啓日 … 得伏見嶺南 按覈使朴圭壽輪關道內
　　者 則全篇命意 以晉州作變 歸罪於士族父兄之 有地望者 又以嬌訝時易內殺人事 挿入其中 以爲
　　劫官殺吏之證案 … 盖今番事變 起於晉陽一境 而覈使受命 亦止晉陽一邑 … 舉一道之士民 不
　　問遠近 不論是非 一例勘斷 勒爲亂罪者 從實安覈之意 果何如也 … 此則欲以小民之罪 勒移於
　　士族者也 … 臣等旣遭此誣辱 生不如死 卽當走伏金吾 恭俟顯戮 而第以一死固甘 而臣等情勢
　　一毫未白 則家而爲不孝 國而爲不忠 生無以自列於平人 死無以瞑目於地下 冤乎冤哉 士民何罪
　　父老何罪 伏願天地父母 將此疏辭 付之攸司 幷與安覈使輪關原本 逐一參驗 窮覈情實 早定刑章
　　以謝人言 如係冤枉 承降處分 以懲凶險之肚 以卒生成之澤焉

29) 《日省錄》憲宗 4年 正月 10日條;《哲宗實錄》卷5, 哲宗 4年 4月 己卯條.

민중의 인간 본연의 권리에 대한 자아의식이 — 비록 그것이 중세적인 개념이기는 하였으나 — 그만큼 반비례해서 성장되어 갔다는 것을 의미한다.

이 민중의 권리의식은, 구래의 유교적 사회의 윤리성을 부정하고, 그들의 전통적 가족주의와 엄격한 계급제도를 부정하고, 나아가서는 현실 조선 자체를 부정하려고까지 하는, 혁명원리로서의 천주교의 집요한 성장으로 인한 평등주의 서구 사조의 膨大와,[30] 19세기 전반기에 빈발하는 서구세력에 의한 중국 침략이 국내 사상계에 미치는 자극으로 말미암아 더욱 확산되어 갔다. 지배층 자신들에게도 전통적 보수주의 생활윤리에 대한 재검토가 제기되었지만, 일반 민중에 있어서는, 이것이 현실적인 문제로서 요청된 종래의, 엄격한 봉건적 전통성에서 벗어나려는 노력, 다시 말하면 사회 내부로부터 성장하여온 의식과 결부되어, 드디어는 점차 그들 자신의 세계관에 변동을 일으키게까지 되었던 것이라고 하겠다.

3.

이상 대단히 조잡함을 면치 못하였으나, 문제를 제기하는 의미에서 민란 발생 원인에 관하여 의문되는 점을 제시하였고, 연구 태도의 방향 책정으로서 사회구성 요소의 변질과정과, 민중에 있어서의 대항의식의 성장 등에 관하여 그 초점만을 요약해 보았다. 물론 필자의 능력 부족

---

30) 石井壽夫, 〈理學至上主義 李朝에의 天主敎의 挑戰〉, 《歷史學硏究》 12-6.

으로 인하여 많은 오류를 범하고 있다는 것은 자인하는 바이며, 이것은 앞으로 시정되어 나갈 것이겠지만, 현재로서는 조선시대 말기에 민란이 발발하는 것도 이러한 사회 내부로부터의 변화가 그 조건과 전망을 부여하게 되는 것이라고 생각하는 바이다. 그러므로 특히 삼남 지방에서 민란이 일어나게 된 원인도, 그 지역이 지배층의 집중적인 생활 근거지가 되어왔고, 타 지방보다도 수적으로 보아 압도적으로 다수였다는 점에서, 그들이 주는 박해가 컸던 것이지만,31) 그 때문에 민중은 그와 반비례해서 인간 본연의 권리의 문제를, 타 지방보다도 더 뼈저리게 느끼게 된 데서 因由하는 것이라고 봄이, 논리적으로나 역사적으로나 타당한 것이 아닐까 생각한다.

《歷史敎育》 1, 역사교육연구회, 1956. 10.

---

31) 이러한 사실은 《浦渚集》 卷2, 論大同不宜革罷疏, '江原道則無不悅者 兩湖則有悅之者 有不悅者 是由江原道無豪强 而兩湖有豪强也 兩湖之中 湖南不悅者尤多 以其豪强尤多也 以是觀之 則唯豪强不悅 而小民皆悅之也';《孝宗實錄》 卷2, 孝宗 即位年 11月 庚申條(金堉의 발언 중), '宣惠之法 故相臣李元翼建白 而先行於京畿·江原兩道, 未及行於湖西 今宜先試於此道 而三南多富戶 此法之行 富戶之所不悅也 國家施令 宜從小民之願 何憚於富戶' 등등의 대동법 논쟁의 일부 기록이 잘 표시해주고 있다.

東學亂研究論
─ 성격 문제를 중심으로

1.

전근대적 조선사회의 구제도에서 탈피하려는 법제적 조치로서의 甲午更張은 그 방법과 절차를 고려에 넣지 않는다면은 그것은 실질적으로는 東學亂의 이념을 받아들인 것이었고, 일본제국이 그 침략주의를 한반도로 진출시킴으로써 야기된 淸日戰爭도 그 구실은 동학란에 있었던 것이었다. 다시 말하면 동학란은 한국사회의 근대화과정에 연결되고 있으며 동시에 일본제국의 한국침략과도 밀접한 관련을 가지는 것으로서 그 역사적 현실은 이중적인 면을 가지고 있는 것이라 하겠다. 그러므로 한국사에 있어서의 봉건사회의 몰락과정 내지는 근대화과정의 문제와 제국주의의 침투로 인한 식민지화 과정 및 민족운동의 문제는 다 이 동란의 깊은 연구를 필요로 하는 것으로 본다.

그러나 민족사에 있어서 차지하는 동학란의 위치가 이렇듯 커다란 비중을 가지면서도 일제하의 한국사학계에서는 문제의 중대성에 반비례해서 놀랄 만큼 이 문제를 등한시하여 왔고 연구된 바도 적으며, 또 연구되었다 하더라도 그것은 동학의 종교적인 검토나 난의 경과에 대한 평면적인 서술에 그치었다. 일제하의 제한된 학문적 분위기에서 오는 결과였다고들 한다. 그러나 민족적 해방을 맞이한 후에도 국내외를 막론한 학계에서 단 4~5편의 논문이 있을 뿐 여전히 이 문제에 대한 검토는 침체상태에 있으니 단지 학문적인 분위기 때문만은 아닌지 싶다. 그것은 종래의 동학란 연구에는 조선봉건사회의 붕괴과정이라는 전환기의 역사의식이 결여되고 있는 때문이며, 혹 그것이 의식되고 있다 하더라도 그것은 이질적인 자본주의세력의 침투로 인한 급격한 사회경제체제의 변동관계에만 치중하고 조선사회 자체 내에서 성장하여 오는 발전적인 素因에 대해서는 전혀 배려하고 있지 않은 탓이 아닌가 생각된다. 앞으로의 동학란 연구에 있어서는 이러한 문제들이 먼저 논의되어야 할 것이 아니겠는지, 필자는 종래에 이 문제에 관해서 연구된 바를 정리 개관하고 장래의 연구에 있어서의 하나의 전망을 얻고자 한다.

2.

동학란에 관한 자료로서는 난 당시의 관변 측, 민간 측 기록이 허다하나 擧皆가 동학란을 동학교도의 匪亂으로 취급하였고, 동학교도들에 의해서 소개 집필된 것도 있으나 그것은 교도라는 제약하에 난에 있어서의 종교성만을 강조하는 바 되어 그 가치는 고전적 자료의 범주를 넘지 못하고 있다.

　　그러므로 동학란의 역사적 의의에 관한 비판적 분석적인 연구는 시
간의 경과와 학문적 수준의 향상에 기대될 수밖에 없었다.

　　＊ 이를테면 다음과 같은 동학란 관계 자료가 그러하다. (국사편찬위원회 소장)

　　　《兩湖招討使謄錄》
　　　《甲午實記》 2권
　　　《甲午先鋒日記》
　　　《兩湖右先鋒日記》
　　　東學黨征討關係記錄
　　　《先鋒陣呈報牒》 2권
　　　《日本士官函謄》
　　　《先鋒陣上巡撫使書》
　　　《巡撫使各陣傳令》
　　　《巡撫使呈報牒》
　　　《先鋒陣書目》
　　　《宣諭榜文並東徒上書所志謄書》
　　　《朴鳳陽經歷書》
　　　《李圭泰往復書並墓誌銘》
　　　《黃海道東學黨征討略記》 2권
　　　《全羅道民擾報告》(일본공사관기록)
　　　《東學黨征討關係及巡査派遣의 件》(일본공사관기록)
　　　《東學黨變亂之際 韓國保護에 關한 日淸交涉關係》 1건(일본외무성문서)
　　　《全琫準供草》
　　　《李秉輝供草》
　　　《東徒問辯》
　　　《甲午略歷》

　　　＊＊
　　　李敦化,《天道敎創建史》, 1933.
　　　吳知泳,《東學史》, 1940.

崔琉鉉, 《侍天敎歷史》(난의 종교적인 고찰에 있어서도 시천교 측은
천도교 측과 달라서 동학란을 교도 중의 불순분자들에 의해서 감행된
난동으로 보고 있다.)

해방 전에 있어서 동학과 동학란 연구가 학문적으로 체계화되기 시
작한 것은 1930년대부터의 일이다. 이제 그 중요한 성과를 살펴보면
田保橋潔 씨의 일련의 연구를 비롯하여 《近代日支鮮關係의 硏究》
(1930), 《近代日鮮關係의 硏究》 下卷(1940), 信夫淸三郎 씨의 연구
《陸奧外交》(1940), 村山智順 씨의 연구 《朝鮮의 類似宗敎》(1935)(조
선총독부조사자료 42), 金庠基 교수의 연구 《東學과 東學亂》(1947)(이
것은 해방 전에 신문지상에 발표하였던 것을 해방 후에 단행본으로 간
행한 것이다), 石井壽夫 씨의 연구 〈敎祖 崔濟愚에 있어서의 東學思想
의 歷史的 展開〉(1941)(《歷史學硏究》11-1), 野原四郎 씨의 연구 〈近
代支那朝鮮을 圍繞한 日露關係〉(1939)(《世界歷史大系 東洋近世史 2》
所版) 등을 들 수 있다.

田保橋 씨에 의하면 동학란은 동학비도들의 난이었는데 이것은
1930년의 연구에서 동학란의 경과를 해명하고 10년 후인 1940년에는
이것을 더욱 상세하게 보충하여 가는 과정에서 내려진 성격 규정이었
다. 그러나 씨의 일련의 연구는 연대기적 실증주의의 방법이었으며,
동양삼국을 圍繞한 외교관계의 면에 중점이 있었기 때문에 동학란도
그러한 면에서 취급되었고 그럼으로 해서 난의 역사적 의의 내지 성격
은 밝혀질 수가 없었다.

외교사적 관점에서 동학란의 측면을 다루면서도 田保橋 씨와 다른
입장에 서는 것은 信夫 씨이다. 씨의 청일전쟁연구 《陸奧外交》는 기성
사학의 방법론의 결여와 재검토적 사학이 미치지 못한 정치외교적 과
정을 분석하는 것이라고 스스로 말하고 있거니와 그 제1장을 차지하고

있는 〈東學黨의 亂〉에 의하면 동학란은 민란에 인테리겐챠인 동학당이 편승하고 이것은 대원군이 이용하고 그는 또 袁世凱가 조정함으로써 진행된 난이었다. 그러나 씨의 이러한 단정은 신문기사를 유일한 자료로 택한 데서 나온 오류였다. 번거로운 비판을 가할 것도 없이 이 연구가 일본의 침략주의를 합리화시키려는 것이 아니었다면 씨의 동학란 본질파악에의 노력은 수준 이하의 평을 면치 못한다.

前記한 兩氏와는 전혀 다른 각도에서 동학과 동학란의 본질을 해명하려고 한 것이 村山 씨 · 김상기 교수 · 石井 씨의 종교적 내지는 사상적 연구일 것이다. 村山 씨는 《朝鮮의 類似宗敎》에서 천도교 신자에 관한 조선총독부경무국과 각도경찰부의 조사보고 · 통계 · 기록문서 등을 근본자료로 하여 동학을 종교학적으로, 사회학적으로 연구 검토하고 있다. 다시 말하면 씨는 동학을 교리상으로나 사상적으로만 고찰하는 것이 아니고 오히려 그것이 사회에 미치는 작용력과 교도의 신앙관을 광범한 실제적 사회조사에서 얻은 통계 숫자를 구사하여 객관적 과학적으로 분석한다. 씨는 이 방대한 연구에서 동학의 종교성을 부정하고 하나의 유사종교 단체로 규정하였으며 동학란도 이 유사종교 단체의 하나의 사회운동으로 파악하고 있다. 그러나 이것은 此種의 방법론으로서 동학과 동학란을 분석하려 하는 한 결코 타인의 추종을 불허하는 유니크한 연구이기는 하겠으나 적어도 현재 초미의 문제로서 제기되고 있는 동학란의 역사적인 위치를 책정하는 데는 거리가 먼 연구라고 하겠다.

동학란의 사상적인 배경 내지는 동학사상 자체에 대한 연구에 있어서도 村山 씨의 이러한 경향과 대척적인 입장에 서는 것이 김상기 교수의 동학이론 《東學과 東學亂》이다. 김 교수에 의하면 동학교조 崔濟愚는 조선의 '루쏘오'로서 그의 사상체계의 발전인 人乃天主義는 '루쏘오'의 民約論과 같다고 한다. 다시 말하면 동학의 난에 있어서의 역할은

불란서 혁명에 있어서의 계몽사상의 역할과 같은 것이었다. 이 논문은 김 교수의 왕년의 역작으로서 그 후의 동학란에 있어서의 동학사상의 계몽적 역할설은 모두 이 김 교수의 이론에 근간하고 있었다. 다만 김 교수의 이와 같은 동학 이론에 있어서는 동학사상과 교도의 실천적인 행동이 반드시 부합되고 있는 것이 아니어서, 해방후에 姜在彦 씨에 의해서 이 점이 밝혀질 때까지는, 계몽적인 역할을 시인하려면은 이론과 실천 간의 이러한 간극을 如何히 관계시켜가야 하는가가 의문이 되고 있었다.

　김 교수와 상반되는 견해를 수립한 것은 石井 씨였다. 이 石井 씨의 동학사상 형성의 분석 〈敎祖 崔濟愚에 있어서의 東學思想의 歷史的 展開〉는 동란과의 직접적 연관에까지는 미치지 못하였으나 동란의 정신적인 지주가 되었다고 하는 동학사상의 계몽적 역할을 분석 검토하고 비판하는 데 있어서는 하나의 지표적인 존재가 될 수 있는 탁월한 견해였다. 즉 씨에 의하면 동학교조 최제우의 創敎의 심리적 계기는 '家'의 몰락이었는데 이것은 가족주의를 국가유지의 규범으로 삼고 '家'를 근거로 해서 귀족계급이 사회적 우월을 과시하고 봉건적인 계급주의가 지배적이었던 중세국가의 붕괴에서 반영된 것이라고 한다. 이와 같은 동기에서 발생한 동학은 당시의 사회적 국가적 불안에서 다시 輔國安民의 敎로 自己抗張되고 서구인의 침입에 대한 불안으로써 민족적 종교로 확충되어 여기에 민중적 민족적 종교로 완결된 것이었다. 그러나 이 민족종교인 동학사상을 받아들이는 민중은 현실 타개를 위한 직접 행동 다시 말하면 현실문제로서의 정치적 사회적 혁신을 冀求하고 있었는 데 반해서 교조 최제우의 목표는 어디까지나 종교적인 것으로서 교도와의 사이에는 커다란 차질이 있었다고 한다. 石井 씨의 이 견해는 비록 초기 동학사상의 성격 규정에 그치는 것이기는 하였지만, 동학란 당시에도 교조의 衣鉢의 高弟들에 의해서 이러한 反혁신적 사상이 계승되었다고 한다면은 동학란의 성격 규정에도 하나의 단서를 찾을 수 있는 것이 아닐까 생각한다.

　이상과 같은 난의 경과에 대한 실증적 태도, 동학에 대한 사상적 종교적인 연구 태도와는 달리 새로운 시각에서 동학란을 전개하려고 한 것은 野原 씨였다. 즉 씨는 동학란을 광범한 국제 제 관계에서 파악하였고 종래의 일청관계만을 주안으로 한 외교사적 관찰의 좁은 시야를 확대시키었다. 그리하여 씨의 연구 〈近代 支那朝鮮을 圍繞한 日露關係〉에 있어서의 동학란은 일본의 자본주의 세력에 의해서 식민지화되어가는 조선사회 내의 대사건이었으며 그 역사적 평가는 그 후에 연달은 민족운동의 선구이었다. 물론 씨의 이러한 본질 파악은 동학란 자체에 대한 실증적인 분석을 토대로 한 것이 아니었으므로 한층 더 파 내려간 구명이 요청되는 것이기는 하지만 그러나 단편적이나마 시사하는 바 컸던 것으로 그 기본방향은 해방 후에도 계승되어간 탁견이었다. 帝政下의 학계에서 그것도 日人學者에 의해서 이와 같은 이론이 제기되었다는 것은 김 교수 및 石井 씨의 연구와 더불어 그 후의 동학란 연구자에게는 그것의 참고에 遺漏를 불허하는 하나의 획기적인 사실이 아닐 수 없었다.

3.

　1940년대를 전후해서 새로운 문제의식하에 고조되어가던 동학란 연구는 그 후 2차대전의 발발과 일본의 전시경제체제로의 이행으로 말미암아 중단되었으나, 전쟁이 종결된 후에는 다시 戰前의 수준과 문제의

식을 살려가면서 眞執하게 추구되기 시작하였다. 그리고 전전의 연구
가 동학란의 단일적인 면만을 검토해온 데 반해서 戰後의 연구에서는
이것을 커다랗게 종합하고 또 그 개개의 연관성을 밝히는 방향으로 전
개해 왔는데, 이것은 확실히 동학란 연구사에 있어서의 하나의 전진이
라고 하겠다. 이와 같은 문제의식하에 논술된 전후의 성과로서는 全錫
淡 씨의 연구 〈李朝封建社會의 總結로서의 東學農民亂〉(1949)(《朝鮮
經濟史》)를 비롯해서, 李丙燾 박사의 연구 〈東學亂의 歷史的 意義〉
(1954)(《思想界》 2-8), 朴慶植 씨의 연구 〈開國과 甲午農民戰爭〉
(1953)(《歷史學硏究》 특집호 朝鮮史의 諸問題), 姜在彦 씨의 연구 〈朝
鮮에 있어서의 封建制의 解體와 農民戰爭〉(1954)(《歷史學硏究》
173 · 174), 拙稿 〈哲宗朝 民亂發生에 對한 試考〉(1956)(《歷史敎育》
1) 등을 들 수 있다.

　해방을 맞이한 국내학계에서 누구보다도 먼저 동학란 연구에 문제를
제기한 전석담 씨는 정치 외교사적 구명과 사상적 배경 파악에 치중하
였던 종래의 연구를 종합해 가면서 이것을 사회경제적인 시각에서 전
개하였다(《朝鮮經濟史》). 즉 全氏의 동학농민란 발발의 전제조건은 ①
조선 말엽의 국제정세 ② 조선 말엽의 국내정세 ③ 동학의 창시와 교조
신원운동이었는데, 국제정세에서는 19세기 후반기의 자본주의 열강
그중에서도 특히 일본자본주의의 경제적인 진출과 이를 견제하려는 청
국 세력의 대립으로 인한 국내정계의 혼란을 말하고, 국내정세에서는
조선국가의 토지제도의 문란과 정치 · 경제 · 사회의 혼란, 농민층에 대
한 주구, 그에 따라서 일어나는 농민층의 빈곤을 논하고, 교조 신원운
동에서는 동학사상 자체에 혁신적인 이념이 있는 것은 아니었지만 신
원운동은 결과적으로 동학농민군을 결집시켜 가는 데 있어서 대단히
효과적인 역할을 하게 되었다고 한다. 그리하여 결국 이것을 종합한
씨에 있어서의 갑오농민란은 어지럽고 급박한 국제정세를 배경으로 하

고, 내정의 부패로 말미암아 자연발생적으로 일어난 민란이, 동학의 조직과 合電되어 일어난 일대 농민전쟁이었다. 그러나 씨의 동학란 연구에 있어서의 높이 평가될 수 있는 문제의식에도 불구하고 농민전쟁의 전제로서 검토된 사회경제적인 분석은 반드시 농민전쟁이 발발할 수 있는 素因을 설명하기에 충분한 것은 아니었다. 그것은 당시까지의 수준이 공통하게 가지는 결함이기도 하였다.

동학란의 본질을 동학교도를 중심으로 하여 일어난 농민전쟁으로 일종의 계급투쟁 사회혁명적인 운동으로까지 이끌어 가는 것은 이병도 박사의 이론 〈東學亂의 歷史的 意義〉이다. 李博士의 이러한 이론은 기본적으로는 全氏와 동일한 결론에 도달한 것이지만 그러나 동학란을 농민전쟁이라든가 사회혁명적인 운동으로 규정지었다는 의미에서는 全氏와 방향이 같으나 동란의 추진력이 무엇인가 하는 점에 있어서는 전혀 그 방법과 입론의 근거를 달리한다. 즉 李博士에 있어서의 동학농민군은 동학교도의 부르짖음에 호응한 것이었고 따라서 동학란의 추진력은 동학교도에 있는 것이었다.

해방 후 일본학계에서의 동학란연구는 박경식 씨에 의해서 최초로 종합 분석되어 갔다. 박경식 씨는 野原 씨의 문제의식에서 출발하여 동학란을 反식민지화 운동과 反봉건적 운동으로 파악한다. 즉 씨는 〈開國과 甲午農民戰爭〉에서 종래에 갑오농민전쟁을 동학 비도의 난 또는 동학이라는 민족종교를 신앙하는 몰락귀족과 불평분자의 반란이라고 취급하여 온 것은 일본자본주의의 침략과 이에 대항하는 애국적인 농민전쟁을 은폐하려는 의도에서 조작한 것이라 하고, 침략을 감행한 일본의 입장 또는 중간에서 어부지리를 보려고 한 제 열강의 입장에서가 아니라 침략을 받은 한국의 입장에서 논술하고 있다. 그리하여, 씨에 있어서의 강화도조약은 대포와 군함의 협박에 의한 강제적인 조약이었고 이로써 자급자족적인 봉건사회의 경제체제는 자본주의세력의 침투를 받아 급속하게 해체되어 가고 농촌경제는 국가적인 원조를 배경으로 하는 일본상인들의 고리대적 자본에 의해서 파탄상태에 빠지게 되었다. 이것은 소위 三政紊亂으로 알려져 있는 봉건적 지배층의 주구와 아울러 농민들에게는 이중삼중의 가혹한 착취가 되었는데, 동학이라는 민족종교는 결국 이러한 외압의 초기적 자극과 내적 부패 가운데서 발생한 것이었고 또 외국 자본주의에 대항해 가는 가운데서 보다 크고 강력하게 육성된 것이었다. 그러므로 결국 동학을 중심으로 농민층이 결집되어 일어나는 동학란은 이러한 식민지화의 위기에 대항하는 민족적인 운동이었고 부패한 봉건세력에 대한 개혁운동이었다고 한다.

강재언 씨의 연구 〈朝鮮에 있어서의 封建制의 解體와 農民戰爭〉도 동학란의 근본 원인을 조선 말엽의 봉건적 지배층의 무제한한 착취와 자본주의 세력의 침투로 인한 농촌경제의 파탄에 구하고 있는 점에서는 박경식 씨의 이론과 같다. 그러면서도 姜氏의 이론을 경청할 수 있는 새로운 종합적인 성과는 동학사상과 그 운동을 본격적 농민전쟁에의 한 계기로 보고 그 내적 연관성을 파악하였다는 점일 것이다. 즉 姜氏에 의하면 동학운동은 조선왕조의 금압에 항거하고 동학의 布德과 신앙의 자유를 획득하기 위하여 도민의 '聚會'를 실력적 기반으로 하여 청원과 항의의 형태로서 행한 것이었는데, 이와 같은 민중운동은 왕조가 극형으로 대하던 당시에 있어서는 획기적인 일이었던 것으로, 이러한 운동 가운데서 종교운동이 가지는 집단성과 비지역성에 의해서 도민들의 의식의 통일적 결합은 강화되어 갔다고 한다. 그리고 이 경우에 있어서 특히 중대한 것은 이로써 동학당의 하층부를 구성하고 있는 농민들의 계층적 연대성이 형성되어 가고, 그리고 농민들의 이러한 성격 때문에 이 동학운동은 이교도로부터 자기의 교리를 지키는 단순한 종교운동에 그치지 아니하고 봉건적 지배층에 대한 反권력운동의 성격에까지 질적으로 향상될 수 있었다고 한다. 다시 말하면 동학란이 사회개혁운동에까지 성장할 수 있었던 것은 동학 敎門의 사상운동과 정치운동이 농민층을 집단적으로 연대화시킨 때문이라고 하는 것이다. 우리는 여기에 김상기 교수의 이론이 구체화되어 가는 것을 볼 수 있으나 농민전쟁의 주체적인 조건이 동학운동 가운데서 준비되어 갔다고 하는 姜氏의 所論은 아직 그 입론의 근거 자체에 있어서 논의되어야 할 많은 문제를 내포하고 있는 것으로 본다.

拙稿 〈哲宗朝 民亂發生에 對한 試考〉는 동학란연구의 일부로서 구상한 것이었는데 종래의 동학란연구가 도외시해 오던 동학란의 초기적 형태로서의 민란을 후반기 조선봉건사회의 발전과정에서 포착하려고 한 하나의 시론이었다. 민란의 발생원인이 해명된다면은 동학란의 역사적인 위치도 선명하게 드러날 것으로 본다. 그리하여 필자가 도달한 결론은 다음과 같다. 민란은 삼정문란이라든가 봉건적 지배층의 가혹한 착취로 인해서 발생한다고 하는데 이것은 객관적인 현상 자체의 설명에 불과한 것으로서 농민층이 봉기하게 되는 내면적인 원인의 해명은 될 수 없다. 민란발생 이전에 있어서의 사회도 (250~300년간) 결코 정상적인 과정은 아니었고 주구의 문제도 철종연대에만 있었던 것이 아니니만큼 민란의 발생문제는 이러한 사회상태를 기정사실로 인정하고 그 범위 내에서 내면적인 주체적인 계기가 주구의 문제와 연관되면서 추구되어야 한다. 이러한 전제가 용납되어야 할 이유는 다음과 같은 세 가지의 구체적인 의문이 제기될 수 있기 때문이다. 즉 ① 민란이 삼정의 문란 때문에 발생한다면은 삼정 문란의 농도는 삼남지방과 북부지방 간에 하등의 차이가 없었는데, 왜 민란은 전국적으로 일어나지 않고 초기 20년간은 삼남지방에서만 일어났는가, ② 봉건적 지배층의 주구가 심한 탓이라고 한다면은 민란은 임진왜란과 병자호란의 양차의 대전 후에 이미 발생했어야 할 터인데 그동안 2백여 년간이나 민란이 일어나지 않고 있었던 것은 무엇 때문인가, ③ 민란은 결국 봉건적 권

력에의 대항의식의 직접적인 표현일 텐데 이러한 대항의식이 왜 철종 연대에 와서야 발현되었는가 하는 것이 그것이다.

그러면 민란이 발생하는 내면적인 주체적인 계기는 어디 있었는가. 그것은 농촌에 있어서의 사회구성 요소의 변동관계 다시 말하면 신분적인 계층관계의 변동에 있었다. 그리고 이러한 농민층의 계층적인 변동은 대동법·균역법 등의 실시로 말미암아 생산력 발전의 기점이 농민층으로 이행되는 데서 비롯하며, 또 그것은 이 법제적 조치가 실시되는 과정에서 부유해진 농민층이 金力으로서 신분적(호적상)으로 완전히 양반층으로 승격해 간 까닭이다. 그리고 이러한 사회적 변동과정에서는 두 가지 현상이 일어난다. 하나는 승격된 새로운 양반층은 각종 면세의 혜택을 받는 반면에 잔여 농민층에게는 부담이 가중된다는 것이고, 또 다른 하나는 아무리 가난한 농민이라 하더라도 재력만 있으면 양반층으로 승격할 수 있다는 사실이 일반화되었기 때문에 유교적인 윤리성 위에 구축된 조선봉건사회의 양반층의 절대적인 권위가 민중 앞에 상실되어 갔다는 것이다. 그리하여 결국 민란이 발생하는 것은 이러한 사회 내부로부터의 변화가 그 조건과 전망을 부여하는 것으로서 삼남지방에서 민란이 먼저 발생한 것도 그 지방에 지배층이 압도적으로 다수였다는 점에서 그 박해가 컸던 탓이기도 하지만 그와 반비례해서 민중의 사회의식도 타지방보다 더 발전한 데 因由하는 것이었다. 동학란은 이러한 조선사회 후반기에 있어서의 변천과정 다시 말하면은 하나의 사회조류가 되어가고 있는 농민층의 사회의식과 밀접하게 연결되는 것이지만 이 논고에서는 그것은 스스로 별개의 문제이었다.

4.

　이상에서 우리는 동학의 성격구명에 문제되는 종래의 성과를 고찰하였다. 이제 우리는 동학란연구에 있어서의 하나의 전망을 얻는 의미에서 이것을 종합해 볼 필요성을 느낀다.

　동학란연구가 해방 전에 있어서는 대개 개별적인 입장과 방법에서 난의 부분적인 면을 추구하였으나, 해방 후에는 이러한 개별적인 연구를 토대로 하여 동학란의 본질을 과학적으로 종합하고 분석하고, 그 내적 관련성을 밝히게 되었다. 물론 이러한 제 연구의 발표는 그때그때의 학계의 수준이라든가 연구자의 상반된 입장 때문에 상호 간에는 피할 수 없는 모순을 내포하고 있는 것이기는 하지만 그러나 현재까지의 방법으로는 동학란의 본질 파악은 이러한 단계에서 더 파 들어가기에는 용이치 않을 만큼 높은 수준에까지 달한 것으로 생각된다. 즉 동학란은 본질적으로 ① 부패한 봉건적 지배층 대한 反봉건운동이요, ② 일본자본주의 세력의 침투와 농촌경제의 파탄에 대항하는 反식민지화운동이요, ③ 이러한 반식민지화운동은 동학이라는 민족종교의 계몽성과 종교성과 비지역성에 의해서 농민층이 광범하게 결집됨으로써 전개되는 농민전쟁이라는 결론에 도달한 것이다.

　몇몇 선학의 노력으로서 단시일 내에 이만한 수준에까지 도달하였다는 사실은 후진 학도로서는 경의를 표하지 않을 수 없다. 그러나 그러면서도 오늘날 우리의 全한국사학연구가 진일보하기 위해서는 하나의 새로운 국면 타개가 요청되고 있는 것처럼, 동학란연구에 있어서도 현재의 성과를 좀 더 높은 수준에까지 이끌어 가기 위해서는 새로운 방향 책정이 시도되어야 하겠다는 것도 부정할 수 없는 사실이라 하겠다. 그러므로 우리는 앞으로의 연구를 위해서는 이상과 같은 종래의 연구를 토대로 해서 장차 좀 더 발전시켜야 할 연구의 방향과 한 층 더 파 내려가서 구명해야 할 문제의 소재를 시론적인 의미에서나마 自己流로 정해두어야 할 것으로 생각한다. 문제의 소재는 다음과 같은 점을 지적할 수 있다.

첫째는 종래의 연구에서는 동학란의 범위가 분명치 못하였다는 점이다. 즉 갑오년 9월에 봉기한 전국적인 反제국주의의 민족운동이 연구범위에서 제외되었거나 혹 그렇지 아니하고 이 부분이 중요시되었는가 하면 초기적 형태로서의 3월 이전의 산발적인 민란이 등한시되고 있다는 것이다.

다음은 조선봉건사회의 후반기를 취급하는 데 있어서 그 동적 과정을 봉건적 지배층의 무제한한 착취로 인한 민중의 질곡으로만 파악하고, 사회 자체를 재구성시키게까지 하는 사회 내부에 있어서의 변동관계와 그 발전적 요소에 대해서는 전혀 置之度外하고 있다는 점이다.

셋째로는 19세기 후반기에 있어서의 斥洋斥倭論이나 동학란에 있어서의 민족운동을 모두 자본주의 세력의 침투로 인해서 농민경제가 파탄되어 가는 것에 대한 반항운동으로만 간주하고, 이러한 민족운동에 있어서의 질적 차이는 고려되고 있지 않다는 점이다.

그러므로 이런 방법상의 문제를 통해서 볼 때 우리에게 부과된 과제는 난의 초기적 형태로부터 일본과의 정면 대결에 이르는 동학란의 전 과정을 통해서 발전하고 변천되어가는 난의 성격을 단계적으로 종합적으로 파악할 것이 기도되어야 하겠다. 그리고 이에 있어서는 특히 동학란이 근대화에로의 사회개혁운동일 수 있는 전제조건 다시 말하면은 조선봉건사회 후반기에 있어서의 사회적 변동관계와 발전적 素因의 형성이 분석 해명되어야 하겠으며, 제국주의의 침략에 항거하는 민족적 성격의 문제가 식민지화의 위기에 대응해서 어떻게 질적으로 변화되어 가는가 하는 것이 그 前단계의 난의 추진력과 관련되면서 검토되어야 할 것으로 생각한다.

附記 : 연구동향은 논점에 대한 예리한 분석과 비판을 가함으로써 그 사명을 다할
　　　수 있고, 그것은 평자 자신의 논점에 대한 충분한 개별적 연구와 해박한
　　　지식이 준비되어 있음으로써 비로소 가능한 것으로 안다. 本誌가 제기하는
　　　연구동향으로서의 동학란연구론은 필자와 같은 淺學鈍才로서는 애당초 힘
　　　에 부치는 일이 아닐 수 없었다. 동향이 요구하는 논지에 정곡을 기하지도
　　　못하고, 그나마 선학의 귀중한 연구를 불친절하게 소개하는 정도로 그치게
　　　된 것을 미안하게 생각한다.

《歷史敎育》 3, 역사교육연구회, 1958. 7.

最近의 實學研究에 대하여

1.

　조선후기에는 실학파로 불리는 일련의 학자들이 대두하여 이른바
'實學'이라고 하는 새로운 학풍을 수립하였다. 이 학풍은 조선전기의
학계를 지배하던 정통 주자학과도 그 경향을 달리하며 조선말기의 사
상계와 정치계를 커다랗게 동요시킨 바 있는 천주교 사상과도 밀접한
관계를 가지고 있는 것이었다. 그리고 그들이 내세우는 학문의 요지는
정치 · 경제 · 사회 등 현실문제를 분석하고 비판하여 그 시정을 요구하
는 데 있었으며 실제로 그들의 이론이 정치에 반영된 바도 적지 않게
있었다. 그리하여 그들 실학파의 이와 같은 활동으로 조선후기의 학계
는 새로운 활기를 띠고 조선후기 문물의 절정기인 英 · 正朝의 문화를

있게 하였다. 그러므로 실학은 중세말기의 학계와 사상계의 동향을 이
해하는 데 있어서나 또는 그 사회경제 상태를 파악하는 데 있어서는
그들의 활동을 면밀히 검토하지 않을 수 없는 중요한 의의를 가지는
것이라 하겠다.

　실학에 대한 연구는 대체로 이와 같은 시각에서 검토되어 온 것으로
생각된다. 그것은 일찍이 1930년대를 전후해서는 藤塚鄰・山口正
之・末松保和・尹鎔均・高橋亨・文一平・洪以燮 등 諸氏에 의해서 추
구된 바 있으며,[1] 가까이는 해방 후부터 千寬宇・韓沽劤・洪以燮・金
龍德 씨 등 국내학계의 중견에 의해서 체계적으로 탐구되고 있는 터이
다. 그러나 해방을 전후한 이 양 시기에 있어서의 실학연구는 그 방법
과 질에 있어서 현저한 차이가 있다. 논제에서 볼 수 있는 바와 같이
해방 전의 연구 동향은 소위 실학파가 형성될 수 있는 배경으로서 청조
문화 및 청에 전래하고 있는 서구문화의 작용에 중점을 두고 있는 데
대하여, 해방 후의 그것은 실학파의 제 업적을 분석・검토하여 그들의
주장을 剔抉하고 그 본질을 파악하려는 데 초점을 두고 있다. 전자의
방법으로서는 '實學'의 개념・본질 및 실학파 대두의 내부적 요인 등을
해명할 수 없는 데 대한 반성에서 출발하고 있는 것이라 하겠다. 이곳
에서 살피고자 하는 것은 이 해방 후의 성과이다.

　해방 후의 한국사 연구에 있어서 가장 활발한 연구를 전개하고 또
가장 먼저 그 성과를 거둔 것은 아마도 이 실학에 관한 분야일 것이다.
그것은 비단 역사학에서만 문제가 된 것이 아니라 국문학 쪽에서도 커

---

1) 藤塚鄰, 〈李朝의 學人과 乾隆文化〉, 《朝鮮支那文化研究》, 1929.
　山口正之, 〈近世朝鮮에 있어서의 西學思想의 東漸과 그 發展〉, 《小田先生頌壽記念朝鮮論集》,
　　　1934.
　末松保和, 〈朝鮮正祖朝에 있어서의 書物傳來의 一例〉, 《朝鮮》, 1937.
　尹鎔均, 〈茶山의 井田考〉, 《尹文學士遺稿》, 1933.
　高橋亨, 〈朝鮮學者의 土地平分說과 共産說〉, 《服部先生古稀祝賀記念論文集》, 1936.
　文一平, 《湖岩全集》 卷2.
　洪以燮, 《朝鮮科學史》.

다랗게 제기되었으며, 또 중국에 있어서의 실학과도 비교 고찰하는 데
까지 이르렀다. 말하자면 최근의 실학연구는 실학자 개개인에 대해 파
내려간 깊이가 있는 동시에 橫으로 넓힌 폭이 있는 터로서, 前記 四氏
외에도 全海宗·李佑成·李家源·金一根·金智勇 등 諸氏가 이에 참
여하고 있다.[2] 실학의 연구가 이와 같이 질과 양에 있어서 발전하고
그것이 우리 자신의 힘으로 이루어지고 있다는 사실은 전 사학도가 더
불어 경하할 만한 일인 것이다. 그리고 더욱이 조선후기의 사회경제문
제를 다루고 있는 필자와 같은 사람에게는 특히 도움이 되는 바 적지
않은 것이다. 그러므로 필자는 이상과 같은 諸氏의 이 다양한 논고를
통해서 사회경제적인 면에 중점을 두면서 실증과 이론 즉 실학연구의
성과와 그 내용은 어떠하며 실학연구에 있어서 문제가 되는 것은 무엇
인가를 정리해 봄으로써 실학연구의 동향을 소개하고 아울러 조선후기
사회에 대한 이해의 방식에도 접근해 보고자 한다.

2.

먼저 실학연구의 성과와 그 내용에 관하여 살펴보자. 사회경제사적
인 시각에서 실학파의 제 업적을 정밀히 분석하고 종합하여 그 본질에
까지 접근하게 된 것은 前記한 바와 같이 해방 후의 일에 속한다. 이제

---

2) 全海宗, 〈釋實學〉, 《震檀學報》 20, 1959.
　李佑成, 〈實學派의 文學〉, 《국어국문학》 16, 1957.
　李家源, 〈燕岩朴趾源의 生涯와 思想〉, 《思想界》 1958-10.
　金一根, 〈燕岩小說의 近代的 性格〉, 《慶北大論文集》 1, 1956.
　金智勇, 〈「實事求是」 思想과 朴燕岩의 文學〉, 《淸州大論文集》 3, 1960.

그 중요한 성과를 열거하면 다음과 같다.

해방 전의 수준을 커다랗게 능가하고 나선 천관우 씨의 연구 〈磻溪柳馨遠研究 ― 實學發生에서 본 李朝社會의 一斷面〉(《歷史學報》 2 · 3, 1952~53), 〈磻溪柳馨遠研究疑補〉(《歷史學報》 10, 1958), 〈磻溪柳馨遠〉(《思想界》 1958-12), 〈洪大容의 實學思想〉(《文理大學報》 6-2, 1958)을 비롯하여, 정력에 넘치는 研鑽을 계속적으로 내놓아 풍요한 결실을 거두고 있는 한우근 씨의 일련의 연구 〈星湖李瀷研究의 一斷 ― 그의 科擧制是非를 中心하여〉(《歷史學報》 7, 1954), 〈星湖李瀷研究 ― 그의 史論과 朋黨論〉(《社會科學》 1, 1957), 〈星湖李瀷研究 ― 그의 經濟思想〉(《震檀學報》 20, 1959), 〈18世紀前半期에 있어서의 韓國 社會經濟面에 對한 考察 ― 特히 李星湖 經濟觀의 時代背景을 究明키 爲하여〉(《서울大學校論文集》 7, 1958), 〈李朝實學의 槪念에 對하여〉(《震檀學報》 19, 1958)(이상 《李朝後期의 社會와 思想》에 수록), 〈明齋尹拯의 實學觀 ― 李朝實學의 槪念再論〉(《東國史學》 6, 1960), 〈白湖尹鑴研究〉(《歷史學報》 15·16·19, 1961~62), 그리고 홍이섭 씨의 연구 〈實學의 理念的 一貌 ― 河濱愼後聃의 西學辨의 紹介〉(《人文科學》 1, 1957), 〈李蘗 ― 韓國近世思想史上의 그의 位置〉(《社會科學》 3, 1960), 《丁若鏞의 政治經濟思想研究》(韓國研究叢書 3, 1959) 및 김용덕 씨의 연구 〈貞蕤朴齊家研究 ― 朴齊家의 生涯〉(《中央大學校論文集》 5, 1960), 〈貞蕤朴齊家研究 ― 朴齊家의 思想〉(《史學研究》 10, 1960), 〈實學論 노―트〉(《文耕》 9) 등등이 그것이다. 磻溪 · 星湖 · 茶山 · 貞蕤의 사회경제이론은 대체로 실학파의 이론을 대표하는 것이라 하겠는데 이상 諸氏의 勞作으로 그 전모가 밝혀진 셈이다. 이와 같은 업적을 통해서 실학파 이론의 구체적인 내용 특히 실학파 사회경제이론의 문제점을 우리는 다음과 같이 요약할 수 있다.

정치이론 — 정치문제에 관계되는 이론으로서는 과거제도·당쟁문제·관제기구 등을 들 수 있다. 조선왕조의 정치적 혼란을 제도 자체의 모순과 그 운영상의 결함에 기인하는 것으로 보고 그것을 시정하려는 것이다.

먼저 과거제도에 대한 반계의 개혁안을 보자. 그는 과거제의 결함으로서 "所謂 庭試·謁聖이란 것은 有司에게 命하여 잠깐 동안에 試驗하는 것으로서 그 試驗도 對偶文을 짓는 데 不過하고 별안간에 그 取拾을 定하니 … 乳臭 小兒도 다투어 試驗하게 되고 또 그 入格하는 것도 대개는 輕佻僥倖의 무리들이다 … 人心의 流浪, 風俗의 澆薄은 날로 퍼지고 庸卑한 者는 날로 空言文詞를 일삼으니 이는 모두 科擧의 弊다"라고 하여 그 불합리성을 지적하고, 그 대책으로서 과거제의 폐지와 貢擧制의 시행을 주장한다. 공거제는 推薦就官하는 제도로서 이를 위해서는 거제를 다시 정비하고 太學(중앙), 營學(各道 — 서울은 中學), 邑學(府郡縣 — 서울은 四學)을 두어 단계적인 계통을 세우며, 읍학에 수학한 자로서 우수한 자는 영학에, 영학에 수학한 자로서 우수한 자는 태학에 각각 공거하고, 태학에 수학한 자로서 우수한 자는 최후로 조정에 공거한다. 이리하여 공거 升朝한 자는 진사라 하여 중앙에 설치되는 진사원에서 1년간의 수련을 거친 후 요직에 취임하며, 각학의 공거에서 낙천된 자는 각각 적재적소의 지방직에 임명한다는 제도가 그 대체적인 내용이다.

그리하여 이와 같은 학제와 공거제에 의하여 인재를 등용하면, ① 공거제는 衆共責實陽明經久하여 鄕黨公共의 論을 博採하고 평일 선악의 實로서 覈하는 까닭에 容私의 기회를 적게 하며, ② 공거의 표준이 인망과 덕행과 경험과 식견으로서 學衆의 互薦을 받는 것이매 종래의 비현실적인 詩文 본위의 과거에서 나오는 폐를 芟除하며, ③ 각 지방의 균등한 선발로서 광범한 실제 사정을 대변케 하고 실력 없이 전통 안에 숨는 양반은 자연히 도태하며 관참과 인원을 조정함으로서 隱逸을 남

김없이 등용할 수가 있다고 한다. (〈磻溪柳馨遠研究〉)

이에 관하여 성호는 어떻게 생각하였는가. 과거제에 대한 성호의 의견은 반계와는 좀 다른 데가 있었다. 반계는 그것을 전면적으로 개혁할 것을 주장한 데 대하여 성호는 점진적인 개혁을 주장하고 있는 것이 그것이다. 즉 그는 과거제와 공거제를 병행시키는 科薦合一制를 구상하고 있었던 것이다.

성호는 이와 같은 科薦合一制를 구상하는 근거로서 종래의 과거제의 결함을 본질 면과 시행 면에서 지적하고 있다. 즉 과거제는 본질적으로 과잉된 인원을 무계획적으로 선발하여 과다한 관리 후보를 만듦으로서 필경에는 당쟁의 연원이 되고, 무과 출신의 범람으로 인하여 군액이 감축되고, 양반 사류들은 생업에 종사함이 없이 과거를 유일한 출세의 등용문으로 생각하여 오로지 문예에만 치중함으로서 世務에는 점점 멀어지게 된다는 것이며, 그 운영상에 있어서의 졸렬은 試官의 출제 경향의 결함, 試士의 科場 내에서의 폐단, 試官의 用私 門閥尊重 등의 폐단을 자아낸다는 것이다. 그리하여 성호는 이와 같은 방법을 시정하는 방법으로서 五年大比之制와 공거제의 병행을 주장한다. 전자는 종래의 식년제를 5년제로 개정하고 그 시험 내용을 다소 갱신한 것으로서, 이것이 시행되면 應擧者로 하여금 그 학업의 내용을 富實케 하는 동시에 遊隨하지 못하게 함으로써 그들이 自奮하여 국가 소기의 목적을 달할 수 있게도 하고 나아가서는 士風을 진작시키는 바가 되게도 한다는 것이며, 후자는 귀천과 지역을 가리지 아니하고, 주군에서 매 3년 1인씩 천거하고 향약을 기반으로 하여서도 6년에 1차씩 추천케 하려는 것으로서, 이것이 시행되면 奔競의 폐는 완화되고 사람들이 世務를 알게 되며, 識務多能者가 진취하지 못하던 폐단도 일소되어, 유용한 인재를 남김없이 등용할 수가 있으리라는 것이다. (〈星湖李瀷研究〉)

당쟁 문제에 관하여 실학파를 대표할 만한 뚜렷한 이론을 내세우는 사람은 성호이다. 한우근 씨는 성호의 붕당론을 다음과 같이 정리하고 있다. 즉 성호에 의하면 붕당의 원인은 부귀영화를 추구하는 이해관계에 있는 것으로서 利源은 한정되어 있는데 이를 욕구하는 자는 많아 그 수가 증가하는 경우에는 2당 4당으로 재분열되어 서로 배척하지 않을 수 없게 된다.

그리고 붕당의 주체세력은 양반인데 이들 양반층은 생업에 종사치 아니하고 오직 官界에 진출하는 것으로서 그 업을 삼기 때문에 그들이 한정된 관직을 둘러싸고 대립 항쟁하게 되는 것은 필연적인 일이다. 그러므로 이와 같은 당쟁을 제거하려면은 관리 등용의 방법(과거제)이 고려되어야 하는 동시에(前出) 양반층의 경제관념을 변동시켜야 한다. 즉 양반층은 생계의 근거를 농업에 두고 그 위에서 儒業을 수학해야 하는 士農一致에까지 이르러야 한다는 것이다. 그리고 이와 같은 안이 성취되려면은 사회경제체제의 전반적인 개편과 관료체제 및 교학 방면에 대한 충분한 검토 수정이 있지 않으면 아니 된다고 한다. (〈星湖李瀷研究〉)

관제기구의 문제는 조선후기의 제 모순이 그 자체 내에 이미 내재하는 것으로 보고 그것을 개편하려는 것이다. 그중에서도 반계의 주장은 관제를 간소화하여 명령계통을 단일화하려는 데 특색이 있으며, 다산의 주장은 각사 각아의 직제를 정비하여 중간 착취의 연원을 제거하려 하는 데 그 요체가 있었다.

경제이론 — 경제문제에 관계되는 이론으로서는 토지제도 · 세제 · 교환경제 등에 대한 의견을 들 수 있다.

토지제도에 관하여는 궁방 · 토호 · 양반의 토지 집적으로 인해서 문란하여진 조선후기의 토지제도를 개혁하는 방안으로서 均田法과 限田法을 내세우고 있는 것이 특색이다. 반계의 균전법은 토지국유와 집권

체제의 강화를 위해서 토지의 회수와 재분배를 단호하게 시행할 것을
주장하는 것으로서 中國古田制(井田法)의 이념에 따라 당의 균전법을
따온 것이다. 그 내용은 ① 토지는 모든 농민으로 하여금 균일하게 점
유케 하고 세·역은 토지에 다 부과한다. ② 농민 1인의 基準所耕은
1경으로 하고 4경 1병의 공동책임제를 시행한다. ③ 결부제를 버리고
경무법을 채택한다. ④ 정전법의 方里而井을 模倣하여 劃方成頃한다.
⑤ 신분관계에 따르는 토지 분배는 차이를 두어 사대부 계급에게는 특
권을 인정한다는 등이다. 반계의 이와 같은 개혁안은 조선 봉건사회의
당면한 위기를 극복하려는 전형적인 동양적 사회정책의 구체적 표현이
라고 한다. (〈磻溪柳馨遠研究〉)

　성호의 한전법도 그 이념은 정전법에 두고 있다. 그것은 균전법 위에
서의 한전법을 주장하는 것으로서 ① 국가가 一家所要의 基準所耕을
1경으로 작정하여 매 호의 전지를 제한하고 그것을 永業田으로 삼는
다. ② 제한된 永業田 외의 전지에 대해서는 자유매매를 허락하고 영업
전 내의 전지 매매는 이를 금한다. ③ 토지의 균점을 기하기 위하여
細農層의 전지 매각은 이를 금한다는 등등의 내용으로 되어 있다. 그리
하여 이러한 한전법은 급격한 개혁으로서는 그 목적을 달하기 어려운
것이며 장기간에 걸쳐 점진적으로 서서히 시행하면 그 실효를 거둘 수
있다고 한다. 반계의 이론보다 좀 완화되고 있는 것이라 하겠다. (〈星
湖李漢研究〉)

　세제에 관하여는 조선 세제의 기본이 되고 있는 결부법을 비판하고
경무법을 채택할 것을 주장한다. 결부법이란 눈에 보이지 않는 地品의
膏瘠을 기준으로 하여 제정한 것인데 반하여 경무법은 토지의 廣狹으
로서 제정하는 것이기 때문에 객관성을 지니는 것이다. 그러므로 이
양자를 토대로 하여 수립되고 있는 세제는 전자는 후자보다 항상 공정
치 못하고 불합리한 점을 내포하게 되는 것이다. 실학자들이 대개 이

문제를 커다랗게 논의하고 있는 것은 그 때문이었다. 그리하여 반계는 결부법의 폐지와 경무법의 채택을 주장하였으며, 성호와 다산도 결부법의 개선을 주장하기는 하나 역시 경무법의 장점을 인정하였던 것이었다. 그리고 특히 세제 및 국가재정의 확립문제와 관련하여 결부제를 인정하면서 그 위에서 그것의 합리적인 운영을 모색한 것은 다산이다. 다산에 있어서는 제도의 근본적인 개혁도 긴요한 문제이었지만 그 운영의 개선문제는 보다 더 중요한 문제로 되어 있었다.

교환경제에 관하여는 어떠한 이론을 가지고 있었는가. 실학파의 상업이론을 대표할만한 것은 정유이다. 다른 실학자들이 重農政策을 강조하는 나머지 상업에 대하여는 등한하거나 억제하려 하는 것이 공통된 의견이었는데, 정유는 조선왕조가 내포하는 모든 모순의 타개구를 이곳에다 찾으려고까지 하였다. 抑末策을 주장하는 것은 유통경제 화폐경제의 농촌 침투로 인해서 농민층의 영세화와 계층분화가 더욱 촉진되어 가는 데 대한 우려에서 이었으며, 또 상업은 동양적 전제정치에 순응할 수 있는 순박한 농민사상을 상실케 한다는 데서이었는데, 상공업의 장려를 주장하는 것은 生財에 대한 경제관념을 달리하고 있는 까닭이었다. 김용덕 씨에 의하면 정유는 유통경제에 관하여 근대 경제사상에서 볼 수 있는 견해를 지니고 있어서, 쓸 줄을 모르면 만들 줄을 모르고 만들 줄을 모르면 민생이 日困한다고 하여 생산된 것은 소비되어야 재생산이 가능하니 소비를 활발히 하는 것은 생산을 자극하는 所以가 된다고 하여 생산과 유통을 활발히 하자는 것을 주장하고 있다. 그리고 상업이란 원래 농업이나 공업과 서로 적대관계에 있는 것이 아니고 相濟相補하는 관계에 있는 것이며, 농업을 해치는 것은 상업이 아니라 遊食階級(양반층)의 과다에 있는 것이니 상업의 장려에 있어서는 이 유식계급도 이에 종사토록 하는 것이 좋다고 말하고 있다. 그리고 상업은 국내에서만 그치지 말고 외국과도 開國通商하는 데까지 발

전해야 한다고 주장하는 것이 그의 이론이다. (〈貞蕤朴齊家研究〉)

사회이론 ― 사회문제에 관계되는 이론으로서는 신분관계에 따르는 제 문제를 들 수 있다. 그중에서도 특히 양반층에 관해서는 과거제도 당쟁문제와의 관련에서, 천민층에 관해서는 그 역과의 관련에서 언급하고 있는 것을 볼 수 있다. 전자에 관해서는 이미 살피었으므로 이곳에서는 노비문제만을 보기로 하자.

반계는 원리적으로는 노비제를 부정하는 입장에 있었다고 한다. 그는 "대저 죄가 있어 노비에 沒入한 자라도 후사에게까지 벌을 줌은 부당한데 하물며 무죄함에 있어서랴 … 지금 우리나라는 노비를 재물로 삼고 있으나 대개 사람은 동류인데 어찌 사람이 사람을 재물로 하는 도리가 있는 것인가"라고 하여 노비를 동정하고 있었다. 그러나 그는 노비의 폐지에까지는 이르지 못하고 있어서, "노비의 법은 혁파할 수 없는 것인가 하겠지만 嗚呼라 遽然히 말할 수 없다"고 하여 주저를 표시하고 있다. 그리하여 그는 노비의 역을 개선하는 정도로서 만족한다. 그의 개선책은 ① 노비의 세습을 피하고 限年制 限身制로 한다. ② 母賤인 때만 從母入賤한다. ③ 각사 각읍에의 입역 공천은 이서의 경우와 같이 일정한 廩料를 준다. ④ 지방 공천으로서 중앙 각사에 윤번 입역하는 선상노는 폐한다. ⑤ 외거노는 신공을 바치게 하되 속오군은 예외로 한다는 등등이다. 한편으로는 노비의 범위를 축소시키려 하고 다른 한편으로는 노비제의 존치를 긍정하고 있는 것이라 하겠다. 이와 같이 반계가 노비를 동정하면서도 그 혁파를 주장하지 못하는 것은 봉건 조선왕조에 있어서의 역의 기저가 자유민과 노비의 노동 위에 서 있는 까닭이라고 한다. (〈磻溪柳馨遠研究〉)

이 문제에 관해서 성호는 어떻게 생각하였는가. 성호의 이론도 대략 반계와 동일하나 일보 전진하고 있음을 본다. 그것은 良丁의 확보를 위해서이기는 하지만 분명히 노비의 放良을 주장하고 있는 점에서이다. 특히 많은 良丁이 노비로 전락되어 있는 점으로 보아서는 노비제를 일시에 혁파할 수 없다면은 점진적으로라도 개선하고 해방하여야 한다는 것이다. 그리하여 그 구체적인 방법으로서는 노비매매 노비신분의 세습에 제한을 가하고, 다시 노비의 소유를 100구로 제한하여 100구 이상 자와 5세 이하 자는 放良하되, 100구 이상 자에 대해서는 관에서 정한 바 輕價에 의하여 自贖하게 하며 개인적인 매매를 금할 것이며, 100구 미만 자는 매매를 허하되 양처를 가진 노에 대해서는 불허하고 연한을 정하여 역사케 한다면 양인의 수가 점증할 것이라고 말하고 있다. 그러나 성호에 있어서도 역시 노비제 부정에 대한 진취성과 한계성은 있는 것이라 하겠다. 〈星湖李瀷研究〉

노비해방은 다산도 주장하였다고 한다. 그의 사상은 '陽明的인 것과 西學的인 것'에 기반을 두고 있었기에 그 논지는 보다 더 진보적이었을 것으로 생각된다. 그리고 다산의 시대는 반계나 성호의 시대와는 좀 더 다른 양상으로 전개되었기에 그의 시대적인 감각도 더욱 예리하였을 것임을 알 수 있다. 그러나 당시의 사회는 서학을 금압하였고 그 자신도 그로 인해서 오랜 流謫 생활의 형을 받았기에 그에 있어서는 그와 같은 사상이 표면화되고 있지 않다. 그리고 더욱 아쉬운 것은 그의 노비해방론이 그 저서에서 삭제되고 있는 사실이다. 신중을 기한 탓이거나, 혹은 순조 원년에 이미 노비해방이 단행되고 있어서 重言을 피한 까닭인지도 모르겠다.

이상에서 실학연구의 제 업적을 통하여 조선후기에 있어서의 실학자들이 무엇을 생각하고 있었는가를 살피었다. 이와 같은 이론은 그들 실학자 누구나가 가지고 있었던 것은 아니며 또 이것만이 그들 실학자의 이론의 전부도 아니었다. 그들에게는 보다 더 폭이 넓고 다양하게 생각하는 바가 있었고 실학자 개개인에 있어서도 그 개인차는 큰 바가 있었다. 그러므로 이곳에 소개한 바 몇 가지 사실이 실학파 이론의 전 골자가 되는 것은 아니다. 그리고 실학에 대한 연구도 보다 더 광범한 문제를 내포하는 것이다. 이곳에서 살피고자 한 것은 그와 같은 浩瀚한 연구의 업적과 실학이론을 통해서 다만 그들 실학파의 사회경제이론이 어떠한 점에 문제가 있었는가를 찾아본 따름이다.

그리하여 천관우·한우근·홍이섭·김용덕 등 諸氏의 연구에 의하 면, 그들 실학자는 정치·경제·사회 등의 각 부문에 걸쳐 前記한 바와 같은 문제를 중요한 과제로 삼았던 것이며, 그것은 깊이와 넓이에 있어 서 정도의 차는 있을지언정 한 가지로 조선왕조의 정치 경제 사회에 관한 제 모순을 타개하고 왕조 권력의 강화와 재건을 목표로 하는 것이 었다. 그리고 그것은 사상적으로 종래의 주자학을 부정하는 위에서가 아니라 유교사상의 또 다른 일면으로서의 실학을 충실히 이행해 가는 데서이었다. 그러나 그러면서도 그들은 발전하여 가고 있는 사회현실 을 충분히 역사적인 현실로서 받아들이고 있었다. 그들은 변질되고 있 는 현실 위에서 유교적인 이상사회 봉건제의 재건을 도모하는 것이었 다. 이와 같이 실학파로 알려진 일련의 학자들이 역사적인 현실 위에 서 봉건 조선왕조의 재건을 목표로 하고 그들의 개혁사상을 내세우고 있다는 사실은 실학의 역사적인 성격 그들의 진취성과 한계성을 엿보 게 하는 것이라 하겠다.

3.

다음은 실학연구에 있어서 이론상으로 문제가 되는 점을 살펴보자.

오늘날의 실학연구는 대체로 사료에 즉하여 충실히 그들 실학자의 사상 내용을 밝혀가는 것을 특색으로 하지만, 그와 같은 연구과정에서도 논자에 따라서는 그 이론적인 문제로서 견해를 달리하는 몇 가지 국면이 있다. 그것은 실학의 개념문제, 실학파의 역사적 성격문제 및 실학파 대두의 배경문제 등이다. 모두 실학의 본질에 관계되는 문제인 것이다.

실학의 개념문제 — 이에 관해서는 일찍이 공개토론회(歷史學會, 1985년 10월)가 열렸을 정도로 진지하게 다루어지고 있다. 실학의 개념이 파악되지 않고서는 실증적인 연구도 진척이 부진한 데서이었다. 그리하여 이 토론회를 계기로 실학의 개념문제는 한우근 씨의 '엔티테제'를 중심하여 다시금 검토하는 바 되고 있다. 그것은 실학의 용어 본질 방법 등에 亘하는 광범한 것이다.

먼저 천관우 씨의 개념 설정을 들어 보자. 씨는 英·正朝를 전후하여 일정한 시기에 대두하는 학풍을 신사조로 파악하여 그것을 실학으로 보고 있으며 신사조는 양명학적인 요소, 주자학에 대한 비판적인 요소, 관료로서의 개혁적인 요소, 기독교적인 요소 등 여러 가지 요소를 포함하는 것으로서, 조선봉건사회의 지도이념 내지는 시대정신으로서의 주자학 지상주의에 항거 대립되는 경향을 지니고 있는 것이라 한다. 그리고 그와 같은 신사조는 분방한 지식욕을 구사하여 비판하고 독창하고 권위를 부정하는 자유성을 가지고 있다는 점, 경험적이고 실증적이고 귀납적인 과학성을 지니고 있다는 점, 실제와 유리된 모든 空疎한 관념의 유희를 경멸하고 현실생활에서 우러나오는 불만과 정열을 토대로 하는 현실성을 지니고 있다는 점 등에서 공통된 특성을 가지고 있는 것이며, 이 자유성 과학성 현실성은 淸朝樸學의 實에서 볼 수 있는 바와 같이 각각 實正, 실증, 실용을 의미하는 것이어서 우리의 학문에서도 이 실정, 실증, 실용의 어느 일면을 가진 것이면 모두 실학의 범주에 들어오는 것이라 한다. 그리하여 실학은 이와 같은 공통된 특성 위에서 유학이 그 근본정신으로부터 이탈함으로서 實德, 實行, 실용 등의 정신이 소홀해지는 경향이 나타나는 데 대한 반발로서 실사구시를 다시 찾으려 하는 것인데, 前記한 바 제 요소가 각기 자기의 세계를 추구해 가게 됨으로서 經學 · 在野人의 사회정책 · 농학 · 자연과학 · 국학 · 북학 · 백과사전파 등의 다양한 양상으로 드러나게 되는 것이라 한다. 그리고 이것을 좀 더 구체적으로 말하여서는 '고증학을 학문의 방법으로 하고 사회정책 · 자연과학 · 국학 · 훈고학 · 농학 등을 학문의 대상으로 한 학문의 일파'라고 규정하고 있다. (〈磻溪柳馨遠研究〉 · 〈磻溪柳馨遠〉)

  이에 대하여 한우근 씨는 종래에 통용되어온 실학이라는 용어와 그 개념 규정에 회의를 제시하고, 조선시대 전체를 통해서 그리고 중국에 있어서 그것이 사용되어온 용례와 그 의미를 파악함으로서, 英 · 正朝를 전후한 양란 후에 있어서의 학풍에 새로운 의의를 부여하고 있다. 대체로 실학이라면 양란 후의 조선사회에만 있었던 것으로 생각하는 것이 일반적이었는데 그와 같은 관념은 이로서 전면적으로 전복된 것이다. 씨는 이와 같은 커다란 의의를 지니는 논고를 통해서 실학의 개념을 다음과 같이 규정하고 있다.

  "실학이라는 것이 중국에 있어서나 우리나라에 있어서나 마찬가지 내용을 가리키는 것으로 씌어졌다는 사실을 알 수 있는 것이다. 즉 그것은 멀리는 중국 삼대의 학(유학 전체)을 가리키는 한편 가까이는 송원대의 정주학을 가리키었다는 사실이다. 그리고 명말청초에 있어서는 王學을 배격하고 宋學復古를 제창하는 때에 다시 실학이 일컬어진 것임에 대하여, 우리나라에서는 王學(양명학)이 아니라 조선후기에 있어서 공담으로 化한 성리학과 예론 詞章의 학으로 化한 학풍을 배격하여 다시 실학이 제창되어졌던 것이었다." 그러나 그들은 "이미 그들 자신의 시대적 사회적 환경에 따라서 실학 원래의 자세대로 복귀되어질 수는 없는 것이었다. 그것은 하나의 새로운 성격을 지녀서 그 출발점에 있어서는 경세의 실학의 성격을 지닌 것이었으나, 다른 한 면으로는 正心修德에서보다도 世務日常行事에서 학문을 구하여야 하겠다는 실사구시의 고증학적 성격을 지니기도 한 것이었다. 이를테면 원래의 실학을 지양하여 고증학에로 발전되어가는 학문방법상의 과도적인 성격을 지닌 것이었다. … 우리는 이와 같이 實學復古를 제창하고 고증학의 선구를 이룬 그 과도적인 학풍을 위의 논거에서 《經世致用의 學》이라고 이름하는 것이 좋으리라고 생각한다"는 것이 그것이다. (〈李朝實學의 槪念에 對하여〉)

　요컨대 씨의 설에 있어서 초점이 되는 것은 '실학 → 경세치용의 학 → 실사구시의 고증학'의 발전과정을 상정하고 그 혼용을 불허하는 데 있는 것이라 하겠다. 용어의 구별에 관한 한 이가원 씨도 "실학이란 흔이들 실사구시학의 준말인 듯이 사용하고 있으나 이는 실로 막연한 규정인 것이다. 실사구시학은 곧 청대 학자들이 말하는 考據學이 주라면 이 실학은 곧 이용후생을 주로 한 경세학이다"(〈燕岩 朴趾源의 生涯와 思想〉)라 하고 있어서 한우근 씨와 동일한 입장에 있음을 본다.

　그리하여 실학의 개념에 대한 논쟁을 전개하게까지 된 것은 이상에 소개한 바 천·한 양씨의 설이 서로 대조적인 데 있는 것이었다. 그리고 그것은 주로 실학이 가지는 본래의 의미와 조선후기 실학과의 관계, 실학과 실사구시 및 경세치용의 학과의 관계가 초점이 되고 있었다. 그리하여 한우근 씨의 문제제기는 실학의 개념규정에 일보 접근하여 박차를 가하게 되고 여기에 전해종 씨의 〈釋實學〉은 요청된 것이었다.

　전해종 씨는 실학, 경세치용의 학, 실사구시학에 관한 용례와 그 의미를 유학의 본고장인 중국의 경우에서 검토하여 실학의 개념을 다음과 같이 규정하고 있다. 실학은 "수기치인의 실학 즉 인의예지신을 충실케 하며 治國惠民의 功實을 거두기 위한 학문이며" 이것은 "시대적

환경의 변동에 따라서 그 근본의의의 강조되는 면에 차이가 있었던 것
이니 정주학파에 있어서는 修己에 치중되었고 명말청초에 있어서는 治
人이 고조되었던 것이다." 그리고 "실학은 방법으로서의 실학과 성과
로서의 실학을 생각할 수 있는" 것이며 "경세치용의 학이 실학의 근본
성격에서 어긋나는 것도 아니"고 "실사구시가 실학의 방법이며 그 근본
에 있어서 결코 실학과 상반되거나 무관한 것이 아니라는 사실을 알
수 있다"고 한 것이 그것이다. (〈釋實學〉) 이것은 錯雜한 실학의 개념에
대한 종합적인 결론이라 할 것으로서 이로서 천·한 양씨의 견해차는
일단은 해결된 것이 아닌가 생각된다.

 실학파의 역사적 성격 — 이 문제에 관해서는 비교적 통일된 의견을
보여주고 있으나 연구의 대상에 따라서는 다소 차이가 있음을 본다.
연암·정유 등의 북학파에게서는 그 사상에서 중세의 극복 또는 근대
적인 성격을 파악할 수 있고, 반계·성호·다산 등의 일반 실학파에게
서는 그 사상에서 봉건적 보수적 성격을 파악할 수 있으나, 동시에 발
전적인 요소도 인정할 수 있다는 것이 그것이다. 전자는 주로 국문학
쪽에서 주장하고, 후자는 역사학 쪽에서 강조하는 것이다.
 전자에 관해서는 이우성 씨가 "우리나라 역사에 있어서 중세와 근대
의 질적 의미의 분계선을 설정하려면 갑오경장, 3·1운동 또는 8·15
해방 그 어느 시기를 잡아야 좋을지 문제이지만 한 시대가 보다 더 높
은 단계의 시대로 옮아가는 것은 一朝一夕에 되는 것이 아니며 근대를
가져오기 위해서는 중세의 내에서 중세에의 극복이 집요하게 노력되지
않으면 안 되는 것이다. 실학이 중세에 있어서의 중세에의 극복의 一作
用이라면 실학파의 문학인 연암 문학도 이러한 의미에서 그 역사적 가
치가 評定되어야 할 것이다"(〈實學派의 文學〉)고 한 것이라든가,
 김지용 씨가 "실사구시가 우리나라 英·正 시대에 와서 하나의 사상

적 체계를 이루고 있음은 비단 朴燕岩의 작품에서 뿐만은 아니다. …
朴燕岩의 문학에는 사상이 충분하게 表白되었다고 보아 감히 실사구시
는 봉건사상에 반동하여 근대사회로 이행되는 사상이요 나아가서는 현
대사조의 기초가 되는 것이라" 규정하고 더구나 이는 "서구 리얼리즘과
동등의 위치에 놓고 보는 것이다. 근대라는 개념의 기본 특질의 하나가
리얼리티(Reality)에 있다고 생각하는 필자는 서구 근대문학의 사실주
의가 싹트던 그것보다 朴燕岩의 실사구시적인 작품이 더 빨랐다는 것
을 과감히 自矜하면서 … 필자는 우리나라의 근대를 엄연히 英·正代
부터라고 생각하는 것이다"(〈實事求是思想과 朴燕岩의 文學〉)고 한 것
이 그것이며,

김용덕 씨가 "박제가에 있어서는 그 근저에 봉건적 개량주의를 넘는
뚜렷한 근대적인 개명적 합리적 정신이 보인다. 중국과의 해로통상,
서양과학자의 초빙, 양반을 상업에 종사시키자는 등 그 사상의 일면을
보더라도 그가 因循과 편협으로 뒤덮힌 쇄국적인 사상계에 반기를 든
특출한 진취적인 실학자임을 알 수 있다"(〈貞蕤朴齊家研究〉)고 한 것
등이 그것이다.

그리고 후자에 관해서는 천관우 씨가 "실학은 과연 근대 정신이라
볼 수 있는 것인가 … 그것은 봉건사회의 제 현상에 대한 회의와 반항
이기는 하였지만 역시 유교를 근저로 하는 집권적 봉건사회의 범주 안
에서 분비된 산물이었으며 또 사실상의 보수적 행동으로 그에 忍從하
였던 것이다. 다만 이러한 정체된 봉건사회를 극복하고 근대를 가져오
는 거대한 별개의 역사적 세계와의 접촉을 준비하는 한 시련을 겪고
있었다는 의미에서 실학은 근대정신의 내재적인 태반의 역할을 담당하
였던 것이다"(〈磻溪柳馨遠研究〉)라고 한 것이라든가,

한우근 씨가 성호사상의 역사적 성격을 말하여 "성호의 입장은 어디
까지나 토지귀족에 가까운 것이라 할 수밖에 없으며 전제국가의 권력

에 의하여 토지재산을 보호하여야 하겠다는 것"이었으며 "억말책을 주장함으로서 경제체제를 자급자족적인 토지경제의 울타리 안으로 몰아넣으려는 시대역행적이고 보수적인" 것이었다. 그러나 그에게는 "상술한 바와 같은 보수성에서뿐만 아니라 … 진보적인 측면에서도 유의하여야 할 것이다. 즉 … 노비 放良을 주장하여 양천의 합일을 기하였다는 점은 사대부도 또한 직접 생업(농업)에 종사하여야 한다는 士農合一의 주장과 더불어 李朝를 통하여 일단 경화되었던 신분계층사회를 타파하여야 하겠다는 것이었다. 바로 이 점에 있어서 그의 사상의 기반이 복고적이고 시대역행적인 면이 있음에도 불구하고 우리는 그의 사상에는 … 근대적인 사회이론에로 진전될 수 있는 가능성과 계기를 지닌 것이라"(〈星湖李瀷研究〉) 본다고 한 것,

그리고 홍이섭 씨가 다산의 사상을 말하여 "국가재정의 합리적인 정비 확립을 위하여 강력한 관리안을 제시함에 있어 의거한 사상적 고향은 유교주의 이념이었고, 제도상의 본거는 주례적 체제의 조선 현실에서의 수정적 적용이었다. … 주례 중심의 연구는 … 다산학에 있어 제도학 내지 이념적으로 가장 넓고 깊게 영향을 주어 그의 學 전체에 걸쳐 이용 확대되었다. … 그의 정치 경제 사상은 유교주의적인 민본사상으로서 … 전근대적인 생각이 강하고 뚜렷하게 내밀기도 하고 … 유교적인 것에 카토릭적인 愛의 정신이 가미되어 … 이러한 정신적 복합에서 근대적인 색채를 농후히 지니게도 되었다"(〈丁若鏞의 政治經濟思想研究〉)고 한 것 등등이 그것이다.

이와 같이 전자와 후자 사이에 있어서 역사적 성격 파악에 적지 않은 차이가 나는 것은 논자에 따라 그 연구의 시각을 달리하는 데도 연유하겠지만, 아마도 주된 이유는 연암·정유 계열의 실학파와 반계·성호·다산 계열의 실학파가 각각 그들의 생활환경과 관심의 대상을 달리하고 있는 데 기인하는 것으로 생각된다. 이우성 씨에 의해서 이미

지적되고 있는 바와 같이(〈實學派의 文學〉) 전자는 상공업 중심의 도시 사회에서 성장하여 그것을 경제문제의 중추로 생각하고 있는 것이며, 후자는 농업 중심의 농촌사회에 생활하여 부력의 축적은 농업생산에만 의존되는 것으로 생각하였던 것이었다.

실학파 대두의 배경 — 끝으로 우리는 실학의 연구에 있어서 실학파가 대두하게 되는 배경이 어떻게 파악되고 있는가를 살펴보자.

천관우 씨는 실학사상(신사조)의 발생이 요청되는 역사적 조건을 들어 ① 嘉靖 연간(중종~명종)에 수입된 양명학의 영향, ② 유교경전에 程朱와는 다른 주해를 내리는 국내 학인의 존재, ③ 英·正朝에 물결처럼 흘러들어온 청조 고증학의 영향, ④ 임란 이후에 있어서의 농촌경제와 국가재정에 대비하는 구폐책의 연구와 사회정책의 모색, ⑤ 정치적인 실각으로 재야학자로서 경제생활에 대한 체계적인 연구를 전개하게 된 인물의 존재, ⑥ 연경을 통해서 전래하는 서양문물(〈天主教思想과 科學技術〉)의 영향, ⑦ 崇明 사상을 불식할 수 있는 우수한 청조문화(産業과 考證學)의 영향 등을 들고 있으며(〈磻溪柳馨遠硏究〉),

한우근 씨는 씨의 방대한 실학연구에 있어서 성호연구의 사회경제적인 배경을 구명하는 논고를 따로 할당하여 농정학자로서의 성호가 등장할 수 있는 사회경제적인 정세로서 ① 당쟁으로 인한 일부 양반층의 몰락과 정치기강의 문란으로 인한 민생의 困苦, ② 임진 병자 후에 있어서의 전결 수의 감축과 양전사업의 부정으로 인한 농민의 고통, ③ 궁방·官屯·양반·토호 등의 토지집적으로 인한 농민의 영세화, ④ 수취체제의 문란을 통한 농민층에의 수탈, ⑤ 유통경제의 발달과 이의 농촌 침투로 인한 농촌경제의 파탄 등등을 들고 있다(〈18世紀 前半期에 있어서의 韓國社會 經濟面에 對한 考察〉). 그리하여 씨는 이와 같은 배경 위에서 정주학 내부에서 특히 정치적으로 불우한 입장에 서게 된

남인당의 인사들이 중심이 되어 空談으로 化한 정주학에 반기를 들고 실학을 발전시키게 되는 것으로 보고 있다.

그리고 김용덕 씨는 당쟁문제를 특히 중요시하여 실학파가 대두하는 배경으로서 老論 專權의 확립을 지적하고 있다. 씨는 〈實學論 노―트〉를 수정한 〈韓國思想史에 對한 一考察〉(《中大新聞》 168)에서 "실학파의 배경은 종래의 이른바 양란 이후라는 조건보다도 숙종대 확립된 노론 전권에 있다고 생각한다. 양란 이후의 파괴되고 피폐한 사회의 재건이라는 것도 주요 요소이겠지만 지금 시급한 변통 경장이 없으면 망국의 날이 不遠하다는 그러한 위기의식은 정도의 차이는 있을망정 燕山 폭정 이래 문란 피폐한 사회경제를 복구하려는 亂前의 실학자 특히 栗谷 重峰에서 이미 볼 수 있으니 양란 이후라는 것은 결정적 계기는 못 된다고 생각한다" 노론 전권의 확립으로 "당쟁의 형세는 고정되고 당쟁에서 패퇴한 많은 불우 양반층이 생겼다. 벼슬을 못하고 생산수단이 없는 이들 정치적 피압박계급들의 가는 길은 경제적 궁핍이고 사회적 몰락이었다. 이제 남인 소론들은 … 새삼스러히 사회를 응시하고 같은 불우층으로서 공감과 동정에 찬 눈으로 비참한 농민생활을 살펴보았던 것"이라고 설명하고, 그 실학파의 사상적 배경으로서는 양명학을 상정하고 있다.

이우성 씨는 이상 諸氏의 배경 파악과는 그 경향을 달리하여 지역적인 문제를 들고 있다. 즉 실학파는 대체로 서울과 근기지방의 사대부들이 중심이 된다는 것을 지적하고, 그와 같이 된 동기를 인조반정과 숙종 庚申大黜陟의 양대 정변으로 인해서 이 지방의 사대부들이 많이 정권에서 탈락케 된 점과, 영남의 사대부들은 원래가 지역적으로 먼 곳에 있어서 정치적 진출이 어려웠으나 근기지방의 사대부들은 그 진출이 비교적 쉬웠었는데, 이제 정권에서 탈락케 되매 士로서의 자기를 재인식하게 되어 여기에 정권당 및 국가구조 전반에 대한 비판이 행하여지게 된 것이라 한다. 그리하여 이러한 실학파 중에서도 한쪽은 쇠퇴하는 농촌을 배경으로 생활하고, 다른 한쪽은 번영하는 상업도시 서울을 배경으로 하고 있음으로서 그들의 학설에도 다소 다른 경향을 띠게 된 것이라고 한다. (〈實學派의 文學〉)

이와 같이 살펴보면 실학파가 대두하게 되는 배경으로서 두드러지게 지목되는 것은 당쟁문제, 농촌문제, 도시상업, 청조문화, (서구문화를 포함하는) 양명학 등등이라는 것을 알 수 있다. 그리하여 前 三者는 국내문제로서 모순과 쇠퇴와 번영을 표현하고, 後 二者는 국외문제로서 새롭고 反정주적인 것을 표현하는 것이어서, 여기에 구래의 제도와 사상에 대하여는 비판적인 학풍이 수립될 수 있게 되었다는 것이다.

이상에서 실학연구에 있어서 문제가 된 이론상의 문제 몇 가지를 살펴었다. 그것은 용어 · 개념 · 성격 · 배경 등 다기한 방면에 亘하는 것이었다. 그러나 실학의 연구가 실학자 개개인의 사상체계를 실증적으로 파 내려가는데 온갖 정열을 경주하고 또 상당히 그 성과를 올리고 있는 데 비하면 이 이론상의 문제는 아직도 논의되어야 할 허다한 문제를 남기고 있는 것이라 하겠다. 그것은 지금까지의 실학연구가 그 중점을 전자에 두고 있는 까닭으로서 후자는 금후의 업적에서 기대되는 것이겠다.

4.

지금까지 실학의 연구가 도달한 실증의 내용과 이론상의 문제를 소개하였다. 斯學에 종사하는 諸氏의 업적으로서 실학의 본체는 대략 드

러난 것이라 하겠다. 그리고 이러한 실학연구에 있어서의 특색도 우리
는 파악할 수가 있었다. 그것은 요컨대 실학자 개개인의 사상 내용을
실증적으로 연구하는 것이었다. 거기에는 실학의 개념이니 성격이니
배경이니 하는 이론상의 문제가 있기도 하였지만 개념 문제를 제외한
다면 그것은 모두 개인의 사상체계를 구명해 가는 가운데서 단편적으
로 언급된 데 불과한 것이었다. 실학의 연구가 이와 같이 개별적인 연
구에 충실할 수 있다는 사실은 광범한 개별 연구 위에서 그 본질을 귀
납해 가려는 것으로서 가장 안전한 역사학의 작업 활동이라 하겠다.
아마도 이와 같은 연구가 어떠한 수준에까지 도달하면 전 실학자를 통
해서 동일 테마를 설정하고 그것을 추구해 내려가는 분석적이며 이론
적인 활동도 전개될 것이니, 그때에는 실학의 전모가 보다 더 명확하게
드러날 것으로 기대된다.

　실학연구의 특색이 실학자 개개인에 대한 파 내려간 실증적 연구에
있다는 사실은 필자에게 논평의 여지를 주지 않는다. 논평이나 비판은
그에 대한 깊은 研鑽이 있음으로서 가능한 것인데 필자는 실학에 관하
여는 전혀 문외한인 까닭이다. 그러므로 연구 동향에서는 諸氏의 설에
서 볼 수 있는 요점을 소개하는 것으로 만족하지 않을 수 없었다. 그러
나 다만 諸氏의 귀중한 勞作을 읽고 배워가는 사이에는 이론상의 문제
로서 항상 한두 가지 의문스러운 데가 없었던 것도 아니어서 끝으로
이곳에서는 일반사와의 관련에서 사견을 피력해 보고자 한다. 그것은
적게는 실학연구의 방법에도 관계되며 크게는 조선후기 사회를 이해하
는 태도에도 관련되는 것이라고 필자는 생각한다.

　무엇보다도 실학파가 대두하게 되는 배경으로서는 내부적인 요인이
좀 더 강조되어야 할 것이 아닌가 하는 점이다. 그리고 그것은 조선전
기에까지 소급해야 할 것으로 본다. 조선후기 사회에서 드러나는 제반
현상은 조선국가의 구조적인 모순의 표현이겠으며, 실학자들의 개혁이

론도 이미 그들의 실학이론에서 살핀 바와 같이 실상 그와 같은 모순을
타개하려는 노력이었는데, 그러한 모순은 이미 조선전기에 나타나고
있는 것이다. 양반 토호에 의한 민전의 집적과 병작전호의 발생, 공물
법의 개혁에 관한 논의, 당쟁의 발생 등등은 그 예이다. 정치·경제·
사회문제가 여기에 얽히어 있었던 것이다. 그러기에 또한 조선국가의
제반 모순의 타개에 관한 문제는 지배층 전체 관심사로서 등장하는 것
이며, 여기에서 유독 피압박 黨人뿐만 아니라 권력을 장악한 정치인에
의해서도 벌써 임진 전부터 그 방안이 끈덕지게 추구되어간 것이었다.

　이러한 사실은 학문의 성장 면에서도 생각되어야 할 것으로 본다.
실학이라는 학문이 유교의 본질로서 한·당 이래 있는 것이고 그 실학
자들이 정주학과는 다른 이질적인 사상기반 위에 서 있는 것이 아니라
면, 조선후기에 있어서의 실학도 — 종래의 실학과는 다른 특수성을
지닌 것이라 하더라도 — 이미 정주학 속에서 그와 유기적인 관계를
가지면서 발생하는 것으로 보는 것이 타당하지 않을까 한다. 즉 사화
당쟁으로 인해서 발달하는 私學·書院과 관련시켜 보면 어떻겠는가 하
는 것이다. 사학이나 서원은 官學과는 달라서 자유로운 분위기 속에
교육하고 있으며 거기에서 국정을 비방하고 현실을 비판하는 태도는
크게 육성되었던 것이었다. 특히 관학의 쇠퇴와는 반비례해서 이 사학
과 서원은 발전하고 있는 것이니 그러한 점은 충분히 주목할 만하다.
서원의 수를 보면 문헌상에 확실히 나타나는 것만도 선조조까지는 153
개가 있었고 그 후 실학파 대두의 초창기라 볼 수 있는 광해군·인조·
효종·현종·숙종조에 는 각각 57·67·36·100·376개가 설치되
어 숙종 말에는 도합 789개소나 되었던 것이다. 그리고 그와 같은 서원
에서 교육하는 정주학에는 格物致知라고 하는 과학적 비판적 정신의
일면이 있었던 것이었다. 선진적인 서구사상이나 청조문화가 수용될
수 있는 근거도 그러한 사실들 위에 있었던 것이 아닌가 싶다.

다음 실학사상의 역사적 성격을 규정함에 있어서는 유교국가이면 어
느 시기에나 볼 수 있었던 국가권력과 정치적 유교주의와의 관계와 실
학사상과 국가권력과의 관계가 어떻게 다른가 하는 것이 좀 더 구체적
으로 그리고 전면적으로 문제되어야 할 것으로 생각된다. 전자의 경우
정치적 유교주의는 形而上學 · 도덕 · 사회윤리 등 비정치적 주제를 다
루는 부문과는 달리 經世의 문제 전체를 다루는 사상인데, 그 사상은
언제나 그들이 현실의 지배권력에서 峻別되는 사상적 권위를 항상 요
구하고 있으며, 또 이러한 권위를 궁극적으로는 공자 자신의 가르침이
나 공자가 존경한 고전에 의해서 기초 지우려 하는 것으로서, 유교국가
의 많은 특수성은 이 정치적 유교주의와 국가권력과의 상호작용에서
이루어지는 것이다. 그리고 정치적 유교주의는 그 밖에도 여러 가지
특징을 지니고 있어서 필경 봉건적이고 전제적인 국가권력을 형성시키
고 있는 것이다. 그러므로 조선후기 실학사상의 역사적인 성격을 규정
함에 있어서는 종래에 있어서의 이와 같은 정치적 유교주의와 그것이
근본적으로 어떻게 다른가 하는 것이 문제되어야 할 것으로 본다.

그리고 특히 실학사상을 근대사상으로 규정함에 있어서는 그들의 개
혁이론이 역사적인 현실과 구체적으로 如何한 관계에 있었는가 하는
것이 문제되어야 하겠다. 조선후기 특히 18세기에서 19세기에 亘하는
시기의 한국사회는 조선국가가 내포하는 모순의 격화와 농업생산력의
발전, 상품화폐경제의 발달로 인하여 봉건제 사회가 붕괴되어 가는 제
현상이 사회와 경제의 각 방면에 드러나는 것이다. 사회구성의 변동 ·
민란의 발생 · 천주교 사상의 팽창 등은 그 구체적인 예일 것이다. 이러
한 사실들은 사회의 발전과정에서 필연적으로 발생 대두한 것이며 기
본적으로 중세세계 부정의 선상에 서는 것이다. 그러므로 실학파와 제
인사들이 이와 같은 문제를 如何히 역사의 발전 방향에 즉해서 복고가
아닌 진취적인 방향으로 건전하게 해결해 나가려고 하였는가 하는 것

은 그들의 성격을 이해하는 데 반드시 필요한 것이라고 생각된다. 말하자면 그들의 역사적 성격이 근대적인 것으로 규정되려면은 그들이 역사의식에 어느 만큼 투철하였는가 하는 것이 좀 더 구체적으로 해명되어야 하겠다는 것이다.

부기 : 이상 실학의 연구 특히 그 발생과 성격의 문제는 내부적인 요인과 유기적으로 관련되면서 그 위에서 청조문화와 서양사상의 작용이 배려되어야 할 것이라는 점에서 몇 가지 열거하여 보았다. 끝으로 본 동향의 소개에 관계된 논고로서 혹 논지의 파악에 착오가 있었다면은 미안하게 생각하는 바임을 부기하여 둔다. (1961. 10. 30)

《歷史敎育》6, 역사교육연구회, 1962. 6.

제3편

한국농업사 체계화 구상

韓國農業史

前近代의 土地制度

韓國農業史

1. 古代의 農業과 農民 (저작집 9 수록)

2. 中世의 農業과 土地

1) 農業技術의 發達과 《農事直說》의 成立

均田制가 무너진 후 통일신라의 반세기부터는 관료층에게 수조권을
수여하는 祿邑制가 실행되었다. 고려후기의 田柴科나 조선시기의 科田
法과 같은 것으로서, 집권적 봉건제 下의 우리나라 귀족관료들은 국가
에 대한 봉사의 대가로서 수조권을 委讓받는 것이었다. 신라에서는 그

것을 學生祿邑의 예에서와 같이 군현단위로 班給하였고, 특정한 귀족에게는 食邑이나 賜田이 수여되기도 하였다. 그리고 이와 別途로 왕실·귀족·寺院 등에서는 그 사유지를 더욱 확대시켜 대규모의 田莊을 소유하게 되었다. 수조지로서의 祿邑과 사유지로서의 田莊은 스스로 별개의 토지지배관계이지만 상호 밀접한 관련을 가지면서 발전하였다. 농민층에게는 별다른 대책이 있을 수 없었고, 귀족층의 土地集積과는 반비례로 몰락농민이 늘어났다. 傭作農民이 많아진 것은 말할 것도 없고 부체에 몰려 노비가 되기도 하였다.

귀족층의 田莊은 그 규모가 매우 큰 것이었다. 宰相家에서는 奴僮 3천을 거느릴 만큼 경제기반이 단단하였다. 어느 僧侶는 12個莊 5百餘結이나 되는 그의 소유지를 寺院에 寄進하였다. 귀족관료에의 祿邑의 수여는 田莊이 확대되는 기반이 되기도 하였다. 대규모의 田莊을 소유하고 있는 귀족층은 그 田莊에 농지관리를 위한 莊舍와 知莊을 두고 있었다. 그 경영은 전대에서와 같이 노비층이나 部曲農民의 노예노동에 의존하는 일이 없지 않았을 것이나, 이때에는 새로운 경향이 일어나지 않을 수 없었다. 삼국의 통일은 征服에 의한 노예 공급을 두절시켰고, 따라서 노예노동에 의한 莊土經營은 어려워졌다. 무전농민이 대량으로 배출하고 있는 실정에서 노예노동을 고집할 필요도 없었다. 莊主들은 무전농민에게 농지를 대여하고 地代를 증수하는 경영방식을 택함으로써 수입의 안전을 확보하려 하였으며, 농민들은 자유민이면서 그 지배하에서 생을 유지해 나갔다. 이는 지주·전호제로의 경사였으며 새로운 시대로의 이행이었다.

귀족관료층이 수조권자나 莊土의 지주로서 농민을 지배하는 상황 하에서, 농민들이 조금이라도 그들의 경영을 성장시켜 나갈 수 있는 방법은 농법을 개량하거나 新田을 개발하여 소득을 늘리고 토지의 소유권자로 되는 길이 있다. 이 두 방안은 상호 밀접한 관련을 가지는 것으로

서 우리나라 중세 농업기술의 특징은 여기에 集約되어 있었으며, 농민
들은 이것을 부단히 수행하여 나갔다.

농법의 개량문제는 歲易田(休耕田)의 常耕田化를 통한 소득증대와,
중국 화북지방적인 農業圈下에 있는 우리의 농업을 우리나라의 기후풍
토에 적합한 독자적인 농업과 농학의 체계로 수립하는 문제였다. 전자
는 평지에서의 경우와 산지에서의 경우가 있었다. 평지에서의 歲易法
은 언제부터 시작하여 어느 시기에 常耕化하였는지 분명치 않지만, 신
라말 여초의 시기에는 대체로 평지파종의 常耕化가 이루어지고 있었
다. 이 무렵에는 농업노동에 畜力이 많이 이용되고 있었으므로 施肥가
용이하였고, 犁耕이 본격적으로 행해졌으므로 深耕을 통한 地力의 회
복이 빨라서, 地力의 회복을 위하여 농지를 休耕하지 않아도 되었다.
그러나 山田歲易의 농법은 그 후 고려중엽에 이르기까지 널리 관행되
었다. 귀족층이나 豪族層의 대토지소유로 농지에서 밀려난 농민들은
토지소유를 위하여 山田 개간을 하게 되었고, 따라서 山田은 늘어났다.
12세기에 우리나라에 온 중국인이 우리나라의 농지를 말하여, "멀리서
보면 마치 梯磴과 같다"고 한 것은 그와 같은 山田 개발의 확대현상을
표현한 것이었다. 그런데 이러한 山田 가운데는 地力의 회복을 위하여
1년 休耕(一易田) 또는 2년 休耕(再易田)을 하지 않으면 안 되는 것이
많았다. 고려시기에는 山田歲易의 이러한 농법이 일반화하고 있어서,
당시의 기록에는 不易田이 극히 적다는 것이 특히 강조되고 있었다.
그리고 그러한 농법에 대한 대응조치로서 정부에서는 그 세율을 평지
常耕田과의 대비에서 마련하기도 하였다. 문종 때 山田 一易田 2結,
再易田 3結을 각각 平田(不易田) 1結에 해당한다고 규정한 것은 그것
이다.

山田歲易 의 이러한 농법은 그 후 여말・선초에 이르면서 점차 常耕
田으로 化해갔다. 이때가 되면 봉건지배층의 收奪이 가중하고 休耕을

통한 농지경영에서의 소득을 넘어서는 토지생산력의 발전이 요청되었다. 농민층이 민곤을 극복하는 길은 山田을 常耕化함으로써 그 수입을 늘리는 수밖에 없었다. 이러한 욕구가 충족되려면 반드시 농업기술이 발달해야 하는데, 이때가 되면 농업기술, 특히 歲易田의 常耕化와 관련하여서는 施肥法이 발달하고 있어서 농지를 休耕하지 않아도 되었다. 世宗條의 《農事直說》은 이러한 農業技術 발달의 배경 위에 성립되었다. 그리하여 조선초기에 이르면 오랜 세월에 걸치면서 행하여졌던 山田歲易의 농법이 평전에서와 마찬가지로 소멸하게 되었다. 이는 우리나라 중세농업에 있어서의 하나의 커다란 전진이었다.

여말·선초는 이와 같은 농업기술의 발달을 기반으로 우리 농업의 학문적 체계가 확립되는 시기였다. 농업기술의 발달은 생산력의 발전을 위해서 현실적으로 농민대중에게 요청되는 것이었는데, 이는 학문적인 연구와 지원이 있어야만 충분한 성과를 거둘 수 있는 것이었다. 당시의 지배층은 이러한 사정을 충분히 인식하고 있었으며 그것을 충실히 수행하였다. 그리고 그러한 연구는 곧 우리 농학의 성립을 결과하였다. 즉, 이 무렵까지의 우리 농학의 목표는 중국 화북지방과 기후 풍토가 다르면서도 그 농업권 속에서 그 영향을 받고 있는 우리의 농업기술을, 우리의 자연조건과 결부된 독자적인 것으로 발전시키는 일이었는데, 이러한 작업은 《農事直說》의 편찬으로써 그 골격이 세워졌다.

《農事直說》이 저술되기까지 우리나라에서는 중국의 農書를 그대로 참고하거나 註釋을 붙여서 이용하고 있었다. 아마도 일찍이는 《齊民要術》이 주로 이용되었을 것이지만, 여말·선초에는 원나라 司農司에서 편찬한 《農桑輯要》가 이용되었다. 이는 《齊民要術》과 마찬가지로 아직 화북의 농법을 중심으로 하는 農書였지만, 당시까지의 中國農書로서는 최선의 것이 였으므로, 《農事直說》 이전의 우리 농업에서는 주로 이 農書에 그 기술적인 문제를 의존하고 있었다. 그러나 그러면서도 중국

(화북지방)농업과 우리 농업은 그 立地條件이 적지 않게 다르므로, 그 농업기술론을 그대로 받아드릴 수는 없었다. 더욱이 《農桑輯要》는 중국의 화북지방을 중심으로 한 것이므로 그 農法은 旱田농업을 위주로 하는 것인데, 우리의 농업현실은 수전농업이 중심이었다. 그러므로 농업기술의 개량을 통해서 농업생산력을 한층 더 발전시키기 위해서는 중국농업이나 중국 실학으로부터의 脫皮가 필요하였다. 그리고 그러한 과제를 해결한 것이 《農事直說》이었다.

《農事直說》의 성립은 우리 농업을 학문으로서 성립시킨 것인데, 당시의 지배층은 이와 같은 농학을 체계화함에 있어서 舊來의 농서와 현실의 농업관행을 조사하고 折衷함으로써 완성하였다. 즉 三南地方의 지방장관으로 하여금 그곳의 발달한 농업기술·농업관행 등을 조사 보고케 하고, 그것을 기초로 하여서는 중국농서(《農桑輯要》)를 참작하여 새로운 농서로 편찬한 것이었다. 그 골격은 수전농업을 주축으로 하되, 한전농업이나 수전농업을 막론하고, 농법에 있어서 중국농업과 많은 차이가 있는 것이었다. 정부에서는 이를 간행하여 각 지방에 보급하였고 특히 서북지방이나 관북지방 등 한전지대에서는 이를 통해서 수전농법을 개량해 갈 것을 촉구하였다. 그리하여 농업은 발달하고 수전농업은 확대되어나갔다. 그리고 이를 통해서는 농업생산력의 발전이 한더 촉진되고 조선왕조의 건국 기반도 확고하여 졌다.

2) 量田策·量案·租稅制度

농지의 개간과 농법의 개량을 통해서 토지의 소유관계에 많은 변화가 생기고 농업생산력이 발전하는데 따라서는, 중세 봉건국가는 그 소유관계를 정확하게 把握하고 賦稅政策을 합리적으로 수립할 필요가 있

었다. 통일신라나 고려나 조선에서는 이것을 그때그때 量田策과 田稅
制度를 조정함으로써 적절히 처리하였다. 量田策은 일정한 원칙으로
토지를 조사하여 土地臺帳을 작성하는 것이고, 田稅制度는 그러한 토
지조사에 의거하여 세를 부과하는 것이다.

양전은 이와 같이 토지에 대한 세의 부과와 관련되는 것이기 때문에,
그 실행에 있어서는 토지와 관련된 여러 가지 문제를 세세히 조사하고
있었다. 田畓 하나하나에 대하여 地番·等級·地目·地形·尺數·結
數·四標·陳起·主 등을 확인하여 臺帳에 기록하였다. 地番은 20
結·15結 또는 10結·5結 단위로 區劃된 일정한 지역 내에서의 田畓
의 一連番號였다. 고려에서는 이 일정지역을 天字丁·地字丁 등으로
표시하고 조선에서는 天字畓·地字畓 등으로 기록하였는데, 그 안에는
田畓 百筆地 또는 2, 3百筆地 씩이나 포함되고 있었다. 등급은 토질의
비옥에 따라 그 등수를 규정한 것, 地目은 토지의 종목, 지형은 田畓의
생긴 모양, 치수는 그 田畓의 변의 길이(量田尺), 결수는 結·負·束으
로 표시된 면적, 四標는 그 田畓의 사방에 있는 標的, 이를테면 변의
東渠 酉山 南金某畓 北李某田 등을 기록하는 것, 陳起는 田畓의 陳田
또는 起耕田여부, 主는 田畓의 소유주를 기록하는 것이다.

양전 및 양안작성의 원칙은 시대를 따라 그 내용에 다소의 변동이
있기는 하였지만 기본적으로는 고려·조선을 통해서 일관하고 있었다.
그리고 고려 건국초기의 양안의 내용이 그러하였던 것으로 보면 아마
도 신라통일기에 있어서도 동일하였으리라 생각된다. 어느 때에 있어
서나 마찬가지였지만 양전을 하고 양안을 작성할 때는 반드시 중앙에
서 算士帶同으로 量田使가 派遣되어 지방관의 기초조사를 土臺로 이를
재확인하거나 또는 전면적으로 새로이 측량을 하기도 하였다. 조선 전
기의 법전에서는 이러한 측량을 매 20년마다 한 번씩 하도록 규정하였
으며, 고려에서는 그 연한이 분명치 않으나 필요한 때에는 언제나 이를

행하고 있었다. 농지의 실태를 되도록 정확히 파악함으로써 부세를 均平하게 하려는 것이었다.

이러한 내용의 토지파악에서 우리나라 중세의 농업경제와 관련하여 주목되는 것은 田畓의 등급을 규정하는 문제와 소유주를 기록하는 문제였다. 결부제하에서의 등급은 田品의 好·不好에 따라 규정되는 것으로서, 등급이 다르면 토지의 實면적에 큰 차이가 있어도 세액이 같았다. 그러므로 등급규정은 田稅賦課의 기본이 되는 것으로서 국가재정과 농민경제에 중요한 작용을 하는 것이다. 이러한 규정은 물론 농업문화의 開始와 더불어 발생한 것은 아니며, 이는 농업이 발달하고 국가의 영역이 좁은 지역에서 넓은 영역으로 확장되는데 따라서 발생하였다. 애초에 人稀地多하여 비옥한 토지만이 농지로서 起耕되던 때, 국가의 영역이 좁아서 지역차가 크지 않았던 때, 그리고 농업의 기술 수준이 아직 절정에 달하지 아니하였던 때에는 田品에 등급을 두어 세율을 조정할 필요가 없었지만, 영역의 확대와 인구의 팽창, 그리고 귀족층의 大土地所有로 농민들의 농지개간이 山田에까지 미치고, 따라서 肥沃田과 瘠薄田간의 所出의 격차가 커짐에 따라서는 세율에 등급을 두지 않을 수 없게 되었으며, 그것은 나아가서 田品等第의 규정으로 나타나게 되었다.

田品等第의 시작은 통일신라 때의 일일 것이고 그것도 均田制가 해체된 후의 일련의 농정책과 깊은 관련이 있을 것이다. 均田의 班給이 두절된 후 신라의 귀족들은 대토지소유자로서 莊土를 확대해 나갔으며, 농민들은 山地의 개발에 열중하여 山田이 확대되어 나갔는데, 山田과 平田의 所出에는 큰 차가 있었고, 따라서 收稅에도 그만한 차이를 두지 않으면 아니 되었다. 더욱이 均田制가 무너진 후에는 집권적 봉건국가의 관료층에 대한 보수규정으로서 收租地로서의 祿邑을 수여하고 있었으므로, 收稅는 관료층 스스로에 의해서 철저하게 均平할 것이 요청되고 있었다.

田品의 등급은 고려중엽까지는 上田·中田·下田의 3등이었고, 이는 歲易農法과 관련하여 규정되고 있었다. 不易田은 上田, 一易田은 中田, 再易田은 下田으로 불리었다. 그러나 歲易農法이 변동하는 데 따라서는 田品의 구분이 달라졌다. 고려 후반에서 선초에 이르면서는 농업생산력에 일층의 발전이 있어서 山田조차도 서서히 常耕田이 되고 있었지만, 그러나 所出의 차이는 여전하였다. 그래서 이때가 되면 일정량의 所出을 올릴 수 있는 면적을 1결로 정하고, 그만한 生産高를 올릴 수 있는 농지는 모두 1결로 규정하게 되었으며, 따라서 결의 실면적은 농지의 비옥도에 따라 그 擴狹이 달라지게 되었다. 비옥한 토지 즉 上等田은 실면적이 적어도 일정량 이상의 소출을 올릴 수 있고, 瘠薄한 토지 즉 하등전은 실면적이 넓어야만 그만한 소출을 올릴 수 있게 된 것이다. 고려에서는 그것을 3등으로 구분하여 上等田·中等田·下等田으로 불렀으며, 따라서 전체로서 보면 9등급이나 되는 셈이었다. 조선에 있어서는 이를 다시 조장하여 1등 田에서 6등 田까지로 하였다. 그리고 이러한 각 等田을 측량할 수 있는 두 왕조의 어느 경우에 있어서도 각각 그 量田尺을 달리하였으며, 따라서 실면적의 차는 양전 즉 등급의 규정과 더불어 크게 벌어지는 것이었다. 조선의 경우 一等田과 六等田의 실적은 같은 1결이라도 4배나 차이가 나도록 정하고 있었다.

소유주의 기재는 당시의 사회·경제구조를 이해하는데 중요한 근거가 된다. 당시에는 등기제도가 따로 없고 土地臺帳에 기재된 것이 곧 그 토지소유권의 확인이었다. 국가의 사업으로서 새로이 양전을 하여 臺帳을 만들 때가 아니면 아무리 관원이라 하더라도 양안상의 기재사항을 마음대로 고칠 수가 없는 것이며, 따라서 土地臺帳에 기록된 소유주는 그의 토지소유권을 국가로부터 보호받는 것이었다. 고려시기의 혼란할 때는 權勢家들이 '有主付籍之田' 즉 '民田'이나 농민 '所耕之田'

을 약탈하는 일이 자주 있었는데, 국가에서는 이를 付籍者, 즉 土地臺
帳에 기재된 소유주의 성명을 근거로 하여 本主에게 반환케 하고 있었
으며 조선시기에는 토지소유권에 분쟁이 일어났을 때 그것을 해결하는
최종 자료로서 土地臺帳을 드는 것이 慣例였다.

또 토지가 여러 차례 轉賣되었을 때에는 토지의 賣買文記를 소지함
으로써 그 소유권을 보호받을 수가 있었다. 賣買文記에는 賣主(前 所有
權者)와 買主(現 所有權者)의 職役, 성명이 기록되고 文記의 작성자와
보증인이 連署되며, 그 文記의 내용에는 토지의 표시로서 土地臺帳上
의 기재사항을 기록함으로써, 토지의 이전사항은 이 文記를 통해서 명
시되고 있었다. 그러므로 토지가 아무리 여러 차례 轉賣되더라도 토지
소유권자는 이 文記를 添連해서 소유하고 있어야 하는 것이며, 이를
소유하고 있어서 그의 성명이 양안상에 기재된 소유주와 連結이 지어
지면, 그는 그 토지의 소유주로서 법의 보호를 받을 수가 있는 것이었
다. 양안은 토지소유권을 확인하는 최종의, 그리고 최고의 근거였다.

소유주의 기재는 국가의 입장에서는 또 다른 면에서 큰 의미가 있었
다. 그것은 세를 부과하는 대상이 된다는 점이다. 집권적 봉건국가에
있어서의 세는 租‧傭‧調의 원칙으로서 시행되었는데, 토지에는 租
즉, 전세가 부과되었고 그것은 그 소유주의 부담으로 되고 있었다. 국
가로서는 토지의 소유주를 확인‧보호하는 반면에 그로부터 조세를 증
수하고 있는 것이었다. 국가는 국가재정의 확보를 위해서 租의 증수가
필요하였고, 租의 증수를 위해서는 그 토지의 소유권을 확인 보장할
필요가 있는 셈이었다.

土地臺帳에 기재된 토지의 소유주에는 이 시기의 사회를 구성하는
여러 사회계층이 모두 포함되어 있었다. 신라말년에도 그러했고 고려,
조선에서도 그러하였다. 왕실이나 귀족 그리고 寺院 등이 田莊 또는
莊土로 불리우는 대토지를 소유하고 있는데 대하여, 일반적으로 농민

층은 겨우 생계를 유지할 수 있는 소토지를 所有하는데 불과한 차이는 있었지만, 토지소유권자로서 양안에 기록되는데 있어서는 마찬가지였다. 그러한 토지소유자로서의 농민층이 중세 봉건사회에 있어서도 광범하게 존재하였다. 自耕農民層이 그것이다. 이들은 중세사회에 있어서의 생산계층의 주축을 이루며 조세의 부담뿐만 아니라 力役과 貢納을 또한 담당하고 있었다.

3) 大地主와 中小地主

이러한 토지소유 관계 위에서 運營되는 우리나라 중세의 봉건적 경제제도의 특징은 두 가지 점으로 집약되고 있었다. 그 하나는 토지사유제 위에서 전개되는 地主佃戶制였다. 지주전호제적인 생산양식은 앞에서도 指摘하였듯이 통일기 신라의 均田制가 崩壞된 후 본격적으로 전개되며, 고려 중엽 이후에는 이것이 더욱 발전하여 여말선초의 이른바 農莊經營으로 이어지고 있었다.

신라말년에 지주제를 추진한 사회계층은 이른바 豪族層으로서, 이들은 여러 신분계층으로서 구성되고 있었다. 그 하나는 중앙귀족으로서 지방에 세력기반을 가지게 된 사회세력이었다. 즉 신라에서는 통일이 전부터 중앙귀족들이 지방으로 확산하여 각 지방에는 그 세력기반을 구축하고 있었으며, 이러한 현상은 통일 후 征服地의 지방통치나 토지약탈을 목표로 더욱 촉진되고 있어서, 각 지방에는 중앙의 정치권력에 맞설만한 강한 세력이 형성되고 있었다. 통일후에 外位制度가 성립한 것은 이러한 사회적 배경에 緣由하는 것이다. 이들은 신라말년에 국가권력의 통제기능이 약화되었을 때에는 중앙의 지방통치를 배척하고 그 실권을 장악하기도 하였으며, 때로는 전국적인 규모로 반란을 일으키기도 하였다. 이 밖에 각 지방의 城主層이나 村主層도 豪族勢力으로 성장하고 있었다. 특히 村主層은 그 직위가 微官末職이었으나 본시 在地勢力으로서 중앙의 통치력이 약화된 것을 기화로 커다란 세력으로 성장할 수가 있었다. 각 지방에는 大小의 무수한 豪族勢力이 割據하여 相爭하게 되었으며, 마침내는 후삼국의 혼란기를 맞이하게 되었다. 고려왕조를 건설한 왕건도 개성지방에 근거하였던 한 豪族이었다.

　이와 같은 豪族層의 세력기반은 토지였다. 그리고 그 토지도 個中에는 祿邑의 지배일 경우도 있었을 것이나 대개의 경우는 田莊으로 불리우는 사유지의 지배였다. 그들은 均田制가 무너진 후, 그리고 중앙의 통제력이 痲痺되는데 따라, 토지의 集積에 열중하고 대토지소유자가 되었다. 無田 농민들이 그 토지의 借耕者가 되었음은 말할 것도 없었다. 사회적 혼란이 계속되는 가운데 힘없는 농민들은 그 보호하에 들지 않으면 아니 되기도 하였으며, 나아가서는 그 농지의 借耕者가 되었다. 그들은 豪族層의 佃戶가 되고 豪族層은 지주로서 그 지방을 실질적으로 지배할 수 있었다. 이 시기의 지주·전호제는 경제적 지배관계를 넘어서서 정치적 지배력까지도 행사할 수가 있었다. 이 시기의 豪族層을 豪族으로서 성격지우는 所以이다.

　그러나 豪族層이 실권을 장악하였던 이러한 후삼국시기는 고려왕조에 의하여 終幕되고, 그 혼란한 사회는 집권적 봉건국가의 체제속에서 다시금 안정을 보게 됨으로써, 그 지주제는 경제적 의미만을 지니게 되었다. 즉 중앙집권적 관료체제에 의한 지방세력 통제로 말미암아 豪族層은 民人에 대한 독지적인 정치적 지배의 권한을 상실하고 지주로서만 존재하게 된 것이다. 豪族層은 집권적 봉건국가의 귀족·관료로 흡수되고 그러한 체제내에서 지주제는 발전하였다. 이는 지배층 전체에 공통되는 현상으로서 왕실에 있어서도 마찬가지였다. 왕건 일족은 국왕으로서 확대한 토지를 소유하고 그것을 農莊으로서 경영하였다.

나말여초의 지주층이 田莊을 경영함에 있어서 知莊을 두고 이를 관리하였다 함은 이미 언급한 바이지만, 그 경영의 구체적 내용은 分半打作을 하는 並作半收制였다. 이러한 내용의 지주·전호제는 우리나라 중세사회를 일관하는 농업관행으로서 신라·고려·조선을 통해서 동일하였다. 고려초기에 陳廢된 他人의 私田(私有地)을 耕墾하였을 때의 전호층의 부담을 與田主分半으로 규정하고 있었음은 신라 이래의 그와 같은 농업관행을 말하는 것이다. 전호층은 分半打作이라고 하는 무거운 地代를 부담하고, 국가에 대해서는 그밖에 여러 가지 役을 져야만 하는 것이었다. 그리고 이와 같은 전호층은 평민층과 천민층으로서 구성되는데, 많은 노비를 소유하고 있는 귀족지주층 특히 왕실 같은 데서는 그 노비로 하여금 農莊所在地에 外居케 함으로써 이를 경작시키고 地代를 납부케 하였다. 고려 태조가 노비를 교외에 出居케하여 耕田納稅케 하고 있었음은 그러한 사례였다. 이러한 外居노비로서의 전호층은 지주층에 의한 인신적인 지배와 경제적인 지배를 동시에 받는 이른바 전형적인 노비적 존재였다.

고려는 그 중엽이후 내외로 혼란한 시대를 맞이하였는데 그러한 가운데서 지주제는 더욱 더 확대되어 나갔다. 鄭仲夫에서 발단한 武臣亂은 거듭되는 정권쟁탈로 정치적 혼란을 초래하였고, 그사이에 전국 각지에서 일어나는 민란은 사회의 혼란을 가져왔다 몽골과의 오랜 전쟁은 농지의 荒廢와 농민의 流離를 초래하고 농업생산력을 파괴하였다. 이러한 가운데서 지주층은 전후에 농민을 招集하여 경작에 종사케 하고 그들을 전호로서 驅使하게 되었다. 이러한 지주층 가운데는 각 지방에 광범하게 존재하는 群小 地主層과 중앙의 귀족관료층이 있었으며, 특히 후자는 친몽적인 권력층이 핵심이 되고 있었다. 몽골의 지배하에 들어가게 되었을 때 지배층 가운데서도 일부는 그 세력을 배경으로 농민의 토지를 약탈하여 農莊을 확대시켜나가고 있었다. 自耕農民層은 줄어들고 전호층은 더욱 확대되어 나갔다.

사유지에서의 지주전호제는 본시 국가에 대한 지주의 조세부담을 원칙으로 하는 것이었으나, 이 무렵의 지주층은 그 권력을 배경으로 納租를 거부하기도 하였다. 權勢家로서의 지주층은 국가의 수입을 蠶食하는 것이었으나, 몽골 지배 하의 무력한 국가권력에는 이를 통제할 능력이 없었다.

그뿐만 아니라 자경농민으로서의 전호층이 어느 지주로부터 농지를 借耕할 때는, 그 지주에게는 地代만을 납부하고 그 밖의 傭(力役)과 調(貢賦)는 國家에 바쳐야 하는 것이었으나, 지주층은 이 力役과 貢賦마저도 횡령하였다. 당시의 권력층은 이러한 전호층을 處干으로 부르고 있었는데, 이들은 국가에 상납할 세조차도 중간에서 逋脫하고 있는 것이었다. 權勢家地主層의 농민수탈은 자경농민이나 전호층에 대한 것으로 그치는 것이 아니었다. 그것은 지배층 상호간의 문제로도 일어났다. 앞에서 언급하였듯이 토지사유재하의 고려사회에는 전국 각 지방에 많은 群小 地主層이 존재하였는데, 친몽적 권력층에게는 이러한 群小 地主層도 그 수탈의 대상이 되고 있었다.

지방에 거주하는 群小 地主層은 나말여초 이래의 在地 豪族勢力의 후예가 그 주축을 이루고 있었다. 후삼국의 통합과 고려의 지방제도가 확립된 후 그들 가운데 일부는 중앙의 귀족관료층으로 추진하였으나, 대부분은 在地勢力으로서 鄕職에 흡수되고 있었으며, 武臣政權이후에는 文筆에 종사하는 末端官吏로서 하나의 커다란 사회세력을 형성하고 있었다. 그리하여 고려 말엽에 이르면 新興官僚層이 형성되는 사회적 배경이 되기도 하였는데, 이들 群小 地主層은 일반 농민층과 마찬가지로 新田開發에 열중함으로써 그 농지를 확장시켜 나가고도 있었다. 그런데 그러한 群小 地主層의 토지가 친몽적 권력층의 수탈 대상이 되고 있는 것이었다. 新興官僚層이 舊貴族과 정치적으로 대립하고 있음은

주지의 사실이지만, 그 배경에는 이와 같이 경제적 대립과 이해관계의
충돌이 있었다.

　이러한 대립은 고려 말년의 정치정세 속에서 新興官僚層의 승리, 따
라서 在地 지주세력의 승리로 끝이 났다. 즉 新興官僚層은 몽골제국의
쇠퇴를 기회로 고려안에서의 친몽 귀족을 숙청하였으며, 그 경제기반
으로서의 토지제도를 개혁함으로써 그 세력기반을 제거하였던 것이다.
그리고 나아가서는 왕조 자체를 새로이 건설하는 혁명을 일으켰으니
곧 조선왕조의 건설이었다. 그러므로 조선왕조는 말하자면 고려시기의
群小 地主層을 배경으로 성립한 것이었으며, 따라서 그 건국 후에는
이들 지주층의 성장이 있게 될 것임은 말할 나위도 없는 일이었다. 그
리고 또 그러한 까닭으로 해서 在地 지주세력의 경제기반을 배경으로
한 사대부 계층이 이 시기의 정치권력의 주축을 이루게 될 것임도 필연
한 일이었다. 그리하여 조선 전기의 지주제는 在地 지주세력으로서의
양반사대부 계층이 그 중심이 되면서 分半打作의 지주경영을 발전시켜
나갔다.

4) 收租權과 所有權

　우리나라 중세의 봉건적 경제기반의 다른 또 하나의 특징은 토지사
유제 위에서 운영되는 국가권력에 의한 土地分給制였다. 均田制 붕괴
후의 신라의 祿邑制나 고려의 田柴科ㆍ祿科田 그리고 朝鮮의 科田法,
職田法 등은 그것이었다. 이러한 제도 가운데는 토지 그 자체를 지급하
는 경우도 있었으나 그 중심은 수조권의 급여인 것으로서, 이 土地分給
制의 핵심은 집권적 봉건국가로서의 이들 諸 왕조가 국가의 관직이나
諸般 職役에 종사하는 귀족관료층 및 군인에게 그 奉仕와 충성의 대가

로서 일정지역에 대한 수조권을 분급하는 것이다. 당시에는 중앙관직이나 鄕職, 그리고 군직에 이르기까지 엄격한 신분적 제약이 가해지고 있었으므로 이러한 토지의 분급이 신분과의 관련에서 지급되는 것은 물론이었다. 집권적 봉건제하의 사회·경제기구가 신분질서와 토지의 계층적 班給의 기반 위에 수립되고 있는 단적인 표현이었다.

　그러나 수조권의 급여에 불과한 이 토지제도가 당시에는 큰 지배력을 가지는 것이었으며 또 토지제도의 전부인 것으로 看做되었다. 국가에서는 均田의 班給 즉 토지 그 자체의 班給이 불가능하게 된 실정 속에서 수조권이나마 강력히 지배하려 한 까닭이었다. 집권적 봉건제 하의 사회·경제사상에는 "普天之下 莫非王土"라고 하는 왕토사상이 있어서, 전국의 토지는 가령 그것이 민에게 소유권이 있는 것이라 하더라도 모두 나라의 땅이라고 관념되었으며, 국가에서는 이러한 관념 위에서 토지국유의 사상을 형성하고 수조권을 통해서 이를 지배할 수가 있었다. 토지국유제는 말하자면 국가나 왕실에게 소유권이 있는 토지는 말할 것도 없고, 민인 개개인에게 소유권이 있는 토지도 왕토사상과 조세의 징수권이 국가에 있는 것을 근거로 해서 국유로 看做하고 지배하는 제도였다. 이는 사적 토지소유권 개념위에서 성립되고 있는 토지 사유제와 기본적으로 모순되는 것이지만, 집권적 봉건국가에서는 이 양자를 적절히 조정하면서 운영해 나갔다. 바로 이러한 점에 우리나라 중세의 경제기구나 경제사상의 특색이 있는 것이기도 하였다.

　토지국유제의 기본개념은 이와 같이 수조권의 지배를 핵심으로 하는 것이지만, 그러나 그렇다 하더라도 그것이 국유인 이상 그 토지의 주는 제도상 국가 즉 수조권자일 수밖에 없었다. 그래서 당시에는 수조권자를 田主로 부르고 그것을 소유하고 경작하는 조세 부담자는 佃客으로 부르고 있었다. 국가는 전국토의 田主인 셈이었으며, 土地分給制에 의해서 국가로부터 수조권을 위임받은 귀족관료층이나 鄕職者·군인도 田主였

다. 土地分給制와 토지국유의 사상이 지배하던 이 시기에는 국가나 공적
기관에서 수조하는 토지와 사적인 개인이 수조하는 토지의 구분이 있게
되고, 公田 · 私田의 명칭이 생기게 되었지만, 어느 경우에 있어서나
그 수조권자가 토지국유제 하에서의 이른바 田主였음은 물론이다. 이러
한 田主 · 佃客의 관념은 토지의 사적소유 위에서 전개하는 지주제가
지주와 전호를 중심한 생산관계로서 운영되고 있었음과 대비되는 것으
로서, 토지국유제는 말하자면 국가나 수조권자가 전농민을 전주의 입장
에서 佃客으로서 파악하고 지배하였던 경제체제인 것이었다.

土地分給制에서 지급하는 토지의 규모는 대단히 컸었다. 신라의 祿
邑은 가령 靑州 老居縣이 學生祿邑이었던 데서 알 수 있듯이, 收租地는
군현을 단위로 하여 지급하였으며, 고려의 田柴科는 수조권자의 직위
에 따라 17結 내지 150結(文宗)씩 分給하되 국가가 土地臺帳에서 파악
하고 있는 一定區劃의 토지, 즉 田丁으로서 지급하였다. 그리고 조선의
科田法에서도 10結에서 150結에 이르는 확대한 토지를 수여하고 있었
다. 祿邑과 田柴科는 外方州縣에서 지급하는 것이었고, 고려 후기의
祿科田과 조선의 科田 · 職田은 경기 내에 한정하는 것이었다. 그리고
이러한 지급액은 물론 어떠한 경우에나 어김없이 수여하는 것은 아니
며 이는 다만 그 수여의 上限을 규정하는 데 불과한 것이었다. 관리들
은 때로는 규정대로 받을 수가 있었지만 때로는 규정에 미달하는 토지
가 수여될 수도 있었다.

또 이러한 수조권의 수여에 있어서 그것은 자기의 사유지와 겹칠 경
우도 있었다. 이런 경우의 수조권자는 그 사유지에서의 국가에 대한
조세부담이 면제되는 것이며, 그것을 佃戶로 하여금 경작시키고 있을
경우에는 2분의 1租가 완전히 자기 수입으로 되었다. 田柴科體制 下에
서의 私田(個人收租權)의 租가 2분의 1로 일컬어졌음은 여기에 緣由하
는 것이다. 고려 초기와 田柴科體制에서의 兩班田은 주로 그러하였다.

이때의 귀족관료층은 후삼국시기의 대토지소유자로서의 豪族層 출신
이었으므로, 그들이 거주하던 지방에 많은 토지를 소유하고 있었는데,
그들은 관료가 된 후 外方 州縣에다 收租地를 分給받고 있었던 것이다.

土地分給制는 이렇듯이 수조권의 分給이면서도 제도상 이를 전주로
규정하고 토지소유권자(耕作權者)로부터 조세를 징수하도록 하였으므
로, 토지의 수조권과 소유권은 늘 서로 대립관계에 놓이지 않을 수 없
었다. 수조권자는 되도록 많은 收租를 바랄 것이지만 소유권자는 그와
반대이게 마련이었다. 이러한 대립관계에서 늘 유력한 입장에 있는 것
은 수조권자였다. 그들은 귀족관료층으로서 收租地를 받고 있었으므로
그 사회적 지위와 권력을 배경으로 그들에게 유리하게 租를 징수하였
다. 그리고 또 경우에 따라서는 收租率 그 자체를 올림으로서 그 增收
를 제도적으로 보장하기도 하였다. 고려 태조때의 세율이 제도상 什一
稅였는데(실제로 그러하였는지는 의문이지만), 성종 때에 이르러 4분
의 1세로 늘어난 것은 그 하나의 예이다. 고려 국가는 이때에 이르러
집권적인 관료체제가 정비되는데 그것은 귀족관료층에 대한 이와 같은
보장이 있음으로써 가능하였다.

그러나 수조권의 이와 같은 성장은 그 자체 문제가 아닐 수 없었다.
이는 단순한 조세제도의 문제가 아니라 사회계층 사이의 이해관계의
대립의 문제였다. 고려 후반기는 이러한 이해관계의 대립으로서 점철
된 시기였다. 수조권을 중심한 土地分給에서 그 授收가 제대로 될 수
없었음은 말할 것도 없지만, 이를 근거로 하여 권력층이 수조권을 강화
하고 사유지를 확대해 나가는 데 따라서는 自耕農層과 在地 중소지주
층이 몰락을 면할 수가 없었다. 그리하여 수조권의 授收를 에워싸고
신구 관료층 간에 항쟁이 벌어지게 되었음은 말할 것도 없지만, 수조권
의 강화에 따르는 중소지주층의 몰락에 따라서는 그들 중소 지주층을
사회 · 경제적 배경으로 하고 있는 新興官僚層의 항쟁을 더욱 격화시키

게 되었다.

이러한 항쟁은 당시의 내외 정세 속에 新興官僚層, 따라서 토지소유
권자 측에 유력하게 작용하였다. 그것은 앞에서 언급한 바와 같다. 수
조권을 통한 토지사유의 확대를 막기 위해서는 收租地의 分給을 畿內
로 한정하는 조치가 취해졌다. 祿科田과 科田法의 실행이었다. 더욱이
科田法에서는 收租率을 낮춤으로서 수조권을 통한 토지지배의 권한을
약화시켰다. 그 후 조선왕조의 世宗朝에 이르면 세율은 더욱 낮추어졌
다. 그뿐만 아니라 科田法을 職田法으로 개정하면서는 收租의 방법을
官收官給으로 바꾸기도 하였다. 그리하여 이러한 일련의 과정을 통해
서 收租權은 이제 그 본래의 의미, 즉 收租權을 통한 토지지배의 의의
를 점차 상실하게 되었다. 收租權者의 田主로서의 기능 약화인 것이다.
收租에서의 田主機能의 약화는 소유권의 강화를 뜻하며, 수조권과 소
유권의 대립 항쟁에서의 소유권의 승리를 뜻한다. 그리하여 집권적 봉
건적 사회에 있어서의 지주제는 이제 토지의 사적소유 위에서 전개되
는 지주전호제만이 그 유일한 지주제로서 존속하게 되었다.

3. 近世의 農業과 農政

1) 農地開墾과 農法改良

신분질서와 토지지배의 기반 위에 수립된 집권적 봉건국가의 사회·
경제질서는 조선후기에 이르러서는 전면적으로 무너지게 되었다. 그것
은 여러 가지 사정에서 緣由하는 것이지만 기본적으로는 토지지배관계

에서의 변화와 농업생산력의 발전에 기인하고 있었다. 이러한 생산기저의 변화는 그 위에 수립된 상하관계로 질서화된 사회의 존속을 어렵게 하였던 것이다.

토지지배 관계에서의 변화라 함은 수조권을 중심한 土地分給制의 쇠퇴에 따르는 문제였다. 앞에서 언급한 바와 같이 수조권은 소유권과의 葛藤 속에 敗退하게 되고 전주로서의 의미를 상실하게 되었는데, 조선 후기에 이르면 그와 같은 收租地의 分給마저도 실행할 수 없게 되었다. 이러한 사실은 곧 소유권의 승리·성장과정인 것으로서 이에 隨伴하여서는 농민층도 일정한 혜택을 받을 수가 있었다. 그러나 이것이 봉건지배층의 농민지배의 終焉을 뜻함은 아니었다. 수조권에 의한 토지지배의 관행이 쇠퇴 소멸되는데 따라서는, 그들은 토지의 사적소유에 관심을 가지게 되고, 여기에다 그들의 경제기반을 구성하게 되었다. 그것은 사적 토지소유 위에 형성된 지주·전호제로 나타나고 農莊의 확대로 표현되었다.

지주전호제나 農莊의 확대는 自耕農民層에게 뿐만 아니라 지배층 내부에도 커다란 변동을 초래하고 있었다. 그러한 지주제의 확대는 봉건지배층의 土地兼幷을 통해서 이루어지고 있었으므로, 이로 말미암아서는 自耕農民層의 토지이탈이 강요되었을 뿐만 아니라, 양반지배층 가운데도 토지에서 배척되는 자가 있게 되었다. 수조지에만 의존하던 계층은 특히 그러하였다. 土地分給制의 해체로 인해서 신분적 계층관계와 토지지배가 반드시 일치하지는 않게 된 것이며, 양반지배층으로서의 사회적 지위(신분)를 지니면서도 농민지배의 경제기반을 갖추지 못하게 되는 경우가 있게 된 것이다. 이러한 변화 속에서 농민층이 나아갈 수 있는 활로는 농업생산력을 한층 더 발전시켜 단위면적에서의 所出을 늘리는 것이었으며, 가난한 지배층이 지배층으로서의 지위를 유지할 수 있는 방법은 관직을 얻어 官權으로서 토지를 확보하는 길이었

다. 그렇지도 못할 경우에는 그들은 농민층과 마찬가지로 소토지소유
자나 無田借耕者로 되지 않을 수 없었다. 이리하여 조선전기의 마지막
단계에 이르면 농민층의 생산활동에는 木棉재배의 盛況, 농법개량에
대한 비상한 관심 등 커다란 변화가 오고, 양반지배층의 관직 取得을
위한 활동에는 激甚한 경쟁 나아가서는 黨爭까지도 있게 되었으며, 여
기에서 밀려난 일부 양반층은 경제적 零落을 면할 길이 없게 되었다.

倭亂·胡亂의 두 전쟁은 이러한 변화를 가일층 촉진시켰다. 이 전쟁
으로 인하여서는 중국이나 일본에서와 같이 왕조가 무너지고 정권이
교체되는 데까지는 이르지 않았지만, 그러나 조선왕조에도 그에 못지
않은 타격이 일어나고 있었다. 전쟁으로 인해서 토지와 인구가 크게
감소하고, 따라서 국가의 稅源이 激減한 까닭이었다. 집권적 봉건국가
의 재정 기반은 租·傭·調의 賦課 즉 土地·人丁·戶口 등의 정확한
파악과 그 절대량의 확보에 있는 것이었는데, 전쟁으로 말미암아서는
이 모든 것이 파괴되고 감소된 것이었다. 조선왕조가 그 존속을 위해서
는 전후의 복수사업이 필요하였다. 정부에서는 그것을 토지와 인구·
신분의 조사, 즉 양전과 호적을 정비하는 가운데, 농지개간과 농법개량
으로서 수행하였다. 그리고 바로 이 두 경제활동 특히 후자는 농민층의
입장에서도 그 농가경제의 향상을 위해서 필요한 것이었으므로 적극적
으로 추진되었다. 그리하여 이로 말미암아서는 구래에 봉건적인 사회
경제체제내에서 일어나고 있었던 변화가 더욱 촉진되기에 이르렀다.

농지 개간은 山田 개발이나 堰畓 개간 등 어느 쪽에도 일어났지만,
어느 것이나 토지사유제의 기본원칙에서 수행되었음은 말할 것도 없었
다. 새로이 개간된 농지는 그것을 개간한 자에게 그 소유권이 돌아갔
다. 자금이 많은 양반지배층은 이 사업을 대규모로 전개하여 지주로서
더욱 성장하였으며, 자금이 넉넉지 못한 자는 소규모로 개간을 하여
중소지주가 되거나 無田者에서 소토지소유자가 되기도 하였다. 이러한

사업에는 왕실이나 兩班地主層·各級官廳·商人層·一般農民層 등 모든 사회계층이 참여하였으나 그 중심은 왕실이나 양반지배층 및 각급 관청이었으며, 이로써 전국 각지에는 새로운 宮房田·官屯田 및 양반층의 農莊이 늘어났다. 이리하여 兩亂 후의 대개간의 시대는 진행되고 그 결과는 전란으로 입은 피해를 회복할 수가 있었다. 그렇지만 이러한 농정책이 기본적으로 농민경제를 위한 정책이 아니었음은 말할 것도 없었다. 이는 지주제를 중심한 농정책, 봉건지배층을 위한 농정책이었다. 토지의 사적소유권 위에서 전개되던 舊來의 지주·전호제는 이러한 농정책에 지원되면서 더욱 확대하고 발전하였다.

농지개간이 주로 지배층에 의해서 수행된 데 반해서 농법개량은 주로 농민대중에 의해서 추진되고 있었다. 이는 농업생산에 관한 기술적인 문제이므로 직접 생산에 종사하는 농민 계층이 추진할 수밖에 없는 것이었다. 그들은 지주제가 확대되고 그들 소유의 自耕地가 축소하는 가운데, 농법을 개량하여 그 수입을 늘림으로서 그 생계를 유지하려 하였다. 농법개량은 말하자면 봉건지배층이 토지를 集積하여 지주제를 확대 발전시키고 있는 데 대한 농민층으로서의 대응조치였다. 그들은 그것을 수전농업이나 한전농업의 어느 경우에서도 摸索하였다. 전자는 直播農法을 移秧法으로 전환시키고 후자는 壟種法을 畎種法으로 전환시키는 것이었다, 수전농업에서도 그렇고 한전농업에서도 그러하였지만, 移秧法과 畎種法은 直播法과 壟種法에 比하여 노동력을 덜 들이고도 더 많은 所出을 올릴 수 있는 장점이 있었다. 兩亂 이후에는 인구와 노동력이 감소하고 있었으므로 이 농법은 농민층에게는 구세주와 같은 것이었다. 더욱이 移秧法이 보급하는 데 따라서는 수전에서의 麥의 이모작이 가능하게 되어 농민층의 소득은 늘어났다. 그리하여 이 두 농법의 추진과 보급은 마침내 전란으로 입은 생산력의 파괴를 말끔히 씻을 수가 있었고 한걸음 더 나아가서는 조선후기의 이른바 농업생산력의 급속한 발전을 齎來할 수가 있었다.

농법의 전환, 생산력의 발전은 학문적인 뒷받침이 있음으로써 순조롭게 진행되었다. 당시의 학자들은 농업생산의 발전을 위해서 농학의 연구에 열중하였고, 그 결과로서는 前記한 바와 같은 장점을 발견할 수가 있어서 이를 적극 권장하고 있었다. 《農家集成》, 《穡經》, 《山林經濟》, 《課農小抄》, 《林園經濟志》 등의 농서는 모두 그러하였다. 그들은 수전농업에 관해서는 이를 중국 화남지방의 농업과 관련지어서 연구하였다. 남송 시대 朱子의 勸農文에서 명대 徐光啓의 《農政全書》에 이르기까지의 무수한 중국 농서가 참고되었다. 그리고 이를 통해서 농법 전환의 온당성을 재확인할 수가 있었다. 정부는 移秧法이 旱魃에 약하다는 것을 이유로 수전농업에서의 농법 전환에는 일정한 통제를 가하고 있었지만 학문적인 연구는 이러한 통제를 해제시켜 나갔다. 정부에서도 이제는 통제만 고집할 수 없었고, 變貌하는 농업 현실에 대하여 그 기초 조건을 갖출 것을 생각하게 되었다. 조선 후기에 전국 각 지역에 수리시설이 급증하게 된 것은 그것이며, 농법 전환은 이러한 수리시설의 보급에 힘입으면서 더욱 더 급속하게 개전되었다.

농업생산력의 발전은 田稅制度, 大同法, 均役法 등 시기의 세제의 개혁을 통해서도 크게 刺戟되었다. 田稅制度는 田品 6等, 年分 9等의 원칙에서 1結 당 4斗 내지 20斗를 부과하던 것을 4斗 또는 6斗로 정액화한 것이며, 大同法은 수백 종의 특산물과 不産物을 부담하던 貢納制를 結當 12斗로 토지에다 단일 정액화한 것, 그리고 均役法은 평민층만이 2匹씩 負擔하던 軍布 중에서 1匹分을 結錢으로서 田結에다 배정함으로써 신분계층 간에 있었던 役의 불평등과 차이를 부분적으로나마 제거한 것이었다. 租·傭·調 등의 諸 세를 토지에다 집중적으로 부과하되 그 정액은 종전에 비하여 훨씬 경감하고 있는 것이 특징이었다. 그리고 이러한 稅制의 개혁은 각각 그 제도 자체의 결함이나, 운영상의 폐단, 그리고 사회·경제상의 현실적 여건의 변동 등에서 제기되었으나, 그 결과는 대토지소유자의 擔稅를 늘리고 소토지를 소유하는 농민층의 부담을 경감하게 되었다는 점에서 또한 稅制改革으로서의 의미가 있었다. 그러므로 이는 비록 일정한 한계를 지닌 것이기는 하지만 賦稅의 均平化를 지향하는 정책이었던 것으로서, 이러한 일련의 조치를 통해서는 농민층이 생산에 意慾을 가질 수 있게 되었다. 그리고 결과로서는 다른 諸 사정과도 관련하여 농업생산력의 전반적인 향상을 가져올 수가 있었다.

2) 農業生産力의 發展과 農民層의 分化

농업생산력의 발전은 그 자체로서 그치는 것이 아니었다. 이로 인해서는 농업경영 상에 변화가 생기게 되고 나아가서는 농민층 분화와 사회변동을 齎來하게 되었다.

농업경영 상에 일어나게 된 변화는 경영 확대와 상업적 농업의 전개였다. 농법의 개량과 전환은 노동력을 절약하고서도 所出의 증대를 가능케 하였으므로, 농민층 가운데서 활동적이고 營利的인 농민은 경영 확대를 하게 되고 이를 통해서 부를 축적해 나갔다. 그것은 自耕地에서도 일어나고 借耕地에서도 일어났다. 그리고 이러한 경영 확대의 裏面에는 耕地에서 밀려나는 농민층이 날로 증가하였다. 농업생산력의 발전은 농민층 분화를 隨伴하고 있는 것이다. 또 당시에는 유통경제가 발달하고 있어서 營利를 목적으로 하는 농업경영은 당연히 시장과의 관련에서 즉 상업적인 농업으로서 행하여지게 되었는데, 농민층 분화는 이를 통해서도 촉진되고 있었다. 상업적 농업에서는 穀物·織物·烟草·席類·藥材 기타 등등, 모든 농작물이 시장을 대상으로 생산 판매되며, 그간의 농업노동은 賃勞動으로서 행하여졌으므로, 농업경영은 부농층에게 유력하게 작용하여 부는 그들에게로 偏重하게 되고 빈농층은 더욱 쉽사리 몰락하게 된 것이었다. 이러한 부농층을 우리는 경영형부농층으로 부르거니와, 농업생산력의 발전은 한편으로는 이러한 부농층을 등장시키면서도 다른 한편으로는 광범한 零細農의 輩出을 촉진하고 있었다. 더욱이 봉건지배층에 의해서 대규모의 농지개발과 土地集積이 행해져 지주제는 확대 발전하고 있었으므로 농민층 분화는 내외로부터 작용하고 있는 것이며, 따라서 분화는 촉진될 수밖에 없었다.

　이러한 분화 현상은 18세기에서 19세기에 이르면서 더욱 더 격화되어 나갔다. 그리하여 自耕農民層일 경우 토지소유에 있어서의 격차는 현저하여 졌으며, 농지는 소수의 지주층이나 부농층으로 집중하고 많은 농민들은 零細農이나 無田農民으로 전락하였다. 토지에서 배제된 농민들은 우선은 지주층의 時作農民, 佃戶農民이 되는 것으로서 숨을 돌릴 수가 있었지만, 그러나 借地經營이라고 안전지대일 수는 없었다. 앞에서 이미 언급하였듯이 분화는 여기에서도 일어나고 있었다. 농법전환, 상업적 농업 등으로 경영형부농층에 의한 경영확대는 진행되고, 따라서 분화는 촉진되었던 것이다. 이 경우에는 소수의 부유한 경영자들에 의해서 많은 농지가 점유되고 많은 時作農民들은 零細한 토지소유자나 완전한 無田農民으로 추락하게 되는 것이었다.

　농지소유나 농지보유에서 밀려나는 농민들은 農業勞動, 鑛山勞動 등 賃勞動層이 되거나 상공업으로 추락하였으며, 그것도 못하는 농민은 流離乞食과 火賊으로서 생명을 유지하였다. 봉건왕조에 있어서의 사회불안의 요인은 깊고 넓게 양성되고 있었다. 더욱이 이때에는 이러한 현상이 일반 농민층에만 한하는 것이 아니었다. 분화는 양반사회에서도 일어나고 있어서 다수의 양반층이 토지소유자에서 土地借耕의 時作農民으로, 또 이어서는 無田農民, 賃勞動層으로까지 추락하고 있었다.

농민층 분화는 신분제의 해체 위에 새로운 농민계급을 형성시키고 있는 것이었으며, 따라서 몰락양반층의 현실에 대한 비판도 일반 농민층의 그것 못지않게 심각하고 銳利하였다.

농민층 분화는 농촌사회, 농민경제상에 여러 가지 難問題를 야기하고 있었다. 그중에서도 분화의 진행 과정에서 일어나는 신분질서의 전면적인 동요와 地主, 時作農民 사이의 항쟁은 그 최대 산물이었다. 신분제의 동요는 농민층의 성장과 양반층의 몰락이라고 하는 두 기반 위에서 전개되었다. 어느 것이나 농업생산력의 발전과 농민층 분화의 소산이었으므로 생산력이 발전하고 분화가 촉진됨에 따라서 그 동요는 더욱 더 심화되었다. 그것은 구체적으로는 평민층이나 천민층이 호적상(법제상) 양반신분으로 上昇하므로서, 舊來에는 1割 내외였던 양반지배층이 19세기 중엽에는 6~7할이 되고, 전국민의 대부분을 구성하였던 평민층은 3할 내외, 천민층은 거의 소멸하다시피 되었을 만큼 심각한 것이었다. 평민층과 천민층 가운데서 부를 축적할 수 있었던 농민들이 그 富力으로서 양반 신분을 매득하게 된 것이다. 신분제 사회인 당시에는 양반지배층은 役을 지지 않고 제반 사회적, 정치적 우대를 받고 있었으므로, 평민층이나 천민층이 役을 면하는 것은 말할 것도 없고 높은 사회적 지위를 확보함으로서 더욱 자유로운 활동을 하려는 데서였다.

그들은 그것을 정부 재정의 궁핍으로 취해지는 納粟政策이나, 몰락양반이 생존을 위해서 매도하는 그 가문[族譜]의 한 자리, 그리고 호적 관리에 대한 賂物의 증여 등, 여러 가지 방법으로 취득하였다. 어느 경우나 적지 않은 재력이 소요되는 것이었으나, 농업생산이 발전하고 유통경제가 발달하는 가운데 생산계급으로서의 평민층이나 천민층에게는 그만한 여유가 있는 농민이 많았다. 또 신분적인 제약이 가해지는 사회에서는 무엇보다도 그것을 벗어나는 것이 피지배층의 우선 목표가

되는 것이었으므로, 그들은 부농층이나 중농층이 아니더라도 여유가
생기는 대로 양반신분을 취득해 나갔다. 이리하여 양반신분으로 상승
하는 농민은 늘어나고 봉건적인 신분제는 전면적으로 무너지기에 이르
렀다. 양반층이 많아졌다는 사실은 그들 지배층이 본래 누리고 있었던
특권의 상실인 것이며, 따라서 그것은 상하 관계로 질서화된 사회의
와해였으며 평등사회 형성에의 단서이기도 하였다.

지주 時作農民 사이의 항쟁은 時作農民層이 지주층에 대하여 감행하
는 抗租運動으로 나타나고 있었다. 이들은 借耕地로부터의 수입이 생
명의 유지를 위한 유일한 원천이었으므로 지주층의 지주제적 농지경영
과는 이해관계를 달리하고 있는 것이었다. 이들의 항쟁은 그때그때 여
러 가지 사정이 구실이 되고 있었지만, 기본적으로는 농민층 분화가
격화되는 데 따른 경제적 불평등의 심화와 농업생산력이 발전하는 가
운데 잉여생산물의 축적을 어렵게 하고 생존을 위협하는 지주층의 地
代가 그 주원인이 되고 있었다. 그러므로 분화가 촉진되면 될수록 항쟁
은 격화될 수밖에 없었으며, 18세기에서 19세기에 이르면서는 항쟁은
일상화되기에 이르렀다. 그들은 소극적 또는 적극적으로 地代의 납부
를 거부하기도 하고, 개인적 또는 집단적으로 이를 滯納, 慾納하기도
하였으며, 또 때로는 수개 촌민, 면민이 집단화하여 폭력으로 이를 거
부함으로써 아수라장을 이루기도 하였다. 이럴 경우의 抗租運動은 하
나의 완전한 민란이었다.

19세기 중엽에 있었던 三南地方을 중심한 전국적 농민반란은 바로
이와 같은 농민층 분화에서 緣由하는 抗租運動의 연장이었다. 官邊側
기록은 그 원인을 단순한 삼정문란, 즉 稅政 運營上의 결함으로 기술하
였지만, 보다 근원적이고도 본질적인 원인은 이와 같은 抗租運動의 바
탕으로서의 농민층 분화와 경제적 불평등의 심화 및 봉건지주층의 수
탈의 강화였다. 삼정을 통한 농민수탈은 그러한 농민층에 대하여 자행

되고 있었다. 기술한 바와 같이 이때에는 봉건적인 신분제가 전면적으로 동요하고 사회적 불평등의 길이 열리고 있었으므로, 농민층의 사회의식은 높아지고 있었는데, 관료층이나 지주층의 수탈은 강화되고 있었으니 항쟁은 확대될 수밖에 없었다. 1894년의 농민전쟁도 그와 같은 농민반란이 격화 연장된 형태였다. 이때가 되면 외래 자본주의의 영향으로 농민경제는 더욱 더 파괴되고 지배층의 수탈은 더욱 가중되었으며, 따라서 그 대립은 심화되고 있었다. 그리하여 抗租運動에서 시작한 농민층의 항쟁은 마침내 봉건지배층의 타도를 목표로 하는 체제부정적인 농민전쟁으로까지 확대된 것이었다.

3) 丁若鏞과 徐有渠의 農業改革論

농민층 분화 및 지주와 時作農民 간의 항쟁은 이와 같이 체제부정까지 연계되고 있었으므로, 이 시기의 식자층에서는 이러한 문제를 진지하게 생각하고 대책을 세우지 않으면 아니 되었다. 그것은 농업개혁론으로서 제기되었다.

이에 관하여 누구나 일반적으로 생각하는 것은 농지의 재분배였다. 그들은 그것을 井田論, 均田論, 限田論 등으로 내세웠다. 17세기 이래의 실학자나 진보적인 정치인들은 이를 끊임없이 제기하였으며, 농촌지식인들도 이를 상식화된 견해로서 거론하고 있었다. 그리고 민란과 농민전쟁이 발발하였을 때에는 이를 收拾하기 위한 방안으로서도 提論하였다. 그것은 농민경제의 破綻에서 발생한 것이었으므로 그 수습을 위해서는 토지재분배를 통한 농민경제의 안정이 필요한 까닭이었다. 그러나 토지재분배론이 쉽사리 실현될 수는 없었다. 봉건지배층은 이를 극력 거부하고 있었다.

그러므로 식자층에서는 차선의 방안으로서 農地借耕 관계의 개선을 제언하기도 하였다. 貸田論, 均作論, 分耕論 등이 그것으로, 이는 無田農民에게 借耕地나마 균등하게 분급함으로써 농민경제를 안정시키자는 것이었다. 그리고 그 일환으로서는 地代의 率을 낮춤으로써 時作農民層의 수입을 늘리는 한편 지주층의 土地集積을 억제하려는 방안도 제기하였다. 또 그들은 이러한 개선방안조차도 施行될 수 없다면, 零細農을 위해서 농업협동의 기구가 마련되어야 할 것을 提論하기도 하였다. 零細小農層은 부농층이나 지주층의 농업경영에 밀려 몰락의 길을 걷고 있었으므로, 지주층이나 부농층과의 경영 전쟁에서 패하지 않으려면 零細農은 협동농업을 하지 않으면 아니 된다는 데서였다. 그들은 그것을 종래의 鄕約, 契 등의 농민통제, 농촌 자치기구나 五家統 등의 향촌 조직을 이용하되 그 기능을 변경하면 쉽사리 실행할 수 있을 것임을 강조하였다.

그러나 이러한 諸論議는 하나의 문제로서 종합적으로 제론되고 있는 것이 아니었으며, 또 이 시기의 사회가 내포하는 모순을 근본적으로 해결할 수 있는 것도 아니었다. 이 시기의 농업 문제가 근본적으로 개혁되고 해결되기 위해서는 이러한 논의를 바탕으로 이를 포함하고 종합하는 새로운 견해가 필요하였다. 그러한 견해를 成就한 것은 19세기 전반기의 다산 정약용과 풍석 서유구였다.

다산은 閭(촌락)를 기본단위로 하는 共同農場的인 농업경영론과 井田을 단위로 하는 獨立自耕的인 농업경영론을 통해서 봉건적인 지주제, 나아가서는 그 사회·경제체제 전반을 개혁하려 하였다. 전자는 토지국유화의 전제 위에서, 30호 기준으로 구성된 閭의 농민에게 이 토지를 위임하여 閭長의 지휘 아래 閭의 농민이 공동노동으로 이를 경작하고, 소득은 個個의 농가가 제공하는 노동 일수에 따라 분배하되, 非農業人口에게는 토지나 소득을 분급하지 않는 것을 그 내용으로 하였다. 이는 봉건지주층은 물론이고 부농층조차도 전면적으로 부정한 零細小農層 위주의 농업개혁론이었다. 그러한 점에서 이는 均田論이나 限田論의 시행보다도 더 어려운 안이 아닐 수 없었다. 그러므로 그는 窮極的인 농업개혁안, 이상적인 농업생산의 형태를 이 共同農場論으로 보는 것이지만, 그것에 이르는 과도 조치로서 井田的인 방안을 구성하기도 하였다.

井田論은 전국의 농지를 점진적으로 매수하여 국유화하고, 이를 고대 井田의 이념에 따라 모든 농민에게 일정 면적씩 분급함으로써 그들의 獨立自耕農化를 기하려는 방안이었다. 농지를 분배하는 기준은 노동력의 多寡에 따르고, 또 농업생산에 있어서의 전문적 지식을 고려하며, 그 경영은 受田農民의 완전한 사적 경영으로 한다는 점에서 그의 共同農場論과는 다른 것이었다. 그러나 이 개혁안은 점진적인 농업개혁을 목표로 하는 것이므로, 토지매수가 진행되는 동안 당분간은 지주제를 부정하지 아니하며, 다만 그럴 경우 그 借耕地는 다른 재분배된 농지와 마찬가지로 井田制의 이념에 의해서 운영되어야 할 것임을 규정하고 있었다. 그리고 이러한 농업론에서 국가는 전국의 농지를 경영상으로 분업화, 전업화함으로써 농업생산을 조직적으로 운영하되, 농업경영에서 뛰어난 성과를 올린 부농층은 매년 일정수씩 관에 임명하고 정치권력에 등용함으로써 농업개혁을 위한 主役(사회세력)으로 형성하려 하였다. 이는 현실적으로는 이 시기의 농촌사회에 광범하게 존재한 경영형부농층과의 협조 하에 봉건지주제를 타도하려는 안이었다.

풍석은 평생 농학을 연구한 학자로서 그 농업론은 다양하지만, 농업개혁의 핵심을 이루는 것은 국영농장이나 민영농장의 설치를 통해 봉건적인 지주제를 새로운 근대적인 경영형태로 전환시키려는 데 있었다. 그도 본시는 井田制의 이념 아래 限田制를 실행할 것을 구상하고 있었으나, 지주층의 토지를 몰수해야 하는 이 안은 현실적으로 실행 불가능한 것이라고 보는데서, 이와 같은 새로운 개혁안을 마련하고 있었다.

국영농장은 전국의 各道, 各郡縣, 各鎭堡, 國境線一帶, 海岸地帶, 島嶼 등의 지방에 국유지, 왕실소유지 및 買收地를 중심으로 數十 頃에서 數千 頃에 이르는 농장[屯田]을 설치하되, 농민층에게는 토지를 給與하여 이를 사적으로 경영케 하려는 것이 아니라, 경영 주체는 국가이고 그들은 다만 충분한 보수와 宿所를 제공 받는 賃勞動層으로서 생산활동에 종사케 하려는 것이었다. 그러므로 이러한 농장이 제대로 유지되기 위해서는 특히 그 경영과 관리가 철저하지 않으면 안 되었다. 그는 이러한 문제를 이 시기의 농업생산에서 지도적으로 기능하였던 경영형 부농층을 그 관리자로 임명하고, 이들의 지도하에 농장을 다시 10頃 5人 단위로 세분하여 이 단위농장을 이 5명의 집단노동으로서 경작케 하고, 또 농법을 개량하고 농지제도를 개선함으로써 해결하려 하였다. 이리하여 농장에서의 所出로서 농장에 고용된 농민들에게 충분한 賃金을 지급하게 되면, 농민층 분화에서 야기된 농민경제의 破綻은 안정되고 국가재정은 충실하여 질 것이라는 내용이었다.

민영농장은 관리가 되기를 희망하는 부유한 계층, 주로는 지주층으로 하여금 일정한 지역에 농장을 개설케 하고, 그들을 그 농장의 관리자로 임명하여 국영농장과 동일하게 경영케 하려는 것이었다. 이러한 농업개혁을 그는 단순한 농업문제의 해결로서만 목표를 삼는 것이 아니었다. 다산과 마찬가지로 그는 이를 하나의 사회개혁의 문제로서 구상하고 있었다. 그래서 그는 농장경영에 뛰어난 성과를 올린 경영자는 매년 一定數씩 지방 수령으로 임명할 것을 또한 그 중요한 내용으로서 규정하고 있었다. 농업개혁의 주축이 될 사회세력을 형성하고 이들과의 협력 하에 그 궁극의 목표를 달성하려는 셈이었다. 그러므로 그에게 있어서도 그 농업개혁론은 이 시기의 경영형부농과의 유대 하에 이를 수행하려는 것이었으나, 그러나 그에게 있어서는 봉건지주층의 전면적인 타도를 통해서가 아니라, 그 자본을 이용하고 그 생산양식을 새로운 생산양식으로 전환함으로서, 舊來의 봉건적인 지주제가 내포하는 모순을 제거하려는 것이었다는 점에서 다산의 개혁론과는 차이가 있었다.

4) 三政釐整策 및 開化派의 農業論

경제체제의 破綻 속에서 농민경제를 안정시키려는 諸 논의는 다양하였지만 어느 하나도 실천에 옮겨지지는 않았다. 그리고 그 결과로서는 전술한 바와 같이 抗租運動, 農民叛亂, 農民戰爭 등 무수한 항쟁을 겪지 않으면 안 되었다. 봉건지배층은 농민항쟁의 기본원인을 직시하지 않았으며, 삼정 운영 상의 문제가 그 원인인 것으로만 파악하고 그 개혁을 시도하고 있었다.

그러한 입장에서의 집권층의 개혁은 19세기 중엽의 철종 시기에 그 방향이 마련되었다. 이때에는 경상도 진주에서 농민반란이 발생하고, 여기서 발단한 농민층의 반란은 三南一帶와 북부지방까지 확대되고 있었는데, 이러한 전면적인 농민반란은 봉건지배층으로 하여금 일정한 대책을 세우지 않으면 안 되게 하였다. 정부에서는 지방관으로 하여금 민란에 관한 보고서를 올리게 하고, 또 按覈使, 宣撫使, 暗行御史 등으로부터도 그 실태를 청취하였다. 그들은 한결같이 그 원인을 삼정의 문란과 관리의 貪虐으로 보고하였다. 철종은 정부의 大小官員과 전국의 지식인들에게 문란한 삼정을 시정할 수 있는 방안을 물었으며, 정부 내에는 三政釐整廳을 權設하고 弊政의 개혁방안을 논의하였다. 그리고 그들은 지방관과 遣使와 지식인들의 견해를 참작하면서 그 개혁안을 마련하였으니, 이른바 三政釐整策이 그것이었다.

　三政釐整策은 田政 · 軍政 · 還穀 등에 관한 개혁방안인데 농업 문제와 특히 관련되는 것은 전정이었다. 전정의 개혁에 관해서는 많은 사람들이 여러 가지 문제를 거론하였으나, 그것은 요컨대 두 가지 방향으로 집약되고 있었다. 그 하나는 농민반란의 기본원인을 봉건지주제의 모순과 농민층 분화로 보고, 따라서 그것을 진정시키려면 농민경제를 안정시켜야 하며, 그러기 위해서는 국가권력에 의한 봉건지배층의 土地集積 억제와 농민층에 대한 토지분배가 필요하다는 것이었다. 그리고 다른 하나는 그 원인을 田政 운영상의 폐단과 관리의 중간수탈로 보고, 이러한 폐단과 중간수탈을 제거하면 騷亂은 해소되리라는 것이었다. 전자는 농업 문제의 근본적인 개혁을 지향하는 것으로서 실학파의 학적 전통 위에 선 진보적인 논자들의 견해였으며, 후자는 기본문제는 그대로 둔 채 운영상의 문제만을 개선하려는 것으로서 집권층과 보수적인 논자의 견해였다.

　그런데 이와 같은 두 계통의 개혁안 가운데서 釐整廳의 대신들이 채택한 것은 후자였다. 田政 즉 토지에 부과하는 세의 공정한 운영을 위해서 量田을 하고 법정세 이외의 과중한 부담과 中間 收奪을 제거한다는 것이 그 골자였다. 언제나 정상적으로 운영되었어야 할 조선 왕조의 전정에 관한 법제가 재확인 되었을 뿐이었다. 이러한 원칙은 민란 직후에 등장하는 대원군의 집권기에도 그대로 준수되었다. 왕권의 강화를 중심한 봉건왕조의 中興을 최대의 정치적 사명으로 하고 있는 그의 정책이 봉건적인 경제체제의 근본적인 개혁을 구상할 수는 없었다.

　개항 이후의 農政은 이러한 원칙을 새로운 각도에서 재확인하고 밀고 나갔으니 甲申 · 甲午改革期의 농업론이 그것이다. 이때에는 철종조의 민란수습에서 농민 문제의 근본적인 해결이 없었던 데서, 그 이전의 농촌사회가 지녔던 바 諸般 농민항쟁의 요인이 그대로 온존하고 있었는데, 그러한 위에서 자본주의 열강과의 통상은 농민층 분화와 농촌사

회의 破綻을 加一層 촉진시키고 있었다. 농업 문제의 근본적인 해결이
더욱더 요청되는 시기였다. 그리하여 舊來의 학문적 전통을 계승하고
있는 논자들 가운데는 실학파 이래의 농업개혁론과 흡사한 농민경제의
均産化를 지향하는 개혁방안을 제론하기도 하였다. 그러나 이 무렵의
우리나라는 새로운 시대 상황 하에 있었다. 西歐 자본주의 열강의 문물
은 일본과 중국을 통해서 홍수처럼 밀려왔고, 정치인이나 지식인 가운
데는 이러한 새로운 문명을 받아들여 근대화, 자본주의화할 것을 企圖
하는 논자가 늘어나게 되었다. 이른바 개화파의 정치인, 지식인들로서
이들은 농업 문제의 해결도 그러한 입장에서 추진하려 하였다

　그 농업론은 농업기술상의 문제는 西歐의 농학을 받아들여 농업생산
력을 발전시키고, 토지 문제는 舊來의 지주제를 그대로 유지한 채 그것
을 바탕으로 근대 자본주의국가의 체제를 수립하려는 것이었다. 安宗
洙의 《農政新編》이나 鄭秉夏의 《農政撮要》는 전자의 예로 대표적인 것
이며, 金允植의 〈護富論〉, 朴泳孝의 〈上書〉 및 俞吉濬의 〈地制議〉는
후자의 예로서 대표적인 견해였다. 그들은 직간접적으로 歐美 근대 자
본주의국가의 경제체제를 見聞하고 그 부국강병의 경제기반을 인식할
수가 있었으므로 그들의 농업론에 확신을 가지고 있었다. 그리하여 이
제 그들은 근대화, 자본주의화의 이름으로 舊來의 농업론이 지니는 이
념을 도외시하게 되었으며, 지주층을 기반으로 한 부국강병의 근대국
가 수립에 그 부력을 적극적으로 동원하려 하였다. 봉건적인 지주제에
내포되었던 사회적 · 경제적 모순이 이제는 모순으로서 看做되지 않았
으며, 그것을 糾彈하고 농민경제의 均産化를 꾀하는 농민층의 주장을
容納하지 않았다. 그러한 농민층은 匪徒로 몰리고 외세를 통해서 탄압
되었다.

　갑오개혁은 短命으로 중도에 그쳤으나 그 사업은 대한제국의 광무개
혁(1897~1904)으로 계승되고 여기에서 일단 그 완성을 보았다. 국제

정세의 변동과 보수적 사상계의 반격으로 친일정권이 무너지고, 그들이 추진하던 외세의존적인 근대적 개혁과정에도 제동이 걸렸지만, 개혁 그 자체가 부정될 수는 없었다. 지주제를 긍정하는 입장에서는 더욱 그러하였다. 그 점만은 개화파에 있어서나 보수 정객에 있어서나 마찬가지였다. 光武年間의 개혁의 주역들은 新舊 理論을 折衷하는 가운데 주체적인 입장에서의 개혁을 표방하고 근대국가의 체제를 법제화하였다. 그리고 그 일환으로서는 그 경제체제의 단적인 표현으로서의 농정책도 내세웠다. 量田事業과 地契事業이 그것이었다. 전국의 토지를 조사하여 그 소유권을 확인하고 그 소유권자에게 근대법으로서의 소유권 증서를 발급하는 사업이었다. 그리하여 舊來의 토지소유권자는 이제 새로이 근대국가의 토지소유권자로 재확인되고 지주제는 그대로 존속하게 되었다. 광무개혁으로서 일단 완성을 본 우리나라의 근대화과정, 근대국가의 수립은 舊來의 지주제를 기반으로 하고 그 지주층을 중심으로 수행되고 있는 것이었다.

《韓國文化史新論》, 중앙대출판부, 1975. 1.

前近代의 土地制度

1. 서론

근대의 한국사회를 바로 이해하기 위해서는 그 역사적 배경으로서의 전근대사회, 즉 중세사회와 고대사회에 대한 이해가 필요하다. 근대사회는 그 이전 사회의 胎內에서 싹트고 성장해서 수립된 역사적 산물이기 때문이다. 그리고 그 성립기반으로서의 중세사회의 특성은 거기에서 胚胎되는 근대사회의 성격을 또한 규정하게 되기 때문이다. 외래문화가 큰 영향을 미칠 경우에도 이 같은 사정에는 정도의 차가 있을 뿐이다.

전근대사회를 이해하기 위해서 빼놓을 수 없는 중요한 문제의 하나가 되는 것은 토지제도, 농업 문제이다. 전근대에 있어서의 경제생활의

중심은 농업이었고, 그것은 토지제도 속에 집약되어 있었다. 고대국가
와 중세국가의 경제기반이 되고 그 체제를 지탱케 하는 것도 토지를
중심한 경제제도였다. 그러므로 전근대사회의 특성을 이해하기 위해서
는 반드시 토지제도의 역사적 추이에 대한 이해가 필요하다. 자료를
통해서 볼 때 그 발전과정은 크게 고대, 중세, 중세 말기의 세 시대로
구분할 수 있다. 본고에서는 한국문화에 관심을 갖는 외국인을 위해서
이 같은 사정을 개설한다.

2. 古代의 土地制度 (저작집 9 수록)

3. 中世의 土地制度

삼국 시기의 중반경까지 대토지경영이나 食邑 지배를 圍繞해서 볼
수 있었던 豪民·加 階層의 奴婢·下戶層에 대한 지배관계는 그 후 점
차 변동되었다. 고구려·백제·신라는 주변 小國들에 대한 정복을 끝내
자, 그 후에는 삼국이 서로 항쟁하는 가운데, 이에 대비하는 체제 개편
이 필요하였던 까닭이었다. 이 같은 항쟁은 7세기 중엽 신라의 삼국통
일에 이르기까지 수 세기 간 계속되었다. 항쟁에서 살아남는 길은 대내
적으로는 항쟁에 효과적일 수 있는 체제를 갖추는 것, 생산력을 발전시
키고 경제기반을 튼튼하게 하는 것이었다. 그러기 위해서는 豪民·加階
層과 奴婢·下戶層간에서 볼 수 있었던 노비제적인 생산관계를 조정하

지 않으면 안 되었다. 전자의 지배력은 견제되고 후자의 사회적 지위는
향상될 필요가 있었다. 그리하여 豪民·加階層이 기반으로 하는 邑落社
會는 새로운 지방제도로 개편되고 그들은 새로운 관료체제속에 편제되
었다. 그리고 奴婢·下戶層의 殉葬制는 점차 약화, 폐기되고, 그들의
사회적 지위는 개선되어 나갔다. 그뿐만 아니라 전쟁포로가 노비로 格
下되지 않고 양민으로 해방되기도 하였다. 통일전쟁 후의 고구려민이나
백제민은 피정복 노예가 아니라 신라민과 대등한 민으로써 통합되었다.
三國抗爭期는 말하자면 새로운 시대로 이행하는 과도기였다.

　　새로운 시대로의 이행은 곧 중세로의 경사이고 전환이었다. 고대의
下限에 관하여는 ① 夫餘·三韓說, ② 三國末說, ③ 麗末·鮮初說, ④
高麗中期說, ⑤ 高麗末說 등1) 異論이 분분하지만, 토지제도에 있어서
는 농민의 사회적 存在形態, 生産關係에 주목하지 않을 수 없다. 그리
고 이 경우 그들의 처지 파악에서 두드러진 指標가 될 수 있는 것은
무엇보다도 殉葬의 有無라고 하겠다. 순장 관행이 천 년 이상 계속되고
그 시대의 사회구성을 특징 지었던 것을 생각하면, 비록 후대에 이르도
록 순장의 풍습이 유습으로서 끈질기게 남는다 하더라도, 그 시대의
농민과 그것이 폐기된 시대의 농민을 동일시할 수는 없다. 그리고 순장
제가 폐기된 후 종전의 被殉葬階層의 처지가 아무리 변동된다 하더라
도, 그것이 신분제 내에서의 일인 한 殉葬制의 폐기만큼 큰 의미를 지
니는 것은 아니라고 생각된다.

　　중세의 토지제도는 두 계통으로 정리될 수 있다. 하나는 토지의 사적

1) ① 說 - 金三守, 〈韓國社會經濟史〉《韓國文化史大系》Ⅱ, 고려대민족문화연구소, 1965.
　② 說 - 白南雲, 《朝鮮社會經濟史》, 改造社, 1933 ; 崔虎鎭, 《韓國經濟史槪論》, 보문각, 1962.
　③ 說 - 趙璣濬, 《韓國經濟史》, 法文社, 1962 ; 金哲埈, 〈韓國古代國家發達史〉《韓國文化史大系》Ⅰ, 고려대민족문화연구소, 1964.
　④ 說 - 前田直典, 〈東아시아에서의 古代의 終末〉《中國史의 時代區分》, 東京大學出版會, 1957.
　⑤ 說 - 姜晋哲, 〈韓國史의 時代區分에 대한 一試論〉《震檀學報》29·30, 1966.

소유권면에서이고, 다른 하나는 이를 바탕으로 그 위에서 운영되는 收租權 分給 면에서이다. 전자를 둘러싸고는 소토지를 소유한 농민층의 自耕農制와 대토지를 소유한 지배층의 地主佃戶制가 전개되고, 후자를 둘러싸고는 收租權者와 納租者(농민)사이에 田主(祿邑主・科田主) 佃客制(농민)가 성립하였다. 전자는 고대 이래의 토지 소유의 전통 위에서 전개된 것이고, 후자는 고대 이래의 食邑이 集權官僚體制, 地方制度의 개편과도 관련하여 일반화되고 질적으로 변한 것이었다. 收租權 분급은 다만 租稅징수권을 부여하는 것이지만 그 권력 행사는 강했다. 그러므로 수조권이 강한 만큼 소유권은 그 권력에 제약을 받았고, 따라서 중세의 토지소유권은 근대의 그것과 같이 絕對的, 不可侵的인 것은 아니었다. 이 시기에는 이 양자가 서로 보완관계에 있기도 하고, 상호 반발 대립관계에 있기도 하면서 그 토지제도를 발전시켜 나갔다.

1) 新羅時期

이 시기의 토지제도는 《三國史記》, 《三國遺事》, 《新羅帳籍》, 金石文 등을 통해서 살필 수 있다. 앞의 두 책은 후대의 사서이지만 신빙성이 있고, 뒤의 두 문서는 당대 기록으로서 사료가치가 높다. 이들 자료에도 물론 토지경영의 내용까지 구체적으로 기록하고 있는 것은 아니지만 그 윤곽은 대체로 파악할 수 있도록 되어 있다.

A. a. 〔文武王 三年〕賜庾信田五百結 (《三國史記》, 列傳 金庾信)
   b. 捨莊十二區 田五百結 隷寺爲飯 (《朝鮮金石總覽》上, 鳳岩寺智證
      大師寂照塔紀)
   c. 宰相家不絶祿 奴僮 三千人 (《唐書》, 東夷傳 新羅)
B. a. 聖德王 二十一年 秋八月 始給百姓丁田 (《三國史記》, 新羅本紀

聖德王)

b. 沙害漸村 … 合畓百二結二負四束〔以其村官謨畓四結 內視令畓
四結〕 烟受有畓 九十四結二負四束〔以村主位畓十九結七十負〕合
田六十二結十負五束〔並烟受有之〕合麻田一結九負 (《新羅帳籍》,
※〔 〕는 夾注).

C. a. 神文王七年 … 敎賜文武官僚田有差(《三國史記》, 新羅本紀 神文
王)

b. 神文王九年 … 下敎 罷內外官祿邑 逐年賜租有差 以爲恒式(《三
國史記》, 新羅本紀 神文王)

c. 景德王十六年 … 除內外群官月俸 復賜祿邑(《三國史記》, 新羅本
紀 景德王)

위의 자료에서 A는 지배층의 대토지소유와 그 경영을 보여주는 것이
다. 그들은 본시 대토지를 소유하고 있었지만, 통일전쟁에서 功이 있을
경우, 賜田이 더 주어졌다(a). 僧侶가 12곳에 500結의 농지를 소유하
기도 하였다 (b). 귀족중에서도 宰相家는 토지가 많아서 祿(穀物)이 끊
기지 않고 奴僕이 3천 명씩이나 되었다(c).

이들은 外居하며 佃戶농민으로서 토지를 경작했을 것이다. 그러나
佃戶농민이 모두 노비로 구성되는 것은 아니었다. 혹은 良人이나 部曲
民일 수도 있었다. b 자료는 그러한 예가 아닐까 생각된다. 토지를 寺
院에다 기증하면서도 노비에 관해서는 언급이 없기 때문이다. 이 시기
의 지배층은 이 같은 대토지를 田莊이라 불렀으며, 田莊에는 莊舍를
설치하고 知莊을 파견하여 관리 경영했다(《三國遺事》卷3, 洛山二大
聖·觀音·正趣·調信).

B는 백성·민의 토지소유 관계를 보여주는 것이다. 거기에는 鄕村有
力者의 소유지나 일반 농민층의 소유지가 모두 포함되고 있었다. 그것
을 당시의 국가에서는 丁田 또는 烟受有畓으로 불렀다. 이 경우 丁田의

지급이 구체적으로 어떻게 하는 것인지 분명치 않지만 두 가지 경우를
생각할 수 있다. 그 하나는 丁을 기준으로 토지 자체를 지급하는 경우
이고, 다른 하나는 민이 소유하고 있는 토지에 특정한 의미를 지닌 丁
을 정해 주는 경우이다. 丁田은 이 같은 丁이 정해진 田이라는 뜻이
되겠다. 그러나 전자는 특정 지역에서의 일일 것이며, 일반적 의미에서
의 丁田은 후자가 아니었을까 생각된다. 그리고 전자의 경우도 丁田을
지급할 때는 후자적인 丁을 전제하고서 지급했으리라 생각된다. 이와
같이 丁田이 특정한 의미를 지난 丁을 지급하는 것이라고 할 경우, 그
丁은 人丁, 즉 노동력을 뜻하므로, 丁田은 丁을 기준으로 한 賦稅의
부과와 관련이 있는 것이라 하겠다. 고려시기의 田丁(足丁·半丁)은 租
稅부과의 단위였다.

　　C는 文武 관료 또는 官衙에 토지가 분급되고 있었음을 보여주는 것
이다. 그 구체적인 내용은 알 수 없지만, 그것은 두 계통으로 주어졌다.
하나는 官僚田의 이름으로 아마도 토지를 분급하는 것이고, 다른 하나
는 祿邑의 이름으로 收租權을 분급하는 것이다. 전자는 地主佃戶制나
賦役 勞動에 의한 경영 관계가 기본이 되었을 것이고, 후자는 丁田농
민, 烟戶농민 등 토지소유 농민층의 租稅수납을 바탕으로 하는 것이었
다. 중세에 있어서의 토지분급 관계는 후대에도 기본적으로 그러하였
다. 이 시기에는 그 원형이 마련되고 있는 셈이었다.

　　이 같은 토지제도를 농촌에서 비교적 소상하게 살필 수 있게 하는
것은 B의 b로 제시한 《新羅帳籍》이다. 이는 西原京(淸州) 부근의 4개
촌락에 관한 村政文書인데, 여기에는 각 촌락 내의 호구동태, 全土地
面積과, 그 안에서의 토지 종목이 기록되어 있다. b로 제시한 마을의
그러한 토지 종목으로 村官謨畓, 內視令畓, 村主位畓, 烟受有畓(田),
麻田 등이 보인다. 麻田은 국유지이고, 村官謨畓은 官有地이며, 內視令
畓, 村主位畓은 官僚田 또는 食邑體系 내의 토지로 생각되며, 烟受有畓

은 앞에서 지적했듯이 촌민의 소유지이다. 전반적으로 호구는 적고 농지는 넓은데, 이 농지는 陳荒田·休耕田을 모두 포함한 可耕農地의 통계라는 점과, 이 지역은 삼국전쟁시의 전투지역이었다는 점을 유의할 필요가 있다. 이 문서는 농촌의 개괄적인 현황을 파악하는데 좋은 자료이기는 하지만, 그러나 농민 개개의 토지소유상황이나 경영내용에 관해서는 언급이 없다. 그러므로 이 문서를 중심으로 행한 연구의 결과는 몇 가지 점에서 견해차가 나오게 하였다.

첫째는 문서의 작성시기, 성격에 관한 것으로서, 이 문서를 8세기 중엽의 官僚田·丁田에 관련되는 村落·村政文書로 보는 견해[2]와 9세기 초의 祿邑에 관련되는 문서 내지는 祿邑文書로 보는 견해,[3] 그리고 어느 쪽도 확실한 것은 아니며 다만 村落支配文書 또는 촌락의 개괄에 관한 조사보고서 정도로 보는 견해 등이 있다.[4] 둘째는 문서에 보이는 烟受有畓을 丁田으로 볼 때 丁田, 烟受有畓은 均田的인 토지제도일까 하는 문제로서, 이에 대해서는 부정적인 견해[5]와 긍정적인 견해[6]로 갈리고 있다. 셋째는 麻田이나 村官謨畓 등의 官有地와 內視令畓 등의 官僚田 또는 祿邑이 어떻게 경작되었을까 하는 문제로서, 이에 관해서는 그것이 촌민의 徭役 노동에 의해서 이루어졌으리라는 점에서 공통

---

2) 旗田巍, 〈新羅의 村落〉《歷史學研究》226·227, 1958(《朝鮮中世社會史의 研究》, 法政大學出版局, 1972).
   兼若逸之, 〈新羅《均田成册》의 研究〉《韓國史研究》23, 1979.
3) 武田幸男, 〈新羅의 村落支配〉《朝鮮學報》81, 1976.
   木村誠, 〈新羅의 祿邑制와 村落構造〉《歷史學研究》, 1976年度 別册.
4) 李泰鎭, 〈新羅統一期의 村落支配와 孔烟〉《韓國史研究》25, 1979.
   李鍾旭, 〈新羅帳籍을 통하여 본 統一新羅의 村落支配 體制〉《歷史學報》86, 1980.
   浜中昇, 〈新羅村落文書에 보이는 計烟에 대하여〉《古代文化》35-2, 1983.
5) 旗田巍, 前揭論文, 1958.
   姜晋哲, 〈新羅統一期의 土地制度〉《高麗土地制度史研究》, 1980.
6) 崔吉成, 〈新羅에 있어서의 自然村落制的 均田制〉《歷史學研究》237, 1960.
   兼若逸之, 前揭論文, 1979.
   이들의 見解는 自然戸 均田說인데, 이와는 달리 尹漢宅, 〈足丁制의 성격과 성립〉, 1983에서는 編戸(計烟) 均田說을 제기하고 있다.

된다. 다만 일반적으로 이 시기의 그와 같은 徭役 노동의 성격이 고대
적인 것일까 또는 중세적인 것일까에 관해서는 시대구분 문제와 관련
하여 견해가 갈리게 된다.[7] 넷째는 농민(烟戶)의 徭役 부과에 관련되
는 문제로서, 문서에 보이는 孔烟은 自然戶인가, 編戶인가, 그리고 計
烟은 力役 또는 租・庸・調의 징수를 위해서인가, 특수 力役(軍投) 징
수를 위해서인가에 관하여도 견해는 갈리고 있다.[8] 끝으로 이 문서에
서는 토지 면적을 고려・조선시기와 마찬가지로 結−負−束으로 표시
했는데, 그 면적은 얼마나 되는 것일까 하는 문제이다. 이에 관해서는
여러 견해가 나오고 있다. 이는 뒤에 다시 언급되겠지만, 結−負−束은
단순한 토지면적이 아니라 일정량의 所出을 전제한 면적이라는 점에
유의할 필요가 있다.

2) 高麗時期

이 시기의 토지제도는《高麗史》,《高麗史節要》및 고려 시기의 여러
학자들의 文集, 각종 古文書류를 통해서 살필 수 있다. 앞의 두 책은
고려왕조가 조선왕조로 교체된 후 신왕조의 王命으로 편찬된 것으로
서, 王朝 교체에 직접 관련되는 사건 기술을 제외한다면, 제반 제도에

---

7) 예컨대 다음 두 연구는 그 예이다.
　　姜晋哲,〈韓國土地制度史〉上,《韓國文化史大系》Ⅱ, 1209, 1224쪽
　　金錫亨,《朝鮮封建時代 農民의 階級構成》제 7장, 일역본, 學習院東洋文化硏究所,
　　　　1960.
　　麗末까지를 古代로 보는 앞 연구에 있어서는 이 시기의 徭役 노동은 古代的인 것이고, 三國시
　　기 이후를 中世封建社會로 보는 뒤 연구에 있어서는 이 시기의 徭役노동은 中世的封建的인
　　것이었다.
8) 自然戶說 − 旗田巍, 前揭論文, 1958 이래로 많은 硏究가 이 見解를 따랐다.
　　編戶說 − 李泰鎭 前揭論文, 1979.
　　力役・租庸調說 − 旗田巍・李泰鎭 前揭論文
　　특수 力役說− 浜中昇, 前揭論文, 1983.

관한 서술 내용은 신빙성이 있고 사료가치가 높다.

　당대 사료인 뒤의 두 책은 더욱 말할 것도 없는 일이다. 다만 이들
자료의 서술은 너무 간략하므로 연구자들의 자료 해석에는 적지 않은
견해차가 있기도 하다. 이제 이들 사료에서 볼 수 있는 이 시기 토지제
도의 기본골격을 예시하면 다음과 같다.

> A. a. 明宗十八年三月下制 各處富强兩班 以貧弱百姓 賒貸未還 却奪古
> 　　　來丁田 因此失業益貧 勿使富戶兼幷侵割 其丁田各置本主(《高麗
> 　　　史》, 食貨 2, 借貸)
> 　　b. 光宗二十四年十二月判 陳田墾耕人 私田則初年所收全給 二年始
> 　　　與田主分半(《高麗史》, 食貨 1, 租稅)
> 　　c. 睿宗三年二月制 近來州縣官 祇以宮院·朝家田 令人耕種 其軍人
> 　　　田 雖膏腴之壤 不用心勸稼 亦不令養戶輸粮 … 自今先以軍人田各
> 　　　定佃戶 勸稼輸粮事 (《高麗史》, 食貨 2, 農桑)
> 　　d. 寺之 … 基地四方周四萬七千步許 各塔長生標合十二 … 分塔排
> 　　　於四境 各置干十 每給位田畓及家代田 … 右石碑石磧塔排長生標內
> 　　　曾無公私他土也 (《通度寺事蹟略錄》)
> B. 高麗田制 大抵倣唐制 括墾田數 分膏塉 自文武百官 至府兵閑人 莫
> 　不科授 又隨科 給樵探地 謂之田柴科(《高麗史》, 食貨1, 田制)
> C. 文宗二十三年 定量田步數 田一結方三十三步〔六寸爲一分 十分爲一
> 　尺 六尺爲步〕… 十結方一百四步三分(《高麗史》, 食貨 1, 經理.
> 　※〔 〕는 夾注).

　위의 자료에서 A는 지배층이나 일반 농민의 토지사유 관계를 표현한
기록이다. 농민층 중에는 신라에서와 마찬가지로 丁田을 소유한 소토
지소유 자경농민이 많았으나, 항상 부강한 양반지배층에 의해서 경제
적으로 침탈당하는 불안한 처지에 있었다(a). 양반지배층은 대토지를
소유하고 이를 地主佃戶制로서 경영했으며, 그 수익분배는 정상적인
경우 지주와 佃戶가 半分하는 것이 관례였다(b). 이 시기의 지배층은

신라 말년의 地方 土豪나 경주 귀족으로서 고려 건국에 협력한 자들로
구성되었고, 따라서 그들의 종전의 토지소유관계는 新王朝에서도 그대
로 계승되었다. 그리고 유력자에게는 賜田이 더 주어졌다. 왕실이나
官有의 토지도 地主佃戶制로서 경영했으며, 그 관리는 지방관의 직무
의 하나가 되고 있었다(c). 寺院이 대토지소유자였음은 말할 것도 없었
다. 通度寺의 경우는 그 소유지가 梁山郡에서 密陽郡에까지 걸쳐 있었
으며, 그 農莊이 있는 지역 내에는 公土이거나 私土이거나를 막론하고
타인의 소유지는 없었다. 寺院에서는 長生標를 세워 農莊의 소재지역
을 표시 했으며, 이를 경영함에 있어서는 地主佃戶制와 直營의 두 가지
형태를 취하고 있었다. 直營을 위해서는 直干 농민 120名을 두었으며,
이들에게는 位田·家·代田등을 주고 있었다. 佃戶농민보다도 예속성
이 강한 농민이었다(d).

B는 위의 토지소유 관계를 바탕으로, 국가가 양반지배층·군인에게
수조권을 분급하거나 納租를 면제하고 있었던 사정을 기록한 것이다.
田柴科제도이다. 신라시기의 官僚田이나 祿邑과 마찬가지로, 이 시기
에도 국가가 국가를 위한 직영에 종사하는 지배층에게 그에 대한 대가
로서 토지(수조권)를 분급하고 있는 것이었다.

이 같은 田柴科제도는 國初의 役分田에 이어 景宗朝에 처음으로 제
정되었고, 두 차례의 개정을 거쳐 文宗朝에 완성되었다. 이 시기의 지
배층은 이같이 收租權·免租權을 받음으로서 科田主로서 농민을 지배
하는 한편, 소유권에 입각한 지주경영을 또한 확실하게 보장받을 수가
있었다. 이 제도는 고려 중엽 이후에는 그 기능이 마비되고, 그 말년에
이르러서는 귀족층의 農莊의 확대와도 관련하여 祿科田, 科田法 등으
로 개혁되었다.[9]

---

9) 閔賢九,〈高麗의 祿科田〉《歷史學報》53·54, 1972.
    深谷敏鐵,〈高麗祿科田考〉《朝鮮學報》48, 1968.

토지의 소유권이나 수조권에 입각한 토지제도를 원활하게 운영하기 위해서는 양전을 정확히 함으로써 租稅의 징수를 합리적으로 하지 않으면 안 되었다. C는 양전에 관한 원칙을 규정한 것이었다. 고려에서는 신라의 제도를 그대로 계승해서 國初부터 結負制 量田法을 제정하고 있었으며, 文宗朝에는 그것을 재확인하고 조정했다. 그리고 이와 관련해서는 일정수의 結을 보다 큰 단위로 묶은 田丁(足丁 · 半丁)制를 마련하기도 했다. 그러나 이러한 양전법이나 結 · 田丁 제도는 고정적인 것은 아니었다. 結은 일정량의 所出을 전제한 토지면적이었으므로, 생산력이 발전함에 따라서는 그 제도를 조정 변동하지 않으면 안 되었다.

자료를 통해서 볼 수 있는 이 같은 토지제도는 一見 분명한 것 같으면서도 그러나 그것이 자료상에 구체적으로 기술되어 있는 것은 아니었다. 그러므로 이 시기의 토지제도에 관해서도 신라 시기의 그것 못지않게 여러 가지 문제에 관하여 의견이 제시되어 왔다.

첫째, 무엇보다도 두드러진 견해차는 이 시기의 토지소유를 국유제로 이해할 것인가, 사유제로 이해할 것인가 하는 문제였다.[10] 전자는 田柴科 제도에서의 토지분급을 자료상의 표현 그대로 국가가 公田(國有地)을 양반지배층에게 지급하고 회수하는 것으로 이해했고,[11] 또 농민에게는 토지를 균등하게 지급하는 均田制가 시행된 것으로 이해했다. 토지의 사적소유 관계는 발달하지 못했으며, 한국 전근대사회에서

周藤吉之, 〈高麗朝에서 李朝에 이르는 田制改革〉《東亞學》 3, 1940.

李相佰, 《李朝建國의 研究》, 을유문화사, 1947.

浜中昇, 〈高麗末期의 田制改革에 대하여〉《朝鮮史研究會論文集》 13, 1976.

10) 이 같은 문제에 대해서는 다음 論考들이 그 동향을 개괄적으로 정리하고 있다.

旗田巍, 〈朝鮮土地制度史의 研究文獻〉, 前揭書, 1972.

有井智德, 〈土地所有關係 - 公田論批判〉《朝鮮史入門》, 太平出版社, 1966.

金玉根, 〈公田論爭〉《杉山趙幾齋博士華甲紀念論文集》, 법문사, 1977.

李成茂, 〈高麗 · 朝鮮初期의 土地所有權에 대한 諸說의 檢討〉《省谷論叢》 9, 1978.

11) 和田一郎, 《朝鮮의 土地制度及地稅制度調査報告書》, 1920.

白南雲, 《朝鮮封建社會經濟史》上, 제5장, 改造社, 1937.

의 토지제도의 특질이 여기에 있는 것으로 이해했다.[12] 그리고 이는 停滯性理論의 이론적 기반이 되기도 했다. 토지국유론은 근대역사학의 시작과 더불어 그 역사가 오래며 근년에도 계속되고 있다.[13]

후자는 토지국유론을 검토하고 정체성이론을 비판하는 데서부터 시작되었다. 이 시기의 公田 개념은 왕토사상의 산물이며, 田柴科 내에는 永業田, 祖業田이 있으므로 이는 실질적으로 사유제라던가,[14] 또는 田柴科는 그 자체 永業田이며, 그 科田지급은 토지 자체가 아니라 田丁의 분급에 불과하다고도 하였다.[15] 그리고 나아가서는 科田은 본시 사유지로서 被給대상자가 이를 스스로 마련하여 규정 내에서의 免租權을 신청하고 승인받는 토지라고도 하였다.[16] 이 경우 문제되는 것은 公田인데, 公田은 문자상의 뜻으로는 국유지로 볼 수 있지만, 그러나 公田에는 세 종류의 토지(三科公田)가 있고, 그중 하나인 民田은 사유이므로, 公田制가 곧 토지국유제일 수는 없다고 하였다.[17] 均田制도 자료의 검토를 통해서 시행되지 않았다고 이해했다.[18] 토지는 원칙적으로 사유제였으며, 따라서 사회발전도 정상적인 과정을 거치고 있는 것으로 이해하는 것이었다.

둘째, 그러나 같은 토지사유설이라 하더라도 田柴科제도의 구체적 내용을 이해함에 있어서는 몇 가지 점에서 이견을 보이고 있다. 그 중

---

12) 有井智德, 〈高麗初期에 있어서의 公田制〉 《朝鮮學報》 13, 1958.
   深谷敏鐵, 〈高麗時代의 民田에 관한 考察〉 《史學雜誌》 69-1, 1960.
13) 金玉根, 前揭論文, 1977.
14) 李佑成, ① 〈新羅時代의 王土思想과 公田〉 《趙明基博士華甲紀念佛敎史學論叢》, 1965.
   ② 〈高麗의 永業田〉 《歷史學報》 28, 1965.
15) 武田幸男, ① 〈高麗時代의 口分田과 永業田〉 《社會經濟史學》 33-5, 1967.
   ② 〈高麗田丁의 再檢討〉 《朝鮮史研究會論文集》 8, 1971.
16) 浜中昇, 〈高麗田柴科의 一考察〉 《東洋學報》 63-1·2, 1981.
17) 旗田巍, 〈高麗의 公田〉, 前揭書, 1972.
   姜晋哲, 〈公田支配의 諸類型〉, 前揭書, 1980.
18) 姜晋哲, 〈均田制施行與否에 관한 問題〉, 上揭書.
   旗田巍, 〈高麗時代에 있어서의 均田制의 有無〉, 上揭書.

에서도 두드러진 문제는 경영형태에 관해서이다. 그 일설은 田柴科田을 지방관의 관리·경영하에 농민들의 徭役勞動, 集團勞動으로서 경작하며(A의 c), 2분 1租의 租稅(地代)를 징수하되 官收官給으로서 한다는 것이다.[19] 그리고 12세기의 肅宗朝 이후에는 이 같은 경영 관계가 佃戶制로 전환한다고 보는 견해이다. 다른 한 설은 田柴科田을 科田被給者가 自家 경영으로 경작하며, 地代 수취는 佃戶制에 의한 2분의 1租로 하되 국가에 대한 4분 1租의 田租가 면제된다는 것이다. 그리고 12세기 이후에는 농업생산력의 발달, 농민의 성장으로 佃戶制가 쇠퇴하고, 따라서 田柴科제도도 붕괴하게 된다는 견해이다. 徭役勞動, 集團勞動說은 부정했다.[20]

셋째, 토지제도 일반이나 田柴科 제도에서의 科田의 성격을 분명하게 파악하기 위해서는 그 收租率에 대한 바른 이해가 필요하다. 위의 두 설은 양반지배층이 국가로부터 받는 科田을 所出의 2分의 1을 收取하는 私田이라던가, 또는 國家의 4分의 1 收租에 대한 免租權을 받는 私田이라고 하였는데, 田柴科의 科田이 만일에 그러하다면 그 토지의 소유권은 국가에 있는 것, 따라서 토지국유제로 보아야 할 것이기 때문이다. 2분의 1租나 4분의 1租는 地稅가 아니라 토지소유자가 징수하는 地代인 것이다.

그러므로 租率에 대해서는 제3의 견해가 제기되고 있다. 《高麗史》를 통해서 볼 때 이 시기의 收租率은 2분의 1租, 4분의 1租, 10분의 1租 등 세 종류가 있는데, 위의 두 설에서는 앞의 둘 만 인정하고 뒤의 하나는 부정하고 있지만, 제3의 견해에서는 이를 인정해야 한다고 보는 것이다. 이 설에서는 국가가 民有地에서 租稅로서 징수하는 것은 바로

---

19) 李佑成, 前揭 ② 論文(註 14).
   姜晋哲, 〈公田의 經營形態〉, 〈公田·私田의 差率收租의 問題〉 上揭書.
20) 浜中昇, 註 16 論文, 1981.

이 收租率이며, 田柴科 제도를 收租權을 분급하거나 免租權을 부여하는 것이라고 할 때의 권리도 바로 이 10分의 1租의 권리라고 생각하는 것이다.[21] 이 견해에서는 국가나 官이 4분의 1租를 징수할 수 있는 토지는 일반 民田이 아니라 國有地, 官有地에서의 일이라고 생각한다. 그리고 그것도 민의 노동력을 이용하여 新田을 개발했을 경우이다. 屯田의 설치와 경영은 그 좋은 예로 파악되고 있다.[22]

넷째, 田柴科 제도에서 科田을 분급할 때의 토지 면적의 단위는 結負制였다. 田丁도 이 結을 기초로 해서 편성되었다. 그러므로 이 시기의 토지제도를 바로 이해하기 위해서는 結負制에 대한 정확한 이해가 필요하다. 이에 관해서는 두 가지 점으로 그 실체가 추구되어 왔다. 하나는 結의 실면적에 관해서이고, 다른 하나는 結의 所出에 관해서였다. 그리고 이와 관련해서는 田丁·足丁·半丁에 대한 이해도 또한 필요하다. 어느 문제에 관해서나 여러 견해가 제시되어 왔다.

結實積의 문제는 文宗朝의 양전규정(C)으로서 파악할 수 있는 것이지만, 연구자들은 이 자료를 인정하는 입장과 부정하는 입장으로 갈리고 있다. 전자는 자료를 그대로 인정하여 結의 實積을 17,000~18,000평 정도로 보며,[23] 후자는 이 자료를 착오인 것으로 보고 부정하여 1,700~4,000여평, 4,500여평, 6,800여평 정도 등 다양하게 보고 있다.[24] 이를 부정하는 근거는 다음과 같이 여러 가지로 지적되고

---

21) 李成茂, 〈公田·私田·民田의 槪念〉《韓㳌劤博士停年紀念史學論叢》, 지식산업사, 1981.
   金容燮, 〈高麗前期의 田品制〉 同上.
22) 安秉佑, 〈高麗의 屯田에 관한 一考察〉, 서울대 국사학과 석사논문, 1983.
23) 白南雲, 《朝鮮封建社會經濟史》上, 제23장.
   李丙燾, 《韓國史 - 中世篇》, 진단학회, 1961, 162쪽.
   金容燮, 〈高麗時期의 量田制〉《東方學志》16, 1975 (《韓國中世農業史硏究》, 지식산업사, 2000).
24) 朴興秀, 〈新羅 및 高麗의 量田法에 관하여〉《學術院論文集:人文·社會科學篇》11, 1972.
   宮嶋博史, 〈朝鮮農業史上에서의 15世紀〉《朝鮮史叢》3, 1980.
   姜晋哲, 〈田結制의 問題〉前揭書.

있다.

① 結은 頃과 같은데 중국의 頃(唐 이전)은 그렇게 넓지 않다. ② 成宗朝의 收租率과 관련해서 보면 結實積은 그렇게 넓을 수가 없다. ③ 여말·선초에는 結實積이 비교적 정확하게 제시되어 있으므로 고려 전기의 그것도 이것으로서 파악할 수 있다. ④ 文宗朝의 규정을 그대로 인정하면《新羅帳籍》에서 戶當 平均 結數가 너무 큰 것, 村域 내에 마을의 농지가 다 들어가지 않는 것 등이 납득되지 않는다. 이러한 의문은 당연히 나올 수 있는 것이지만, C 자료의 夾注도 버릴 수 없는 것에 문제가 있다. 文宗朝의 양전 규정은 結의 所出과도 관련하여 보다 면밀한 검토가 요청된다.

結의 所出(생산량) 문제는 成宗朝의 4분 1租 규정이나 太祖朝의 10분 1租 규정을 통해서 파악할 수 있다. 그런데 이에 의하면 두 시기의 結所出이 각각 다르게 나타나는데 문제가 있다. 그래서 이 문제에 있어서도 앞의 結實積 문제와도 관련하여 견해가 갈리고 있다. 많은 연구자들은 太祖朝의 租率이 신빙성이 없는 것으로 보고, 成宗朝의 租率만으로서 이 시기의 租脫制度를 이해하였다. 그리고 이 경우 그들은 자료에 보이는 2종의 3等田品(합하면 6等田品이 된다)중 어느 한쪽만을 선택하거나,[25] 양자를 상하선으로서 이해했으며,[26] 또 양자를 평균해서 結所出과 租稅量을 파악하기도 하였다.[27] 그 결과 結所出과 租稅量은 적은 쪽으로 파악되지 않을 수 없었다. 이에 이의를 제기하는 논자는 太祖朝의 10분의 1租가 부정될 이유는 없으며 이는 그대로 인정되어야 할 것으로 보고 있다. 田品은 6등전품 이외에도 3등전품이 더 있어서 도합 9등전품이며, 이러한 관점에서 太祖朝의 租率을 검토

---

25) 姜晋哲,〈公田·私田의 差率收租의 問題〉上揭書.

26) 朴興秀, 前揭論文, 1972.

27) 宮嶋博史, 前揭論文(註24)

하면 10분의 1租는 인정되는 것으로 보는 것이다. 더욱이 結은 본시 稅總 (*탈곡하지 않은 볏단 禾束) 10,000把(米 300斗)의 所出을 뜻하는 농지이므로, 太祖朝의 10분의 1租 규정은 그대로 인정되어야 한다는 것이다.[28]

田丁과 관련되는 足丁 · 半丁은 人丁 · 丁戶라는 설[29]에서 출발하여 근년에는 토지라는 설[30]이 나오게 되었다. 그러나 이 용어는 모두 丁, 즉 노동력과 관련되고 있음에서 人丁 · 丁戶와 토지가 전혀 무관한 것일 수는 없었다. 그리하여 최근에는 이 양자를 종합하는 견해가 나오게 되었다. 일정한 역의 담당에 대하여 주어지는 토지라는 것이다. 이에는 두 설이 제기되고 있는데, 하나는 足丁 · 半丁은 곧 '丁田'이라는 견해이고,[31] 다른 하나는 '編戶均田'이라는 견해이다.[32] 특히 후자는 그 시작을 《新羅帳籍》의 計烟에서 찾고 있으며, 編戶均田이 시행되는 시기를 勞動地代 단계로 이해했다.

다섯째, 끝으로 하나 더 들 수 있는 것은 고려말년에 전제개혁운동이 일어나게 되는 배경 문제이다. 이는 곧 이 시기의 사회적 모순이나 여 · 선 교체의 경제적 배경과 관련되는 문제이므로 중요하다. 이에 있어서는 연구자들의 문제의 초점이 주로 土地兼并과 農莊 성립의 조건이 무엇이었는가에 있었다. 이를 둘러싸고는 두 방향으로 의견이 갈리고 있다. 土地兼并을 통한 농장의 성립은, ① 民有地의 占奪, ② 收租地의 兼并, ③ 閑地賜給을 통한 개간 등이 주원인이 되고 있었는데,[33]

---

28) 李成茂 · 金容燮, 註21 論文.
29) 韓沽劤, 〈麗代足丁考〉 《歷史學報》 10, 1958.
    深谷敏鐵, 〈高麗足丁半丁考〉 《朝鮮學報》 14, 1960.
30) 旗田巍, 前揭書 제14장, 武田幸男 註15 ② 論文
31) 深谷敏鐵, 〈高麗足丁半丁再考〉 《朝鮮學報》 102, 1982
32) 尹漢宅, 〈足丁制의 성격과 성립〉, 1983.
33) 周藤吉之, 〈麗末鮮初의 農莊에 대하여〉 《靑丘學叢》 17, 1934
    宋炳基, 〈高麗時代의 農莊〉 《韓國史研究》 3, 1939

一說에서는 이 가운데서도 특히 ①이 중심이 되는 것으로 보고,34) 다른 一說에서는 ②, ③이 중심이 되는 것으로 보는 것이다.35) 전자는 농장의 성립을 田柴科制度가 무너지고 토지제도가 문란해지는 가운데 일어나는 현상으로 보려는 것이며, 후자는 이를 고려 토지제도(특히 賜給田) 내에서 필연적으로 일어나는 현상으로 보려는 것이다. 이는 어느 쪽에 더 중점을 둘 것인가 하는 단순한 문제인 것 같지만, 그러나 어느 쪽으로 이해하느냐에 따라서는 田制改革의 목표가 달라지게 되는 중요한 문제이기도 하다.

3) 朝鮮時期

이 시기의 토지제도는《高麗史》,《朝鮮王朝實錄》,《經國大典》, 文集 기타 각종 文籍을 통해서 살필 수 있다. 이 시기의 토지제도에 관해서는 자료가 비교적 풍부하고, 따라서 그 내용은 앞 시기에 비하여 비교적 선명하게 파악되고 있다. 실록과 大典은 국가가 편찬한 사서 법전으로서 국가의 제도를 이해함에 있어서 매우 중요한 자료가 되며,《高麗史》는 前王朝에 관한 사서이지만, 그 말년의 토지제도는 조선의 토지제도로 그대로 계승되었으므로, 이 시기의 토지제도를 이해함에 있어서도 없어서는 안 되는 자료이다. 이제 이들 자료에서 이 시기 토지제도의 기본골격을 구성해 보면 다음과 같다.

   A. a. 田地家舍賣買…並於百日內 告官受立案(《經國大典》, 戶典 賣買限)
      b. 奴婢耕本主田地者 身故後 並令還主 若自己田地 則有子息者 給

34) 姜晋哲,〈高麗의 農莊에 관한 一研究〉《史叢》24, 1980
35) 浜中昇,〈高麗後期의 賜給田에 대하여〉《朝鮮史研究會論文集》19, 1982

　　　　子息 無子息者 給本主 (《世祖實錄》 卷11, 世祖4年 正月 己丑)
　　　c. 坡州西郊 荒蕪無人 安政堂牧始墾之 廣作田畝…至其孫瑗極盛 內
　　　　外占田 無慮數百頃 奴婢百餘戶(《慵齋叢話》 卷3)
　　　d. 品官·鄕吏 廣占土田 招納流亡 並作半收(《太宗實錄》卷12, 太
　　　　宗6年 11月 己卯)
　B. 官屯田 … 自耕無稅 (自耕無稅 皆公田也) (《經國大典》戶典 諸田.
　　　大典註解)
　C. 凡公私田租 每水田一結 糙米三十斗 旱田一結 雜穀三十斗(《高麗史》
　　　食貨 1, 祿科田)

　　위의 자료에서 A는 토지의 사유 관계와 그에 따르는 토지제도를 표
현한 것이다. 고려시기 이래의 사적토지소유 관계를 계승해서 발전하
고 있는 것이었다. 토지의 사유는 법으로 인정되고 있어서 매매, 증여
가 가능하였다. 매매가 성립되면 100일이내에 官에 신고하고 立案을
받으면 되었다(a). 토지 사유에는 법제상 신분적인 제약이 없었으며,
양반층이나 常民層은 말할 것도 없고, 노비의 경우도 자기의 토지를
소유할 수 있었다(b). 물론 그렇더라도 대토지를 소유하는 것은 양반층
이나 말단지배층이었고, 常民層, 賤民層에게는 소토지소유 自耕農民이
나 無田者가 많았다. 전자들은 買入, 開墾, 高利貸 등을 통해서 토지를
확점했으며 農莊을 형성했다. 그 경영은 그들이 소유하고 있는 노비로
하여금 이를 경작시키거나 몰락한 流民을 모아 并作半收制로서 행하였
다(c, d).36) 이 경우 전자는 말할 것도 없고 후자도 지주에의 예속성이
강해서 그 처지는 農奴와 같았다.
　　B는 국가소유지(公田)의 경영 관계를 단적으로 표시한 것이다. 국가
소유지는 많았고 이는 중앙관청이나 지방관청에 속해져서 國屯田, 官

---

36) 有井智德, 〈李朝 初期의 私的土地所有關係〉《朝鮮史研究會論文集》 3, 1967.
　　金鴻植,《朝鮮時代 封建社會의 基本構造》제6장, 박영사, 1981.

屯田으로 불리었다. 屯田의 경영은 처음에는 주로 官奴婢의 노동이나 군의 役力 및 촌민의 賦役勞動에 의존하도록 규정했으나, 점차 並作半收的인 지주경영으로 변동하였다.37) 왕실의 토지소유와 그 경영도 유사했다. 이 시기의 국가가 왕실은 거대한 지주였다.

C는 A의 토지사유 관계를 바탕으로 그 위에 收租權分給制가 성립하고 있었음을 표시한 것이다. 祿邑·田柴科 이래의 긴 역사적 전통을 계승한 것이었다. 이는 고려말년의 科田法 규정의 한 조항인데, 이 규정에서는 그 收租率을 10분의 1로 정하고 있었다. 그러므로 科田은 토지 자체의 분급이 아니라 收租權의 분급임이 분명하며, 따라서 그 納租者(농민)는 토지소유권자로서 自耕農이었다.38) 그러나 그럼에도 불구하고 科田은 양반지배층의 경제기반이 될 수 있었고 이를 통해서 농민지배를 강행할 수 있었다. 소유권과 수조권은 충돌했고, 국가는 租稅源을 보호하지 않으면 안 되었다. 국가는 國初 이래로 일련의 대 私田[科田]시책을 취했으며, 그 후 世祖朝에 이르러서는 이 제도를 職田法으로 개정하게까지 되었다. 그 목표는 수조권자의 권한을 대폭 약화시키려는 것이었으며, 따라서 수조권 분급제도는 점진적으로 해체 소멸되지 않을 수 없었다.39) 그리하여 수조권에 입각한 농민지배는 宮房田이나 官屯田에만 일부 남고[無土], 양반지배층의 경제기반은 토지사유에 의한 地主佃戶制만이 유일한 것으로 되었다. 그들은 그것을 여

37) 李鍾英, 〈鮮初의 屯田制에 대하여〉《史學會誌》7, 1964.
　　李載襲, 〈朝鮮初期 屯田考〉《歷史學報》29, 1965.
　　李景植, 〈朝鮮初期 屯田의 設置와 經營〉《韓國史硏究》21·22, 1978.
38) 李景植, 〈16세기 屯田經營의 變動〉《韓國史硏究》24, 1979.
　　深谷敏鐵, 〈鮮初의 土地制度 一斑〉《史學雜誌》50-5·6, 1939.
　　千寬宇, 〈韓國土地制度史(下)〉《韓國文化史大系》Ⅱ, 1965.
　　金泰永, 〈科田法의 成立과 그 性格〉《韓國史硏究》37, 1982.
39) 韓永愚, 〈太宗·世宗朝의 對私田施策〉《韓國史硏究》3, 1969.
　　深谷敏鐵, 〈科田法에서 職田法으로〉《史學雜誌》51-9, 10, 1940.
　　李景植, 〈朝鮮前期 職田制의 運營과 그 變動〉《韓國史硏究》28, 1980.

러 가지 방법으로 확대시켜 나갔다.[40]

수조권 분급은 租稅체계의 확립이 전제되고, 이를 위해서는 농업생
산력 수준을 정확히 파악한 위에서의 양전이 필요하였다. 이 시기에도
양전은 結負制로서 행해졌다. 더욱이 고려 후반기에서 조선 초기에 걸
쳐서는 종래의 歲易農法이 常耕農法으로 급격하게 전환하고 있었으며,
조선왕조의 농정책도 이를 적극 추진하여 이 시기 농법으로 정착시키
려 하였다. 施肥法과 수리시설이 발달하였음은 말할 것도 없는 일이었
다.[41] 그러므로 조세체계의 확립을 위한 양전은 이 같은 농업 현실과
도 관련하여 보다 합리적으로 조정되지 않으면 안 되었다.[42] 일정량의
所出을 전제로 하는 農地 田品은 6等으로 구분되고, 그 實面積은 1等田
과 6等田사이에 4배 차가 나도록 조정되었다. 이 양전 규정은 그 후
약간의 변동이 있기는 하였으나 20세기 초까지 계속되었다.

조선 시기의 토지제도는 그 이전 시기의 그것에 비하여 그 내용이
비교적 분명하게 드러나고 있다. 그러므로 이 시기 자체의 토지제도에
관해서는 큰 견해차는 없다. 토지제도사에서의 최대의 관심사의 하나
였던 토지국유론에 관해서도, 이 시기에 관한 한, 많은 논자들이 이를
부정하고 토지사유제를 강조하는 점에서 공통성을 보였다.[43] 이러한

40) 李景植, 〈16世紀 地主層의 動向〉《歷史敎育》19, 1976.
　　──, 〈17세기의 土地開墾과 地主制의 展開〉《韓國史硏究》9, 1973.
　　李泰鎭, 〈16세기의 川防(洑)灌漑의 발달〉《韓㳂沂博士停年紀念史學論叢》, 1983.
　　──, 〈16세기 沿海地域의 堰田개발〉《金哲埈博士華甲紀念史學論叢》, 1983.
41) 李春寧, 《李朝農業技術史》, 한국연구원, 1964.
　　金相昊, 《李朝前期의 水田農業硏究》, 1969.
　　李泰鎭, 〈畦田考〉《韓國學報》10, 1978.
　　──, 〈14,5세기 農業技術의 발달과 新興士族〉《東洋學》9, 1979.
　　閔成基, 〈東아시아 古農法上의 樓犁考〉《省谷論叢》10, 1979.
　　──, 〈朝鮮前期의 麥作技術考〉《釜大史學》4, 1980.
　　林和男, 〈李朝農業技術의 展開〉《朝鮮史叢》4, 1980.
　　宮嶋博史, 註24 論文, 1980.
　　金鴻植, 前揭書, 1981.
42) 金泰永, 〈科田法體制下의 土地生産力과 量田〉《韓國史硏究》35, 1981.
43) 朴秉濠, 〈近世의 土地所有權에 관한 硏究〉《法學》8-1,2, 9-1, 1966, 1967 (《韓國法制史

경향은 公田論(土地國有論)을 제기한 당사자에 있어서도 이미 보이고
있었다.[44] 토지의 사적소유가 너무나 분명한 까닭이었다. 그러나 그렇
기 때문에 이 시기의 토지제도를 고려 시기의 그것과 비교하는 점에
있어서는 현저한 견해차를 보이게 되었다. 그것은 兩 시기의 토지소유
관계를 이질적인 것으로 볼 것인가 동질적인 것으로 볼 것인가 하는
문제가 된다.

兩 시기의 토지제도를 이질적인 것으로 보는 견해에는 두 설이 있다.
그 하나는 고려의 토지제도가 中世的, 公田的(國有)인데 대하여 조선의
그것은 近世的, 民田的(私有)인 것, 따라서 兩 王朝의 교체는 중세에서
근세에로의 이행이는 견해이다.[45] 그리고 다른 하나는 고려의 私田은
郡縣 농민의 집단노동에 의해서 경영되는 고대적인 것이었는데, 여말
의 農莊 확대를 계기로, 조선 시기에는 地主佃戶制로 전환함으로서 중
세적 토지제도가 정착한다고 이해하는 견해이다.[46] 그러나 兩 시기의
토지제도를 동질적인 것으로 보는 논자는 이와는 다르게 생각했다. 이
견해에 있어서는 兩 王朝의 토지제도를 모두 봉건적인 것으로 이해했
으며[47] 여말선초의 田制改革은 수조권분급체계 내에 있어서의 私田을
조정한 것에 불과하다고 생각했다.[48] 봉건적인 토지제도로서의 田
庄・農莊 地主佃戶制는 이미 고려 초기부터 있었고 조선에 있어서도
그대로 계속되었다.[49] 다만 다른 점이 있다면 고려에서는 그것이 私田

　　　　攷), 법문사, 1974).
　　　旗田巍, 〈李朝初期의 公田〉前揭書.
　　　有井智德, 註36의 論文, 1967.
　　　安秉直, 〈韓國에 있어서 封建的 土地所有의 性格〉《經濟史學》2, 1978.
　　　金鴻植, 前揭書.
44) 和田一郎, 前揭書, 1920, 103쪽.
45) 深谷敏鐵, 〈朝鮮에서의 近世的 土地所有의 成立過程〉《史學雜誌》55-2・3, 1944.
46) 姜晋哲, 註7의 論文.
47) 周藤吉之, 註9의 論文, 1940.
　　　金錫亨, 前揭書.
48) 李相佰, 前揭書.

[科田]과 관련해서 발달하고, 조선에서는 그것이 公田[民田]과 관련해
서 발달했을 뿐이라고 이해했다.50) 그리고 전자에서는 주로 노비경작
에 의존했으나 후자에서는 주로 良人농민의 并作 경영에 의존했다고도
이해했다.51)

4. 中世末의 土地問題

조선 시기의 토지제도는 조선 후기, 특히 18, 19세기에 이르러 새로
운 변화를 보이게 되었다. 농촌사회는 분해 재편성되고 토지를 둘러싸
고 사회문제가 발생했다. 중세사회 해체기에 있어서의 토지문제이었
다. 이 무렵에 있어서의 그와 같은 토지제도, 토지문제에 관한 자료는
많다.《朝鮮王朝實錄》,《備邊司謄錄》,《日省錄》,《承政院日記》등 年代
記적인 자료, 量案, 秋收記, 節目, 農書 등 토지의 소유·경영·생산에
관한 자료, 각종 政法類의 著書와 학자의 文集, 그리고 토지에 관한
賣買文記, 訴訟文記 등이 있어서 이 시기의 실상을 살필 수 있다. 농촌
사회의 변화와 관련되는 몇 가지 사례를 예시하면 다음과 같다.

> A. a. 移秧之法 盛行於諸道 有土之者 幸長工省 率皆自耕 故無土者 斷
>   無立作之路 (《承政院日記》肅宗20年 7月 27日)
>   b. 富民兼並多作 … 一時注秋以省其力 … 一時移種以除其勞 (《日
>   省錄》正祖22年 12月 16日)
>   c. 廣作之於田功 其弊夥然 … 一人兼并 衆被其害 (《日省錄》正祖

---

49) 浜中昇,〈高麗前期의 小作制와 그 條件〉《歷史學硏究》507, 1982.
50) 周藤吉之, 浜中昇, 註9의 論文.
51) 金鴻植, 前揭書, 1981.

23年 3月 22日)

B. 京城內外 通邑大都 葱田·蒜田·菘田·瓜田 十畝之地 算錢數萬
〔十畝者 水田四斗落也 萬錢爲百兩〕 西路煙田 北路麻田 韓山之苧麻
田 全州之生薑田 康津之甘藷田 黃州之地黃田 皆視水田上上之等
其利十倍

近年以來 人蔘又皆田種 論其羸羡 或相千萬 比不可以田等言也 雖
以其恒種者言之 紅花·大靑 其利甚饒〔南萬川芎·紫草亦或有田種〕
不唯木棉之田 利倍於五穀也 (《經世遺表》地官修制 田制 11 井田議
3. ※〔 〕는 夾注)

C. a. 木郡以四五百應役之戶 簽三千名納布之丁 其隣族之侵 疊役之苦
不待多言 自可洞悉 (《備邊司謄錄》 正祖 16年 5月 11日)

b. 丈量久廢而稅賦紊 尺籍久廢而簽額曠 還餉之不如法久 而百廢蝟
集 無藝之稅歲增年加 而力田之家 竟至蕩析 (《海藏集》 卷10, 三政
大對)

D. 彼豪富兼並者 亦非能勒賣貧人之田 而一朝盡有之也 自藉其富强之
資 安坐而無爲 則四隣之願鬻者 自持其券 而日朝於富室之門矣 …
彼富室者 勉强厚其價 而益來之 旣有之矣 仍令佃作 而姑慰其心 …
由是而土價日增 而附近之寸畦尺塍 盡歸富室矣 (《燕巖集》, 〈課農
小抄〉 限民名田議)

　위에서 볼 수 있듯이, 농촌사회의 분해와 재편성은 여러 가지 사정으
로 촉진되었다. A는 농업생산력의 발전, 특히 移秧法의 보급이 사회에
미치는 영향을 기술한 것이다. 종래에는 벼농사는 주로 直播法으로 행
해지고 있었는데 이제는 주로 移秧法으로서 행해지고 있었다. 移秧法
은 直播法에 비하여 노동력이 절약되고 所出이 많았으므로(麥의 二作
도 가능했다) 국가의 禁令에도 불구하고 널리 보급되었다.[52]

---

52) 宋贊植, 〈朝鮮後期農業에 있어서의 廣作運動〉《李海南博士華甲紀念史學論叢》, 1970.
　　金容燮,《朝鮮後期農業史硏究 - 農業變動·農學思潮》, 일조각, 1971. (신정증보판,《朝鮮後
　　期農業史硏究[Ⅱ]-농업과 농업론의 변동》, 지식산업사, 2007).
　　宮嶋博史, 〈李朝後期農書의 硏究〉《人文學報》 43, 1977.

그리고 이와 관련해서는 乾畓直播에서 乾秧法이 개발되기도 했다. 수리시설이나 施肥法의 발달은 移秧法을 급속하게 확산시켜 나갔다.[53) 특히 활동적인 농민층에 의해서는 적극적으로 추진되었다. 그뿐만 아니라 그들은 절약되는 노동력과 雇傭勞動力을 통해서 경영을 확대해 나갔다. 이른바 廣作·廣農(經營型富農)으로, 그 결과로서는 빈민층의 농지로부터의 배제가 있게 되었다. 이러한 현상은 自耕地나 借耕地의 어느 경우에도 일어났다.

생산력의 발전, 農法의 변동은 旱田農業에서도 일어났던 것으로 이해된다. 조선 초기에는 主穀生産이 縵田漫播나 壟種法으로서 행해졌는데, 조선 후기에는 서서히 畎種法으로 전환했다고 보는 견해가 그것이다.[54) 그러나 이 견해에는 異論이 있어서,[55) 보다 많은 자료에 의거한 재검토가 요청된다.

B는 농업이 商品貨幣經濟와 연결되고, 그것이 농민층의 소득에 영향을 미치게 되는 사정을 묘사한 것이다. 移秧法이 보급되어 나가던 이 시기에는 상품화폐경제가 또한 발달하고 있어서 이는 농촌사회에 잔잔하나마 지속적인 영향을 미치고 있었다. 지방에는 場市가 늘어나고 商人資本의 농촌에의 작용이 있게 되었으며, 租稅收納도 일부 作木, 金納이 되는 가운데 농촌은 貨幣經濟 속에 연계되어졌다. 농민은 수익성을 고려하여 상품 작물을 재배하게 되었으며, 지주층도 시장을 고려한 경영을 하는 바가 늘어났다. 상인층은 생산에 투자를 하고, 畓이 田보다 유리한 곳에서는 田을 畓으로 개편하기도 하였다.[56) 농민층 사이의 빈

---

53) 宮嶋博史 ① 〈李朝後期에 있어서의 朝鮮農法의 發展〉《朝鮮史研究會論文集》18, 1981.
    ② 〈李朝後期의 農業水利〉《東洋史研究》41-4, 1983.
  林和男, 註41의 論文.
  李光麟, 《李朝水利史研究》, 1961.
54) 金容燮, 註52의 著書.
55) 閔成基, 〈朝鮮前期의 麥作技術考〉《釜大史學》4, 1980.
  宮嶋博史, 註53 ① 論文.

부차는 심해지고 이는 농촌사회의 분해로 이어졌다.

C는 賦稅制度의 운영과 관련해서 일어나는 현상이었다. 이 시기의 賦稅는 三政의 稅(田稅·軍役稅·還穀稅)가 중심이었는데, 이는 郡縣 단위로 그 稅摠이 정해져 있어서 정부의 허락이 없이는 지방관 마음대로 변동시킬 수가 없었다. 郡縣民은 그 내부에 다소의 변동이 있어도 이를 모두 부담해야만 하였다. 이 같은 稅摠制 하에서 양반지배층은 軍役稅가 면제되고 還穀稅도 제외되는 것이 관례였다. 이는 중세국가가 그들에게 부여하였거나 묵인한 특권이었다. 租稅 부과에 있어서의 이 같은 양면성은 중세국가의 향촌지배, 농민지배를 위한 기본원칙이었다.[57] 그런데 이 시기에는 봉건적인 신분제가 크게 동요하고 있었다. 부유한 농민들이 여러 가지 방법으로 신분을 上昇시켜 양반 신분을 취득하고 있는 것이었다.[58] 그들은 그 사회적 지위의 향상과 軍役稅,

56) 金泳鎬, 〈朝鮮後期에 있어서의 都市商業의 새로운 展開〉《韓國史研究》 2, 1968.
　　韓相權, 〈18세기말-19세기 초의 場市發達에 대한 基礎研究〉《韓國史論》 7, 1981.
　　安秉珆, 《朝鮮近代經濟史研究》 제3장, 1975.
　　朴容玉, 〈南草에 관한 研究〉《歷史教育》 9, 1966.
　　姜萬吉, 《朝鮮後期商業資本의 發達》 제3장, 고려대출판부, 1973.
　　澤村東平, 〈李朝後期 木綿의 徵收地域과 生産立地〉《經濟史研究》 28-24, 1943.
　　李世永, 〈18-19세기 穀物市場의 形成과 流通構造의 변동〉, 서울대 국사학과 석사논문, 1983.
　　李榮昊, 〈18-19세기 地代形態의 變化와 農業經營의 變動〉, 서울대 국사학과 석사논문, 1983.
　　방기중, 〈朝鮮後期租稅金納化研究〉, 연세대 사학과 석사논문, 1983.
　　金容燮, 註52의 著書.
57) 金玉根, 〈朝鮮後期田稅制研究〉《釜山水産大論文集》 9, 1972.
　　朴廣成, 〈均役法施行 이후의 良役에 대하여〉《省谷論叢》 3, 1977.
　　鄭萬祚, 〈朝鮮後期의 良役變通論議에 대한 檢討〉《同德女大論文集》 7, 1977.
　　黃夏鉉, 〈良役의 實相과 均役法의 實施〉《經濟史學》 3, 1979.
　　朴廣成, 〈朝鮮後期의 還穀制에 대하여〉《仁川敎大論文集》 9-1, 1973.
　　J. B. Palais, Politics & Policy in Traditional Korea, Harvard East Asian Series, 1975. (이훈상 역, 《전통한국의 정치와 정책》, 신원문화사, 1993).
　　金容燮, 《朝鮮後期賦稅制度釐正策》, 연세대 사학과 박사학위논문, 1982 (《韓國近代農業史研究[Ⅰ]》 신정증보판, 지식산업사, 2004).
58) 四方博, 〈李朝人口에 관한 身分階級別的 觀察〉《朝鮮經濟의 研究》, 1938.
　　鄭奭鍾, 〈朝鮮後期社會身分制의 崩壞〉《大東文化研究》 9, 1972.
　　金泳謨, 〈朝鮮後期身分構造와 그 變動〉《東方學志》 26, 1981.

還穀稅 등에서의 면제를 위해서 신분 변동을 꾀하고 있었다.

그리고 그들은 免稅, 免役이 되는 가운데 더욱 부유해질 수가 있었다. 그러나 이와는 반대로 잔여 농민들에게는 아주 어려운 문제가 발생하고 있었다. 부민들이 免稅・免役되더라도 그 액수가 郡縣稅摠에서 체감되는 것은 아니었으며, 그 稅摠 전체는 잔여 농민들이 부담하지 않으면 아니 되는 까닭이었다. 빈농층은 이중 삼중으로 稅・役을 지고 더욱 가난해졌으며, 결국은 몰락하지 않을 수 없도록 강요되었다.

D는 몰락하게 되는 농민들이 豪富者에게 토지를 放賣하고 豪富者는 가만히 앉아서 토지를 겸병하게 되는 사정을 표현한 것이다. 토지를 放賣하는 자는 庶民層이 주였지만 몰락 양반도 사정은 같았으며, 반대로 토지 겸병자는 양반지배층이 주였지만 서민층 중에도 적지 아니 있었다.59) 이들은 여러 가지 사정으로 몰락하게 되는 농민들이 토지를 팔러오면 값을 후하게 주고 이를 매입했으며, 우선은 그 토지를 賣者에게 그대로 時作케 함으로서 그들의 호감을 사기도 하였다. 물론 이같이 토지를 팔고 時作농민이 된다 하더라도 그 경작권이 영구히 보장되는 것은 아니었다. A자료에서 본 바와 같이 이때에는 부농층의 경영 확대가 있었으므로, 地主家의 마음이 변하면 借耕權에서 밀려나지 않으면 안 되었다. 그들은 노동력을 파는 賃勞動者가 되거나 流民이 되었다.60)

---

59) 周藤吉之,〈朝鮮後期의 田畓文記에 관한 硏究〉《歷史學硏究》7-7・8・9, 1937.
　　安秉珆,〈田畓典當 放賣文記의 硏究〉《朝鮮社會의 構造와 日本帝國主義》, 龍溪書舍, 1977
　　―――,(《한국근대 경제와 일본제국주의》, 백산서당, 1982)
60) 이 무렵의 雇傭勞動과 관련하여서는 다음 論稿가 참고 된다.
　　姜萬吉,〈朝鮮後期 雇立制 發達〉《韓國史硏究》13, 1976
　　―――,〈朝鮮後期 雇立制度 發達〉《世林韓國學論叢》1, 1977.
　　尹用出,〈17・8세기 役夫 募立制의 성립과 전개〉《韓國史論》8, 1982
　　朴成壽,〈雇工硏究〉《史學硏究》18, 1964
　　韓榮國,〈朝鮮後期의 雇工〉《歷史學報》81, 1979
　　朴容淑,〈18・19세기의 雇工〉《釜大史學》7, 1983
　　金容燮, 註52의 著書

농촌사회의 분해는 토지를 위요한 여러 가지 사회 문제를 야기시키고 있었다. 그중에서도 중요한 것은 다음과 같은 두 계통의 사회문제였다. 그 하나는 토지의 所有·經營을 둘러싸고 일어나는 문제이고, 다른 하나는 賦稅制度를 둘러싸고 일어나는 문제였다. 전자는 크게는 지주와 小作佃戶 간의 대립으로 나타나고, 작게는 경영을 확대하는 부농과 경작을 상실하는 빈농간의 갈등으로 나타났다. 사회 문제로서 중심이 되는 것은 말할 것도 없이 地主·佃戶 간의 대립이었으며, 이는 抗租運動으로서 전개되고 있었다. 후자는 課稅者(地方官廳)와 擔稅者간의 대립으로 나타났다. 이중삼중으로 稅·役을 부담하게 되는 농민이 官과 富裕層(避役者)에 대하여 전개하는 항쟁이었다.[61] 항쟁은 稅摠과도 관련하여 郡縣 규모로 전개되었으며, 처음에는 訴請의 방법을 취했지만 마침내는 민란으로 변하는 것이 일반이었다.

19세기는 민란의 세기였다. 그리고 이는 체제부정적인 농민항쟁(1894)으로 이어졌다. 그러므로 당시의 정부나 지배층은 이 문제를 반드시 수습하지 않으면 안 되었다. 이는 곧 사회개혁의 문제였다. 사회혼란을 수습하는 방안, 즉 사회개혁의 방안은 여러 가지로 제기되었지만 크게는 두 계통으로 갈려졌다. 그 하나는 賦稅制度를 공평·균등하게 개혁함으로서 사회경제를 안정시키려는 것이고, 다른 하나는 賦稅制度는 말할 것도 없고 토지제도를 변혁하고 재분배함으로서 농민경제를 근본적으로 안정시키려는 것이었다. 전자는 지배층·지주층의 입장에 서는 견해이고, 후자는 농민층의 입장에 서는 견해였다. 그러한 가운데서 정부의 정책으로 채택되고 추진되는 것은 전자였으며, 따라서 조선왕조의 토지제도 농업에 있어서의 근대화정책은 지주제를 바탕으

---

61) 矢澤康祐, 〈李朝後期에 있어서의 社會的 矛盾의 特質에 대하여〉《人文學報》 89, 1972
   馬淵貞利, 〈李朝末期 朝鮮農業의 한 特質〉《一橋論叢》 75-2,
   李閏甲, 〈18세기말의 貸田論과 그 성격〉, 서울대국사학과 석사논문, 1982.

로 하는 것이 되었다.[62]

《韓國學入門》, 大韓民國學術院, 1983. 12.

---

62) 金俊輔, 《韓國資本主義史硏究 (II) -封建地代의 近代化機構分析》, 1974.
    安秉珆, 註59의 著書.
    李鎬澈, 〈日帝侵略下의 農業經濟를 形成한 歷史的背景에 관한 硏究〉《韓國史硏究》
        20 · 21 · 22, 1978.
    愼鏞廈, 《朝鮮土地調査事業硏究》, 한국연구원, 1979.
    裵英淳, 〈韓末驛屯土調査에 있어서의 所有權紛爭〉《韓國史硏究》 25, 1979.
    宮嶋博史, 〈朝鮮「土地調査事業」硏究序說〉《아시아經濟》 19-9, 1978.
    朴贊勝, 〈1985~1907년 驛土 · 屯土에서의 地主經營의 强化와 抗租〉, 서울대 국사학과 석사
        논문, 1983.
    金容燮, 《韓國近代農業史硏究》, 일조각, 1975 (《한국근대농업사연구[Ⅱ]》 신정증보판, 지식
        산업사, 2004).

제4편

한국농업사 연구 餘滴

朝鮮後期의 農業改革論

1. 序 言

　　조선 후기 특히 그 마지막 단계인 19세기는 개혁의 시대였다. 이
시기에는 우리나라의 봉건적인 사회경제체제의 모순이 격화하여 사회
개혁을 위한 여러 조치가 취해지고 있었다. 이러한 개혁사업이 본격적
으로 진행되는 것은 개항 후에 있게 되는 여러 단계의 근대화 과정에서
의 일이지만, 그러나 그 이전에 있어서도 이미 그러한 노력은 오랜 세
월을 두고 여러 사람에 의해서 시도되고 있었다. 개항이전의 우리 사회
는 봉건제 해체기의 여러 모순이 심화되고 그 결과는 광산지대나 도시
나 농촌을 막론하고 광범한 민중의 반란을 초래하고 있었으며, 따라서
지배층이나 식자층에서는 그러한 상황에 대한 정책적인 배려가 필요하

였던 까닭이었다.

그뿐만 아니라 개항 후에 있게되는 근대적인 개혁과정은 이미 개항 전부터 있어 온 사회개혁을 위한 이와 같은 노력의 전통위에서 이를 당시의 새로운 시대상황 속에서 재조정한 것이었다. 19세기 후반기에 전개되는 우리나라의 이른바 근대화 과정은 선진 자본주의열강, 그중에서도 주로 일제의 압력에 의하거나 또는 그 침략에 대한 대응조치로서만 취해지고 있었던 것으로 이해되기 쉽지만, 기본적으로는 그러한 외세의 작용에 앞서서, 이미 우리의 전통적인 중세사회의 해체과정과 관련하여 사회개혁을 위한 방향이 모색되고 있는 것이었다. 그리고 그러한 노력의 전통위에서 제국주의열강의 침투에 직면하여서는 그 개혁과정이 새로운 각도에서 자극되고 촉진되고 있는 것이었다.

개항전 조선후기사회에 있어서의 이와 같은 사회개혁을 위한 노력은 봉건적인 사회경제체제의 모순이 광범하고 심각하였던 정도만큼 많은 사람에 의해서 다양하게 전개되고 있었지만, 그중에서도 중심이 되는 것의 하나는 농업문제였다. 농업이 경제체제 전반에서 차지하는 비중이 당시에는 오늘날에 비하여 월등히 큰 것이었고 따라서 경제체제의 개혁은 곧 그것이 농업경제의 개혁을 의미하는 것이기도 한 까닭이었다. 그리하여 조선후기의 우리나라에서는 많은 사람들이 사회개혁과 관련하여 농업개혁의 문제를 제론하고 있었으며, 그와 같은 논의의 전통은 나아가서 개항후에 있게 되는 여러 단계의 근대화과정에서의 제논의에 일정한 의미에서 연결되어지고 있었다.

이와 같은 농업개혁론 가운데서도 우리 농업의 장래의 존재형태와 관련하여 특출한 견해를 내세운 것은 18세기 말에서 19세기 전반기에 활동한 다산 정약용(1762~1836)과 풍석 서유구(1764~1845)였다. 이들은 농정학자 또는 농학자로서, 그 농업론은 17세기 이내의 많은 농학자와 농정가의 학문적 전통을 기반으로 하면서 그 제 이론을 종합하여 새로운 사회개혁론으로서 마련한 것이었으며, 그러기에 가히 봉건적인 사회체제의 해체기 또는 근대화를 위한 개혁기의 농업개혁론을 대표할 만한 것이기도 하였다. 그리고 그것은 각각 그 개혁의 기본방향을 달리하고 있는 것으로서, 우리의 농업개혁이 직접적으로나 이념적으로 이들의 견해를 받아들이기로 한다면 그것은 그 기본성격을 달리하는 몇 방향으로 추진될 수 있는 것이며, 또 그것은 국가의 체제 전반과의 관련 속에서 비로소 규정될 수 있는 일이기는 하지만, 사회개혁의 방향까지도 가늠할 수 있는 획기적인 방안인 것으로서, 이 시기에 있어서의 사회개혁사상의 수준을 단적으로 표현해 주는 대표적 견해이기도 하였다. 말하자면 조선후기 즉 우리나라 봉건제 해체기의 농업개혁 사회개혁론은 이들 두 석학에 이르러서 비로소 완성되고 있는 것이었다.

그러므로 본고에서는 조선후기의 농업개혁론을 이들 두 석학의 농업론을 중심으로 검토함으로써 그 핵심을 소개하고자 한다.

2. 農業現實과 農民層의 動向

18세기에서 19세기 걸치면서 사회개혁을 전제한 농업개혁론이 등장하게 되는 데는 그럴 만한 충분한 이유가 있었다. 그것은 학자들의 관념체계 속에서 이루어지고 있는 단순한 이상론이 아니라 농업·농촌·농민들의 실태를 배경으로 하고서 제론되는 현실론이었던 것이며, 17세기 이내로 심화되고 있었던 농업경제 상에 있어서의 모순의 누적이 필경 그와 같은 혁신적인 개혁방안을 제론케 하고 있는 것이었다. 즉 이 시기의 농업은 한편으로는 지주제가 발전하고 다른 한편으로는 농업생산력이 발전하는 가운데 농민층 분화를 촉진시키고 그것은 나아가서 계급간의 알력과 대립과 마찰을 야기시키고 있었으며, 한걸음 더 나아가서는 봉건적인 사회경제체제의 모순의 단적인 표현이었던 광범한 농민반란으로 확대되고 있는 것이었다. 그리고 그에 대한 대책으로서 제기되는 것이 농업개혁론인 것이었다. 그러므로 이 무렵의 농업개혁론을 이해하기 위해서는 이와 같은 농업현실과 농민층의 동태를 개략이나마 살펴두는 것이 순서가 되겠다.

이 시기 농업의 성격을 규정하는 농민층 분화는 여러 가지 사정에서 연유하고 있었다. 그러한 가운데서도 우리나라 중세사회에 있어서의 토지지배관계가 이 시기에 이르러서 커다랗게 변동하고 있었음은 그 기초 조건이 되고 있었다. 수조권에 의한 토지지배가 쇠퇴하는데 따라 소유권에 의한 토지지배가 확대 강화되어 지주제가 더욱 발전하게 되었다는 사실은 바로 그것이었다.

주지하는 바와 같이 우리나라 중세사회의 봉건지배층에 의한 토지지배는 토지의 사적소유권 위에 성립되고 있는 지주제를 통해서 농민을 지배하는 경우와, 이른바 收租權을 중심한 土地分給制를 통해서 농민을 지배하는 경우가 있었는데, 이 양자는 피차 밀접한 관계에 있기도 하였으나 기본적으로는 이해관계를 달리하는 토지지배형태인 것으로서, 이들은 중세사회의 전 시기를 통해서 대립관계에 놓여 있었다. 그리고 그러한 대립과 갈등속에서 수조권을 통한 토지지배는 소유권을 통한 토지지배에 의해서 패퇴되고 있었다. 토지분급의 원칙이 外方分給에서 畿內로 한정되고 수조율이 1/4조에서 1/10조와 그 이하로 줄은 것, 그리고 각자수조의 권한이 官收官給으로 넘어가고 토지분급의 대상이 지배층 전체에서 현직자로 제한된 것 등등은 그 구체적인 표현이었다. 그리하여 토지분급제를 통한 토지지배는 조선전기의 職田法의 단계에 이르면 점차 그 田主로서의 의미를 상실하게 되었는데, 그와 같은 직전법마저도 조선후기에는 시행할 수 없게 되었으며, 여기에 토지분급제를 통한 봉건지배층의 농민지배의 형태는 역사상 그 자취를 감추게 되었다.

이와 같은 사실은 소유권의 승리 성장과정인 것으로서 이에 수반하여서는 농민층의 토지소유에도 일정한 혜택이 주어졌다. 그러나 이것으로서 곧 봉건지배층의 농민지배가 끝이 나게 된 것은 아니었다. 토지의 사적소유권에 입각한 지주제 즉 농민지배는 그대로 남아 있는 것이었다. 그리하여 수조권에 의한 토지지재 농민지배가 쇠퇴 소멸하는데 따라서는, 지배층은 봉건적인 토지지배 농민지배의 또 다른 하나의 형태였던 토지의 사적소유권에 입각한 地主·佃戸制에서 그 활로를 찾게 되고 여기에다 그 경제기반을 구축하게 되었다. 그리고 그것은 지주제의 발전 농장의 확대로 나타났다.

壬辰·丙子의 두차례의 전쟁은 이러한 현상을 가일층 촉진시키고 있었다. 전쟁으로 인해서는 농업생산이 파괴되고 토지가 황폐되었으므로, 전후에는 그 복구사업이 필요하였고 그것은 朝鮮國家로 하여금 농지개간을 위한 정책을 취하지 않을 수 없게 한 까닭이었다. 농지개간은 陳田개간은 말할 것도 없고 山田이나 堰畓 등 新田개발로도 나타났는데 어느 것이나 토지사유제의 원칙 위에서 수행되었다. 새로이 농지를 개간하면 그 소유권은 그것을 개간한 자의 것으로 인정되었다. 농지개간에는 누구나가 참여할 수 있었다. 자금이 많은 봉건지배층이나 상인층은 대규모로 이 사업을 전개하여 더욱 큰 지주로 성장하였으며, 자금이 넉넉치 못한 지배층이나 서민층은 소규모로, 이를 수행함으로써 중소지주가 되거나 자영농민이 되기도 하였다. 그러한 가운데서도 왕실을 비롯한 각급 관청과 권세가 등의 활동은 활발하였다. 전국 각 지방에는 새로운 宮房田과 官屯田 그리고 權貴의 농장이 늘어났다. 양란후의 대개간의 시대는 진행되고 그 결과는 전란으로 입은 피해를 회복할 수가 있었으나, 이는 기본적으로 봉건지배층을 위한 농정책인 것으로서, 사적토지소유권 위에 성립된 지주제는 이 정책에 지원되면서 더욱 확대되고 발전할 수가 있었다.

이와 같은 지주제의 발전은 그 자체로서 그치는 것이 아니었다. 그것은 新田개발과 아울러 매매를 통한 토지겸병이 전제되고 있었으므로, 그것이 발전 확대되는데 따라서는 광범한 자영농민층의 몰락이 수반되게 마련이었다. 봉건지주층의 성장과 자영농민층의 몰락은 상대적인 것이었다. 지주층이 성장하는 가운데 소토지소유자로서의 자영농민층은 항상 토지로부터의 이탈이 강요되고 무전농민으로의 전락이 증가하였다. 이러한 현상은 물론 신분계층간의 문제로서만 전개되고 있는 것이 아니었다. 그와 같은 현상은 양반지배층 내부의 문제로서도 일어나고 있었다. 수조권을 중심한 토지분급제가 쇠퇴 소멸하고 사적인 토지소유권만이 유일한 토지소유권으로 인정되고 있는 상황속에서, 수조권에만 의존하던 지배층 가운데는 무전자로 전락하는 자가 있게 되었으며, 소토지를 소유하고 있는 양반층은 농민층 분화의 일반적 추세속에서 농민과 마찬가지도 무전자에로의 零落의 길을 걸었다. 관직을 갖지 못한 양반층인 경우는 더욱 그러하였다.

이와 같은 기초조건 위에서 농업생산력이 급속하게 발전하게 되었음은 농민층 분화를 급진전시키는 결정적인 계기가 되었다. 농민층은 지배층에 의한 지주제가 발달하고 그들 자신의 零落이 촉진되고 있는 현실 속에서, 그 생계를 유지하려며는 농업생산력을 한층 더 발전시켜 단위면적에 있어서의 소출을 늘리지 않으면 아니 되었다. 그것을 그들은 농법을 개량함으로써 달성하려 하였다. 농민층의 이러한 움직임은 양란 후의 복구를 위한 농정책에 힘입으면서 적극적으로 추진되었다. 정부에서는 파괴된 농업생산을 재건하기 위해서 농지개간의 정책을 취하고 있었는데, 이와 아울러서는 농업기술상의 문제에도 일정한 대책을 세워가고 있었다. 《農家集成》의 편찬은 그 단적인 표현이었다. 그리

고 바로 이와 같은 조치는 농민층의 입장과도 일치되는 것이어서 적극
적으로 추진될 수가 있는 것이었다.

　농민층은 농법개량을 水田농업이나 旱田농업의 어느 경우에서도 모
색하였다. 전자는 直播농법을 이앙법으로 전환시키고 후자는 壟種法을
畎種法으로서 대체하려는 것이었다. 조선전기까지에는 水稻栽培는 주
로 直播·付種法으로서 행하여 졌고 이앙법은 토질상 어쩔수 없는 특
별한 경우가 아니면 법으로서 금지하고 있었는데, 농민층은 이를 이앙
법을 主로 하고 直播法을 從으로 하는 농업생산으로 전환시키고 있는
것이며, 粟, 麥. 豆 등 旱田 主穀재배는 壟種이나 縵田漫播로서 행하여
지던 것을 畎과 畝를 작성한 농지에서의 畎種으로 전환시키고 있는 것
이었다. 이앙법과 付種法은 각각 直播法과 畎種法에 비하여 노동력을
덜 들이고서도 소출을 많이 낼 수 있는 장점이 있었던 까닭이었다. 양
란이후에는 전쟁의 피해로서 한때 인구감소 즉 노동력이 감소하고 있
었으므로 노동력의 절약과 소출의 증대를 보장하는 이 농법은 실로 농
민경제에 큰 도움을 주는 것이 아닐 수 없었다. 그리하여 이와 같이
농법이 전환되고 보급되는데 따라서는 전쟁으로 파괴되었던 농업생산
이 복구된 것은 말할 것도 없고, 한걸음 더나아가 18·19세기에 이르
면서는 농업생산력에 크고 급속한 발전을 가져오게 하였다.

　더욱이 농법의 전환에 따르는 생산력의 발전은 학문적인 뒷받침이
있으므로서 순조롭게 진행될 수가 있었다. 당시의 학자들은 농업생산
의 발전을 위해서 농학의 연구에 열중하고 그 결과로서는 전기한 바와
같은 농법전환에 따르는 이점을 발견할 수가 있어서 이를 적극 장려하
고 있었다. 조선후기에 편찬된 허다한 농서들은 모두가 그러하였다.
그들은 수전농업에 관해서는 이를 중국 화남지방의 농법과 관련하여
연구하기도 하였다. 남송시대의 주자의 《勸農文》에서 명대 서광계의
《農政全書》에 이르기까지의 많은 중국농서가 참고되었으며, 이를 통해

서는 농법전환의 타당성을 재확인할 수가 있었다. 그리고 한전농업에 관해서는 화북지방의 농법 그중에서도 특히 趙過의 代田法에 유의하면서 연구하였다. 代田法은 지력을 잘 이용하기 위하여 파종처를 歲易하고 「휴경」농지는 畎畝를 작성하되 畎種을 하는 것이 특징이었는데, 이때의 우리 농학자들은 이 代田法에서의 畎種의 방법을 연구하고 검토함으로써, 壟種法에서 畎種法에로의 전환에 확신을 가지기도 하였다. 그리하여 그들은 농법전환을 신념을 가지고 강조하고 농민들은 이를 적극 받아들이게 되었다.

당시의 정부에서는 이앙법이 旱魃에 약하다는 것을 이유로 수전농업에서의 농법전환에는 일정한 통제를 가하고 있었지만, 농학연구의 발달과 그 성과는 이러한 통제를 해제케 할 수가 있었다. 정부에서도 이제는 통제만을 할 수는 없었고 변모하는 농업현실에 대하여 그 기초조건을 갖추어 주지 않으면 아니 되었다. 조선후기에 전국 각 지역에 수리시설이 급증하게 된 것은 그러한 농정책의 표현이었다. 그리하여 이앙법에 의한 수전농업은 이러한 수리시설의 보급에 힘입으면서 더욱 널리 보급되어 나갔다. 그리고 그 결과로서는 농업생산력이 급속하게 발전하였던 것이었다. 더욱이 이때에는 전세제도 공납제 양역법 등을 전면적으로 개정하여 부세와 역을 경감하고 신분계층간에서 볼 수 있었던 차이를 되도록 해소하여 부세와 역의 균평을 기하고 있었으므로, 농민층은 생산에 의욕을 가지게 되고 따라서 농업생산력의 발전은 이를 통해서도 촉진되었다.

농업생산력의 발전은 이리하여 농민경제를 일정한 범위내에서 향상시킬 수가 있었지만, 그러나 이것이 모든 농민들에게 부를 보장하고, 이것으로서 농민경제를 근본적으로 안정시켜 줄 수 있은 것은 아니었다. 이로 인하여서는 농업경영상에 큰 변화가 일어나게 되고 그 결과로서는 농민층 분화와 그에 따르는 여러 가지 난문제를 야기시키게 되었다.

농업경영상에서 일어나는 변화는 경영확대와 상업적 농업의 전개였다. 이앙법이나 畎種法 등 새로운 농법에로의 전환은 단위면적에 소요되는 노동력을 절약하고서도 소출의 증대를 가능케 하였으므로, 농민층 가운데서도 활동적이고 영리적인 농민은 경영확대를 하게 되고 이를 통해서 부를 축적해 나갔다. 그러한 현상은 자영농민층의 경우에도 일어나고 借地경영자 즉 소작농민층의 경우에도 일어났다. 그들은 自耕地 借耕地를 가리지 아니하고 그 경영을 확대해 나갔다. 적어도 절약되는 노동력만큼은 새로운 경지에다 투입할 수 있는 셈이었다. 그리하여 농법전환에 따르는 경영확대가 진전되는데 따라서는 농민층내부에 부농층으로 성장하는 자가 있게도 되었지만, 동시에 그 이면에는 그 희생이 되어 경지에서 밀려나는 자가 증가하지 않을 수 없게도 되었다. 이른바 농업생산력의 발전에 따르는 농민층 분화인 것이었다.

또 당시에는, 유통경제가 발달하고 있어서 영리를 목적으로 하는 농업경영은 당연히 시장과의 관련에서 행하여지게 되었는데, 농민층 분화는 이러한 상업적 농업을 통해서도 촉진되고 있었다. 상업적 농업에서는 穀物·織物·蔬菜·煙草·席類·藥材 등 모든 농작물이 시장을 대상으로 생산되고 판매되었는데, 그간의 농업노동은 임노동으로서 행해지고 있었으므로, 농업경영은 농자가 넉넉한 부농층에게 유리하게 작용하여 富는 그들에게로 편의하게 되고 빈농층에게는 더욱 더 몰락에로의 길이 강요되고 있는 것이었다. 그것은 상품작물의 생산 그 자체만으로서도 그러하였지만, 농업노동이 임노동의 고용을 통해서 이루어지고 있었음은 분화를 촉진시키는데 있어서 상승작용을 일으키고 있었다. 경영활동에 능한 부농층은 시장성을 고려하여 농작물의 재배를 결정하고 생산된 농작물은 시세를 보아 출수의 시기를 조정하였으며, 각 지방의 물가를 살펴서는 상품을 원격지로 반출하여 판매하기도 하였다. 빈농층에게는 허용될 수 없는 조건들이었다. 그리하여 시장과 관련된 농업은 부농층을 더욱 부하게 하였고 빈농층은 상대적으로 더욱 빈 곤하여졌는데, 農資의 충실 여부는 農時의 선점을 좌우하고 있어서 부 농층의 농업생산은 항상 유리한 조건하에서 순조로이 행해졌고, 빈농 층의 그것은 최후로 밀려 결국 失農을 하게 되는 것이었다. 이리하여 농업생산력의 발전은 한편으로는 經營型富農層을 등장시키면서도, 다 른 한편으로는 광범하게 영세농을 배출시키고 있는 것이었으며, 한걸 음 더 나아가서는 그들을 無田無佃의 농민으로 전락시켜나가고 있는 것이었다.

  토지에서 밀려난 농민들은 우선은 小作佃戶層이 되는 것으로서 만족 하게 마련이지만, 차경지의 경영이라고 分化의 위협에서 안전지대일 수는 없었다. 앞에서도 언급한 바와 같이 농법전환에 따라 농업생산력 이 크게 발전하게 되면서 부터는, 차경지에 있어서도 경영형부농층에 의한 경영확대가 행해지고 있었으므로 소작전호층 내부에 있어서도 분 화는 급진전하지 않을 수 없었다. 이러한 경우에는 소수의 부유한 차지 경영자—경영형부농층에 의해서 많은 농지가 점유되고 많은 가난한 소 작농민은 영세한 토지보유자로서 만족하거나 완전한 無佃농민으로 전 락하게 마련이었다. 더욱이 지주층의 입장에서 볼 때 지대의 징수는 빈농층보다도 부농층에게 농지를 대여하는 것이 유리하였으므로 차경 지는 부농층에게로 집중하지 않을 수 없는 것이었다. 이리하여 농지소 유나 농지차경에서 배제된 농민층은 늘어났고 이들은 농업노동 · 도시 노동 광산노동 등에서의 임노동층을 형성하게 되었다. 혹 재주있는 자 는 상공업으로 전업할 수도 있고 또 혹 실의를 극복하지 못하는 자는 유리걸식과 화적이 되기도 하였지만, 대부분의 몰락농민은 임노동층으 로 전락하여 하나의 새로운 사회계층을 형성하였다.

  17세기에서 19세기에 걸치면서 전개되고 있는 이러한 분화는 물론 양반층의 경우에도 예외일 수가 없었다. 지금까지 언급한 농업현실은 양반층의 농업경영에도 그대로 작용하고 있었기 때문이다. 농업노동에 발벗고 나선 일반 농민층의 경우보다도 양반층의 농업경영은 더 불리한 입장에 있을 수도 있었다. 官權에서 밀려난 失勢한 양반층이나 지주가 되지 못하고 있는 양반층의 경우는 특히 더 그러하였다. 그들은 처음에는 양반의 체면을 유지하려고 노력하지만, 마침내는 생존을 위해서 일반 농민층과 마찬가지로 농업노동에도 종사하지 않으면 아니 되는 처지가 되고 있었다. 그리고 그들은 소토지소유자에서 토지차경의 소작농민으로, 또 이어서는 무전자 임노동층으로까지 전락하기도 하였다. 농민층 분화는 일반 농민층의 경우에서와 마찬가지로, 양반층의 경우에도 봉건적인 신분제의 해체위에 새로운 농민계급을 형성시키고 있는 것이었다. 그러기에 농민층 분화의 하나의 소산으로서의 이들 몰락양반층은 일반 농민대중과 마찬가지로 현실에 대한 비판의식이 강하였다. 봉건왕조의 사회불안의 요인은 실로 깊고 넓게 양성되고 있는 셈이었다.

농민층 분화는 농촌사회 농민경제상에 여러 가지 난문제를 야기시키게 되었지만, 그중에서도 분화의 진행과정에서 그 단적인 표현으로서 일어나는 신분질서의 전면적인 동요와 지주·전호간의 항쟁은 그 최대의 산물이었다.

신분제의 동요는 농민층의 성장과 양반층의 몰락이라고 하는 두 기반위에서 전개되었다. 어느 것이나 농업생산력의 발전과 농민층 분화의 소산이었으므로, 생산력이 발전하고 분화의 정도가 심화되는데 따라서는 그 동요도 더욱 심하여졌다. 그것은 구체적으로는 평민층이나 천민층이 호적상 (법제상) 양반신분으로 상승하는 현상으로서 나타났다. 구래에는 사회구성상에서 1할 내외를 차지하던 양반지배층의 구성율이 19세기 중엽에는 6～7할이나 되고, 전 인민의 대부분을 구성하고 있었던 평민층과 천민층이 전자는 3할 내외 후자는 거의 소멸하다시피

되었을 만큼 심각한 것이었다. 신분제사회에서는 양반층에게 여러 가지 사회적 정치적인 우대가 베풀어지고 있었으므로, 평민신분이나 천민신분의 소유자들은 그들이 소유하고 있는 富力으로서 양반신분을 買得하게 된것이었다. 그들은 설혹 직접적인 혜택을 못 받는다 하더라도 이렇게 함으로써 양반지배층과 대등한 입장에서 살아갈 수 있고 또 사회활동을 자유롭게 할 수 있다는 것을 잘 알고 있었다.

평민층이나 천민층이 양반신분을 취득하는 길은 여러 가지였다. 그들은 그것을 정부재정의 궁핍으로 수시로 취해지는 납속정책이나, 몰락양반층이 연명을 위해서 賣渡하는 그 가문 (족보상)의 한 지위, 그리고 戶籍官吏와의 뇌물의 수수를 통한 부정한 방법 등 합법 비합법적인 수단을 통해서 언제나 쉽사리 취득할 수가 있었다. 어느 방법이나 적지 않은 재력이 소요되는 것이지만, 농업생산력이 발전하고 유통경제가 발달하고 있는 가운데 생산활동에 종사하고 있는 농민층에게는 그럴만한 여유가 있는 농민이 많았다. 또 설사 가난한 농민일 경우라도 前記한 바와 같은 이유에서 양반신분을 취득하는 일은 그 경제활동에 있어서의 최우선의 목표가 될 수 있었다. 그뿐만 아니라 정부재정의 궁핍이 심각해지면 질수록 그리고 몰락양반이 증가하면 할수록 양반신분을 취득할 수 있는 값은 헐하여 졌으므로 기회는 많았다. 그리하여 농민층 분화가 진전되는데 따라서는 그리고 시대를 내려감에 따라서는 양반신분의 취득자는 점점 더 늘어나기에 이르렀다.

양반신분의 소유자가 늘어난다는 사실은 신분제사회에 있어서는 간단한 문제가 아니었다. 이는 결국 상하관계로 질서화된 사회체제의 瓦解인 것이었다. 그것은 본내부터 지배층으로서의 특권을 지녀오던 양반층은 이로서 상대적으로 그 특권을 상실하게 되는 것이며, 새로이 양반신분으로 승격한 농민층은 그들 스스로를 사내의 양반층과 동격이라고 생각할 만큼 사회의식이 높아지게 되는 까닭이었다. 그러한 점에서 그것은 평등사회 형성에의 단서가 되는 것이었다.

지주, 전호간의 항쟁은 농민층 분화 속에서 자영농민으로부터 소작
전호층으로 전락한 농민층이 지주층의 지대 징수에 대하여 전개하는
항조운동이었다. 이들에게는 차경지로부터의 수입이 생명의 유지를 위
한 원천이 되고 있었으므로 지주층의 농지경영과의 사이에는 심각한
이해관계의 대립이 있게 되는 것이었다. 이와 같은 소작전호층이 지주
층에 대한 항쟁은 그때그때 여러 가지 사정이 구실이 되고 있었지만,
기본적으로는 농민층 분화로 촉진되고 있는 경제적 불평등의 심화와,
농업 생산력이 발전하는 가운데 잉여생산물의 축적을 어렵게 하고 생
존을 위협하는 지주층의 고율지대 징수가 그 원인이 되고 있었다. 어떠
한 사정에서이든 몰락하게 된다는 것은 억울한 일인데, 생산력이 발전
하는데 따라 지주층은 지주층대로 그 수입을 늘리기 위하여 分半打作
의 원칙으로 지대를 늘려가고 있었으므로 소작농민층에게는 참을 수
없는 분노의 대상이 되고 있는 것이었다. 그러므로 농민층 분화가 촉진
되면 될수록 그리고 지주 전호간의 이해관계가 첨예하여지면 질수록
소작농민층의 지주층에 대한 항쟁은 격화될 수 밖에 없었다. 그리고
실제로 사태는 그렇게 진전되어 18세기에서 19세기에 이르면서는 소
작농민층의 항조투쟁이 일상화되기에 이르렀다.

농민층의 항조는 打租制하에서도 일어나고 賭租制하에서도 일어났
으며, 민전 지주지에서도 발생하고 궁방전이나 관둔전 등에서도 발생
하였다.

打租制는 分半打作 즉 전 소출을 지주와 전호가 반씩 分益하는 것이
었는데, 이러한 지주제하에서의 항조운동은 여러 가지 방법으로써 지
주측의 반타작을 실질적으로 불가능하게 하는 방식을 취하고 있었다.
이를테면 규모가 작은 민전 지주지에서는 추수시에 전호층이 통상 탈
곡을 부정하게 한다거나 볏단을 빼돌리고 있는 것이 그것이었으며, 규

모가 큰 궁방전에서는 이를 좀 더 조직적으로 전개하는 것이 그것이었다. 이럴 경우에는 농민층은 몇 단계에 걸치면서 지주의 반타작을 철저하게 거부하였다. 그 첫 단계는 地品을 이용하는 것으로서, 이는 비옥한 농지에는 早稻를 심고 척박한 농지에는 晚稻를 심되, 추수시에는 수조관이 내려오기 전에 沃畓전의 早稻는 刈食하고 瘠畓의 晚稻만을 남겼다가 이로서 全坪의 소출을 통산케하는 것이었다. 그리고 다음 단계는 刈稻束禾시의 볏단을 이용하는 것으로서, 이는 감독관이 刈稻를 감시할 때는 볏단을 크게도 묶고 작게도 묶었다가 밤을 타서 큰 볏단을 분속하여 유출하는 것이며, 셋째 단계는 탈곡시의 기회를 이용하는 것으로서 농민들은 이때 볏단을 빼돌리기도 하고 태질(脫穀)을 부정하게도 하였다가 타작이 끝난 후에 다시 更打를 하여 자기 취득분을 늘리는 것이었다. 그리고 끝으로는 官畓과 私畓의 인접경계를 이용하는 것으로서, 농민들은 자기소유의 전분이 궁방전이나 관둔전과 인접해 있는 곳에서는 해마다 이를 조금씩 侵蝕割耕하여 자기분은 늘리고 궁 관답은 좁혀가는 것이었다.

타조제하에서의 이러한 항쟁으로 인하여서는 지주측의 수입이 결코 반타작이 될 수가 없었다. 재령지방의 어떤 궁방전에서는 이러한 항조로 인해서 분반타작제하에서의 궁방의 수입이 3분의 1에 불과하다고 보고하고 있었다. 그러므로 지주층으로서는 이러한 상황에 대하여 무엇인가 대책을 세우지 않으면 아니 되었고 여기에 등장하는 것이 도조제인 것이었다. 그리고 궁방전 같은 곳에서는 궁방에서 직접 징수하던 지대징수권을 導掌이라고 하는 청부업자에게 위임하기도 하였다. 이럴 경우에는 대개 농민들의 항조투쟁하에서 있었던 수익관계를 현실화하여 정액으로서 납부케 하는 것이 일반적이었다. 그러므로 18세기에서 19세기에 걸치면서 소작농민층의 항조투쟁이 격화하는데 따라서는, 지주측의 지대 징수는 대개 도조제로 전환케 되었으며, 지대징수의 제도가 타조제에서 도조제로 전환되면서는 소작농민층의 부담은 다소 경감하게 되는 것이 일반적 추세였다. 이는 항조투쟁에 대한 지주측의 어쩔 수 없는 양보이었다.

그러나 도조제가 성립되었다고 농민경제가 전면적으로 호전될 수는 없었다. 지주측으로서는 어쩔 수 없이 양보를 하였으나 되도록 여러 가지 구실을 마련하여 농민부담을 가중시키고 그들의 수입에 손실이 없게 하려 하였다. 結稅를 作人앞으로 전가한다던가 부가세를 加徵하기도 하였으며, 또 斗升을 규정된 것보다 큰 것을 사용함으로서 濫徵을 하기도 하였다. 그러한 가운데서도 이 단계에서의 농민들에게 크게 문제가 되는 것은 흉년 收睹의 문제였다. 도조제는 정액지대이므로 지주측에서는 흉년의 災結에서도 도조를 납부해야 한다는 것이며 작인으로서는 흉년에 규정된 도조를 모두 상납하면 남는 것이 없게 되는데서 災結은 면세해야 한다고 주장하는 것이어서 지주측과 작인들은 팽팽하게 맞서게 마련이었다. 그것은 결국 睹地 그 자체의 보다 많은 경감의 주장인 것이었다. 그리고 소작농민층으로서는 그 생존을 위하여 그들의 주장을 관철시키지 않으면 아니 되었다. 그리하여 지주층의 지대 징수가 타조제에서 도조제로 전환함으로써 다소 경감된 후에도 소작농민층의 항조운동은 그치지 아니하였으며 그것은 삼정문란에 의해서 한층 더 자극되면서 19세기 중엽과 말엽의 농민반란과 농민전쟁에 가까워질수록 더욱 더 치열하여졌다.

이와 같은 항조투쟁은 소극적 또는 적극적으로 취해지기도 하고, 개인적 또는 집단적으로 감행되기도 하였다. 때로는 지대를 滯納 愆納하기도 하고 또 때로는 폭력으로서 이를 거부하기도 하였다. 경우에 따라서는 수촌민 또는 수개면민이 집단화하여 폭력으로서 이를 거부하므로서 지주측과의 사이에 난투가 벌어지고 수라장을 이루는 일도 있었다. 이럴 경우의 항조운동은 하나의 완전한 민란이었다. 지주측에서는 소

작농민층의 이러한 항조운동이 있을 때마다 그때그때 대책을 세우고
있었다. 관에 고발하여 체납된 것을 받아내기도 하고, 주모자를 치죄케
하기도 하였다. 항조투쟁이 심하면 처벌도 무거워서 먼 타향으로 유배
의 형을 받게 되는 일이 비일비재하였다. 그리고 또 항조하는 작인에게
서는 그 차경권을 회수하여 지대징수가 용이한 다른 작인에게 移作을
시키기도 하였다. 그러나 이러한 대책에도 불구하고 항쟁은 종식되지
않았다. 지주, 전호제가 내포하는 기본적인 모순관계는 그대로 남아
있는 까닭이었다. 더욱이 차경권을 회수한다는 것은 소작농민층의 생
존권의 박탈인 셈이기도 하고 또 지주제가 내포하는 모순의 악순환이
기도 한데서, 이로 인해서는 항쟁은 되풀이 되게 마련이었다. 이리하여
19세기의 지주 전호관계는 소작전호층의 항조투쟁으로 점철되면서 전
개되어 나갔다.

    19세기 중엽에 있었던 삼남지방을 중심한 전국적 농민반란은 바로
이와 같은 농민층 분화에서 연유하는 항조운동의 연장이었다. 그리고
1894년의 농민전쟁도 그와 같은 항조운동, 농민반란의 격화 연장의
형태인 것이었다. 관변측 기록은 그 원인을 단순한 삼정문란 즉 稅政
운영상의 결함으로 기술하였지만, 보다 근원적이고도 본질적인 이유는
이와 같은 항조운동과 그 바탕으로서의 농민층 분화 및 그에 따르는
경제적 불평등의 심화인 것이었다. 농민층 분화는 원래의 朝鮮國家의
사회경제질서를 와해시키고 있었으므로 그 결과로서의 농민들의 움직
임은 이제 朝鮮國家의 체제를 위태롭게 하는 것이었으며, 그러기에 항
조운동으로서 출발한 농민층의 항쟁은 그 본질상 궁극적으로는 체제부
정적인 농민전쟁과 연결되어 질 수 있는 것이었다. 지주 전호제를 기축
으로 하는 경제체제의 구조적 모순은 항조운동 농민반란을 야기시키
고, 이를 거쳐서는 그 항쟁을 마침내 봉건지배층의 전면적 타도를 목표
로 하는 반봉건적인 농민전쟁으로까지 확대시키고 있는 것이었다.

3. 現實打開를 위한 諸論議

17세기에서 19세기 전반기까지에 이르는 조선후기 사회의 농업실정
은 대략 전기한 바와 같은 것이었다. 그것은 한마디로 말하여 봉건적인
신분제의 해체과정에 수반하여 농민층의 분화가 촉진되고 농민계급이
새로이 재구성되고 있는 농업이었으며, 극단한 상태로 양극화되어가는
과정에서 영세소농층이나 임노동계층이 광범하게 형성되고, 지주층과
무전자, 부농층과 영세소농층이 첨예하게 대립하게 되는 농업이었다.
농업생산력의 일정한 단계에로의 발전과 유통경제의 발달에 따라 급속
하제 전개되는 농업의 상업화가 농촌사회의 분화를 한층 더 촉진시키
고 있었음은 이 시기 농업의 시대적인 성격을 나타내는 것이었으며,
그러한 가운데서 경영형부농층이 등장하며 농업생산력의 발전이나 상
업적 농업에 능동적으로 기능하면서, 한편으로는 봉건지주층에 대한
대항관계에서 선봉을 서면서도 다른 한편으로는 영세빈농층을 궁지로
몰아넣으면서 성장 번영하고 있었음은 이 시기 농업에서의 새로운 국
면이었다. 이 시기의 농업은 봉건적인 지주 · 전호제와 안정된 자영농
민층을 주축으로 하는 경제질서에서 와해 이탈하고 있는 것이었으며,
이러한 와해 과정은 필경 철종조의 농민반란과 그 후의 농민전쟁 즉
체제부정에로의 길을 열어가고 있는 것이었다.

그러나 이와 같은 농민반란이나 농민전쟁은 아무 예고없이 돌발적으
로 발생하고 있는 것이 아니었고 이러한 거대한 움직임이 있기에 앞서
서는 그것을 가능케 하는 오랜 세월에 걸친 자질구레한 무수한 항쟁이
발생하고 있었다. 그중에서도 지주 · 전호제라고 하는 경제체제와 관련
하여 일어나고 있는 것은 지주층의 농민수탈에 대행하여 일어난 항조
운동이었다. 항조운동은 拒納, 慾納을 위주로 하는 소극적인 것에서

부터 농민들이 집단화하여 폭력으로서 이를 거부하고 지주가에 대항하는 적극적인 것에 이르기까지 다양하게 전개되었는데, 후자는 단순한 항조운동이면서도 하나의 완전한 민란인 것이었다. 그리하여 이와 같은 대소의 무수한 항쟁이 쌓이고 쌓인 결과로서 그것이 확대 폭발하게 되는 것은, 전기한 바 19세기 중엽의 삼남지방의 민란에서 그 말엽의 전국적 농민전쟁에 이르기까지의 일련의 농민층의 항쟁인 것이었다. 그러므로 이러한 농업실정 속에서 문제가 되는 것은 어떻게 하면 농업생산력을 계속 발전시키면서 농민경제를 향상시키고, 또 항조운동의 격동속에 휘말려 체제부정으로서의 농민전쟁에의 길을 열어가고 있는 농민층과 농촌사회를 안정시킬 수가 있을 것인가 하는 점이었다. 농민이 邦本이라는 사상은 유교국가의 농정이념이었으므로, 이러한 문제에 관하여는 많은 학자나 농촌지식인들이 이를 숙고하고 또 그 해결방안을 탐색하고 있었음은 말할 것도 없고, 정치가나 농정가들도 이를 현실적인 문제로서 받아들여 진지하게 검토하고 있었다. 이는 결국 현실타개 나아가서는 농업개혁의 문제인 것으로서 이에 관해서는 토지소유·농업경영·농업생산 등 여러 가지 면에서 그 대책이 제언되고 있었다.

　토지소유문제를 중심하여 첫째로 누구나가 일반적으로 생각하는 것은 농지의 재분배 문제였다. 그들은 그것을 유교의 경전이나 사서를 통해서 고대중국에서의 井田制·均田制·限田論 등으로서 내세웠다. 이는 각각 전국의 농지를 정전제에서와 같이 井井方方으로 구획하여 이것을 8부의 농민에게 균배하여 경작케하거나, 아니면 농지를 그렇게 구획은 하지 못하더라도 戶·口수에 따라 전국의 농지를 전국의 인민에게 균등하게 분배하거나, 그렇게 하지 못할 때에는 토지소유의 상한을 제한함으로써 지주나 부농층의 토지가 자연 무전농민에게 돌아가게 하자는 것이었다. 이러한 논의는 17세기 이래의 실학자들에 의해서 끊임없이 제창되었던 것으로서, 농촌지식인들에게도 상식화되고 있었으

며, 민란이 일어났을 때에는 이를 수습하는 방안으로서도 제론되고 있
었다. 민란은 농민경제의 파탄에서 발생하였던 것이므로 그 수습을 위
해서는 농민경제의 안정이 필요하고 그 안정을 위해서는 토지의 급여
가 필요하였던 것이다. 이는 너무나도 당연한 논리였기 때문에, 선견지
명이 있는 논자는 벌써 민란이 있기 전에 농지를 재분배함으로써 농민
경제를 안정시키지 못하면 국가의 유지가 어려울 것임을 예견하고도
있었다.

다음으로 늘 거론되는 것은 농지차경 관계의 개선으로서, 당시의 지
식인들은 이를 貸田論·均作論·分耕論 등의 이름으로 거론하고 있었
다. 지주층이 농지를 대여하는데 있어서는 지대의 징수가 용이한 부농
층을 중심으로 하고 따라서 영세 소작농민은 이의 확보가 지난하여 결
국 차경지에서 조차도 배제되는 형편이었으므로, 정전·균전·한전제
의 실현, 즉 봉건적인 지주제의 타도가 불가능하다면, 최소한 무전농민
들에게는 차경지라도 균등하게 보유케 해야 한다는 견해였다. 그렇게
함으로써 몰락하는 농민층을 구제하고 그들의 경제안정을 통해서 사회
의 안정도 기하자는 것이었다. 그리고 또 이러한 논의의 당연한 귀결로
서 지주층의 지대수취율을 낮춤으로써 소작농민들의 수입을 늘리려 하
였음은 말할 것도 없었다. 이 문제는 결국 소작농민층의 항쟁이 나아가
서는 농민반란과도 관련되는 것이었으므로 지대율을 법적으로 낮추어
제도화하면 농민층의 항쟁이 없어지는 것은 말할 것도 없고 나아가서
는 지주층의 토지겸병도 소멸하게 되므로써 농촌사회는 안정되리라는
것이었다.

농업경영에 관하여 일반적으로 생각되었던 것은 농업협동의 문제였
다. 이는 특히 농촌지식인들에 의해서 강조되는 바였는데, 농지의 재분
배나 차경지의 대여조건이 개선되지 못할 경우에는 최소한 이 문제의
해결만이라도 절대로 필요하다고 그들은 생각하였다. 이 시기의 농업

은 임노동에 의해서 행하여졌으므로, 농업경영에서 늘 유리한 것은 부
농층이었고 영세소농층은 농시를 놓쳐 실농을 하고 따라서 더욱 쇠퇴
하게 됨을 면할 수가 없었다. 그러므로 이들의 경제를 안정시키기 위해
서는 이 문제의 해결이 필요한 것이었다. 농우와 농기구의 마련은 그
선결문제였다. 농촌지식인이나 위정자들은 이것을 鄕約·契·社倉 등
의 자치기구나 五家統 등의 향촌조직을 그 기능의 질적인 변화를 통해
서 농민들이 자치적으로 공동으로 자금을 모아서 마련하기도 하고, 정
부의 시책으로서 국가재정에서 이를 해결해 줄 것을 말하기도 하였다.
그리하여 이것이 마련되고, 이를 마련한 공동조직을 통해서 영세한 농
민들이 협동농업을 하게 되면, 이들은 능히 부농층의 농업경영과의 경
쟁에서 패하지 않을 것임은 말할 것도 없고 또 그 농가경제는 서서히
안정되리라는 것이었다.

　또 농업경영을 통한 경제안정의 방법으로서는 유통경제와의 관련에
서 시장성이 좋은 농산물이 재배되고 판매되어야 할 것임을 강조하는
견해도 있게 되었다. 상업적 농업론인 것이었다. 영세한 토지를 소유하
고 있는 농민이라 하더라도 고가의 농작물을 재배하여 판매하게 되면,
그 수입은 넓은 토지를 소유하고 곡물을 생산하는 농민의 그것과 맞먹
거나 더 많을 수도 있다는 생각에서였다. 粟·麥 등 전곡에 대한 米穀,
蔬菜와 調味料, 染料와 藥材, 木綿, 煙草, 席類 등은 상품작물로써 각광
을 받는 것이었다. 그리하여 실제로 이러한 농업경영론은 실천에 옮겨
지고 상업적 농업은 성행하게 되었다. 전국 각 지역에는 시장과의 일정
한 관련위에서 각종 상품작물이 주산지를 형성하고 대량으로 생산되기
도 하였다. 商品作物은 곡물보다도 곡물이외의 농산물이 더욱 유리하
였다. 그러한 경우에는 종래에 主穀재배로 이용되고 있었던 농업지대
가 급격하게 非穀物性 상품작물의 생산지대로 化하는 일도 있었다. 연
초의 생산은 그 두드러진 예였다. 그러나 이렇듯이 주곡지대가 일반

농작물에 의해서 과도하게 침식당하는 것도 당시로서는 큰 문제였다. 그래서 상업적 농업을 강조하는 논자들은 농민경제의 향상을 위해서 상품작물의 생산은 발전시켜 나가되, 이럴 경우에는 국가전체의 농업 생산이라는 각도에서 국가의 농정책으로서 이를 적절히 통제하고 조정해야 할 것임을 말하기도 하였다.

농업생산에 관하여 가장 많은 사람에 의해서 늘상 주창되었던 것은 소득 증대를 위한 농업개량의 문제였다. 농업을 개량해서 수입을 늘이면 농민경제를 부분적으로나마 안정시킬 수 있고 또 이를 통해서는 부를 증대시킬 수도 있다고 생각하는 데서였다. 당시에는 위정자나 농학자나 농촌지식인 등 농업에 관심을 가진 사람이면 누구나가 이 문제를 거론하고 있었다. 治田, 播種, 糞壤, 品種改良, 農具, 水利施設 등 허다한 문제들이 논의되었다. 그들은 그것을 당시의 중국 농업과의 비교 위에서 개선할 것은 개선하고 새로운 것은 이를 적극적으로 도입해야 할 것임을 말하기도 하였다.

그와 같은 농업개량론 가운데서도 최대의 과제로 되어 있는 것은 농법개량의 문제였다. 이미 앞에서 언급한 바이지만 당시의 농학자들은 이를 수전농업에 관해서는 直播法을 이앙법으로 전환시키는 것으로서 내세웠다. 이앙을 하게 되면 노동력을 덜들이고서도 소출을 많이 올릴 수 있고 또 이렇게 되면 수전에서 稻·麥의 이모작을 할 수 있게 되는 데서 그 수입은 종전에 비하여 월등히 늘어나는 까닭이었다. 그러나 이 농법은 直播法에 비하여 수리의 필요성이 더욱 절실하였다. 直播法에서는 물이 있으면 수파를 하고 물이 없으면 건파를 하는 수륙겸종이었는데, 이앙법에서는 앙판에 반드시 물이 있어야 함은 말할 것도 없고 秧苗를 本田에 이식할 때 물이 없으면 그해 농사는 낭패하게 마련이었다. 그러므로 수전농업에서의 농법이 전환되기 위해서는 수리문제가 동시에 해결되지 않으면 아니 되었다. 조선후기에 수리시설에 대한 필요성이 그토록 활발하게 논의되었음은 이에서 연유하는 것이었다. 농업개량을 뜻하는 논자들은 그러한 수리문제를 주로 구래의 堤堰 · 洑 시설을 확장 보수하는 것으로서 해결하려 하였다. 수리의 필요성이 가중되는데 따라서는 수차의 제조이용이 빈번이 주장되기도 하였으나, 그러나 이에 관해서는 우리나라의 지리적 조건, 그 제조를 위한 자재, 경비의 과다 및 그 수명 등등을 이유로 그 비경제성 비실용성을 말하는 논자도 많았다. 그리고 그것은 결국 보급되지 못하였다.

한전농업에 관해서는 代田的인 畎種法의 보급을 통한 증산을 내세우고 있었다. 이도 역시 노동력은 덜들고 소출은 많은 것이었다. 종래의 한전에서의 주곡재배는 縵田的인 농지에다 壟種法으로서 행하되 散播點種을 하기도 하고 漫播를 하기도 하였는데, 이러한 농법에 비하여 畎種法은 여러 가지 장점을 지니고 있었다. 이를테면 縵田 壟種은 壟上에 파종함으로써 한재에 약하나, 畎種은 畎에다 파종함으로서 旱暵을 당하여도 種出한다. 縵田은 중경 제초가 어렵고 노동력이 많이 드나 代田的인 畎種法은 이것이 손쉽고 노동력도 덜든다. 縵田은 파종에 원칙이 없어서 穀의 齊熟이 안되지만, 畎種에는 일정한 규격이 있으므로 穀熟이 齊一하다. 縵田은 受種處가 확산되어 있어서 施肥에 난점이 있으나 畎種은 그것이 좁은 고랑으로 되어있어서 糞은 苗根에 專用된다. 縵田 壟種은 穀根이 深入하지 않으므로 風旱에 약하나 畎種은 穀根을 厚培할 수 있으므로 풍한에 강하다는 것 등등은 그것이었다. 그리하여 이러한 제 장점으로 인해서 畎種을 하게되면 노동력은 덜 들고 소출은 증가하게 되어 있는 것이었다.

하지만 畎種法으로 農法이 轉換되기 위해서는 여러 가지 문제가 同時에 解決되지 않으면 아니 되었다. 畎種을 하려면 畎 밑이 起耕되어야 하므로 治田에 있어서는 壟種의 경우보다도 더 深耕되어야 하고, 그러기 위해서는 農牛의 利用法이 달라져야만 하였다. 播種은 畎中에다 일직선으로 播種해야 하므로 線番를 위한 방안이 요청되었다. 中耕 除草의 方式도 畎畝 밖에 있는 溝에 서서 해야 하므로 畎畝에는 一定한 尺寸이 있어야 하고, 따라서 鋤의 製造에도 一定한 規格이 있어야만 하였다. 또 施肥의 方法이 달라져야 함은 말할 것도 없지만 이 모든 것이 요컨대 생산성을 높이기 위한 활동이었으므로 施肥 그 자체의 중 요성도 再認識되어 糞壤의 方式이 再檢討되지도 하였다. 농업개량을 주장하는 논자들은 이러한 제문제를 중국의 농업에서 그 선례를 발견 하고 그것으로서 그 주장의 타당성을 강조하고 하였다.

지금까지 열거한 제논의는 조선후기의 17.18세기에 제기된 농업론 으로서 여러 사람에 의해서 제언된 바를 병렬한 것이었다. 다시 말하면 이와 같은 견해가 처음부터 하나의 문제로서 종합적으로 제론되고 있 는 것은 아니었다. 17세기에서 18세기에 이르는 기간은 긴 세월이었고 그간에는 朝鮮國家의 사회경제 실정이나 농업현실이 더욱 더 급격하게 변모되어가고 있었으므로 현실타개론으로서의 농업론은 각 시기의 농 업현실이나 사회경제상의 변화의 정도에 따라, 그리고 농민경제 농촌 경제의 애로의 심각성의 정도에 따라서 그때 그때의 논의의 내용에 차 이가 있는 것이었다. 그리하여 현실타개론으로서의 농업론은 시대를 따라 더욱 심화되면서 기본적인 문제에로 접근해 갔다. 그와 같은 시대 사조를 잘 반영하는 것은 이 시기에 이르러서 특히 왕성하여진 농학의 연구와 그 발달과정이었다. 그것을 18세기까지에서 살펴보면 17세기 중엽의《農家集成》의 농학, 17세기 말에서 18세기 중엽에 이르는《穡 經》,《山林經濟》를 중심한 농학, 18세기 최말기의 정부의 농서편찬계 획을 중심한 농학 등으로 구분할 수가 있다. 그리고 이와 같은 농학의 발달과정은 요컨대《농가집성》의 농학 즉 그 현실타개론으로부터의 탈 피과정인 것이었다.

17세기 중엽의《농가집성》의 농학은 조선전기의《農事直說》의 농학

을 계승 발전시키면서, 수전농업을 直播法에서 이앙법으로 전환시켜
노동력을 절약하고 농업생산력을 증대시키려 하였는데, 이러한 농법전
환의 이론적 근거의 하나로서는 주자의 농업이론을 도입하고 있었다.
이러한 점에서는《농가집성》에서의 농법전환은 우리나라의 수전농업
을 중국 화북지방적인 농법에서 화남지방적인 농법으로 전환시키려는
것이기도 하였다. 그러나《농가집성》의 농학은 이러한 농법의 전환을
새로운 사회에 긍정적으로 대응시키는것으로서 제기하고 있는 것이 아
니었다. 그것은 당시의 농정책 즉 양란후의 지주제를 중심한 농정책과
도 관련하여 기존의 질서를 그대로 유지하고 그 테두리 안에서의 농업
생산력의 향상을 도모하는데 불과한 것이었다.《농가집성》이 봉건적인
지주 · 전호제를 그대로 인정하고 주자학적인 농정이념에 의해서 농민
들을 단적으로 표현함이었다. 조선후기에 있어서의 농법전환의 문제는
《농가집성》의 농학에 의해서 비로소 학적으로 제기되는 것이지만, 그
것은 농법변혁이 사회변혁을 수반하고 있는 것이 아니라는 점에서 일
정한 한계가 있는 것이었다

　17세기 말 18세기 초의《색경》이나《산림경제》의 농학은 이러한《농
가집성》의 농학이 미치지 못한 문제를 처리하려 한데 특징이 있었다.
그것은 농산업의 발달을 위해서 수전농업과 아울러 한전농업을 또한
畎種法으로 전환시키려는 것이었다. 그리고 또 농가집성의 농업론이나
농정이념에 민감한 반응을 보이고 있었다.《색경》의 농학은 비주자학
적인 입장에서《농가집성》의 농학을 전면적으로 부정하고 고대적인 농
업의 계승 발전을 제기하였으며,《산림경제》의 농학은 농가집성의 농
학을 계승하였으나, 그것은 농업기술론 즉 농업생산력의 발전문제에
그치고 농업경제론 즉 생산관계의 개선문제에 있어서는 이를 따르지
아니하고 있었다.《농가집성》이 제기하고 있는 지주 · 전호제를 그 농
서에서 완전히 삭제하고 있는 것이 그것으로서 이는《농가집성》의 농

업경제론이나 농정이념에 대한 소극적인 반항이었다. 《산림경제》의 농학의 이와 같은 입장은 이를 증보한 18세기 중엽의 《增補山林經濟》나 《攷事新書農圃門》의 농학에 있어서도 마찬가지였다. 이 증보본에서는 箕田論을 전제하고 있으므로서 지주·전호제의 부정을 좀 더 분명히 하였으며, 시장과 연결된 농업경영론을 시사함으로써 《농가집성》의 농학과는 달리 새로운 농업론을 제기하였다.

18세기 최말기의 정부의 농서편찬계획과 관련된 제농서(《응지진농서》, 《북학의》, 《과농소초》, 《해동농서》)의 농학은 《농가집성》이나 《산림경제》의 농학을 계승하면서도 방법적으로는 《색경》의 농학을 또한 도입하고 있었다. 그리하여 이때의 농학도 고대의 농업이나 현재의 중국농업을 연구하고 관찰함으로써 수전농업의 전환과 아울러 한전농업의 전환을 또한 제기하였다. 그리고 이에 따라서는 여러 가지 농업기술의 개선이 따라야 할 것임도 제언하였다. 고대 정전제를 이상적인 토지소유형태로 보는 데서는 지주·전호제를 정면으로 부정하여 한전론을 주장하기도 하고, 경영형부농층의 경영확대 즉 차경지의 광점에 반기를 들어서는 차경지의 균배를 내세우기도 하였다. 시장과 관련된 농업경영론을 발전시켜서는 전 경제기구 속에서의 유통경제와 농업경영과의 관계를 더욱 긴밀히 함으로써 보다 많은 수익을 올리려고도 하였다. 그리고 중국농법의 수용 도입을 바람직한 것으로 보기는 하였으나 거기에는 과학적인 검토가 따라야 할 것임을 제언하기도 하였다. 이 단계에 있어서의 농학은 이러한 문제를 논함에 있어서 전무후무할 만큼 많은 인원이 참여하여 이를 활발하게 논하였으나, 이러한 제문제가 하나의 이론으로서 체계화되어 있는 것은 아니었다. 그러나 그러면서도 이와 같은 이 단계의 농학에 참여하고 있는 많은 사람들의 의견은 대체로 농법전환과 사회변혁의 문제를 함께 생각하고 이를 동시에 제언하고 있는 것이었다. 그러한 점에서는 《농가집성》이 내세웠던 농업문제 타

개의 방향이나 이념이 이 단계의 농학에서는 크게 부정되고 달라지고
있는 것이었다.

　　18세기 최말기까지에 제론되었던 농업론은 이상에 언급해 온 바와
같이 농업개혁을 위한 근본적인 문제에까지 접근하고 있는 것이었지
만, 그러나 그러한 논의가 모두 하나의 문제로서 종합적으로 정리되어
제론되고 있는 것이 아니었다. 그러한 점에서는 그 어느 하나만을 해결
한다고 농민경제와 국가재정이 안정될 수 있는 것이 아니었다. 더욱이
농민경제상의 기본문제를 해결함이 없이 그 경영이나 생산력의 발전만
을 내세운다는 것은 그 근본적인 타개책이 될 수가 없었다. 그것은 농
민층 분화를 촉진시켜온 계기인 것이었다. 그러므로 농민경제의 안정
을 위해서 요청되는 현실타개론은 보다 높은 차원에서 그리고 사회발
전이라고 하는 현실적인 문제도 충분히 배려한 위에서의 종합적인 방
안이 되지 않으면 아니 되었다. 또 이 시기의 농업은 현실적으로 그
생산력이 크게 발전하고 있었으므로 농업개혁의 기본방향이 이러한 발
전방향을 저해하지 않아야 할 것은 말할 것도 없고 이를 더욱 촉진시켜
나가는 것이 되지 않으면 아니 되는 것인데, 그러려면 농업생산력의
발전을 추진하여 온 계층의 전적인 희생을 강요할 수는 없는 것이며
그것이 바람직한 방안이 될 수도 없는 것이었다. 그러한 점에서 19세기
에 들어서서는 농업경제상의 모순의 심화와 계층간의 갈등 및 농민투
쟁의 격화와도 관련하여 그리고 그 실현성의 문제도 고려한 위에서의
새로운 방안이 제기되지 않으면 아니 되었다. 그리고 그것은 농업생산
력의 발전이란 전제 위에서, 그리고 생산력의 발전을 위한 농업생산의
사회화라는 각도에서 前記한 바 제문제가 종합 재구성되지 않으면 안
되었다. 19세기 전반기의 농업개혁론 특히 다산과 풍석의 농업론은 바
로 그러한 시대적 요청에 부응하는 것이었다.

4. 農業改革 · 社會改革論의 提起*

1) 茶山 丁若鏞의 農業改革論
2) 楓石 徐有榘의 農業改革論

5. 結語 – 그 후의 趨勢

다산과 풍석에 이르기까지 지주 · 전호제가 내포하는 모순을 이 시기의 사회적 모순의 기본으로 파악하고 이를 시정함으로서 농민경제를 안정시키려는 논의는 전술해 온 바와 같이 실로 다양한 바 있었다. 그러나 이러한 논의는 어디까지나 논의로 그쳤을 뿐 정책상에 반영되지는 못하고 있었다. 보수적인 봉건지배층과 집권층에게는 이와 같은 개혁안이 받아들여질 수 없었다. 이는 그들 자신의 이해관계와 완전히 상반되는 까닭이었다. 그리하여 그 결과로서 그들은 앞에서 언급한 바와 같이 항조운동 · 농민반란 · 농민전쟁 등 무수한 항쟁을 겪지 않으면 아니 되었다. 그러면서도 그들은 농민층이 항쟁하게 되는 기본원인을 직시하려고는 하지 않았다. 그들은 지주 · 전호제가 내포하는 모순은 다만 2차적 3차적 것으로 보았으며, 기본적인 것은 농업과 관련하여서는 田政 운영상의 결함에 있는 것으로 보고 이의 시정을 시도하였을

---

* 편자 주: 4장의 1) 茶山 丁若鏞의 農業改革論, 2) 楓石 徐有榘의 農業改革論 및 5장 結語의 일부는 이보다 앞서 발표한 〈정약용과 서유구의 농업개혁론〉,《창작과 비평》29, 1973의 글 3~5장(본서, 제4편 으로 수록함)를 그대로 넣은 것이라 이를 생략하였다.

뿐이었다. 19세기 중엽 이후 있게 되는 일련의 근대적 개혁은 이러한 입장에서의 개혁이었다.

이와 같은 집권층의 개혁방안은 철종조의 농민반란과 관련하여 그 방향이 마련되고 있었다. 이때에는 단성 · 진주에서 발단한 농민반란이 삼남지방 일대와 북부지방에까지 확대되고 있었는데, 이러한 전국적인 농민반란은 봉건지배층으로 하여금 일정한 대책을 세우지 않으면 아니 되게 하였다. 정부에서는 각 지방의 道臣 · 수령으로부터 올라오는 보고서와 按覈使 · 宣撫使 · 暗行御史 등이 조사한 바 농민반란의 실태를 토대로 하여 대책을 세우게 되었는데, 이들은 민란의 원인을 이구동성으로 삼정의 문란으로서 논하였으며, 따라서 정부에서는 농민반란의 수습을 이 문제를 중심으로 처리해 나가게 되었다. 전국의 지식인들에게는 삼정의 개선방안을 연구하여 보고케 하는 한편, 정부기구 내에는 三政釐整廳을 특설하여 폐정의 개혁방안을 강구토록 하였다. 그리고 그 결과로서는 삼정이정책이라는 개혁방안을 마련할 수가 있었다.

삼정이정책은 전정 군정 환곡등의 운영에 관한 개혁방안인데 특히 농업사와 관련되는 부분은 전정이정책이었다. 전정의 개혁에 관해서는 많은 사람들이 여러 가지 문제를 거론하였는데 그것은 요컨대 두가지 계통으로 집약되고 있었다. 그 하나는 농민반란의 기본원인을 지주제의 모순과 농민층 분화로 보고, 따라서 그 반란을 진압하려면 농민경제를 안정시켜야 하며, 그러기 위해서는 국가권력에 의한 봉건지배층의 토지집적 억제와 농민층에 대한 토지재분배가 시행되어야 한다는 것이며, 다른 하나는 농민반란은 전정운영상의 결함 즉 제도의 문란과 말단 관리들의 중간수탈에 기인함으로 이를 시정하면 소란을 일으키고 있는 농민들은 곧 진정되리라는 것이었다. 전자는 농업문제의 근본적인 개혁을 지향하는 것으로서 실학파의 학문적 전통 위에서 제기되고 있는 것이며, 후자는 다만 전세제도 운영상의 표면적 결함의 시정을 지향하는것으로서 주로 관변측의 판단에서 제기되고 있는 것이었다.

　그런데 이와 같은 두 계통의 논의가운데서도 이정청의 대신들에 의해서 삼정이정책으로서 채택된 것은 후자적인 방안이었다. 전정 즉 토지에 부과하는 稅의 공정한 운영을 위해서는 양전을 하고 법정세 이외의 과중한 부담과 관리들의 중간수탈을 방지한다는 것이 그 골자이었다. 기본적인 문제에 관해서는 毫末의 배려도 없이 이러한 개혁안이라면 떠들썩하게 논의하지 않더라도, 언제나 정상적으로 운영되었어야 할 朝鮮國家의 전정에 관한 법제가 재확인되었을 뿐이었다. 이러한 원칙은 민란이후에 등장하는 대원군집권기에도 그대로 준수되었다. 봉건왕조의 재건을 최대의 사명으로 참고 있었던 그의 정치하에서 봉건적인 경제체제가 개혁될 수는 없는 일이었다.

　개항이후의 농정은 이 원칙을 새로운 각도에서 재확인하고 밀어 나갔다. 갑신·갑오개혁기의 농업론이었다. 이때에는 철종조의 민란수습에서 농업문제의 근본적이 해결이 없는 데다 다시 자본주의열강에 대한 문호개방과 통상으로 농민층 분화와 농촌사회의 파탄이 가일층 촉진되고 있어서, 종전부터 농촌사회가 내포하였던 바 제반 농민항쟁의 요인이 더욱 커가고 있는 때이었다. 농업문제의 근본적인 해결은 더욱 더 절실하게 요청되는 시기인 셈이었다. 그리하여 구래의 학문적 전통을 계승하고 있는 논자들 가운데는 실학시대 이래의 농업개혁론과 유사한, 즉 사회적 모순을 제거하고 농민경제의 균산화를 지향하는 개혁방안을 제론하기도 하였다. 그러나 이 무렵의 우리나라는 새로운 시대상황하에 놓여 있어서, 봉건 지배층 가운데서도 보수좌파에 속하는 논자들은 직접 간접으로 서양사상에 영향되어 자본주의열강의 문물을 받아들여 근대화 자본주의화 할 것을 꾀하고 있었다. 이른바 개화파의 인사들로서 이들은 농업문제의 해결도 그러한 각도에서 추진해 나가게 되었다.

그 농업론은 농업기술적인 문제는 서구의 농학을 받아들며 생산력을 발전시키고, 토지문제는 구래의 지주제를 그대로 둔 채 그것을 바탕으로 근대 자본주의국가의 체제를 수립하려는 것이었다. 安宗洙의 〈農政新編〉이나 鄭秉夏의 〈農政撮要〉는 전자의 예로써 대표적인 것이고 박영효의 〈上疏〉와 김윤식의 〈護富〉論 및 유길준의 〈地制議〉는 후자의 예로써 대표적인 견해였다. 그들은 직접 간접으로 자본주의열강의 경제체제를 견문하고 그 사상을 수용하고 있어서, 서구 근대국가의 부국강병의 경제기반이 무엇인가를 충분히 인식하고 있는 데서 이와 같은 농업론을 지니게 되고 있었다. 그리하여 그들은 이제 자본주의의 이름으로 구래의 농업개혁론이 지니는 이념을 도외시하게 되었으며, 지주층의 부력을 부국강병을 지향하는 근대국가의 수립에 적극적으로 동원하려 하였다. 지주 · 전호제에 내포된 사회적 모순이 이제는 모순으로서 간주되지 않았으며, 그것을 규탄하고 사회적 경제적 평등화를 꾀하는 농민층의 주장과 항쟁을 용납하지 않았다. 그러한 농민층은 匪徒로 규정되고 외세를 통해서 탄압되었다.

갑오개혁은 短命으로 중단되었으나 그 사업은 광무개혁으로 계승되고 그 개혁의 목표는 근대화 · 자본주의화 여기에서 일단 완성을 보게 되었다. 청일전쟁 이후의 국제정세의 변동과 보수적 사상계의 반격으로 친일정권은 무너지고 그들이 추진하던 외세의존적인 근대화과정에도 제동이 걸렸지만 개혁사업 그 자체가 부정될 수는 없었다. 농정책에 있어서는 더욱 그러하였다. 지주제를 부정하지 않고 이를 기반으로 개혁을 시도한다는 점에 있어서는 개화론자나 보수우파에 속하는 政客의 의견이 일치하는 터였다.

그리하여 광무개혁의 담당세력은 신구사조가 伯仲하는 가운데 이를 절충하여 주체적인 입장에서의 개혁을 모색하면서도 특히 「舊本新參」의 입장에서 개혁을 추진하고 자본주의화를 위한 기구와 근대국가의 체제를 법제적으로 완성하게 되었었다. 그리고 그 일환으로서는 그 경제기반으로서의 농정책도 이를 선명하게 내세우고 수행하였다. 量田사업과 地契사업의 수행은 그것이었다. 전국의 토지를 조사하여 그 소유주를 확인하고 그 소유권자에게 근대적인 소유권증서를 발급하는 사업이었다. 구래의 토지소유권자와 봉건적인 토지소유관계는 이제 새로이 근대국가에 의해서 근대적인 토지소유권자와 근대적인 토지소유관계로 재확인되고, 따라서 구래의 지주제는 근대법의 보호하에 그대로 존속하게 되었다. 광무개혁으로서 일단락을 짓게 되는 우리나라의 근대적 개혁 근대국가의 수립은 말하자면 구래의 지주제를 기반으로 하고서 수행되고 있는 셈이었다. 그리고 그러한 점에서는 구래의 지주·전호제가 내포하는 모순, 조선후기의 농업문제가 안고 있었던 최대의 난제는 그대로 존속하게 되었다. 우리나라의 근대화과정에서 그 담당계층은 보수우파의 정객이거나 보수좌파의 개화론자이거나를 막론하고 일반적으로 구래의 실학사상과의 연관이 운위되지만, 그들이 실제로 수행하고 있는 농정책은 조선후기의 실학파가 완성하여 제시한 바 농업개혁론, 사회개혁론과는 그 목표와 이념을 달리하는 것으로서 크게 거리가 있는 것이었다.

문헌

和田一郎, 《朝鮮土地制度及地稅制度 調査報告書》, 1920.
麻生武龜, 《朝鮮田制考》, 1940.
韓㳓劤, 《李朝後期의 社會와 思想》〈18세기 前半期에 있어서의 韓國社會經濟面에 대한 一考察〉, 1961.
鄭昌烈, 〈朝鮮後期의 屯田에 대하여〉 (李海南華甲紀念史學論叢), 1970.
李景植, 〈17세기의 土地開墾과 地主制의 展開〉 (韓國史研究 9), 1973.
李光麟, 《李朝水利史研究》 1961.
李春寧, 《李朝農業技術史》, 1964.

宋贊植, 〈朝鮮後期 農業에 있어서의 廣作運動〉(前揭 李 論叢).

四方博, 〈李朝人口에 관한 身分階級別的 觀察〉(朝鮮經濟의 研究 3), 1938.

鄭奭鍾, 〈朝鮮後期 身分制의 崩壞〉(大東文化研究 9), 1972.

──, 〈洪景來亂의 性格〉(韓國史研究 7), 1972.

金鎭鳳, 〈壬戌民亂의 社會經濟的 背景〉(史學研究 19), 1967.

朴廣成, 〈晋州民亂의 研究—釐整廳의 設置와 三政矯捄策을 중심으로〉(仁川教大論集 3), 1968.

韓㳓劤, 《東學亂起因에 關한 研究—그 社會的 背景과 三政의 紊亂을 중심으로》 1971.

高橋亨, 〈朝鮮學者의 土地平分説과 共產設〉(服部古稀論集), 1936.

千寬宇, 〈磻溪柳馨遠研究〉(歷史學報 2, 3), 1952.

鄭求福, 〈磻溪 柳馨遠의 社會改革思想〉(歷史學報 45), 1970.

韓㳓劤, 《李朝後期의 社會와 思想》〈星湖 李瀷의 思想 研究〉(二)〉.

宋柱永, 〈燕巖 朴趾源의 經濟思想〉(亞細亞研究 25), 1967.

金龍德, 〈貞蕤 朴齊家 研究—第二部 朴齊家의 思想〉(史學研究 10), 1961.

李成茂, 〈朴齊家의 經濟思想〉(前揭 李 論叢).

洪以燮, 《丁若鏞의 政治經濟思想 研究》, 1959.

朴宗根, 〈茶山·丁若鏞의 土地改革思想의 考察〉(朝鮮學報 28), 1963.

鄭奭鍾, 〈茶山 丁若鏞의 經濟思想〉(前揭 李 論叢).

李光麟, 《韓國開化史研究》, 1969.

──, 《開化黨研究》, 1973.

姜在彦, 《朝鮮近代史研究》, 1970.

金泳鎬, 〈韓末 西洋技術의 受容〉(亞細亞研究 31), 1968.

──, 〈實學과 開化 思想의 연관 문제〉(韓國史研究 8), 1972.

金容燮, 《朝鮮後期 農業史研究(Ⅰ)—農村經濟·社會變動—》, 1970.

──, 《朝鮮後期 農業史研究(Ⅱ)—農業變動·農學思潮—》, 1971.

──, 《韓國近代農業史研究—農業改革論·農業政策—》, 1975.

《韓國思想大系(Ⅱ)—사회경제사상편》 성균관대학교, 1976. 5.

朝鮮後期의 社會變動과 實學

朝鮮後期의 17세기에는 壬亂·胡亂 등으로 농업생산이 파괴되고 국가재정은 궁핍하며 사회는 혼란하였다. 그러므로 政府나 識者層은 國家再造를 위한 대책을 세우지 않으면 아니 되었다. 그리고 그후에는 商品貨幣經濟와 農業生産力이 발전하고 賦稅수탈이 강화(三政紊亂)되는 가운데, 農村社會가 분해되고 身分制가 크게 변동하며 農民抗爭이 심화되고 있었으므로, 그들은 이를 수습하기 위한 방안도 마련하지 않으면 아니 되었다. 그리하여 朝鮮後期에는 많은 사람들에 의해서 사회·경제 문제에 관한 여러 가지 연구가 나오게 되었다. 그러나 이 같은 문제는 身分階級的인 이해관계와 직결되는 것이었으므로, 그 연구는 논자들이 당시의 사회문제를 어떻게 인식하느냐에 따라 또는 어떠한 계급적 입장에서 문제를 해결하려 하느냐에 따라 다르게 제시되지 않을 수 없었으며, 그러한 가운데 이른바 實學者로 불리는 일군의 학자들의 學風도 형성되고 있었다.

1. 身分制

실학자들의 연구에서는 신분제의 문제가 중요한 과제로서 다루어지
고 있었다. 國家再造를 위한 연구라면 이 문제를 소홀히 할 수가 없었
다. 그러나 조선왕조는 신분제를 기초로 해서 성립되고 이를 유지하는
가운데 국가와 사회를 지탱하고 있었지만, 이 시기의 역사적 현실은
이를 해체시켜나가고 있는 것이 그 추세였으므로, 그들의 이 문제에
대한 연구는 그 자세가 중요한 문제가 되지 않을 수 없었다. 그들의
신분제에 대한 자세 여하에 따라서는 그들의 개혁론 전체의 성격도 달
라질 수 있었다. 가령 이를 유지하려는 입장에 있었다면 아무리 많은
개혁 문제를 논했다 하더라도 그것은 그 체제내에서의 일이 되겠고,
반대로 이를 부정 해체시키려는 입장이었다면 그 개혁론은 아무리 미
숙하다 하더라도 새로운 사회를 지향하는 구상이 되는 것이었다고 하
겠다. 신분제는 중세봉건사회를 지탱하는 원리이기 때문이다.

실학자들의 신분관에 대해서는 개괄적인 고찰이 있어서 그 대체적인
동향이 잘 알려져 있다. 이에 의하면 그들의 견해는 봉건적인 신분제를
전면적으로 부정한다거나, 노비세습제를 비판하고 노비제자체의 부당
함을 주장하였던 것으로 이해되기도 하고,[1] 처음에는 그러한 주장이

---

1) 金龍德, 〈實學派의 身分觀〉, 《韓國史硏究》, 1984.
   平木 實, 〈實學派 學者들의 奴婢制論〉, 《朝鮮後期 奴婢制硏究》, 1982.
   劉元東, 《韓國實學槪論》, 1983.

제기되었으나 점차 후퇴하는 것으로 이해되기도 한다.2) 개별구체적 연구에서도 이견은 현저하다.

磻溪 柳馨遠은 노비신분제에 대하여 비판적이어서 이를 폐지해야 할 것으로 생각하고 있었다. 그러나 그는 이것을 일거에 혁파할 것을 주장하는 것이 아니라, 노비세습제를 폐지하고 從母法을 시행하는 정도의 점진적인 방안으로서 제언하고 있었다. 그러므로 그의 개혁안에서는 개혁을 시행한 후에도 노비제가 여전히 유지되도록 되고 있었다. 그러므로 개혁후에도 노비신분제가 계속 유지되고 있다는 점에 주목하는 연구에서는 封建制를 부정하는 차원에서의 적극적인 의미부여를 할 수가 없었으며, 아직도 봉건적 신분제를 엄격히 유지하되 자유민의 양적확보 · 자영농민의 육성을 통해, 東洋的 封建社會, 官僚的 集權封建制를 강화하려는 案으로 평가하였다.3) 그러나 이와는 달리 세습제의 폐지에 주목하는 연구에서는, 그의 개혁안을 대단히 혁신적이었던 것으로 보았다. 여기서는 봉건적인 신분세습제 전체를 검토하고, 磻溪의 구상이 토지세습제 · 노비세습제 · 직역세습제를 개혁하고, 교육과 관직에의 기회균등을 추구하며, 지역적 차등을 개혁하려는 것, 따라서 그 사회개혁사상은 일정한 한계가 있기는 하였지만 종래의 세습형사회를 개인의 능력 · 세력에 따라 사회적 지위가 획득될 수 있는 成就型사회로 변혁하려는 것이었다고 이해하였다.4)

星湖 李瀷도 신분제에 관하여 많은 것을 말하고 있었다. 그러나 그는

---

2) 宋柱永, 《韓國實學思想大要》, 1979.

3) 千寬宇, ①〈磻溪柳馨遠研究〉, 《近代朝鮮史研究》, 1979.
   金采潤,〈柳馨遠의 階層觀念에 대한 社會學的 考察〉, 《公三閔丙台博士華甲紀念論叢》, 1973.
   宋正炫,〈實學派의 軍制改革案에 대하여〉, 《湖南文化研究》 5, 1973의 두 논문에서도 千氏와 비슷한 결론을 내리고 있다. 단, 千寬宇氏는 磻溪의 身分觀을 이같이 규정하면서도 實學을 전진적 자세에 있는 것으로 보았으며, 湛軒 洪大容에 이르면 이 같은 身分觀이 전면적으로 부정되는 것으로 파악하였다(②〈洪大容의 實學思想〉, 同上書)).

4) 鄭求福,〈磻溪 柳馨遠의 社會改革思想〉, 《歷史學報》 45, 1970.

士農合一 · 奴婢賣買禁止 · 奴婢限口 · 奴婢의 科擧應試 허용 등 신분제의 해체와 관련되는 발언을 하였으면서도, 다른 한편으로는 戶布制 시행문제를 양반의 체통이 전도된다는 점에서(다른 이유도 있었지만) 반대하고 있었다. 그러므로 그의 이러한 신분관에 관하여는 이를 점진론으로 파악하여, 그는 '예속적인 신분계층의 점차적인 해방을 기대'하였으며, '유교적인 통치체제의 테두리 안에서라도……혈연 · 지연 · 신분 · 직업에 따른 차별 대우를 철폐하고 어디까지나 개인능력의 사회로 이끌어 나가려 한 것'이라고 하였다. 그리고 그런 점에서 그의 신분관은 종래의 그것에서 한걸음 전진한 것이라고 이해되었다.[5] 그러나 그러면서도 星湖는 노비제의 전면적 혁파를 말하지 않았기 때문에, 磻溪 신분관과의 비교에서는 磻溪가 더 진보적이라던가,[6] 그래도 星湖가 柳馨遠보다 한걸음 더 나아갔다던가 하는 견해차가 있다.[7]

이 시기의 신분제에 관해서는 聾巖 柳壽垣도 많은 것을 말하고 그 개혁을 주장하였는데, 그 개혁론의 성격을 파악함에 있어서는 견해가 갈리고 있다. 한 연구에서는 柳壽垣이 지향하는 바를 양반=門閥폐지와 良 · 賤신분제의 확립, 良身分내에서의 四民分業 四民平等으로 이해하였고, 노비에 대해서는 동정을 하면서도 노비제도의 완전폐지를 주장하지는 않았던 것으로 파악하였는데,[8] 다른 한 연구에서는 柳壽垣의 구상을 世傳奴婢制의 폐지를 지향하고, 전국민의 良人化와 非신분제의 평등사회를 지향하는 것으로 이해하였다.[9]

茶山 丁若鏞의 身分觀에 있어서도 이러한 사정은 마찬가지였다. 그

5) 韓㳓劤, ①〈星湖李瀷의 思想硏究(2)〉, 《李朝後期의 社會와 思想》, 1961
②《星湖李瀷硏究》, 1980
6) 宋柱永, 전게서
7) 平木 實, 전게논문
8) 韓永愚, 〈柳壽垣의 身分改革思想〉, 《朝鮮前期社會思想硏究》, 知識産業社, 1983.
9) 韓榮國, 〈聾庵 柳壽垣의 政治經濟思想〉, 《大邱史學》 10, 1976.

는 여러 곳에서 신분문제를 언급하였는데, 그중에서는 그것을 비판하
고 개혁해야 할 것으로 주장하기도 하였으나, 반대로 그것의 유지를
강조하기도 한 까닭이었다(牧民心書 禮典 辨等). 그러므로 丁若鏞의 신
분관에 대한 연구도 이 辨等條를 어떻게 볼 것이냐에 따라 그 이해가
갈리지 않을 수 없었다. 그리하여 한편에서는 그의 신분관을, 신분제도
의 개혁에 큰 관심을 가졌고 신분제도의 폐지를 궁극적 이상으로 생각
했던 것,[10] 평등적 인간관에 기초하여 노비신분까지도 포함한 신분개
혁론을 주장하였던 것으로 이해하였으며,[11] 다른 한편에서는 辨等條
에 초점을 맞추어, 그의 계급관을 인간의 평등을 부정하는 사상이었던
것, 인간의 계급을 아주 주어진 것·타고난 것으로 생각하였던 것으로
보았고, 그런 점에서 茶山은 磻溪나 星湖에 비할 바가 아닐 정도로 보
수적이었다고 이해하였다.[12] 또 이러한 입장의 연구에서는 그의 엄격
한 노비관을 지적하고, 젊었을 때 혁신적이었던 사고방식이 인생의 오
랜 경험을 통해 노년기에는 온건하고 보수적인 경향으로 흘렀던 것으
로 보기도 하였다.[13]

2. 農 業

壬亂후 조선왕조가 당면한 최대과제의 하나는 경제재건이었고, 그

---

10) 愼鏞廈, ①〈茶山 丁若鏞의 身分觀〉,《茶山思想의 綜合的研究》, 1982
    ②〈丁若鏞의 社會身分制度 改革思想〉,《대우재단소식》19, 1987.
11) 趙誠乙, 〈丁若鏞의 身分制 改革論〉,《東方學志》51, 1986.
12) 宋柱永, 전게서, 249쪽, 78쪽.
    金炫榮, 〈茶山丁若鏞의 士族保護論〉,《空士論文集》17, 1984도 유사한 입장의 연구가 되겠다.
13) 李培鎔, 〈茶山의 身分觀에 대한 再檢討〉,《朝鮮身分史研究》, 1987.

중심은 특히 농업생산을 시급히 향상시키는 일이었다. 국가에서는 그
것을 지주제를 중심으로 수행하되, 농업기술을 또한 개량 보급함으로
서 그 목적을 달성하려 하였다. 왕실이나 각 衙門에서 庄土 · 屯土를
설치 경영하고, 富力있는 사람들에게 新田을 개발토록 장려하고 있었
음은 그것이었으며, 국가정책으로서 官에서《農家集成》을 편찬 보급하
고 있었음도 그것이었다. 《農家集成》은 조선후기에 있어서 정부의 農
政指針書가 되고 있었는데, 그것은 朱子가 地主 · 佃戶制를 중심한 農
業生産論(〈勸農文〉)을 그 理念으로서 수록하고 있었다. 말하자면 이 시
기의 정부에서는 지주제를 중심한 농업 재건책을 취하고 있는 것이었
으며, 그것을 사상적으로는 朱子學的 農政理念으로서 밑받침하고 있는
것이었다. 이는 정부정책이었지만, 이것이 주자를 신봉하는 학자들의
일반적 통념이기도 하였음은 말할 것도 없었다.

이 시기는 농지개간 · 지주제 확산의 시대였으므로 私的으로 農書를
편찬할 경우에도 그러한 입장이 되기가 쉬웠다. 壬亂직후 편찬된 許筠
의《閑情錄》이나 高尙顏의《農家月令》은 그러한 예였다. 전자는 중국
농서를 토대로 새로운 농서를 편찬하므로서 지주적 상품생산(일부 自
營 일부 貸與)을 추진하고 致富를 하려는 것이었으며,[14] 후자는 특히
自營에 중점을 두되 농업생산을 증진시키고 상업적 농업을 지향하고
있는 것이었다.[15]

이리하여 壬亂후의 농업 재건책은 지주층을 성장시키고 그것을 통해
서 일정한 성과를 올릴 수가 있었지만, 그러나 그것은 동시에 소농층의
위축을 수반하지 않을 수 없는 것이었다. 이는 농업생산을 재건하는
문제 못지않게 큰 문제가 아닐 수 없었으며, 따라서 이 시기의 農政策

---

14) 金容燮,〈閑情錄의 農業論〉,《東方學志》52, 1986.
15) 閔成基,〈農家月令과 16세기의 農法〉,《釜大史學》9, 1985.
　　金容燮,〈農家月令의 農業論〉,《東方學志》54~56, 1987.

에 대해서는 큰 비판의 소리가 제기되지 않을 수 없었다. 그러한 논자들은 이 시점에서의 농업생산은 小農經濟의 안정을 통해서 추구되어야 할 것으로 보는 것이었으며, 따라서 지주제는 육성·확산될 것이 아니라 해체 개혁되어야 할 것으로 보는 것이었다.

그러한 견해를 누구보다 먼저 제기한 것은 韓百謙이었다. 그는 宣祖 40年(1607)에 平壤에 있으면서 箕田遺制로 이해되는 田地를 보고 이를 연구했으며, 이를 통해서는 고대 중국에서 시행되었다고 하는 井田制가 사실상 존재하고 시행되었을 것임을 확인하게 되었다. 그리고 이에 의거하여서는 柳根·許筬·李覯 등도 箕田을 연구하고 이를 인정하게 되었다(《箕田攷》). 韓百謙의 연구는 단지 箕田·井田을 확인하는데 그치는 것이었지만, 그러나 그것은 유교 경전속의 井田論을 확인하고 朱子 土地論(井田論 否定)을 비판할 수 있는 논거가 되었으며, 따라서 현실에 있어서도 토지개혁이 가능하다는 전거가 될 수 있었다.16)

토지개혁론을 현실문제로서 정책 속에 끌어들이려 한 것은 일군의 실학자들이었다. 그것은 실학자 전체에 대한 개괄적인 작업으로서도 정리되고,17) 그들 개개인에 대한 개별 구체적인 연구로서도 정리되고 있다.

磻溪 柳馨遠은 兩亂 후의 혼란 속에서 국가가 再造되기 위해서는 국가기구 전반이 개혁되어야 할 것으로 보고 그 방안을 연구하고 있었지만, 그중에서도 특히 힘들여 연구하고, 이를 통해 개혁방안을 마련한 것은 토지개혁론이었다. 당시의 대토지소유제·지주제를 해체시키고 그 토지를 無田者들에게 균등하게 재분배해야 한다는 것이었다. 토지개혁론으로서는 이밖에도 당시 井田論·限田論·減租論 등이 있었지

16) 朴時亨,〈箕田論始末〉,《李朝社會經濟史》.
17) 宋柱永, 전게서
　　愼鏞廈,〈朝鮮後期 實學派의 土地改革思想〉,《韓國思想大系》Ⅱ, 1976.

만, 조선의 현실 속에서 그 개혁을 제대로 성취하기 위해서는, 그의
방안인 토지국유화에 의한 均田的 재분배가 최선의 방법이라고 생각했
다. 표준 농민에게 1頃(40斗落)의 농지를 분급하려는 것이었다. 그러
면서도 그의 均田論에서는 身分·官等·職業에 따라 토지의 분급에 차
등을 두고 있었으며, 특히 양반관료·왕족에 대하여는 우대를 하고 있
어서 그것은 토지개혁론으로서 한계가 있는 것으로 파악되기도 하였
다.18) 그러나 그의 토지개혁의 목표를 토지세습제의 폐지, 경작능력에
따른 토지분급이라는 관점에서 보는 연구에서는 이를 충분히 합리적이
었던 것으로 보기도 한다.19)

　　18세기 이후에는 상품화폐경제의 발달, 농업생산력의 발전, 그리고
賦稅수탈의 강화 등으로 농업문제는 더욱 심각해졌으며, 따라서 토지
개혁의 필요성 또한 더욱 커지지 않을 수 없었다. 그리하여 星湖 李瀷
의 限田論,20) 湛軒 洪大容의 均田論,21) 燕岩 朴趾源의 限田論,22) 茶山
丁若鏞의 閭田·井田論, 楓石 徐有榘의 限田·井田·屯田論 등 일련
의 토지개혁론이 나오게 되었다.

　　그중에서도 茶山의 閭田論과 井田論은 이 시기 실학자 토지개혁론의
절정을 이루는 것으로서, 어느 것이나 사회적 분업과 상업적 농업이
전제되고 있었다.23) 閭田論은 종래에 볼 수 없었던 새로운 혁신적인
토지개혁론으로서, 농업생산·농업경영을 閭단위의 공동노동으로서
하고 소득분배 또한 노동량에 따라 행하려는 것으로 일종의 협동농

---

18) 千寬宇, 전게 ①논문
19) 鄭求福, 전게논문
20) 韓㳓劤, 전게 ①논문
21) 千寬宇, 전게 ②논문
22) 愼鏞廈, 〈星湖 李瀷과 燕巖 朴趾源의 限田制 土地改革思想〉, 《李元淳敎授 華甲紀念史學論
　　叢》, 1986.
23) 鄭奭鍾, 〈다산 정약용의 經濟思想〉, 《李海南博士華甲紀念史學論叢》, 1970.
　　金泳鎬, 〈茶山의 職農觀〉, 《千寬宇先生 還曆紀念韓國史學論叢》, 1985.
　　安秉直, 〈丁若鏞의 商業的 農業觀〉, 《大東文化》 18, 1984.

장 · 공동농장이었으며, 24) 井田論은 현실적으로 분해 몰락하고 있는 小 · 貧農層이나 無田農民 · 佃戶農民을 점진적으로 국가가 買土分給하므로서 독립자영농으로 육성해 가려는 것이었다. 25) 그러나 井田論은 私的地主制를 일거에 혁파하는 것이 아니라, 수백년의 장기계획으로 정부가 그것을 買收 分給하려는 것이었으며, 또 그것은 국가 재정의 충실을 주로 목표로 하는 것이었으므로, 26) 농민경제의 안정 · 성장이 쉽지 않을 것으로 파악되기도 한다. 27) 물론 이 같은 土地改革論에서 그가 궁극적 목표로 삼은 것은 그 집필의 순서와는 관계없이 閭田論이었으며, 井田論은 閭田으로 가는 과정에서의 과도적 · 절충적 · 타협적 방안이었던 것으로 생각된다. 28)

절충론 · 타협론은 楓石도 제시하고 있었다. 그의 屯田論은 그것이었다. 茶山이나 楓石은 평안도 농민전쟁을 겪는 가운데 새삼 농업문제의 절박함을 인식하지 않을 수 없었을 것이고, 여기에 근본적인 해결책만을 주장할 수는 없었던 것으로 생각된다. 楓石의 屯田論은 현행 지주제를 개량하고, 井田制도 실현해 보려는 방안이었다. 29)

토지개혁을 통해서 小農經濟를 안정시키고, 이를 통해 국가경제를 재건하려는 것과 같은 자세는 농서의 편찬에도 반영되고 있었다. 《農家集成》이 편찬되고 정부정책으로서 이것이 전국에 보급되어 농업생산의 지침이 된 후에는, 西溪 朴世堂의 《穡經》과 流巖 洪萬選의 《山林經濟》

---

24) 鄭奭鍾, 同上 논문
　　愼鏞廈, 〈茶山 丁若鏞의 閭田制 土地改革思想〉, 《丁茶山硏究의 現況》, 1985.
　　金容燮, 〈18, 19세기의 農業實情과 새로운 農業經營論〉, 《韓國近代農業史硏究》, 1975.
25) 朴宗根, 〈茶山 丁若鏞의 土地改革思想의 考察〉, 《朝鮮學報》 28, 1963.
　　朴贊勝, 〈丁若鏞의 井田論 考察〉, 《歷史學報》 110, 1980.
　　金容燮, 註 24의 논문
26) 鄭奭鍾, 註 24의 논문
27) 愼鏞廈, 〈茶山 丁若鏞의 井田制土地改革思想〉, 《金哲埈博士華甲紀念史學論叢》, 1983.
28) 金容燮, 註 24의 논문
29) 유봉학, 〈徐有榘의 學問과 農業政策論〉, 《奎章閣》 9, 1985.
　　金容燮, 주 24의 논문

가 편찬되고 있었는데, 이들은 모두 지주제를 중심한 《農家集成》의 農
政理念을 따르지 아니하고 있었다. 이들이 〈朱子勸農文〉을 수록하지
않은 것은 말할 것도 없지만, 특히 전자의 경우는 民의 '恒産'소유, 즉
농민적 토지소유 · 소농경제의 안정을 강조하고 있었다. 그리고 그후
18세기 중엽에는 《山林經濟》의 增補本이 여러 종류 나왔지만, 어느 것
이나 주자학적 농정이념을 받아들이지 않았으며, 특히 徐命膺의 경우
는 井田制의 시행을 강조하기도 하였다(《本史》). 그리고 18세기 말 19
세기 초의 朴趾源은 《課農小抄》에서 限田論을 말하고, 徐有榘는 《林園
經濟志》에서 井田論을 말했으며, 沆瀣 洪吉周는 《農書》(20卷)를 썼는
데 自耕만을 허용하는 自耕的 限田論을 제론하고 있었다.

　이같이 토지개혁론이 여러 학자들에 의해서 제기되고 있었다 하더라
도, 이 시기의 사상계가 이 개혁사상으로서 주도되고 있었던 것은 아니
었다. 오히려 그 반대였다. 정부나 주자를 신봉하는 많은 학자들은 현
행 토지제도를 유지하려는 입장이었고 지주층의 이익을 대변하는 자세
이어서 토지개혁론에는 반대였다. 그들은 그것을 주자의 권위로서 누
르려고도 하였다. 그들은 토지문제에 대한 주자의 정론이 土地改革 '難
行'論임을 재확인하고 이를 강조하였다. 宋時烈과 韓元震의 《朱子言論
同異攷》 편찬은 이와 관련되는 것이기도 하였다.[30] 그리하여 토지개혁
론이 나올 때면 그들은 의례히 이 주자의 難行論을 듦으로서 반대하였
다.

　그것은 농서의 편찬에 있어서도 마찬가지였다. 앞에서 든 실학자들
의 농서는 反朱子學的(反地主的) 농정이념의 농서였지만, 이 시기의 농
서가 모두 이러한 입장에서 편찬되고 있는 것은 아니었다. 주자학적
농정이념을 따르는 사람들은 《農家集成》을 농자의 大經大法이라고 생

---

30) 金容燮, 〈朱子의 土地論과 朝鮮後期 儒者〉, 《延世論叢》 21, 1985.

각했으며, 新農書를 편찬하더라도 《農家集成》을 기초로 보완해야 할 것으로 보고 있었다.[31] 禹夏永의 《千一錄》은 그러한 예의 농서로서는 대표적인 것이었다. 그는 지주제 하에서의 농업문제 해결을 佃作農民·小農層의 移秧廣作 금지와 집약적 농업에 의한 생산성 향상을 통해 성취하려 하였으며, 따라서 토지개혁론에는 전적으로 반대였다.[32] 그는 지주층의 이익을 대변하고 있었다.

토지개혁론은 실로 어려운 상황 속에서 제기되고 있었다. 그것은 변혁사상이었으므로 심상한 방법으로는 성취하기 어려운 일이었는데, 그들은 그것을 혁명으로서가 아니라 국왕의 영단이 있으면 이루어질 수 있을 것으로 기대하고 있었다.

3. 商品貨幣經濟

조선후기에는 봉건적 특권상인이나 私商으로서의 富商大賈 및 소상인층을 중심으로 상품화폐경제가 크게 발전하고 있었다. 그러나 그것은 지방의 경우 정기장시를 중심으로 하는 것이어서 아직은 그 발전에 한계가 있었다. 그런 가운데서도 정부정책은 특히 특권상인을 육성하고 富商大賈에 의존하는 가운데 전 유통기구를 지배하고 이를 통해 국가재정의 충실을 기하고 있었다. 市廛의 擴大, 大同法의 시행, 富商과

---

31) 柳鎮穆의 應旨進農書(農書 8)
32) 宮嶋博史, 〈李朝後期農書의 硏究〉, 《人文學報》 43, 1977.
　　朴花珍, 〈千一錄에 나타난 禹夏永의 農業技術論〉, 《釜大史學》 5, 1981.
　　崔洪奎, 〈禹夏永의 農學思想〉, 《水原大論文集》 2, 3, 1985.
　　金容燮, 〈千一錄의 農業論〉, 《東方學志》 50, 1986.

의 유대 등은 그것이었다. 특히 大同法은 조선 전기이래의 유통경제의
발달을 기초로 성립되었는데, 그 결과는 유통경제의 발전을 한층 더
촉진시키고 관인층의 성장도 재래하고 있었다. 소상인·소상품생산자
에 대해서는 農本抑末의 입장에서 이를 견제했으며, 辛亥通共으로 禁
亂廛權을 일부 해제한 후에도 趨末행위는 경계하고 있었다.

상품화폐경제에 대한 이러한 자세는 주자학에 있어서도 마찬가지였
다. 朱子는 四民觀에 임가하여 農本의 입장을 취하면서도, 地主佃戶制
的인 농업생산의 기반 위에 전개되고 있는 南宋社會에서의 유통경제의
발전을 그대로 인정하고, 그것의 보다 합리적인 발전을 위하여, 국가가
안정하게 화폐정책을 취해야 할 것임을 제기하고 있었다. 소빈농층의
단순상품생산을 포함한 大商중심의 상품화폐경제를 그대로 발전시켜
나갈 것이 전제되는 것이었다.

특권상인 중심의 상업체제로서도 상품화폐경제는 발전할 수 있었다.
그러나 이 상업체제는 특정 계급의 이익을 특히 옹호하는 것이었으므로,
계급 간의 대립 또한 그것에 비례할 만큼 크지 않을 수 없었다. 특히
이 시기에는 이러한 상품화폐경제의 발전이 농촌에 미치는 바 영향이
컸으므로(農民沒落), 兩亂 후의 경제재건을 구상하는 사람이면 그것의
발전을 추구한다 하더라도 많은 것을 생각하지 않으면 아니 되었다.

經濟재건의 문제와 관련하여 상품화폐경제의 발전방략을 먼저 제기
한 것은 磻溪였다. 그는 토지개혁의 문제와 함께 이를 제기하고 있었는
데, 그것은 요컨대 국가가 유통기구를 정확히 관장하고(중간 수탈기구
를 제거하고) 이를 발전시킴으로서 국가의 稅收를 늘리자는 것이었다.
그러한 가운데서도 주목되는 것은, 地方要地에 개설되는 정기장시를
상설점포[舖子] 또는 상설시장으로 개편 육성함으로서, 농촌사회에서
의 상품경제 전업적 상인층을 건전하게 발전시키려한 점이었다. 그러
나 그것이 농촌경제를 침해하는 것이어서는 아니 되었으므로, 그는 그

수를 제한하고 稅의 輕重을 조정함으로서 유통경제의 과도한 발전은 억제해야 할 것으로 생각하였다.

磻溪의 이 같은 상업개혁론에 대해서는 그 평가가 엇갈리고 있다. 한 견해는 그의 대책은 전통적인 本業末利의 정책에서 벗어나지 못하였고, 手工業品의 생산과 상품의 유통을 집권봉건체제 유지에 필요한 정도로만 확보하려는 것이었다고 보는 것이다.[33] 그리고 다른 한 견해는 그의 상설점포 신치론을 전통사회가 근대사회로 이행하는 과정에서 상업계가 당면하고 수행해야 할 절실한 문제로 보고, 따라서 그의 개혁 방안을 이 시기 지방상업계의 획기적 변화를 추구한 견해로 이해하거나,[34] 또는 그의 상업론이 한계가 있는 것이기는 하지만, 그 개혁사상을 서양인(화란인)과의 대화를 통해 서양근대문물에 대한 지식을 얻어 그것을 그의 실학사상에 반영했다고까지 말하여 그 진보적인 자세를 지적하는 것이다.[35] 그러나 그러면서도 이 두 계열의 견해가 모두 磻溪의 개혁안을 중간수탈을 제거하고 정부가 직접 농촌상업을 지배하려 하였던 것으로 보고 있음이 주목된다. 실학파 상업론의 개혁론으로서의 특질이 여기에 제시되는 것으로 생각된다.

磻溪가 제시한 실학파의 상업개혁·상품화폐경제의 발전방략은 그 후 18세기에 들어와서는 크게 두 계통으로 갈리게 되었다. 聾菴과 星湖의 상반된 두 견해는 그것이었다.

聾菴의 견해는 磻溪의 개혁안에서 한걸음 더 나아가 상업·상품화폐경제를 적극 발전시키려는 것이었으며, 정부의 재정문제도 이것의 발전과 그것으로부터의 稅收를 통해서 해결하려 하는 것이었다. 그의 상업론은 《經史》에 보이는 四民論으로서 표현되었지만, 그러나 그 내

---

33) 千寬宇, 전게 ①논문
34) 姜萬吉, 〈實學者의 商業觀〉, 《朝鮮後期商業資本의 發達》, 1973.
35) 元裕漢, 〈磻溪柳馨遠의 商業振興論〉, 《弘大論叢》 15, 1983.

용은 이미 전통적인 직업관에서 멀리 벗어나 있어서 상업을 자유로운
業으로서 크게 발전시키고, 상품화폐경제를 축으로 하여 농업생산까지
도 운영〔商業的 農業〕하려는 것이었다. 그리고 그러기 위해서는 상업이
대상인 대자본 중심으로 운영되어야 했으므로, 대상인을 보호 육성하
고〔禁亂㕍權 인정〕, 자본을 合資하여 대자본을 형성토록하며〔合夥商
業〕, 정기장시를 폐지하고 상설시장〔額店〕을 설치하되 이를 상업도시로
까지 성장시켜야 한다는 것이었다.36)

　星湖의 견해는 聾菴의 그것과는 정반대이었다. 그는 국가재정의 안
정을 농업문제의 해결에서 찾고 상품화폐경제를 농민의 입장에서 존재
해야 할 것으로 보고 있었다. 그러므로 그는 농민의 몰락과 농촌의 분
해를 촉진시키는 상품화폐경제의 발전을 바람직한 것으로 보지 않았
다. 동전의 통용을 반대한 것은 그 단적인 예였다.37) 그런 점에서 그의
상업관·화폐관은 왕왕 보수적이었던 것으로 지적되기도 하지만, 그러
나 그것이 단순히 체제옹호적 입장에서 주장되는 견해가 아니었다는
점에서, 우리는 특히 그의 주장에 주목하게 된다.

　상품화폐경제의 발전이 필요한 것이기는 하지만, 그것이 農民을 희
생시키는 것이어서는 아니 된다는 星湖의 비판은 그 후의 실학자들에
게 많은 영향을 주고 있었다. 상품화폐경제를 논하면서 그러한 비판을
어느 만큼 고려할 것이냐 하는 차이는 있었지만, 그것을 농촌경제와의
관련 없이 생각할 수는 없었다. 농업문제를 주제로 하여 연구하고 있는
사람들에게는 더욱 그러하였다. 燕岩과 貞蕤 朴齊家의 상업론은 그러
한 예이었다. 그들은 모두 농서를 저술하여 농업생산력의 발전과 농민
경제의 안정방안을 추구하면서, 상품화폐경제의 발전방략을 또한 전개

---

36) 姜萬吉, 註 34의 논문
　　韓永愚, 註 8의 논문, 단, 兩氏의 合夥商業을 보는 범위·시각에는 차이가 있다.
37) 韓㳓劤, 전게 ①논문
　　元裕漢, 〈實學者의 貨幣經濟論〉,《東方學志》26, 1981.

하고 있었다. 그러나 그러면서도 논자에 따라 시각의 차이가 없을 수는 없었다. 燕岩과 貞蕤는 師弟간이었지만, 전자는 소농경제의 안정을 중요시하는 가운데 유통경제의 발전을 추구했고, 후자는 國富의 문제에 보다 많은 관심을 기울이는 가운데, 상업적 농업의 장려 국내상업의 진흥 뿐만 아니라 해외통상론까지도 제기하게 되었으며, 이로써 그의 경제사상은 흔히 重商的 · 重商主義的이었던 것으로 이해되기도 한다.[38]

燕岩의 상업관에 관해서는 연구자의 시각에 따라 약간의 견해차가 있다. 한 견해는 그가 젊은 시절에는 상업 · 상품화폐경제의 발전에 적극적이었으나, 노년에 이르면서[《課農小抄》] 抑末論으로 傾斜한 것으로 보는 것이고,[39] 다른 한 견해는 특히 화폐사상을 통해서 볼 때 노년기까지도 현실적으로 전개되고 있는 상품화폐경제를 인정하고 소극적으로나마 그것을 발전하는 방향으로 개혁하려 했으며, 그런 의미에서 새로운 사회를 지향하는 진보적 경향이 내재하였던 것으로 보는 것이다.[40] 그리고 燕岩을 전자와 같이 이해하는 입장에서는, 燕岩과 貞蕤는 師弟관계였으므로 흔히 燕岩學派로 불려지고 있지만,[41] 이 두 학자는 상업론 뿐만 아니라 사상적으로도 많은 차이가 있었으므로 한 학파로 묶을수 없을 것임을 지적하기도 한다.[42]

磻溪이래의 유통경제의 현실과 경제사상의 흐름을 관찰하면서, 상품화폐경제의 발전문제를 磻溪와 마찬가지로 국가개혁의 차원에서 논하게 되는 것은 茶山이었다. 그것은 그에 앞서 있었던 상품화폐경제론을

---

38) 李成茂, 〈朴齊家의 經濟思想〉, 《李海南博士華甲紀念史學論叢》, 1970.
   金龍德, 〈茶山의 商業觀硏究〉, 《歷史學報》 70, 1976.
39) 金龍德, 同上 논문
40) 元裕漢, 〈燕巖 朴趾源의 社會經濟思想에 대한 考察〉, 《弘大論叢》 10, 1978.
41) 李佑成, 〈실학연구 서설〉, 《實學硏究入門》, 1973.
42) 金龍德, 註 38의 논문

종합 수렴하면서 그의 논리로서 체계화하는 것이었다. 그는 이 문제를 젊은 시절부터 여러 단계에 걸치면서 언급하였지만, 그의 생각은 이미 젊었을 때부터 그 방향이 잡혀 있었으며, 《經世遺表》 단계에 이르러서는 확고하게 그의 견해가 세워지고 있었다. 사회적 분업을 철저하게 시행하고, 토지개혁을 한 후 농업을 상업적 농업으로서 경영케 하며,43) 금·은·동·철광산 등 기간 산업이 국영화될 것이 전제된 뒤에서의 상품화폐경제의 발전이었다.44) 그가 구상하는(개혁하고자 하는) 국가는 그러한 경제기반을 기초로 하는 것이었다. 그는 상품화폐경제의 발전을 대전제로 하고서 모든 문제를 구상하고 있었다. 그의 국가개혁에 있어서 상품화폐경제의 발전은 필수 불가결한 것이었다.

  그러나 그러면서도 그의 상품화폐경제론은 그 이전에 상품화폐경제의 발전을 적극 주장한 聾菴이나 貞蕤의 그것과는 달랐다. 무엇보다도 전자는 토지개혁을 전제로 하였는데 후자는 그렇지가 않았다. 이는 전자의 상품화폐경제가 자영소농층·소상품생산자를 기반으로 하는 것임에 대하여, 후자는 현행의 경제제도, 따라서 주로는 地主的·富農的 상품생산을 기반으로 하는 것임을 뜻하는 것이었다. 그리고 전자의 상품화폐경제론이 特權商業 買占商業 등 수탈기구를 억제함으로써 중소상인·중소상품 생산자를 보호하며,45) 화폐제도를 개혁하여 高額錢·金銀錢을 유통시킴으로써 상품화폐경제를 한차원 높이려 한 것도 크게 다른 점이었다. 특히 金銀錢 사용의 구상은 南中國·安南·琉球·呂宋 등지에서 貿易을 하는 海外大商(西洋商人)들이 이것을 사용하고 있는 것에 의거하였던 것으로서, 국제무역 확대가 전제되는 것일 수 있었다.46) 그리고 그런 점에서 이는 貞蕤의 海外通商論을 구체화시키는데

---

43) 註 23의 논문, 註 24의 金논문
44) 姜萬吉, 〈丁若鏞의 商工業政策論〉, 《丁茶山研究의 現況》, 1985.
     元裕漢, 註 37의 논문
45) 姜萬吉, 同上 논문

있어서의 기초작업이 되는 것이기도 하였다. 실학파 상품화폐경제론의
특성은 여기에 확립되는 것으로 생각된다.

그러나 茶山의 상품화폐경제론이 그의 모든 글에서 이같이 기술되고
있는 것은 아니었다. 젊은 시절의 글에는 혹 抑末論의 표현이 쓰여지기
도 하였다(農策 · 應旨論農政疏). 그러므로 그에게 긍정적인 상업관이
있었다 하더라도, 그것은 農이 本이요 商은 末이라는 인식위에서의 것,
철저한 농업국가에서도 物貨의 유통과 그것을 담당하는 상인이 필요하
다는 한정된 것으로 보는 견해도 있다.47) 그리고 화폐경제에 관해서는
그 진보성을 인정하면서도, 그 기초가 되는 광산경영에 관해서는 그것
이 광공업의 민영화 지향적 발전 방향을 거부하고 국영화를 추구하고
있다는 점에서 보수적이었던 것으로 이해하기도 한다.48)

4. 結 語

이상과 같이 여러 연구를 통해서 보면 실학파 사회경제론은 신분제
와 상품화폐경제에 관해서는 정부정책과 정도의 차이가 있을 뿐 유사
했으나, 농업 특히 토지제도에 관해서는 그 생각하는 바가 크게 달랐
다. 그러므로 조선후기에 있어서의 실학파 사회경제론의 특징은 바로
이 토지론에 집약되어 있는 것이라 하겠다.

실학파의 토지론은 많은 학자들이 대토지소유제 · 지주전호제를 개

---

46) 洪以燮, 《丁若鏞의 政治經濟思想研究》, 1959.
   元裕漢, 註 37의 논문
47) 金龍德, 註 38의 논문
48) 元裕漢, 〈조선후기 실학자의 광업론연구〉, 《魯山劉元東博士華甲紀念論叢》, 1985.

혁함으로써 소농경제를 안정시키고, 이를 통해서 국가재정도 충실케 하려는 것이었다. 당시의 국가와 주자학에 있어서의 농정이념이 지주전호제를 축으로 체제를 유지하려는 것이었음을 고려하면, 실학파의 그것은 농민적 입장에서 그 경제제도를 개혁하려는 것이었다고 하겠다. 단, 이 경우 그들의 신분관이 당시의 신분제를 유지 강화할 것을 전제로 할 뿐만 아니라 상품화폐경제에 대한 자세가 重農抑末的이었던 것으로도 이해되고 있으므로, 만일에 그러하였다면, 그 토지개혁론은 조선왕조 체제내에서의 소농경제 안정책에 불과하였다고 하겠으며, 반대로 그들의 신분관이 신분제의 폐지를 전제로 하는 것은 말할 것도 없고 농업을 중요시 하면서도 상품화폐경제 또한 적극 발전시키려는 자세였던 것으로도 이해되고 있으므로, 만일에 그들의 생각하는 바가 진실로 그러하였다면, 그 토지개혁론은 근대를 지향하는 농민적 입장의 사회개혁론이 되는 것이었다고 하겠다.

그러므로 실학파 사회경제론의 성격 또는 사회경제 문제를 위요한 실학사상의 역사적 성격은 바로 이 같은 두 방향의 이해 중에서 실학파, 특히 그 사상의 집대성자로서의 茶山이 지향하고 있었던 바가 어느 것이었을까? 에 달려 있는 것이라고 하겠다. 그리고 그것을 가늠하는 것은 그의 신분관과 상업관이 되겠으며, 그것은 신분제의 유지 강화를 다룬 자료(예컨대《牧民心書》)와 현실의 사회적 분업문제를 경전의 용어(예컨대 四民, 重農抑末)로서 표현하고 있는 것을 어떻게 이해할 것인가에 달려있다고 하겠다.

農書小史

1.

　農書나 農學文獻은 社會經濟史를 이해함에 있어서 귀중한 자료가 된
다. 사회경제사는 각시대의 社會構造와 그 變動過程을 체계화하는데
목표가 있고, 그러한 작업을 수행함에 있어서는 그 기반으로서 그 시대
의 生産力水準을 파악해야 하는데 농서는 그 같은 문제를 해명하는데
귀중한 자료가 되기 때문이다. 농서에는 여러 가지 종류의 農作物에
관하여 그 農作技術을 기재하고 있어서 각 시대의 技術水準을 이해할
수 있고 또 이를 통해서는 그 생산력수준을 추정할 수가 있는 것이다.
그뿐만 아니라 시대를 달리해서 편찬되는 각 시대의 농서는 그 시대
그 지방의 農業事情을 반영하고 있으며, 직접 또는 간접으로 당해 시대

의 經濟制度를 논급하고도 있어서, 그 시대가 안고 있는 농업문제나 生産力과 관련된 生産關係의 문제까지도 파악할 수가 있다. 그러므로 농서는 사회경제사의 연구, 나아가서는 역사전반의 발전을 그 생산기반에서 이해하려 할 때 빼놓을 수 없는 소중한 자료가 된다.

이같이 소중한 농서를 우리는 三國시기나 高麗시기에 관해서는 소유하고 있지 못하다. 이때에는 농업생산이 발전하고 농법이 변동하고 있어서 농서의 필요성이 절실하였을 터인데, 현재 우리가 알고 있는 한 이 시기의 우리 농서로서 전하는 바는 없다. 이는 아마도 이 시기의 지도층이 이를 편찬하지 않은 데서 연유하거나 또는 편찬은 하였으되 다른 典籍과 마찬가지로 湮滅失傳하게된 탓인지도 모르겠다.

그러나 가령 농서의 편찬이 없었다 하더라도 이 시기의 농업생산에 농서가 이용되지 않았다는 것은 아니다. 이 시기의 勸農·租稅政策을 보면 그것은 농업기술에 관한 일정한 지식을 바탕으로 전개되고 있었음을 알 수 있다. 그러한 농업지식으로서는 아마도 중국농서가 많이 이용되었을 것으로 생각된다. 그것은 이때까지의 중국농서는 華北地方 中心의 休閑농법을 골격으로 하는 것이었는데, 이때의 우리 농업은 그러한 중국농업과 크게 다르지 않은 까닭이었다. 우리 농법은 신라에서 고려에 이르면서 歲易농법으로서 耕作되고 있었으며, 그것을 바탕으로 租稅制度·土地分給制度가 운용되고 있었다. 중국농서를 거부해야 할 큰 이유가 이때에는 아직 절실하지 않았다. 더욱이 이때에는 문화교류가 왕성하여 중국농서의 購得이 용이하였다. 《齊民要術》·《氾勝之書》·《四時纂要》 그리고 좀 아래로 내려와 麗末에는 《農桑輯要》 등이 그 中心이 되었을 것이다. 《氾勝之書》는 중국으로 역수입되기도 하고,[1] 《農桑輯要》는 이곳에서 重刊本이 나오기도 하였다. 이는 麗末(恭

---

1) 金庠基, 〈宋代에 있어서의 高麗本의 流通에 대하여〉 《亞細亞硏究》 18, 1965(《東方史論叢》, 1974)

愍王 二十一年)의 일로서 후에 중국에서 《農政全書》가 편찬될 때는 이 중간본이 이용되었을 것으로 추정되기도 한다.[2]

중국농서는 조선전기에 들어와서도 널리 이용되었다. 그러한 농서로 서는 여러 가지가 있었겠지만 鮮初에 있어서는 《農桑輯要》와 《四時纂 要》가 그 중심이었다. 농경 상에 난제가 있을 때는 이를 참고함으로서 문제를 해결하였다. 이 두 책은 이 시기 농업기술 상의 지표적인 존재 가 되고 있었다. 그러므로 이 농서가 귀해지면 이를 重刊하기도 하였 다. 《農桑輯要》가 중간되는 것은 이미 앞에서 언급한 바와 같이 麗末의 일이었지만 그 후 조선시기에 들어와서는 《四時纂要》가 또한 중간되고 있었다. 宣祖 24年(萬曆 18년)의 慶尚左兵營 開刊本은 그것이었다.[3]

2

우리 농서를 편찬 보급하고 이용하는 것이 확실하여지는 것은 이와 같이 중국의 諸농서가 이용되고 있었던 朝鮮初期에 들어와서의 일이었 다. 世宗朝와 그 후에 편찬되는 《農事直說》및 《衿陽雜錄》은 바로 그것 이었다.

이때가 되면 중국농서는 직접 그대로로서는 우리의 농업생산에 적합 하지 않게 되고 있었으며, 우리 농업에 적합한 새로운 농서가 필요하게

屈萬里,〈元祐六年 宋朝向高麗訪求失書問題〉,《東洋學》5, 1975.

2) 天野元之助,〈元, 司農司撰「農桑輯要」에 대하여〉,《東方學》30, 1965.
   이 重刊本은 解放 이후까지 宋錫夏氏 所藏本으로서 일부가 전해 오고 있으나, 6·25戰爭 이후 所在不明이 되었다.

3) 이 重刊本《四時纂要》는 최근 日本의 山本書店에서 守屋美都雄교수의 解題로 영인 간행되었 다.(1961)

되고 있었다. 앞에서도 말했듯이 농서에는 것이 편찬되는 지역과 그 당대의 농업사정이 반영되는 것이며, 따라서 그러한 농업사정이 지속되는 한 그 농서는 유효한 것인데, 이때까지에는 그와 같은 우리의 농업사정에 커다란 변화가 일어나고 있는 것이었다. 그것은 무엇보다도 休閑歲易농법이 連作常耕농법으로 변동하고 있는 일이었다. 이러한 변화는 신라시기에서 고려시기로 넘어오면서 서서히 진행되었지만, 고려 후반기에서 조선초기에 걸치면서는 급격하게 진행되고 있었다. 조선초기에도 토지가 척박한 곳이나 地廣民少한 곳에서는 歲易을 하는 곳이 있었지만, 그러나 대세는 결정적으로 連作常耕으로 기울어지고 있었다. 그리고 그러한 변동은 농작물의 재배에 관한 여러 가지 세세한 변화를 또한 수반하지 않을 수 없었다. 더욱이 水田농업의 확대는 주목할 일이었다.4)

농법이 이같이 변동하고 보면 종래의 중국농서는 적합하지가 않았다. 중국농서는 널리 참고 이용되고 있었지만 이제 그것은 한계에 달하고 있는 것이며, 따라서 이는 현실적으로 변모하고 있는 농업사정에 적합하도록 개편되지 않으면 아니 되었다. 우리 농서가 편찬될 수밖에 없는 所以였다. 정부에서 《農事直說》을 편찬하게 되었을 때, 그 편찬동기를 말하여 「以五方風土不同 樹藝之法各有己宜 不可盡同古書」(《農事直說》序)5)라고 하였음은 바로 그러한 사정을 말함이었다. 농업사정의 변동이 새로운 농서를 필요로 하는 그러한 사정은 중국에서도 마찬가

---

4) 이 같은 農業事情은 일찌기 白南雲, 《朝鮮封建社會經濟史》上에서 이미 지적되었고, 최근에는 다음과 같은 論考들이 있어서 비교적 昭詳하게 밝혀지고 있다.
　金相昊, 《李朝初期의 水田農業研究-粗放的 農業에서 集約的 農業으로의 轉換》, 1969.
　李泰鎭, 〈畦田考-統一新羅·高麗時期의 水稻作法〉, 《韓國學報》 10, 1977.
　──, 〈十四·五세기 農業技術의 發達과 新興士族〉, 《東洋學》 9, 1979.
　洪裕, 〈十五세기 朝鮮農業技術에 대한 考察〉
　宮嶋博史, 〈朝鮮農業史上에서의 一五世紀〉, 《朝鮮史叢》 3, 1980.
　姜晋哲, 〈田結制의 문제〉, 《高麗土地制度史研究》, 1980.
　金容燮, 〈高麗時期의 量田制〉, 《東方學志》 16, 1975.
5) 《世宗實錄》卷四四, 世宗 11年 5月 辛酉條, 三册 (영인本-이하同), 181쪽

지여서, 중국에서는 江南 水田농업이 발달하게 되었을 때, 그 체계를
종래의 江北 旱田農業體系의 농서에다 보완하는 종합적 체계의 농서가
출현하고 있었다. 王禎의 농서는 바로 그것이었다. 우리의 경우는 우리
풍토에 맞는 농서의 편찬이 더욱 절실하였다.

　하지만 이 시기에 있어서의 이러한 변동에 대한 대응조치가 처음부
터 직접 우리 농서의 편찬으로 나타난 것은 아니었다. 이에 앞서는 과
도적인 조치가 있었다. 太宗朝에 있었던 「掇取古農書切用之語 附註鄕
言」6)하거나 또는 「以方言譯農書」7)하였던 조치는 바로 그것이었다.8)
이는 중국농서에서 切用之語만을 掇取하여 주석을 붙임으로서 현실 문
제를 해결해 보려는 것이었다. 그러므로 이때 掇取의 대상이 되는 것은
우리 농업에 필요하고 또 농업현실에 부합되는 것이 아닐 수 없었다.
농서편찬과 관련된 이러한 조치는 일정한 효과가 있었을 것으로 생각
되며, 따라서 그러한 전통은 그 후에도 계속되었으리라 믿어진다. 중국
의 《四時纂要》를 抄함으로서 우리 농업 현실에 맞는 《四時纂要抄》를
편찬하게 된 것은 아마도 그러한 전통 위에서 이루어졌으리라 생각된
다. 그러나 이러한 정도의 掇取附註本으로서 중국농서가 우리 농업에
대하여 안고 있는 한계를 해결할 수는 없었다. 문제는 보다 근본적인
차원에서 해결될 필요가 있었다. 고려시기의 농법에서 조선전기 농법
에로의 전환을 생각할 때, 아직도 歲易농법이 남아 있는 후진지역의
농민에 대한 농업교육이란 관점에서도 그것은 시급한 문제였다. 世宗
朝에 이르러서는 그러한 필요성을 더욱 절실히 느끼게 되었다. 그 후에
도 마찬가지였다. 그것을 해결할 수 있는 방법은 우리 농업을 토대로
한 농서를 편찬하는 것일 수밖에 없었다. 그리하여 그것은 실천에 옮겨

---

6) 同上
7) 《世宗實錄》卷百五, 世宗 26年 閏7月 任寅條, 四冊, 579面. 《農家集成》〈世宗勸農敎文〉.
8) 이때의 사정은 李光麟, 〈養蠶經驗撮要에 대하여〉(《歷史學報》28, 1965)에 昭詳하게 언급되어
　있다.

졌다. 그것은 公的으로도 행해지고 私的으로도 행하여졌다. 《農事直說》과 《衿陽雜錄》은 그것이었다.

《農事直說》: 《農事直說》의 편찬은 왕명에 의하여 정부사업으로서 추진되었다. 世宗 10년에서 同 11년에 걸치는 작업이었다. 그리고 그 편찬의 방법은 古 농서의 초록에 의한 정리가 아니라, 우리 나라에서 실제로 행해지고 있는 농업관행을 探訪하여 중국농서를 참작, 학문적으로 정리하는 것이었다. 그러한 기초조사는 三南地方에서 행하여졌다. 慶尙監司와 忠淸·全羅監司에게 내린 傳旨에 「道內耕種耘穫之法 五穀土性所宜 及雜穀交種之方 訪之老農 撮要成書以進」9)이라던가, 「凡五穀土性所宜 及耕種耘穫之法雜穀交種之方 悉訪各官老農等 撮要成書以進」10)이라고 한 것이 그것이다. 그리하여 이를 토대로 하여서는 鄭招, 卞孝文 등으로 하여금 일정한 체계에 따라 이를 정리함으로서 새로운 농서를 완성케 하였다. 그 사명은 농작물 재배에 관한 절요만을 簡潔直截하게 설명하는데 있었다. 그것은 書名 그대로였다. 이는 곧 간행되고 보급되었으며 후대 농서의 선구가 되고 지침이 되었다. 우리 농학의 성립인 셈이었다.11)

《衿陽雜錄》: 《衿陽雜錄》은 姜希孟에 의해 私撰物로서 편찬되었다. 成宗년간의 일이었다. 그는 官이 判書에까지 올랐으나 成宗 6年(52세)에 致仕하고 衿陽縣(果川)에 退耕하여 成宗 14년까지 살았다. 《衿陽雜

---

9) 《世宗實錄》 卷四十, 世宗 10年 閏4月 甲午條, 3册, 129쪽
10) 《世宗實錄》 卷四一, 世宗 10年 7月 癸亥條, 3册, 138쪽
11) 農事直說의 農學上의 意義와 技術內容에 관해서는 다음 論考에서 구체적으로 考究되고 있다.
　　李春寧, 《農事直說》(《韓國의 名著》, 1969)
　　閔成基, 〈東아시아 古농법상의 樓犁考-중국과 朝鮮의 耕種法 比較〉, 《省谷論叢》 10, 1979.
　　────, 〈朝鮮前期의 麥作技術考-農事直說의 種麥法分析〉, 《釜大史學》 4, 1980.
　　────, 〈李朝犁에 대한 一考察〉, 《歷史學報》 87, 1980.

錄》은 그간에 著述되었다. 《農事直說》이 간행된지 약 반세기가 지난 후의 일이었다. 그는 정부고관이었으므로 《農事直說》을 숙지하였을 것이고, 또 이것은 官撰으로서 그리고 世宗의 勸農政策의 일환으로서 편찬 간행되었으므로 서울 근교의 이 고장 사람들은 이를 잘 알고 있었을 터인데, 그는 이 지방에 퇴경하면서 《農事直說》과는 다른 또 하나의 새로운 농서를 편찬하고 있었다.

이 시기의 농서편찬은 우리 풍토에 맞고 우리 농업의 현실을 토대로 할 것이 요청되고 있었으므로 현지 실정을 조사하는 작업은 많을수록 좋았다. 《農事直說》이 비록 농촌관행을 기초로 한 것이기는 하지만, 이는 주로 삼남지방을 중심으로 한 것이고, 또 농서에서 취급해야 할 문제를 다루지 않은 부분이 있는 것도 사실이었다. 각 지방의 실정은 보다 상세하게 조사될 필요가 있었다. 《衿陽雜錄》은 그러한 점에서 필요한 저술이 아닐 수 없었다. 그것은 특히 京畿道 衿陽縣의 농업관행을 조사 정리한 것이었다. 그리하여 이곳에 조사 수록된 농업현실 (農耕技術과 穀品)은 이 시기의 농업을 이해하는데 소중한 자료가 되었다.[12]

《衿陽雜錄》은 姜希孟의 사후 後學 曺偉와 長子 龜孫에 의해서 곧 그 간행이 준비되었다. 그리고 私撰의 농서이기는 하지만 이는 農村實態를 토대로 편찬한 것이고, 또 《農事直說》에서 다루지 않은 문제를 수록하고 있어서 農耕生活에 필수의 책자가 되었다. 《衿陽雜錄》은 《農事直說》이 미치지 못하고 있는 문제를 일부 해결해 주고 있는 셈이었다. 이러한 사실은 정부에서도 인정하게 되었다. 그리하여 宣祖년간에 政府諸臣에게 《農事直說》을 內賜함에 미쳐서는 《農事直說》과 《衿陽雜錄》을 합본으로서 印刊하게 되었다.

---

12) 藤田亮策, 〈衿陽雜錄과 著者〉, 《書物同好會 會報》 16, 1942.
　　片山隆三, 〈衿陽雜錄의 硏究〉, 《朝鮮學報》 13, 1958.

3

조선후기에 이르러서는 농서의 편찬이 더욱 활발하여졌다. 그것은
벌써 17세기 초 光海君 연간에서부터의 일이었지만, 특히 17세기 중엽
의 孝宗 연간에서 19세기 중엽의 憲宗 연간에 이르는 약 2세기간에는
두드러진 바가 있었다. 이 사이에는 그 이전의 어떠한 시기에도 볼 수
없었던 많은 농서가 편찬되었으며, 그러한 점에서 이 시기는 농학연구
의 시대가 되고 있었다. 이는 학문적으로는 이때에 발전하고 있는 實學
의 학풍과 밀접하게 관련되고 있었다. 이때의 실학은 현실타개를 위한
학문이었는데 농학은 바로 그러한 성격을 지닌 학문이었으며, 따라서
농학은 그 자체 실학의 일부이기도 하였다. 그러므로 농학은 조선후기
실학의 한 중심분야가 되면서 조사되고 연구되었으며, 따라서 실학전
반의 연구가 성장함에 따라서는 농학의 연구 또한 성장해 나가게 되었
다. 그리고 그 성과는 속속 농서로 편찬되었다.

그리고 이때에 이르러서 이와 같이 농서편찬이 활발하여지는 현실적
조건은 이 시기에 이르면서 농업사정이 그만큼 변모하고 있었던 점이
었다. 그것은 조선전기의 농업에서 후기농업에로의 변동인 것으로서,
이러한 변동은 여러 가지 면에서 일어나고 있었다. 그중에서도 중심이
되는 것은 다음과 같은 몇 가지 점이었다. 그 첫째는 水田농업에서의
耕種法의 변동, 즉 直播法중심의 耕種法이 移秧法중심의 그것으로 변
동하고 이에 따라서는 水田種麥, 즉 稻·麥二毛作농법이 보급되고 있
는 일이었으며, 다음은 前期 농서에서는 다루지 못하고 있는 새로운
商品作物로서의 木棉·南草·人蔘 其他 등과 救荒作物로서의 甘藷 등
이 재배 보급되고 있는 일이었다. 그리고 셋째는 이 같은 농업이 영위
되는 기반으로서의 封建的 經濟制度, 그중에서도 科田法·職田法을 중

심한 收租權 分給의 土地制度가 해체되고 私的土地所有權이 발달하는
가운데, 商品貨幣經濟 및 移秧法의 발전과도 관련하여 농촌사회가 분
해되고 있는 일이었다.13) 그리고 이러한 諸 變動과 관련하여서는 많은
부수적인 변화가 또한 일어나고 있었다. 그러므로 조선후기에는 이 같
은 제 변화와 관련하여 각각 거기에 상응하는 농업대책이 필요하였다.
　그 같은 농업대책은 여러 가지로 나타났지만 그것은 요컨대 두가지
계통으로 정리되고 있었다. 그 하나는 농업기술적인 면에서의 대책으
로서, 이는 변동하는 농업현실을 긍정적으로 받아들여 제반 농업기술
을 개량하고 개선함으로서 생산력을 발전시키려는 것이었다. 그리고
그러기 위해서는 선진적인 중국의 농업기술을 수용하는 문제가 강조되
기도 하였다. 다른 하나는 농업경제적인 면에서의 대책으로서, 이는
농촌사회가 분해되는 가운데 토지에서 배제되는 영세농민·몰락농민
을 구제하는 문제였다. 이를 위해서는 소극적으로는 농업생산력의 향
상·농업경영의 개선을 통한 소득증대의 문제가 고려되고, 적극적으로
는 토지개혁의 문제가 주장되기도 하였다. 그리하여 이러한 대책, 즉
이 시기 농업문제 해결의 이 같은 방안은 실학연구 전반의 추세와 보조
를 같이 하면서, 각각 농서와 토지정책서로 분리 편찬되기도 하고, 또
경우에 따라서는 이 두 문제가 하나의 농서 속에 종합 편찬되기도 하였
다. 그리고 이 경우 이 같은 농서들은 농업기술, 농업경제를 다루는
것이 목표이기는 하였지만 혹 논자에 따라서는 그러한 범위를 넘어서
서 향촌생활 전반을 저술의 대상으로 삼기도 하였다. 이는 이 시기 농

---

13) 이때의 농업사정을 理解하기 위해서는 다음 論著가 참고될 것이다.
　　宋贊植, 〈朝鮮後期 農業에 있어서의 廣作運動〉, 《李海朝博士 華甲記念史學論叢》, 1970.
　　朴容玉, 〈南草에 관한 硏究〉, 《歷史敎育》 9, 1966.
　　姜萬吉, 〈開城商人과 人參栽培〉, 《朝鮮後期 商業資本의 發達》, 1973.
　　安秉珆, 〈商品貨幣經濟의 構造와 發展〉, 《朝鮮近代經濟史研究》, 1975.
　　宮嶋博史, 〈李朝後期 農書의 研究〉, 《人文學報》 43, 1977.
　　林和男, 〈李朝農業技術의 展開〉, 《朝鮮史叢》 4, 1980.
　　金容燮, 《朝鮮後期 農業史研究》 I, II.

서가 지니는 농서 편찬상의 한 특징이기도 하였다.

　　《閑情錄》· 治農條 : 조선후기에 들어와서 맨처음으로 시도된 농서
는 아마도 光海君 2年(1610)에서 同 10年(1617) 사이에 편찬된 許均
의 《閑情錄》이겠다. 물론 《閑情錄》은 棄世退居하는 閑者 (士大夫)를 위
해서 편찬한 서책으로서 그 전내용이 농서로 되어 있는 것은 아니었다.
다만 산림에 퇴거하는 閑者가 생활을 하려면 농경에 종사함이 필요함
으로 그는 그 일부(卷 十六)에서 治農의 방법을 기술하였는데, 이것이
일정한 농서의 체제를 갖추고 있는 것이었다. 漢籍本 19장의 간략한
내용이지만 그때까지의 《農事直說》이나 《衿陽雜錄》과는 또 다른 새로
운 경향의 농서가 되고 있었다. 그것은 농서가 그 편찬의 방법에 있어
서 《農事直說》 등과는 다른 입장을 취하고 있다는 점에서 이었다.

　　그 다른 입장이라고 하는 것은 중국 古書를 통해서 자료를 수집하고
정리함으로써 이 농서를 완성하고 있다는 점이었다. 즉 許均은 《閑情
錄》을 편찬하기 위해서 중국에서 수천권의 서적을 구입하여 閑者에 관
한 자료를 발췌하였으며, 이를 분류 정리함으로서 그의 책자를 완성하
고 있었다. 그러므로 《閑情錄》의 내용은 중국 옛 閑者들의 생활을 기술
한 것이었으며, 그는 이를 통해서 당시의 朝鮮閑者들을 위한 지침서로
삼고자 하였는데, 〈治農條〉는 그 일환으로서 작성되고 있는 것이었
다.[14] 더욱이 이는 사대부 閑者의 治農을 다룬 것이기 때문에 그 治農
의 내용은 地主佃戶制를 전제로 하는 것이었다. 그러한 점에서 이 책자
는 농업인 일반에게 절실하게 요청되는 책자가 되지는 못하였다. 그리
고 그의 정치적 입장과도 관련하여 印刊 보급될 수도 없었다. 그러나

---

14) 閑情錄의 이 같은 編纂經緯와 方法은 그 凡例에 밝혀져 있다. 단 고 金庠基 교수는 〈許筠全
　　集〉 題辭〉(成大大東文化研究院 영인본, 1972)에서 治農條는 「實際의 經驗을 土臺로 編次한」
　　것이라고 하고 있어서, 재검토는 필요하다. 閑情錄 전반에 대한 개괄적 검토로는 金錫夏, 〈許
　　筠의 「閑情錄」 研究〉(《韓國文學의 樂園思想研究》, 1973)가 있다.

그러면서도 이 농서가 갖는 의미는 결코 적은 것이 아니었다. 이는 寫本으로서나마 전파되면서 농학자들에 의해서 유용하게 참고되었으며, 농서편찬에 자료로서도 이용되었다.

《農家集成》: 조선후기에 본격적인 농서가 등장하는 것은 아무래도 《農家集成》의 편찬에서부터 이겠다. 이는 孝宗 5年에서 6年(1655)에 걸치면서 公州牧使 申洬이 前參議이고 朱子學者인 宋時烈의 도움을 받아 편찬한 것이었다. 이때에는 兩亂 후의 농업재건이 시급한 문제로 되어 있어서 정부에서는 여러 가지 농정책을 펴고 있었다. 그러한 가운데는 농업생산력을 증진시키는 조치가 있었으며, 따라서 그 일을 위해서는 농서를 보급시킬 것이 요청되고 있었다. 申洬의 《農家集成》은 바로 그러한 목적을 달성하기 위해서 편찬된 것이다.

《農家集成》은 그러나 이 시기의 농업관행을 토대로 이 시기 농업에 적합하도록 새로운 창의적인 체계로서 저술된 농서는 아니었다. 그것은 조선전기부터 있어온 諸농서와 기타를 한 책으로 종합 편찬함으로서 우선 급한 문제를 해결하려는 것이었다. 世宗의 〈勸農敎文〉, 〈朱子勸農文〉, 《農事直說》, 《衿陽雜錄》, 《四時纂要抄》 등이 그 내용을 이루고 있었다. 그러한 점에서 이 농서는 前期 농서의 한계를 커다랗게 넘어서는 새로운 독창적인 농서가 되고 있지는 못하였다. 특히 農政理念적인 면에서 그러한 점은 두드러진 바가 있었다. 世宗의 〈勸農敎文〉과 〈朱子勸農文〉은 性理學적인 유교적 농정이념을 펴려는 것인데, 그 내용은 封建的인 경제제도, 즉 地主佃戶制와 自作農制가 그 기초가 되는 것이었다. 그러므로 《農家集成》은 말하자면 지주전호제를 전제로 하는 농서인 셈이었다.

그렇지만 그러한 가운데서나마 《農家集成》은 새로이 편찬되는 농서로서의 면목을 여실히 드러내고 있었다. 그것은 이 농서가 前期 농업에서 後期 농업으로 변동하는 농업현실에 적합하도록, 그것이 수록하고 있는 前期 농서를 현행농업관행으로써 증보하고 있는 점이었다. 그것은 《農家集成》의 중심을 이루는 《農事直說》에서 행해지고 있었다. 《農事直說》은 이제 《農家集成》에 수록됨을 기회로 대폭 증보되고 있는 것이며, 이로써 이 농서는 아쉬운 대로 계속 현행 농업생산에 유효할 수가 있었다. 그뿐만 아니라 〈朱子勸農文〉도 그 농업기술론, 특히 移秧농법의 기술은 《農事直說》의 증보를 간접적으로 지원하는 바가 되었다.

그리하여 《農家集成》은 완전히 새로운 내용은 아니지만 이 시기 농업생산에서의 지침서가 될 수 있었다. 그리고 그런 까닭으로 이 농서는 곧 간행되고 版을 거듭하였으며 조선후기 농서의 지표가 되기도 하였다.[15]

　　《穡經》 : 《穡經》은 肅宗 2년(1676)에 朴世堂에 의해서 일단 편찬되었으며, 그 후 계속 보완 정비되어 현재 볼 수 있는 바와 같은 농서로서 완성되었다.[16] 《農家集成》이 刊印된 지 얼마 안 되어서의 일이었다. 《農家集成》은 우리의 농업관행을 探訪한 농서로서 종합 편찬된 데다, 조선후기에 볼 수 있는 새로운 농업관행도 보완하고 있어서 훌륭한 농업지침서였다. 그러나 그것은 지극히 간략한 데다 농작물 전부를 다루거나 농업과 관련되는 축산을 다루고 있는 것도 아니었다. 그러므로 농학의 비약적 발전이 요청되는 조선후기농업에 있어서는 《農家集成》

---

15) 梁熙錫, 《農家集成》(《韓國의 古典百選》, 1969)
　　李春寧, 〈農家集成 解題〉(農村振興廳 번역本, 1972)
　　片山隆三, 〈時代를 달리한 「農事直說」의 相違와 時代農法의 一部分〉, 《書物同好會册子》 6, 1938.
16) 《穡經》의 編票年代를 나타내는 글로서는 《穡經》序(《穡經》)와 「題穡經後」(《西溪集》 卷四 詩, 《西溪全書》 上, 68쪽)가 있는데, 전자는 그 年紀가 丙辰(肅宗 2年)이고, 후자는 미상이나 前間恭作 古鮮册譜 (第二册, p.905)에 의하면 康熙 27, 8年(肅宗 14, 5年) 경이라고 한다. 그러므로 《穡經》의 完成時期는 이 〈題穡經後〉가 쓰여질 무렵일 것이며, 그 사이에는 《穡經》序 단계까지에서 일단 편찬된 서책을 보완, 정리하고 있었던 것이 아닐까 생각된다.

만으로서는 만족할 수가 없었다. 이 시기의 농업에서는 학문적으로도 충실하고 풍부한 내용의 농서가 필요하였다. 《穡經》은 그러한 시대적 요청에 부응한 농서의 하나로서 편찬되었다.

그러나 《穡經》을 편찬함에 있어서, 朴世堂은 그 편찬방침을 《農家集成》의 그것과 같은 입장에서 이를 계승 발전시키고 있는 것은 아니었다. 그는 본시 宋時烈과는 정치적으로나 학문적으로 그 입장과 견해를 달리하고 있었으며17) 따라서 그가 편찬하게 되는 농서는 宋時烈이 간여한 농서와는 그 편찬의 방침을 달리하고 있었다. 그것은 申洬·宋時烈의 《農家集成》이 주로 우리의 농업현실을 토대로 이를 편찬하였고 이를 보완하는 의미에서 〈朱子勸農文〉을 수록하였는데 대하여, 朴世堂의 《穡經》은 주로 중국의 古농서에서 우리 농업에 적합하도록 그 내용을 切略 竊錄함으로서 농서를 편찬하고 있는 점이었다. 그 편찬 태도는 許均의 《閑情錄》과 흡사한 바가 있었다. 《穡經》 序文에 「閱於秘閣圖書 得此焉而喜 以爲吾得吾師 卽竊錄之因刪節繁蕪 除去重複 釐爲一秩 以便考覽 稱曰穡經」이라고 하였음은 바로 그것이었다. 이때의 古농서는 《農桑輯要》로 생각되는데, 그것을 竊錄한 후에는, 오랜 세월에 걸쳐 다른 농서를 참고 보완함으로서 그가 구상한 농서를 완성하고 있었다.

《穡經》은 이와 같이 타인의 농서를 竊錄 정리한 것이므로 그 체계는 정연하였으나 독창적인 것은 아니었다. 그리고 판본으로 간행되지 못한채 寫本으로서만 보급되었으므로 그 영향력이 큰 것도 아니었다. 그러나 그럼에도 불구하고 이 농서가 갖는 농학사 상의 의의는 적은 것이 아니었다. 그것은 새로운 농학의 체계를 세움에 있어서는 중국농학의 체계를 적극적으로 수용해야 한다는 방법상의 문제에서 이었다. 그러

17) 李丙燾,〈朴西溪와 反朱子學的 思想〉,《大東文化硏究》 3, 1966,〈四書思辨錄〉,《韓國의 古典百選》
尹絲淳,〈朴世堂의 實學思想에 관한 硏究〉,《實學思想의 探究》, 1974,《西溪全書》 解題(太學社, 1979)

한 점에서 이 농서는 《農家集成》과는 다른 각도에서 後代의 농서편찬
에 또 하나의 커다란 지침이 되고 있었다.

《山林經濟》 : 《穡經》에 이어서 조선후기 농서로서의 독특한 體裁를
갖추고 출현한 것은 《山林經濟》였다. 이는 洪萬選에 의해서 그의 만년
인 17세기 말에서 18세기초(肅宗 2, 30년대)에 걸치면서 준비되고 편
찬되었다. 그는 내직으로서는 掌樂院正, 外職으로서는 尙州牧使 등 여
러 곳의 地方官을 역임하였으나, 생각은 늘 山林, 즉 향촌사회에 있어
서의 경제생활의 지침서를 편찬하는데 있었다. 그리고 뜻을 이룬 것이
이 책이었다.[18]

《山林經濟》는 이와 같이 향촌사회에 있어서의 경제생활의 지침서로
서 편찬되었는데, 향촌생활은 여러 가지 면이 있으므로, 《山林經濟》의
내용도 다방면에 亘하고 있었다. 그것은 모든 주민의 의·식·주·보
건생활에 관련된 문제와 사대부의 문화생활에 관련된 文房四友 및 기
타의 제조법에 이르기까지 다양한 바가 있었다. 향촌생활은 농민층의
생활만이 아니라 사대부의 생활도 포함되는 까닭이었다. 그는 「士不得
於朝則山林而已」(《山林經濟》 卷一, 卜居)라고 하여 사대부를 향촌생활
의 한 주체로 인식하고 있었다.

그러므로 《山林經濟》는 단순한 狹義의 농서 (농업기술서)나 농민경제
서가 아니며, 이를 포함한 廣義의 향촌경제서로서의 농서였다. 《山林
經濟》의 농서로서의 체제상의 특징은 바로 이러한 점에 있었다. 그러나
그러면서도 《山林經濟》의 중심이 되는 것은 역시 협의의 농서에서 다
루게 되는 治農·治圃·山林·畜産·養蠶·藥草 등 농경생활에 관련
되는 문제였다.

---

18) 그러한 사정은 洪萬宗의 《山林經濟》 序와 趙顯命의 〈掌樂正洪公碣銘〉(《歸鹿集》 卷十四)에 잘
    나타나 있다.

《山林經濟》의 특징은 농학의 체계를 세우는 방법에 있어서도 두드러진 바가 있었다. 즉 洪萬選은 협의의 농서부분을 편찬함에 있어서도 종래의 농서와는 그 편찬의 방법을 달리하고 있었다. 종래의 농서는 그것을 편찬함에 있어서, 주로 우리의 농업현실을 중심으로 그 체계를 세우거나 아니면 주로 중국농서를 정리 종합함으로서 그 체계를 세우는 개별적인 두 경향이 있었는데, 《山林經濟》는 이러한 경향에서 멀리 벗어나 있었다. 가령 전자의 예는 《農家集成》의 편찬에서, 후자의 예는 《閑情錄》이나 《穡經》에서 볼 수 있는데, 共萬選은 그 어느 한 경향만을 택하는 것이 아니라, 우리 농학의 체계를 기반으로 하되 중국농학의 체계를 또한 받아들여 《山林經濟》로서의 종합체계를 세우고 있었다. 그것은 《山林經濟》가 이 두 계통의 농서를 모두 자료로서 이용하고 있는 것으로서 그렇게 이해할 수 있다.

중국농학의 수용과 그것의 우리 농학과의 종합화는 당시로서는 농업생산력을 발전시키기 위한 사회적 요청이 아닐 수 없었다. 그리고 그러한 문제의 해결을 시도한 것이 《山林經濟》였다. 그러므로 《山林經濟》의 농학은 말하자면 종래의 두 경향의 농학체계를 종합함으로서 보다 새로운 농학을 수립하려 한 것이라고 하겠다. 그러한 점에서 《山林經濟》는 우리 농학사 상 그 의미가 크고, 향촌사회에서는 환영을 받고 소중하게 이용될 수가 있었다.[19]

《增補山林經濟》·《攷事新書》農圃門 : 《山林經濟》는 농서편찬의 새로운 방향을 제시한 것으로서, 17세기말 18세기초의 농촌사회가 요청하는 바에 부응한 것이었지만, 그러나 그러한 농서에도 한계는 있었다.

---

[19] 三木 榮, 《山林經濟考》(《朝鮮》 262, 1937)
　　劉元東, 《山林經濟》(《韓國의 古典百選》, 1969)
　　李春寧, 《山林經濟》(《韓國의 名著》, 1969)
　　洪以燮, 〈洪萬選의 「山林經濟」에 대하여〉(景印文化社 영인본 解題, 1973)

그것은 두 가지 면에서였다. 그 하나는 《山林經濟》가 이용하고 있는 자료에 한계가 있고, 따라서 그 내용도 그 후의 농촌경제가 요청하는 바를 충분히 만족시켜 주기가 어려웠다는 점이었다. 《山林經濟》의 편찬이 있은 후 농업현실은 계속 크게 발전하였고, 중국으로부터는 《山林經濟》가 이용하지 못한 새로운 농서가 또한 수입되었으므로 그것은 더욱 분명하여졌다. 다른 하나는 훌륭한 농서가 절실히 요청되는 이 시기에 《山林經濟》는 좋은 농서로서 편찬되기는 하였지만, 판본으로서 간행되는 데까지는 이르지 못하였고, 따라서 이 농서가 널리 보급되는 데는 일정한 한계가 있었다는 점이었다.

그러므로 《山林經濟》 이후 이 계통의 농학에서는 이 같은 문제를 해결할 것이 과제로 되었다. 시대가 진전함에 따라서 그러한 요청은 더욱 절실하여졌다. 그리하여 《山林經濟》의 내용을 충실하게 하기 위해서는 《增補山林經濟》가 편찬되고, 《山林經濟》의 農耕技術을 널리 보급시키기 위해서는 《攷事新書》農圃 · 牧養門이 간행되었다. 《山林經濟》가 편찬된 때로부터 약 반세기가 지난 18세기 중엽의 일이었다.

《增補山林經濟》는 英祖 42년(1766)에 柳重臨에 의해서 완성되었다. 그는 젊은 시절의 한때 軍門에 종사하였으나, 중년 이후에는 內醫로서 太醫內院에 종사하기도 하고 나와서는 民社에서 이를 시험하기도 한 과학자였다. 그러나 그는 이러한 일들을 즐기지 아니하였으며, 관심은 늘 山林經濟書에 있었다. 그는 《山林經濟》의 卷秩이 太少하고 綱領條目이 疎漏함을 아쉬워하였으며, 이를 증보할 것을 생각하고 있는 것이었다. 그리하여 그는 오랜 세월에 걸쳐 산림에 관련되는 古今書籍을 수집하였고 이를 부문별로 분류하여서는 종래의 《山林經濟》를 增補해 나갔다.[20] 그 증보의 자세가 《山林經濟》 편찬의 자세와 같았음을 말할

---

20) 任希聖, 《增補山林經濟》 序

것도 없었다.《山林經濟》에 실려 있지 않았던 항목이 새로 첨가되기도
하고, 이미 실려 있던 항목이 이리 저리 이동 개편되기도 하였으며,
강령조목을 요연하게 세움으로서 이해의 편의를 도모하기도 하였다.
그리고 특히 농업경영에 관해서는 수익성을 고려하도록 강조하기도 하
였다. 이는 이 시기의 농업경영과 유통경제와의 관련성을 반영하는 것
으로서《增補山林經濟》가 지니는 농서로서의 선진성을 보여주는 것이
라고 하겠다.

《攷事新書》農圃·牧養門은 英祖 47年(1771)에 吏曹判書 兼藝文館
提學 徐命膺에 의해 官撰사업으로서 편찬 간행 되었다.《攷事新書》는
《攷事撮要》를 개편한 것인데, 徐命膺은 이 작업을 행하면서 그 안에
새로이 農圃·牧養門을 설하고, 그것을《山林經濟》의 농업에 관한 부
분에 약간의 첨삭을 가함으로서 충당하였다.《新書》나《撮要》는 모두
官吏의 행정지침서이었으나 그 편찬태도는 상이하였다. 撮要는 對중국
관계를 중심으로 하고 있었으나, 新書는 대내적인 행정문제가 중심이
되도록 하고 있었다.
그리고《新書》의 편찬원칙이 이같이 바뀌어짐에 따라서는 민생을 다스
리는 문제, 즉 農圃·牧養門 등을 설하는 문제가 필요하게 되었는데,
徐命膺은 이 신설된 부문을 새로 저술하지 아니하고, 당시 최선의 농서
였고 그 편찬원칙이《攷事新書》와 동일하였던《山林經濟》로서 이를 충
당하게 된 것이었다. 그리하여《山林經濟》는 이제 명칭은 바뀌었지만
官撰物에 편입되어 官吏들의 농정 상의 지침서가 됨으로서 널리 보급
케 되어졌다 그리고 徐命膺의 농정에 관한 이념은 토지개혁의 문제까
지도 고려하는 것이었는데, 그는 이를 별도로 간접적으로나마 시사함
으로서 後來하는 농서들의 농업개혁에 관한 문제제기에 단서가 되기도
하였다.21)

4

　18세기 말 19세기 초에 접어들면서 농업사정은 더욱 심하게 변모하고 새로운 농서의 필요성도 그만큼 더 절실하여졌다. 《農家集成》이나 《山林經濟》로서 만족할 수 없는 것은 말할 것도 없고, 《山林經濟》를 증보하는 것으로서 만족할 수 있는 단계도 넘어서고 있었다. 그것은 농업기술이나 농업경제문제의 어느 경우에 있어서도 마찬가지였다. 더욱이 《增補山林經濟》는 板刊도 아니 되었으므로 그 보급에는 한계가 있었다. 이때는 새로운 농서를 통한 농업문제의 해결이 절실히 요청되는 시기였다. 이러한 과제는 농학자 개개인뿐만 아니라 국가의 농정책의 차원에서도 마찬가지로 문제가 되고 있었다. 國王 正祖는 그 22년(1798)에 求言敎를 내려 농업문제의 해결방안을 농서로서 써 바칠 것을 지시하기도 하였다.

　정부에서는 時勢에 맞는 새로운 농서의 편찬을 꾀하게 된 것이었다. 그리하여 이러한 추세 속에서 이때에는 여러 종류의 농서가 출현하게 되었다.

　《北學議》 : 《攷事新書》 이후 이를 이어 사적으로 독특한 농서로서 편찬된 것은 朴齊家의 《北學議》였다. 이는 그가 正祖 2년에 入燕使節을 따라 중국에 다녀온 것을 계기로 우리 나라 經濟 문제의 개선방안을 저술하고, 그 후 이를 더욱 보충하여 완성한 것이었다. 그리고 正祖 22년에 국왕의 求農書綸音이 있었을 때에는 그중에서 농업 부분만을 특히 抄하여 進疏本 《北學議》로서 應旨上疏함으로서 농서로서의 위치

---

21) 三木 榮, 前揭論文
　　金容燮, 《朝鮮後期 農學의 發達》, 1970.

를 굳히게 뇌었다.

朴齊家가《北學議》에서 제기한 우리나라 경제문제의 개선 방안은 중국을 배우고 본받음으로서 이를 성취하려는 것이었다. 그리고 중국을 배울 경우에도 聖賢의 가르침을 담은 경전이나 古농서를 통하는 방법과 현실의 문화와 경제생활을 수용하는 방법이 있겠는데, 그는 중국(淸)의 현행의 경제생활을 본받아서 우리나라의 경제생활 전반을 개선하려 하였다. 그러기에《北學議》는 당시의 농서의 체계 상으로 보면 불충분한 바가 있었으나, 실용성 참신성이라는 점에서는 설득력이 있는 저술이 되고 있었다. 그는 그 같은《北學議》에서 상공업은 말할 것도 없고, 농경생활에 관한 기초적인 문제를 집중적으로 다루었다. 그 기본골격은 중국을 본받아서 상공업을 발전시키고, 이를 통하여 遊食士大夫의 處理문제를 해결하며, 상공업의 발전과 관련하여 농경기술·농업경영을 개선함으로서 생산력을 발전시키고 民富를 증대시켜 나가자는 것이었다.[22) 그러한 점에서 그것은《增補山林經濟》의 농업경영론과 사조적으로 연결되고 있었다.

朴齊家는 그 같은 학문적 바탕 위에서 이를 더욱 확대 발전시키고 있는 셈이었다. 그러므로 朴齊家가《北學議》에서 구상하는 농업문제 해결의 방안은, 우선은 현실의 경제체제 내에서 농업생산력을 발전시킴으로서 이를 성취하려는 것이었다. 중국의 현실을 배우는 한 아마도 그것은 그렇게 될 수밖에 없는 것이기도 하였다. 실학자 일반의 농업론에서 볼 수 있는 바와 농업개혁(土地改革)을 통해서 일거에 이를 달성하려는 것은 아니었다. 이는《北學議》 농업론의 특징이다.

22) 黃元九,《北學議》(《韓國의 名著》, 1969)
金龍德,〈貞蓮 朴齊家硏究-第二部 思想〉,《史學硏究》10, 1961.
李成茂,〈楚貞 朴齊家의 經濟思想〉,《硏史會誌》2, 1967.
進疏本의 譯本으로는 金漢錫《北學議》(協同文庫本, 1947)와 原本 및 進疏本의 譯本으로는 李翼成《北學議》(乙酉文庫本, 1971)가 있다.

《課農小抄》:《北學議》에 이어서 곧 완벽한 학적 체계를 갖추고 출현한 것은 《課農小抄》였는데, 이는 朴趾源이 正祖 22년에 완성하여 국왕 正祖의 求農書綸音에 應旨上疏한 농서였다. 그는 中歲落拓의 시절부터 歸農에 뜻을 두고 古농서를 통한 농학연구를 시작하였으며, 20년이 지난 이때에 이르러서 그 연구의 완성을 본 것이었다. 그는 이 사이에 入燕使節을 隨行함으로서 중국의 농업현실을 견문하기도 하고, 朴齊家의 《北學議》에 서문을 쓰게 됨으로서 學의 체계를 음미하기도 하였으며, 지방관으로 봉직함으로서 농촌경제의 실정이나 농정의 과제를 숙지하기도 하였었다. 그리고 이 같은 체험과 견문을 통해서 그의 농학에 대한 자세는 확립되고 성숙되어 나갔다. 그리하여 《農家集成》·《增補山林經濟》를 비롯한 우리 농서와 《農政全書》를 비롯한 중국농서를 그의 현실인식과 학적 입장에서 두루 이용하였으며, 이 두 농학을 그의 입장, 즉 磻溪 이래의 실학적 전통에서 종합함으로서 현실타개를 위한 농학을 세우려 하였다.

朴趾源이 그의 이 같은 농학에서 해결하려한 문제는, 곧 이 시기의 사회가 안고 있는 농업문제인 것으로서, 한편으로는 如何이 농업생산력을 발전시키고 다른 한편으로는 어떻게 농촌경제를 안정시킬 것인가 하는 문제였다. 그는 전자를 위해서는 농지경영, 농경기술을 개량하고, 후자를 위해서는 봉건적인 경제제도를 개혁해야만 그 목적을 달성할 수 있을 것으로 생각하였다. 이 경우 상공업의 발달이 전제되고 있었음은 말할 것도 없었다.

農地經營, 農耕技術의 개량은 노동력의 절약과 소출의 증대가 목표로 되고 있었다. 이를 위해서는 농업기술 전반, 즉 耕地의 처리방식, 播種, 中耕除草, 各種農器具, 施肥法, 水利施設 등이 개량되어야 하며, 그 기술수준을 중국의 수준에까지 끌어올려야 할 것으로 생각하였다. 그리고 봉건적인 경제제도의 개혁은 古聖賢의 농정이념을 좇아 그 井

田制와 이념을 같이 하는 限田制를 시행해야 할 것임을 강조하였다. 그는 限田制를 제도화함으로서 봉건지주층의 농지소유에 제한을 가하고 따라서 자영농민을 육성하며, 농업생산을 이들 자영농민층을 중심으로 발전시켜 나가야 할 것으로 생각하였다.23) 봉건적 경제제도의 개혁의 필요성은 종래에도 널리 주장되어 왔으나, 농서에서 이를 정면으로 다루게 된 것은 《課農小抄》가 처음이었다. 그러므로 《課農小抄》의 농학은 《農家集成》의 농학을, 한편(農耕技術)으로는 이를 계승 발전시키고 있으면서도, 다른 한편(經濟制度)으로는 이를 근본적으로 부정하는 최초의 농서가 되었다.

  其他의 應旨進農書: 국왕 正祖의 求農書綸音에 응답하여서는 이 밖에도 많은 사람들이 농서나 農政書를 작성하여 上疏하였다. 그들은 정부 관료에서 농촌 유생에 이르기까지 다양하게 구성되고 있었다. 이 시기의 농업문제는 그만큼 심각하였고, 따라서 많은 사람들이 그 해결을 위해서 그들의 견해를 進疏하고 있는 것이었다. 정부에서는 이렇게 해서 들어오는 應旨進農書를 그때마다 逐條 검토하였다. 이를 기초로 해서 정부에서는 《農家集成》을 대신할 수 있는 새로운 標準的인 농서를 편찬하려는 데서 이었다. 그리하여 이러한 檢討는 正祖 23年 6월까지 계속되었다. 그간에 검토된 것은 수십건이나 되었다. 이때 작성된 應旨進農書는 물론 이것이 전부는 아니었으며, 이 외에도 應旨進農書로서 작성은 하였으되 進疏하지 않는 것과 進疏까지는 하였으되 검토되지 않은 것 등도 적지 않았다.
  이때의 應旨進農書는 모두 원본 그대로 남아있지는 않다. 우리가 지

---

23) 宋柱永,〈燕岩 朴趾源의 經濟思想〉,《亞細亞研究》25, 1767.
  宋贊植,〈燕岩 朴趾源의 經濟思想〉,《創作과 批評》7, 1967.
  愼鏞廈,〈朝鮮後期 實學派의 土地改革思想 – 四, 朴趾源의 限田論〉,《韓國思想大系》II, 社會經濟思想篇, 成均館大學校 大東文化研究院, 1976

금까지 손쉽게 볼 수 있었던 것으로는 前記 朴齊家와 朴趾源의 농서 외에 康洵 · 徐有渠 · 申綽 · 梁周翊 · 柳尋春 · 李大圭 · 李鎮宅 · 李寀 · 任長源 · 鄭文升 · 丁若鏞 · 趙英國 등의 進農書가 있다. 물론 문집류 등 古圖書를 세밀히 조사하면 더 많은 應旨進農書를 찾을 수 있을 것이다. 그러나 지금 볼 수 있는 應旨進農書의 원본은 이와 같이 그 수가 적지만, 정부에서 검토한 바 농서에 대해서는 정부 자료에 그 요점이 비교적 충실하게 摘記되어 있으므로, 이때의 應旨進農書者들의 동향은 대체로 그 윤곽을 파악할 수 있다.

應旨進農書의 내용은, 그것을 작성한 사람의 농업문제에 대한 의식이나 농업기술에 대한 식견 여하로 精疎厚薄한 차이가 있었다. 그러나 그 요점은 요컨대《農家集成》의 농학을 계승하여 농업기술을 발전시키는 문제, 田政의 운영을 공정하고 합리적으로 하는 문제, 농업발전을 저해하는 요인을 향촌사회에서 제거하는 문제, 농민경제를 안정시키기 위한 방안을 추진시키는 문제 등에 집중되고 있었다. 그러한 가운데서도 특히 눈에 띄는 것은 농민경제를 안정시키기 위한 방안이 대담하게 제기되고 있는 점이었다. 많은 논자들이 限田論 · 均田論등의 토지개혁을 주장하였고, 지주층의 농지대여를 견제하는 均作論을 제기하였으며, 빈농층의 농업협동문제를 제도적으로 마련할 것을 제언하였음은 바로 그것이었다. 이러한 분위기 속에서 茶山은 이 시기의 농업문제를 공동농장으로서 해결할 것을 꾀하게도 되었다. 이른바 田論(閭田論) 으로서, 이것은 正祖 22년 應旨論農政書를 작성하고, 여기서 언급하지 못한 문제를 正祖 23년에 별도로 작성한 것이다. 그리하여 이 같은 여러 應旨進農書에 있어서는, 한편으로는《農家集成》의 농학을 계승하되, 다른 한편으로는 그것을 벗어나는 경향이 절정에 달하게 되었다.[24)]

《海東農書》:《北學議》와《課農小抄》가 등장하던 무렵에는《海東農書》가 또한 출현하였는데, 이는 閣臣으로서《弘齊全書》편찬에 종사한 바 있었던 徐浩修에 의하여 편찬되었다. 그는《致事新書》를 정리한 바 있는 徐命膺의 子로서 진작부터 농학연구의 분위기 속에 있었고, 중국에도 다녀온 바 있어서 중국문물의 수용에도 일정한 이해를 지니고 있었다. 그리하여 그는 이 시기의 농업현실에 관하여 다른 학자들과 마찬가지로 그 타개책을 생각하게 되고, 그 일환으로서 그도 그의《海東農書》를 편찬하게 되었었다.

《海東農書》의 농학은 이 시기의 농업문제를 주로 농업기술이나 농업생산력 발전의 측면에서 타개하려는 것이었다. 토지개혁의 문제에 관하여는 이 농서에서는 직접 언급하지 않았다. 徐浩修는 그 같은 농업기술 농업생산력의 발전 문제를 종래의 우리 농업의 전통 위에서 추구해야 할 것으로 보았으며, 따라서 그 농학의 체계도 종래의 우리 농학, 즉《農家集成》《增補山林經濟》의 그것을 바탕으로 하고 이를 확대 발전시켜야 할 것으로 생각하였다. 그리고 그러기 위해서는 중국의 농학을 수용하기도 하였다. 다만 이 경우 그의 이 같은 중국농학 수용에는 일정한 한계가 있어야 할 것으로 생각하고 있어서, 북학론 가운데서도 극단적인 경우 중국의 것이면 거의 무조건으로 이를 받아들이려는 것과는 거리가 있었다. 그 일정한 한계란, 중국과 우리 나라의 농업은 氣候, 風土, 慣習이 다르므로 그 농학을 수용하여 우리 농업을 개량하려 할 때는, 우리 농업에 적합한 것만을 수용해야 한다는 점이었다.[25] 그리하여《海東農書》는 우리 농학을 바탕으로 하고, 중국농학에서 우리 농업에 적합하다고 인정되는 부분이 선별적으로 수용되면서 그 체

---

24) 金容燮,〈朝鮮後期의 農業問題─正祖末年의 應旨進農書의 分析〉,《韓國史研究》2,《朝鮮後期農業史研究》I;〈十八, 九세기의 農業實情과 새로운 農業經營論〉,《大東文化研究》9, 1972;《韓國近代 農業史研究》.
25)《海東農書》凡例

계가 세워졌다.

《千一錄》: 농업기술이나 농업생산력을 발전시키기 위해서는 농업
현실에 대한 면밀한 조사가 있어야 하며, 새로운 농서를 편찬하려 할
때는 특히 이 같은 기초조사가 자료로서 필요하다. 그런데 이 시기에는
전술한 바와 같은 체계적인 농서 이외에도 농업실정을 기록한 자료가
많이 작성되고 있었다. 그것은 봉건말기의 경제적 모순이나 농업문제
의 심각성이 가중함에 따라, 농촌지식인 스스로가 그 해결방안을 찾아
그 실태를 조사하게 된데서도 연유하고, 국왕이 자주 求言敎를 내려
그 대책을 진언토록 지시하고 있었던 사실과도 관련이 있었다. 그리하
여 농촌에 거주하고 농업을 숙지하는 지식인이면 의례껏 그 지방 농업
사정을 토대로 농서를 작성하여 進疏하였으며, 進疏를 하지 않을 경우
라 하더라도 이를 훌륭한 농서나 자료집으로서 편찬하는 일이 있게 되
었다. 《北學議》와 《課農小抄》가 작성되고 있었던 무렵에 마련되고 있
었던 《千一錄》은 그러한 한 예이다. 《千一錄》은 농업기술에 관한 장단
점을 정확히 파악하고 그 개선방안을 제언하고 있는 점에서 출중한 바
가 있었다.

《千一錄》은 水原儒生 禹夏永에 의해서 저술된 것으로서, 이는 국가
의 경제생활 전반을 논한 방대한 저술이었으나, 그중에는 특히 山川風
土關扼(卷一), 農政(卷二), 農家總覽(卷八), 漁推問答(卷十) 등 농업에
관한 글이 있어서 귀한 자료가 되고 있다. 그는 이 같은 글에서 《農事直
說》·《農家集成》을 臺本으로 하되, 현실의 농경생활에 비추어 적당치
않은 점이 있으면 이를 逐條 검토함으로서 그 개선을 제언하였으며,
이 시기 최대의 농업문제인 부의 분배문제도 이를 통해서 그 해답을
찾으려 하였다. 즉 그는 이 사기의 빈부문제를 농업기술을 개량한 위에
서 소규모의 농지나마 정성을 다한 집약적 농업경영을 통한 생산력 발

전을 기함으로서 이를 해결하려 하였다. 그러므로 그는 이앙법과 관련
된 경영확대(廣作)는 농업경영의 粗放化라는 점에서 바람직한 것이 못
되는 것으로 보았으며, 井田論 등 토지개혁은 시세에 어긋난다는 점에
서 시행할 수 없는 것으로 보았다. 말하자면《千一錄》의 농업론은 이
시기의 농업문제를 체제 내에서 농업기술을 개량하는 것으로서 해결하
려는 특징을 지니고 있었다.[26)

《農政會要》: 19세기 30년대에 들어오면 18세기 말 19세기 초의
농학연구가 크게 정리되면서 농학연구의 諸 경향이 크게 두 계통으로
집대성되어졌다. 국왕 正祖가 18세기 말에 정부사업으로 수행하려 하
였던 新농서 편찬의 계획은 그 사망으로 이루어지지 못하였으나, 그
뜻은 농학자 개개인의 작업으로서 추진되고 완수되어 나간 것이었다.
그 하나는《農政會要》이고 다른 하나는《林園經濟志》였다.

《農政會要》는 純祖 30년대(1830)에 崔漢綺에 의해서 편찬되었다.
주지하는 바와 같이 그는 철학적 사상적으로 실학과 개화사상을 가교
하는 인물로 이해되고 있지만, 젊은 시절에는 농학에 관심을 가지고
많은 농서를 검토하였으며, 나아가서는 그 자신의 농서를 편찬하기에
이르렀다.《農政會要》는 바로 그것이었다.

그가《農政會要》를 편찬함에 있어서 취하고 있는 태도는 우리 농업
에 대한 실험적인 연구를 통해서 우리 농학을 발전시키려는 것이 아니
라, 주로는 중국농학을 수용하여 이를 문헌적으로 정리함으로서 우리
농학을 비약적으로 향상시키려는 것이었다. 그것은 그의 농서가 중국
농서를 주자료로 쓰고 그 체계를 기본골격으로 하고 있는 것으로서 그

---

26) 鄭昌烈,〈禹夏永의 千一錄〉,《實學硏究入門》, 一潮閣, 1973.
　　宮嶋博史,〈李朝後期 農書의 硏究〉,《封建社會 解體期의 社會經濟構造; 最近 日本에 있어서
　　　韓國史硏究의 成果》, 청아출판사, 1982.

와 같이 이해할 수 있는 것이겠다. 그러한 점에서는 그것은《閑情錄》이
나《穡經》의 편찬태도와 흡사한 바가 있었다. 그리고 그가 그의 농서에
서 목표로 하는 바는 당시의 사회가 안고 있었던 바 사회적 모순을 직
접적으로 해결하는 것, 즉 농업을 변혁하려는 것이 아니라, 농정에 관
한 요체를 제시함으로서 농업의 자연스러운 발전을 기하려는 것이었
다. 그의 농정 및 산업정책에 대한 입장은 생산자와 정부 사이에 介在
하는 중간수탈이나 폐단을 제거하면 산업은 발달하고 농민경제는 안정
될 것으로 보는 것이었다.《農政會要》에서는 말하자면 봉건적인 지주
제가 그대로 용인된 채 농업기술의 발달이 추구되고 있었다. 이는 崔漢
綺 농학의 특징이었다.[27]

　　《陸海法》·《心器圖說》: 농업기술을 발달시키는 문제에 관하여 그
는 각별한 관심을 가지고 있었다. 그러므로 그는《農政會要》를 편찬한
후에도 거기에서 미처 언급하지 못한 農工學的인 기술문제에 관하여는
계속 자료를 수집하고 발췌하여 새로운 기술서를 편찬하였다.《陸海
法》(1834)과《心器圖說》(1842)은 그것이었는데, 전자는 수리 灌漑에
관한 최신의 기술을 소개한 것이고, 후자는 起重器 引重器 등 농촌사회
의 일상생활에서 소요되는 각종 기기를 圖說한 것이었다. 어느 것이나
중국의 농서나 기술서가 자료가 되고 있는 것으로서,《農政會要》의 보
편 또는 자매편의 성격을 띠는 책자였다.

---

27) 現存하는《農政會要》(京都大學本)는 앞 부분이 缺本(卷 一, 二)으로 되어 있어서 그 정확한
　　편찬의도를 말하기는 어렵다. 이 缺本部分에는 序, 目錄, 凡例, 總論격의 글, 農器 등에 관한
　　記述이 포함되었을 것으로 생각된다. 그러므로 현재로서는 그의 農政에 관한 입장은 그의
　　主著인《人政》을 통해서 파악하는 수밖에 없겠다. 여기에는 이러한 문제에 대한 그의 견해가
　　단편적으로나마 잘 피력되어 있다. 崔漢綺의 思想에 관해서는 다음 글이 참고된다.
　　李佑成,〈惠崗 崔漢綺〉,《實學論叢-李乙浩博士 停年紀念》, 전남대학교 호남문화연구소,
　　　　1975.
　　─────,《明南樓叢書》敍傳 (大東文化硏究院 영인본, 1971)
　　李敦寧,〈崔漢綺의「明南樓集」〉,《實學硏究入門》, 一潮閣, 1973.
　　朴鍾鳴,〈崔漢綺의 經驗主義〉,《亞細亞硏究》20, 1965.

《林園經濟志》：《林園經濟志》는 徐有榘에 의해서 편찬되었다. 그는 《海東農書》를 편찬한 徐浩修의 子이고 《攷事新書》를 편찬한 徐命膺의 孫子였으며, 官이 外로는 守令 方伯, 內로는 判書 大提學에 이르렀던 인물이었다. 그러므로 그는 개인적으로는 농학이 家學으로 되어 있는 환경에서 성장하여 그도 농학에 관심을 가지지 않을 수 없었고, 공적으로는 향촌사회를 다스리는 治者로서 농학의 필요성을 절감하는 위치에 있었다. 더욱이 그의 젊은 淳昌郡守 시절에는 正祖의 求言敎가 있어서 농학연구가 왕명으로 요구되고 있었으며, 純祖 12년의 평안도 농민전쟁이 있은 후에는 그 작업의 필요성이 더욱 절실하게 요청되고 있었다. 그리하여 그는 오랜 세월에 걸쳐 자료를 수집하고 실험을 거쳐 《杏浦志》, 《金華耕讀記》 등 기초적인 著述을 하였으며, 만년에 이르러서는 그때까지의 농학연구를 집대성하여 《林園經濟志》를 완성하게 되었다.

徐有榘가 《林園經濟志》를 편찬하는데 있어서 취하고 있는 태도는, 종래의 우리 농학의 주류인 《農家集成》·《山林經濟》·《增補山林經濟》의 학적 체계와 실학파의 경제사상을 계승하고, 그 위에다 중국농학을 수용 첨가함으로서 이 시기의 농업문제를 해결할 수 있는 새로운 농학을 수립하려는 것이었다. 그리고 그러기 위해서는 농업기술적인 면에 있어서나 농업경제적인 면에서 종래의 우리 농업이 크게 개량되고 변혁되어야 할 것으로 생각하였다. 그뿐만 아니라 《林園經濟志》는 향촌사회에 있어서의 생활전반을 그 취급의 대상으로 삼고 있다는 점에서도 《山林經濟》의 편찬원칙을 그대로 따르고 있었다. 이 저술에서는 林園(山林)에서의 생활전반을 시대적 조건과 관련하여 정연하게 정리하고 있었다.

농업기술에 관해서 그가 유의하고 주장하는 것은 농지경영이 합리적으로 운영되도록 제반 농업기술을 개량함으로서 농업생산력을 한층 더 발전시키려는 것이었다. 그리고 그러기 위해서는 농법의 개량, 즉 水田

농업은 移秧法으로 하고, 穀作을 위한 旱田농업은 代田的인 畎種法으로 할 것을 전제로 내세웠다. 그리고 그러한 전제 위에서 이 같은 농지가 합리적으로 경영될 수 있도록 結負制的인 土地把握를 頃畝法으로 개정하고 農時를 조정하고, 품종을 개량하고, 농기구를 개량하고, 施肥法을 개선하며, 水利施設을 확대시켜 나가야 할 것임을 강조하였다.

   농업경제에 관해서는, 농민경제를 부하게 하고 안정시키기 위해서 두가지 면에서의 개선과 변혁을 요구하고 있었는데, 《林園經濟志》에서는 그중의 하나를 특히 강조하고 있었다. 그것은 농업생산을 시장과 관련하여 경영함으로서 그 수입을 증대시키라는 점이었다. 시장성, 수익성이 좋은 상품작물을 재배하면 부농의 수입이 더 느는 것은 말할 것도 없지만, 영세토지소유자라도 그 수입을 조금은 더 증대시킬 수가 있다는 생각이었다. 그리하여 그는 그 같은 문제를 권장하는 의미에서 그 농서에 貨殖篇을 設하기도 하였다. 이러한 경향의 농업경영론은 상품화폐경제가 발달하는 상황 하에서는 필연적으로 제기될 수 밖에 없었다. 그리하여 《增補山林經濟》의 농업경영론에서도 이미 이러한 방안은 제론되고 있었으며, 《北學議》에서도 이러한 생각이 그 기저에 깔려 있었다. 徐有榘는 이 같은 농업론의 전통 위에서 이를 더욱 확대 발전시키고 있었다.[28]

   《擬上經界策》: 徐有榘는 《林園經濟志》와는 별도로, 《林園經濟志》의 농업론과 밀접하게 관련되는 농정적인 저술을 또한 남기고 있었다. 《擬上經界策》이 그것으로서 이는 純祖 20년경에 작성되고 있었다. 그

---

28) 洪以燮, 〈《林園十六志》 解題〉, 《서울大 古典叢書》 4, 1966.
    姜萬吉, 〈《林園十六志》〉(《韓國의 古典百選》)
    劉元東, 〈《林園十六志》〉(《韓國의 名著》)
    宮嶋博史, 〈李朝後期 農書의 硏究〉
    金容燮, 〈朝鮮後期 農學의 發達〉

가 농서를 쓰는 목적은 농업을 발전시키고 이 시기 농업문제를 해결하려는데 있었는데 이를 위해서는 농업기술이나 농업경영뿐만 아니라, 농정 상의 변혁이 또한 있어야 한다고 생각하는데서 이었다. 그리하여 그는 이《擬上經界策》에서는 농정을 통해서 농업을 발전시키고 농업문제를 해결하기 위한 방안을, 田結制(結負制)를 개정하는 문제, 量田法을 개정하는 문제, 농법을 교육하는 문제, 그리고 농민경제를 안정시키는 문제, 기타 등등으로서 제기하였다. 그러한 가운데서도 마지막 문제는 그의 농업경제론을 구성하는 중요한 일부가 되고 있었다.

농민경제의 안정을 위해서는, 그는 앞에서 언급했듯이 두가지 각도에서 이를 생각하고 있었는데,《擬上經界策》에서는 토지문제를 중심으로 이를 전개하고 있었다. 그는 토지문제에 관해서는 실학자들이나 그의 조부가 그러하였듯이, 限田制를 시행함으로서 그 목적을 달하려 하였다(農對). 限田制를 시행함으로서 봉건지주층의 토지집적을 억제하면 자영농민이 육성되고, 따라서 이 시기의 농업문제가 해결되리라는 생각이었다. 그러나 이 限田的인 토지개혁이 쉽지 않다는 것을 그는 잘 알고 있었다. 그리고 그렇다고 수수방관만 해서도 안된다는 것을 그는 너무나 분명하게 인식하고 있었다. 그리하여 그는 限田制가 시행되지 못할 경우에는 최소한 다른 차선의 방법이 강구되어야 한다고 생각하였다.《擬上經界策》의 屯田論(國營農場 · 民營農場)은 그러한 방안으로서 마련되었다

그의 屯田論은 봉건적인 지주경영으로 되어 있는 국유지를 개편하여 새로운 屯田的인 농장으로 설치함으로서, 농법을 교육하는데도 기여하되, 동시에 이 시기의 농업문제도 해결하자는 것이었다. 그러한 가운데서도 특히 중심이 되는 목표는 후자였다. 즉 이 屯田的인 농장에서는 임노동층을 고용하여 이를 경영함으로서 무전농민이 발생하는 이 시기의 사회문제를 해결하기도 하고, 봉건적인 지주제를 해체시킬 수 없는

상황하에서의 지주제의 질적 전환도 도모하자는 것이었다. 그뿐만 아
니라 이 屯田的인 농장에서는 그 관리인을 力農者·明農者로서의 농민
으로서 임명하고, 이들 중에서도 경영실적이 있는 자는 정치권력에도
참여시키자는 것으로서, 그는 屯田經營을 사회개혁의 한 방법으로서도
생각하고 있었다. 그리하여 그의 농학은 여기에 그 특이한 개성이 확립
되기에 이르렀다.[29]

　《種藷譜》: 조선후기에는 전술한 바와 같은 일반 농서 외에도 특정작
물에 대한 농서가 또한 편찬되고 있었다. 甘藷(고구마)에 대한 저술은
그 두드러진 것이었다. 甘藷는 《增補山林經濟》가 편찬되고 있었던 무
렵인 英祖 末年(18 세기 中葉)에 趙曮에 의해서 일본에서 전래한 구황
작물이거니와 그 토착화는 반드시 용이한 것이 아니었다. 그리하여 그
것이 보급되어 救荒穀으로서의 기능을 발휘하기까지에는 많은 학자들
의 그것에 대한 연구가 있었다. 그러한 연구는 여러 사람에 의해서 여
러 저술로서 표현되었지만 甘藷에 관한 세 종의 專著는 그중에서도 중
심이 되는 것이겠다.

　그 첫째는 姜必履의 《甘藷譜》(姜氏甘藷譜)이다. 그는 英祖 40년에서
同 42년까지 東萊府使로 재임하였는데, 甘藷種植에 열의가 있었던 李
匡呂의 근면에 공명하여 그 재배에 유의하고, 여러 농서를 참고하여
그 자신의 저서를 편찬하게 되었다. 그러나 이는 충분한 실험재배를
거치지 못한 데다, 단시일 내에 완성한 것이어서 학문적으로 만족할
만한 저술이 되지 못하고 있었다. 다음으로 이러한 결점을 보완하기
위해서 편찬된 것은 金長淳·宣宗漢의 《甘藷新譜》(金氏甘藷譜)였다.
이는 純祖 13년에 편찬되었는데, 宣宗漢의 다년간의 실험재배를 거쳐

---

29) 金容燮, 〈十八, 九세기의 農業實情과 새로운 農業經營論〉

서 이루어졌으며, 따라서 甘藷種植의 토착화가 확실해졌다. 정부에서
도 수시로 이를 장려하였으므로그 種植은 확대되어 나갔다. 그렇지만
이러한 노력에도 불구하고 甘藷의 種植은 아직 널리 전국적으로 보급
되지는 못하였으며, 그 보급을 위해서는 더욱 편리한 계몽서가 필요하
였다. 그러한 작업을 한 인물은《林園經濟志》를 저술한 徐有榘이었다.
그는 純祖 34년에 全羅監司로 있으면서 때마침 흉년을 당한 이 고장
농민의 救荒을 위해서 甘藷 재배의 보급을 꾀하게 되었다. 그리고
그 방법으로서는 그 자신의 종래의 연구에다, 姜‧金兩氏의 저술과 중
국‧일본의 농서를 참고함으로서 새로운《種藷譜》를 편찬하게 되었으
며, 그것을 곧 印刊하고 보급하게 되었다. 그리하여 甘藷種植은 이제
널리 보급될 수 있도록 되었으며, 학문적으로도 甘藷 농학이 일단 완성
을 보게 되었다.[30)]

5

이같이 살피면 조선후기의 농학 내지는 19세기에 들어와서 조선후
기 농학이 집대성될 무렵에 있어서의 농학은 그 연구의 방향에 있어서
두가지 경향을 띠고 있었음을 알 수 있다. 하나는 농학을 단지 농업기
술학으로서만 간주하고, 따라서 그 학문의 발전을 그 분야에서만 추구
하는 경향이고, 다른 하나는 농학을 농업기술뿐만 아니라 농업경제문
제까지도 포함한 學으로서 연구하는 경향이었다. 이러한 두 경향의 농
학은 얼핏 보기에는 별차이가 없는 것 같기도 하나, 그 실에 있어서는

---

30) 孫晋泰, 〈甘藷傳番考〉,《震檀學報》13, 1941.
　　篠田 統, 〈種藷譜와 朝鮮의 甘藷〉,《朝鮮學報》44, 1967.

대단히 큰 차이가 있는 것이라고 하겠다. 그럴 경우 전자는 봉건적인 지주전호제를 인정하거나 그것을 전제한 위에서 농업생산력의 발전을 추구하는 것임에 대하여, 후자는 봉건지주제를 부정하고 그것의 개혁과 자영농민의 육성을 전제한 위에서의 생산력 발전을 추구하는 것이기 때문이다. 그러므로 전자를 지주적 코스의 농학이라고 한다면 후자는 농민적 코스의 농학이라고 할 수 있는 것이겠다. 이 같이 농학연구에 큰 차이가 있게 되는 것은 이를 연구하는 농학자 개개인의 현실문제, 농업문제에 대한 이해차 및 이해관계의 차이와 그것의 개혁과 신사회건설의 필요성에 대한 인식의 차이에서 연유하는 것으로서, 이는 이 시기 정치일반에 있어서의 개혁과정이 이 같은 두 코스의 경향을 띠고 있었음과 보조를 같이하는 것이라고 하겠다.

《韓國學文獻硏究의 現況과 展望》, 亞細亞文化社, 1983. 12.

18世紀 農村知識人의 農政觀
－ 柳鎭穆과 林博儒의 경우

1

조선후기의 17·8세기에는 朝鮮國家가 애초에 구성하였던 사회경
제질서가 여러 가지 면에서 흔들리고 있었다. 그것은 단순한 동요가
아니라 체제의 변동을 수반한 동요이었다. 이조국가는 이러한 변동에
대처하여 或種의 대책을 마련하지 않으면 아니 되었다. 그러한 대책은
각계각층에서 마련되었다.

정치인들은 제도의 개혁이라든가 정책의 전환을 통해서 이를 수습하
고 새로운 세태에 대처해 가고 있었다. 전세제도의 개정, 대동법이나
균역법의 실시, 사회신분문제에 관한 새로운 조치, 화폐 및 상·공업에
대한 적극적인 시책 등은 그 예이겠다. 金堉, 洪啟禧, 蔡濟恭, 徐有榘
등은 그러한 정치인들 중에서도 두드러진 존재였다. 이들은 유교의 정

치경제이론으로 무장한 유학자이며 정치가였다.

재야의 학자들도 학문적인 면에서 조선 국가의 사회경제 및 제도를
연구하고 사회변동에 대처하는 대책을 강구하였다. 그러한 학자들의
대책은 오늘날 널리 알려져 있는 《磻溪隨錄》, 《星湖僿說》, 《茶山全書》
등으로 나타났다. 이들 학자도 유학자였다. 이들의 학문의 관심이나
대상은 조선초기의 그것과는 다른 바가 있었다. 이들의 관심은 유교의
철학적인 전개에 있는 것이 아니라 정치, 경제, 사회 등 현실적인 문제
에 집중하고 있었다. 이 시기 학자들의 이러한 학문적인 분위기를 우리
는 오늘날 實學 또는 經世致用의 學이라고 칭하고 있다.

조선 국가가 당면하고 있는 이 시기의 이러한 문제에 관하여는 농촌
에 살고 농업과 밀접한 관계에 있는 농촌지식인들에 의해서도 많은 관
심이 표시되고 있었다. 이들은 흔히는 儒生으로 불리우는 幼學이 중심
이었고 그밖에 生·進, 前職者, 지방관청의 말단관리들이 포함되어 있
었다. 이들 가운데는 讀書人으로서 생활하는 자도 있었으나 대부분은
농업을 경영하고 또 직접 농업노동에 종사하는 자도 적지 않았다. 이들
은 농촌경제의 제문제와 이해관계에 있어서 직결되고 있는 계층이었
다. 그러기에 농촌지식인들은 이 시기의 경제문제 특히 농업문제에 관
하여는 그들대로의 의견을 가지지 않을 수 없었다.

그러한 그들의 의견은 평소에도 상소제도를 통해서 중앙정부에까지
반영되고 있었지만, 18세기 최 말기(정조 말년)에는 특히 농업문제를
중심으로 하여, 應旨進農書의 형식으로 많은 사람이 집중적으로 그들
의 소견을 제언하였다. 그들의 농정관은 여기에 종합적으로 나타나게
되었다. 그것을 여기서는 공주지방의 생원 柳鎭穆과 幼學 林博儒를 중
심으로 살펴 보려고 한다. 日省錄(정조 23년 2월 11일조)을 통해서 보
면 이때에 전자는 15개조, 후자는 14개조에 달하는 의견을 제언하고
있었는데 그중 9개 조는 공통되는 것이었다.

2

　이들의 농정관은 농민경제의 안정에 그 목표가 두어져 있었다. 그러기 위해서 그들은 여러 가지 문제를 제기하였다. 그 내용은 토지소유 문제, 기구개혁 문제, 부세조정 문제, 貴農抑商 문제, 농업협동 문제, 농업기술 문제 등으로 되어 있었다.

　토지소유 문제에 관하여는 限田法의 정립을 내세우고 있었다. 대토지소유자들의 토지겸병을 제한하고, 제한된 토지가 無田農民들에게 분배되도록 하자는 것이었다. 이러한 토지론을 내세우게 된 것은 이 시기 농업문제의 근본적인 애로가 권세가나 토호들의 광대한 토지점유에 있는 것으로 보고, 따라서 그 애로를 타개하려면 이들의 토지겸병을 제한하지 않으면 아니 된다고 본 데서이었다.

　이 시기에는 권세가나 토호들에 의한 토지겸병뿐만 아니라 농민층 내부에서의 계층분화도 격심하게 전개되고 있어서 영세소농층이나 무전농민은 점점 더 늘어나고 있었다. 토지소유자만의 구성을 보더라도 이 시기의 농촌은 대략 10% 이내의 富農, 15% 내외의 中農, 20% 내외의 小農, 5·60% 내외의 貧農으로 이루어져 있었는데, 부농은 전농지의 4·50% 내외, 중농은 25% 내외, 소농은 20% 내외, 빈농은 1·20% 외의 토지를 소유하고 있었다. 영세소농층이나 빈농층은 자기의 소유지만으로써는 생계의 유지가 어려운 농민이었는데, 이러한 농민들 이외에도 무전농민이 또한 적지 않았다. 그래서 茶山은 이 시기의 호남농촌에 관하여 그러한 실정을 100명의 농가 가운데 지주 5, 자작농 25, 소작관계자 70명이라고 하였다. 이 시기에 游衣游食하는 이른바 游食人이 늘어나는 것도 이러한 계층분화에 연유하고 있었다.

　限田論은 토지소유에 있어서의 이러한 불균형을 시정하고 무전농민이나 영세농민들에게 토지를 재분배할 수 있도록 함으로써 이 시기 농업에 있어서의 기본문제를 해결하려는 것이었다.

유진목과 임박유는 이러한 기본문제의 해결책과 아울러 현재의 상황하에서 개선해야 할 문제도 생각하고 있었다. 그것은 토지의 운영에 관한 다음과 같은 제문제였다.

첫째로 그들은 農政機構의 개혁이 있어야 할 것으로 보고 있었다. 현재의 기구(지방수령)로서는 농정에 관한 충분한 실효를 거두지 못한다고 보는 데서 새로운 기구의 설치와 종래 기구의 개혁을 생각하는 것이었다. 그것은 勸農官 기구를 신설하자는 것과 還穀法을 혁파하고 社倉法을 시행하자는 것이었다. 전자는 지방수령들이 실제로 勸農에 진력하지 못하고 있다는 점에서 각지방의 有志를 권농관으로 擇立하여 농사일을 독려하자는 것이며, 후자는 본래 농민보조의 의미를 지닌 환곡법이 그 운영에 있어서 본래의 의의를 상실하고 여러 가지 폐단을 일으키고 있으므로 이 환곡법에 대신하여 各村마다 社倉制를 시행함으로써 이 폐단을 시정하자는 것이었다.

다음은 부세의 원칙을 조정해야 할 것으로 보고 있었다. 이는 농민들에 대한 徭役이 농번기에 강요되는 것을 시정하고, 稅의 부과원칙이 旱田(특히 綿田)에 대하여는 給災를 하지 않고 있음을 불합리한 것으로 보고 이를 시정하자는 것이었다.

셋째로는 貴農政策이 취해져야 할 것을 말하였다. 이 시기에는 농촌 내부에서의 농민층의 계층분화로 말미암아 士人·商人·工匠·僧尼·巫覡·行乞人 기타 등등의 游食人이 많아지고 있어서 큰 사회문제가 되고 있었는데, 이는 농업을 천시한 데서 초래된 현상으로 보고 있었으며, 농업을 천시하는 한 이러한 현상은 앞으로도 계속될 것으로 보는 것이었다. 그래서 그들은 오늘날의 농정에서는 이 유의유식하는 士人을 솔선 歸農케 하고, 農을 버리고 상공업으로 전업하였던 사람은 다시

농업으로 돌아오게 하며, 기타 行乞者, 僧尼, 巫覡 등을 모두 농민이
되게 하는 것이 급선무가 되겠는데, 그러기 위해서는 貴農政策을 써야
한다는 것이었다.

여기에 이러한 문제와도 관련하여 이 시기에는 많은 사람에 의해서
한전론이나 均田論 등의 토지재분배론이 제기되었던 것이지만, 이와
아울러 貴農을 하는 구체적인 방법을 이 시기의 논자들은 抑商을 통해
서 찾으려고도 하였다. 이 시기에는 유통경제가 발달하고 그 영향은
농촌에까지 미쳐 오고 있었다. 농민들 가운데는 농촌을 이탈하는 자가
늘어나고 상업적 농업으로 큰 利를 보는 자도 있었다. 烟草의 생산은
그 대표적인 것이었다. 여기에 貴農을 위해서는 抑商政策 또는 상업에
대한 통제책이 중요하다는 것을 제언하게까지 되었다.

넷째로 그들은 농업협동의 문제를 강조하였다. 이 시기의 영세소농
층이나 빈농층은 農糧·農種·農器·農牛를 구비하지 못한 자가 많음
으로써 농번기의 농업노동에서 항상 뒤떨어지고 따라서 失農하는 자가
있곤 하였다. 農地를 소유하지 못한 농민이 借耕地조차도 제대로 경영
하지 못한다면 살아가기가 어려울 것임은 당연한 일이 아닐 수 없었다.
그래서 그들은 이러한 애로를 타개하기 위해서는 농업협동이 필요하다
는 것을 생각하게 되었다. 그러한 협동을 그들은 향약을 통해서 실현하
려 하였다. 향약을 통해서 農糧·農種·農器·農牛를 相資하고 농업노
동에 있어서 빈농들이 상호 협조하면 失農을 면할 뿐만 아니라 형편이
펴지리라는 것이었다.

유진목이나 임박유의 농정관은 농업기술 문제에 관해서도 개선방책
을 제기하였다. 이에 있어서는 무엇보다도 먼저 洑(보)나 堤堰의 개수,
松禁을 통한 水源의 확보, 水車의 제조 보급, 水利의 均分 등 수리시설
의 완비와 그 운영의 공평을 내세우고 있었다. 이 시기에는 移秧法이
발달하고 보급되어 가는 과정이어서 벼농사에 있어서의 물의 適時供給

은 더욱 중요한 문제로 되어 있었다.

다음은 농지가 부족한 상황하에서 이를 극복하는 기술상의 한 방법으로서 노동력이 절약되고 소출이 倍多한 이앙법을 조절하고 장려할 것과 水田種麥(水田二毛作)을 권장할 것을 제언하였다. 이 시기에는 이 앙법의 보급으로 旱災를 당하는 일이 많았고, 따라서 이앙법에는 그 장점이 있기는 하였으나 단점이 또한 적지 않았으므로 정부에서는 이를 늘 통제해 오고 있었는데, 이들은 이를 긍정적인 면으로 해결하려 하였다. 이앙법에 따르는 旱災의 위험성은 수리문제를 해결하면 처리될 것으로 봄에서였다. 그리고 그들은 모든 곡물의 파종에 있어서는 土性을 잘 분별해서 適地에 適種할 것을 강조하기도 하였다.

끝으로 농업기술을 발전시키기 위해서는 農書를 새로이 편찬하여 이를 농촌에 널리 보급시켜야 할 것이라고 생각하였다. 이 시기에 가장 많이 보급되어 있는 농서는 《農家集成》이었는데, 그 내용은 조선초기의 것이어서 이 시기에는 그것을 그대로 적용하기가 어려운 형편이었다. 그래서 농업기술의 발전과 개량을 위해서는 이 《農家集成》을 참고하여 現時에 맞는 새로운 농서를 편찬하는 것이 시급한 문제라고 생각하게 된 것이었다.

3

유진목이나 임박유의 이러한 농정관은 이때에 呈疏한 다른 농촌지식인들의 그것과 대략 같았다. 그리고 그것은 또한 이 시기의 선각자로 일컬어지는 이른바 실학자들의 농정사상과도 대동소이한 것이었다. 그뿐만 아니라 그것은 또한 현실타개에 뜻이 있는 정부대신들의 농정에 관한 의견과도 어떤 점에 있어서는 공통되는 것이었다. 농촌에 거주하면서 직접 간접으로 농사에 종사하는 농촌지식인들의 생각하는 바가, 이와 같이 시대의 첨단을 간다는 실학자들이나 실제로 국정을 움직여 가는 정치인들의 생각과 기본적으로 일치하고 있다는 사실은 이들의 농정관의 기본성격을 이해하는 데 중요한 요소가 될 것 같다.

그러면 이들 농촌지식인, 좀 더 구체적으로는 본고의 대상이 되고 있는 유진목이나 임박유의 농정관이 실학자들이나 뜻있는 정부대신의 농정사상이나 농정이론과 공통되는 것은 어떠한 사실에서 연유하는 것일까. 그것은 이들이 처해 있는 현실적 조건 즉 사회경제적 배경이나 사상기반에서 이해되어야 할 것으로 생각된다.

단적으로 말하면 이 시기의 사회경제상의 현실적 조건이 이 모든 계층의 농정관이나 현실타개의 방안을 공통되게 한 것이라 하겠으며, 이 시기의 학문적 분위기나 사상적 배경이 이들의 의견을 기본적으로 일치시켜 가고 있었던 것이라 하겠다. 조선후기의 조선국가는 사회경제체제를 재편성하지 않으면 아니 되었고, 그것은 이 시기 지식인의 학문적 관심을 이러한 방향으로 이끌어가고 있었다. 이 시기의 지식인들은 긴박한 현실문제 앞에서 조선전기의 학문에서 볼 수 있었던 유교의 철학적 전개에서 그 관심의 방향을 현실면으로 돌리지 않을 수 없는 실정이었다. 더욱이 농촌지식인들은 실제로 농업과 관련이 있는 입장이었으므로 그러한 필요성은 더욱 절실한 바가 있었다.

이러한 상황 속에서 이들 농촌지식인을 양성해 가고 있는 교육기관이 지방에 산재하고 있는 書院이 중심이 되고 있었다는 사실은 주목해야 할 일이라고 생각된다. 그것은 조선후기의 학풍을 이해하는 데 있어서의 한 관건이 되는 것으로 생각된다. 서원은 壬亂後에 급속하게 발달하고 숙종 말년에는 800에 가까운 수가 되고 있었는데 이러한 서원은

官學에 비하여 자유로운 私學인 것이었다. 각 고을에는 서원이 한두 곳씩 있었고 그 지방의 독서인들은 여기에 모여서 학문을 연마하고 時勢를 토의하는 것이었다. 서원은 그 교육적 분위기가 때로는 도를 넘어서 당쟁의 원인이 되었다고 말하여지기도 하지만, 그것은 그만큼 자유로운 분위기 속에 교육하고 토론하고 현실을 비판하고 있었음을 말함이었다. 농촌지식인들은 그러한 서원의 분위기 속에서 호흡하고 성장함으로써 현실타개의 지적 능력을 갖추어 가고 있었다.

그러한 서원에서 받게 되는 교육은 유교의 경전과 주자학적인 인식체계였다. 그러기에 농촌지식인들의 사상기반은 주자학을 통해서 체득한 유교의 사상체계인 것이었다.

그것은 유진목이나 임박유의 農政疏에서 단적으로 드러나고 있었다. 가령 임박유가 한전론을 제기하면서 그 필요성을 주자의 현실파악으로써 합리화하고 있는 것이라든가, 유진목이 그의 농정이론을 주자의 농정책에서 따오고 있는 것이 그것이었다. 그래서 국왕 정조는 특히 유진목의 농정관에 대한 批答에서 그것을 한 條 한 條 검토하고 그것이 주자의 농정이론에서 온 것임을 지적하였다. 유진목이나 임박유는 그들의 농정관을 주자의 그것을 통해서 확립하고 있는 셈이었다.

사실 유진목이 底本으로 삼고 있는 농서는 申洬의 《農家集成》이었는데, 이 책은 《農事直說》, 《衿陽雜錄》, 《四時纂要抄》와 함께 주자의 〈勸農文〉을 수록하고 있었다. 《農事直說》, 《衿陽雜錄》, 《四時纂要抄》는 순전한 농서이지만 주자의 〈勸農文〉은 주자학적인 또는 유교적인 농정의 이념 위에서 농업기술을 기록한 것이었다. 公州牧使 신속은 주자학적인 농정의 이념을 염두에 두면서 이 책을 편찬한 것이었으며, 실제로 그는 이러한 농정이념을 실천에 옮겨 牧民官으로서의 도리를 다하고 있었다. 그리하여 이 책은 그후 위정자나 학자들에게 농정에 관한 또는 농업기술에 관한 귀중한 지침서로서 참고되고 연구의 자료가 되었으

며, 농촌사회에는 다른 어느 책보다 널리 보급되었었다. 농촌지식인들
에게는 지방에 있어서의 서원중심의 교육과도 관련하여 농정관에 있어
서는 《農家集成》이 지니는 이 주자학적인 농정의 이념이 그들의 사상
체계 속에 깊숙이 침투하지 않을 수 없었다.

　유진목이나 임박유는 그러한 농촌지식인 중의 한 사람이었다. 더욱
이 이들은 공주목에 살고 있어서 왕년의 공주목사 신속의 《農家集成》
에 대하여는 남다른 인연이 있었으며, 따라서 同書에 대한 관심도 유별
난 바가 있었다. 그리하여 이 두 사람은 《農家集成》에서 볼 수 있는
주자의 〈勸農文〉에도 특별한 관심을 가지게 되고, 그들의 농정서를 작
성함에 있어서는 국왕이 지적하고 있는 바와 같이 주자 〈勸農文〉의 이
념과 조항을 그대로 따르기까지 한 것이었다. 두 사람이 제언한 농정서
의 조항이 대부분 공통되었던 것도 실상은 그 저본이 동일하였음에서
연유하는 것이었다고 하겠다.

4

　유진목이나 임박유의 사상기반이 이와 같이 주자학, 나아가서는 유
교의 사상체계이었고, 그들의 농정관이 주자의 농정사상에 기반을 두
는 것이기는 하였지만, 그러나 그들의 현실타개를 위한 농정이론이 주
자시대 농정책의 그대로의 적용을 의미하는 것은 아니었다. 그들이 주
자에게서 받은 것은 그 이념과 방법의 이용이지 그 사실의 적용이나
되풀이가 아니었다. 그것은 주자학 본래의 성격이기도 하였다. 주자학
의 사상체계를 구성하는 格物思想은 기존 사물의 맹목적인 추종이 아

니라 그것의 비판적 섭취와 합리적 이해를 내세우는 것이었다.

그러기에 그들은 주자의 〈勸農文〉을 저본으로 하면서도 주자의 권농 조항을 우리 현실에 맞도록 수정 이용하기도 하고 주자가 언급하지 아니한 것을 제언하기도 하였다. 그리고 《農家集成》을 '農者之大經大法' 이라고 하면서도 그 改纂을 극구 주장한 것이기도 하였다.

이와 같은 사상기반 위에서 제기하고 있는 농촌지식인들의 농정관이 위정자나 이른바 실학자들의 그것과 같은 것이었다. 그러나 그들의 농정사상을 반드시 실학사상이라는 용어로써 부르지 않더라도, 그리고 그들의 사상이 실학사항의 영향을 받은 것이라고 하지 않더라도 그들은 이미 그러한 농정사상 및 현실타개의 방안을 제기할 수 있는 사상성을 지니고 있었다. 그것은 유교 본래의 성격이 지니는 일면인 것으로서, 윤리·도덕·우주의 본질 등을 이해하려는 형이상학적인 유교가 아니라, 현실사회를 다스려가는 데 관한 형이하학적인 측면을 다루는 이른바 정치적 유교주의로서의 유교인 것이었다.

유교는 본래 이와 같은 양면이 있는 만큼 국가가 있고 사회경제에 관한 정책이 있는 한, 그러한 현실문제를 취급하는 정치적 유교주의는 언제나 있게 마련이었다. 그리고 그러한 정치적 유교주의는 시대의 변천에 따라 그 양상 그 성격을 달리해 가는 것이었다. 고려시대 조선전기 조선후기의 유교정치는 그러한 정치적 유교주의의 단계적인 발전과정이기도 하였다. 이 세 시기의 정치가들은 각각 그 시기 그 사회의 현실적 조건에 필요한 유교이론에 의하여 제반 정책을 전개하고 있었다. 조선후기의 위정자들이 선진적인 실학자들과 마찬가지로 현실타개를 위한 사회경제체제의 재편성을 위한 제 정책을 실제로 실천에 옮겨가고 있었던 것도 그러한 예이었다.

말하자면 우리가 본고에서 살피게 된 유진목이나 임박유 등 농촌지식인들의 농정관은 그러한 의미에서의 단계적 발전과정으로서의 조선

후기의 정치적 유교주의의 산물인 것이었다. 그리고 그러한 조선후기
의 정치적 유교주의는 봉건제의 붕괴 과정을 바탕으로 하여 제기되고
있는 것이었다. 이른바 실학사상도 이러한 이 시기의 정치적 유교주의
의 한 표현이었다.

《創作과 批評》 12, 1968. 1.

정약용과 서유구의 농업개혁론

1.

19세기는 개혁의 시대였다. 이 시기에는 우리나라의 봉건적인 사회 체계의 모순이 격화하여 사회개혁을 위한 여러 가지 조치가 취해지고 있었다. 이러한 개혁사업이 본격적으로 진행되는 것은 개항 후에 있게 되는 여러 단계의 근대화과정에서 일어난 일이지만, 그러나 그 이전에 도 이미 그와 같은 노력은 여러 사람에 의해서 시도되고 있었다. 개항 전에도 우리 사회는 봉건제 해체기의 여러 모순이 심화되고, 그 결과는 광산지대나 도시나 농촌은 가리지 아니하고 대중의 광범한 반란을 초 래하고 있었으며, 따라서 지배층이나 식자층에서는 그러한 상황에 대 한 정책적인 배려를 하지 않을 수 없었던 것이다.

그뿐만 아니라 개항 후에 있게 되는 근대적인 개혁과정도 이미 개항 전부터 있어 온 사회개혁을 위한 이와 같은 노력의 전통 위에서 이를 당시의 새로운 시대상황에 맞게 재조정한 것이었다. 19세기 후반기에 전개되는 우리의 이른바 근대화 과정은 선진자본주의 열강, 그 가운에서도 주로 일제의 압력에 의하거나 또는 그에 대한 대응조치로서만 행하여졌던 것으로 이해되어 왔지만, 기본적으로는 그러한 외세에 앞서서 이미 우리의 전통적인 중세사회의 해체과정과 관련하여 사회개혁을 위한 방향이 모색되고 있었던 것이다. 그리고 그러한 전통 위에서 제국주의 열강의 침투에 직면하여서는 그 개혁과정이 새로운 각도에서 자극되고 촉진되었던 것이다.

개항 전의 이와 같은 사회개혁을 위한 노력은 봉건적인 사회경제체제의 모순이 광범하고 심각하였던 정도 만큼 많은 사람에 의해서 다양하게 제기되고 있었지만, 그 가운에서도 중심이 되는 것의 하나는 농업 문제였다. 농업 문제가 경제 전반에서 차지하는 비중이 당시에는 오늘날에 비하여 월등히 큰 것이었고, 따라서 경제체제의 개혁은 곧 그것이 농업경제의 개혁을 의미하는 것이기도 한 까닭이었다. 그리하여 개항 전의 우리나라에서는 많은 사람들이 사회개혁과 관련하여 농업개혁의 문제를 提論하고 있었으며, 그것은 나아가서 개항 후의 여러 단계의 근대화 과정의 그것과도 일정한 의미에서 연결되는 것이었다.

이와 같은 농업경제에 관한 논의 가운데서도 우리 농업의 장래의 존재형태와 관련하여 특출한 견해를 내세운 것은 다산 정약용(1762~1836)과 풍석 서유구(1764~1845)였다. 이들은 農政學者 또는 農學者로서 농업 문제에 관하여 깊이 연구하고 있었으며, 또 농업현실에 관해서도 충분한 관찰을 하고 있어서, 그들의 농업론은 학문적으로 충실하였으며, 가히 봉건적인 사회체제의 해체기 또는 근대적인 개혁기의 농업개혁론을 대표할 만한 것이기도 하였다. 그러나 그러면서도 이 두 석학의 농업개혁론은 각각 그 방향과 내용을 달리하고 있어서, 우리의 농업개혁이 직접적으로나 이념적으로 이들의 견해를 받아들이기로 한다면 그것은 그 기본성격을 달리하는 몇 방향으로 추진될 수 있는 것이며, 국가의 체제 전반과의 관련 속에서 비로소 규정될 수 있는 일이기는 하지만, 사회개혁의 방향까지도 가늠하는 것이 될 수 있는 것이었다.

2.

그러면 다산이나 풍석이 개혁하려고 한 이 시기의 농업 실정 또는 이 시기 농업의 문제점은 어떠한 것이었을까? 그것은 단적으로 말하여 농민층 분화와 그 결과로서의 농민반란이었다. 원래 조선왕조의 봉건적인 경제질서는 광범한 소농적 자영농민층과 지주전호제의 기반 위에 수립된 것이었는데, 농민층 분화는 이 어느 쪽에서도 일어나고, 따라서 그 경제질서는 동요하여 우리의 이른바 중세사회 해체과정으로서의 사회변동을 가져오고, 또 동시에 봉건적인 사회경제체제의 모순의 단적인 표현이었던 광범한 농민반란이 일어나게도 되었던 것이다.

농민층 분화는 17세기 이래의 농법개량이나 농업생산력의 발전 및 이에 수반되는 경영확대, 유통경제의 발달과 이와 관련하여 일어나는 농업경영방식의 변화, 즉 상업적인 농업의 발달, 그리고 봉건적인 지배층이나 지주층 및 부농층의 新田 개발과 토지집적 및 인구 성장에 따르는 경지의 부족과 편중 등, 여러 가지 요인으로 해서 일어나고 있었지만, 이러한 현상은 19세기에 이르러서는 더욱 격심하여지고 따라서 자영농민일 경우 토지 소유의 격차는 더욱 현저하여지지 않을 수 없었다. 농지는 극히 소수의 지주층이나 부농층으로 집중하고 대부분의 농민들은 더욱 영세한 토지소유자나 無田農民으로 전락하였다.

토지에서 배제된 농민들은 우선은 소작농민으로서 만족하게 마련이지만 앞에서 언급한 바와 같은 요인으로 말미암은 농민층 분화는 여기에서도 일어나고 있었다. 특히 농법 전환에 따라서 농업생산력에 큰 발전이 있게 되면서부터는 경영형부농층에 의한 경영 확대가 일어나게 되었으므로, 소작농민층 안의 분화는 무서운 속도로 촉진되었다. 이 경우에는 소수의 부유한 借地經營者들에 의해서 농지가 점유되고 많은 소작 농민들은 영세한 토지보유자로서 만족하거나 완전한 무전농민으로 탈락하게 되는 것이었다.

그뿐만 아니라 이 시기의 농업노동은 농법의 변화와도 관련하여 임노동에 의해서 처리되고 있었으므로, 자작농민이거나 소작농민이거나를 가리지 않고 빈농층은 農資의 부족으로 農時를 잃어 더욱 영락하지 않을 수 없었으며, 부농층은 그와 반대로 그것을 잘 이용함으로써 더욱 부유해졌다. 그리고 시장과의 관계에서도 財富의 축적은 부농층에게 유리하게 작용하였고, 따라서 분화는 더욱 촉진되어 나갔다.

그리하여 농지소유나 農地借耕에서 밀려나는 농민은 늘어났고, 이들은 농업노동·도시노동·광산노동 등 임노동자로서 연명하거나 상공업으로 전환하였고, 그것도 못하는 농민들은 유리걸식과 화적으로서 생명을 유지하였다. 18·19세기에는 농법의 전환, 유통경제의 발달로 농업생산력이 급속도로 발전하고 이와 병행하여 새로운 부유한 계층을 형성시키고도 있었지만, 동시에 많은 농민층의 몰락이 뒤따랐고 따라서 봉건왕조에서의 사회불안은 깊고 넓게 양성되고 있었다. 더욱이 이러한 분화는 양반계층에서도 일어나고 있어서 많은 수의 양반층은 토지 소유자에서 土地借耕의 소작농민으로, 또 이어서는 無田者 임노동

층으로까지 전락하고 있었다. 그러기에 이들의 현실에 대한 비판의식
도 일반 농민대중의 그것 못지않게 심각하고 예리한 바가 있었다.

농민층 분화는 이리하여 농촌사회·농민경제상에 여러 가지 어려운
문제를 야기시키게 되지만, 그 가운데서도 분화의 진행과정에서 일어
나는 지주·전호 사이의 항쟁은 그 최대 산물, 최대 난제의 하나가 되
고 있었다. 농민층 분화 속에서 자영농민으로부터 소작농민으로 전락
한 이들 농민층은 借耕地로부터의 수입이 생명의 유지를 위한 유일한
원천이었으므로 지주층과의 사이에는 이해관계의 대립 즉 抗租운동을
전개하지 않을 수 없게 되는 까닭이었다.

소작농민의 지주층에 대한 항쟁은 그때그때 여러 가지 사정이 구실
이 되고 있었지만, 기본적으로는 농민층 분화로 촉진되고 있는 경제적
불평등의 심화와, 농업생산력이 발전하는 가운데 잉여생산물의 축적을
어렵게 하고 생존을 위협하는 지주층의 高率의 小作料 징수가 그 원인
이었다. 그러므로 분화가 촉진되면 될수록 항쟁은 격화될 수 밖에 없는
것인데, 실제로 사태는 그렇게 전개되어 18세기에서 19세기에 이르면
서는 항쟁은 일상화하고 있었다. 소작농민들은 소극적 또는 적극적으
로 地代의 납부를 거부하기도 하고, 개인적 또는 집단적으로 이를 慾納
하기도 하였다. 그리고 또 경우에 따라서는 여러 마을 面民이 집단화하
여 폭력으로 이를 거부함으로써 아수라장을 이루기도 하였다. 이럴 경
우의 항조운동은 하나의 완전한 민란이었다.

19세기 중엽의 농민반란은 바로 이와 같은 항조운동의 연장이었다.
관변측 기록은 일반적으로 그 원인을 삼정의 문란, 즉 稅政의 운영상의
결함으로 기술하고 있지만, 더 근본적이고도 본질적인 경제적 원인은
바로 이와 같은 항조운동과 그 바탕으로서 농민층 분화였던 것이었다.
농민층 분화는 원래의 조선왕조국가의 봉건적 사회경제질서를 와해시
키고 있었으므로 그 결과로서의 농민들의 움직임은 이제 조선왕조국가

의 체제를 위태롭게 하는 것이었다.

 농민층 분화와 지주·전호 사이의 항쟁은 이와같이 체제부정에까지 연결되는 것이었으므로, 이 시기의 식자층에서는 이러한 문제를 진지하게 생각하지 않을 수 없었다. 이 시기에 농업개혁의 논의가 제기되는 이유는 바로 여기에 있는 것이었으며, 이는 이 시기 농업의 과제였다.

 다산과 풍석 이전에 있었던 농업개혁론은 대체로 세 계통으로 거론되고 있었다.

 첫째, 누구나가 일반적으로 생각하는 것은 농지의 재분배 문제였다. 그들은 그것을 유교 경전이나 史書를 통해서 고대 중국에서의 정전제, 균전제, 한전론 등으로 내세웠다. 이는 각각 전국의 농지를 정전제에서와 같이 井井方方으로 구획하여 이것을 8夫의 농민에 均配하여 경작케 하거나, 아니면 농지를 그렇게 구획은 하지 못하더라도 호구수에 따라 전국의 농지를 전국의 인민에게 균등하게 분배하거나, 그렇게 하지 못할 때에는 토지소유의 상한을 규정하여 지주나 부농층의 토지가 자연 무전농민에게 돌아가게 하라는 것이었다. 이러한 논의는 17세기 이래의 실학자들에 의해서 끊임없이 제창되었던 것으로서, 농촌 지식인들에게도 상식화되고 있었으며, 민란이 일어났을 때 이를 수습하는 방안으로서도 제론되고 있었다. 민란은 농민경제의 파탄에서 발생하고 있었으므로, 그 수습을 위해서는 농민생활의 안정이 필요하고 그 안정을 위해서는 토지의 급여가 필요하였던 것이다. 이는 너무나도 당연한 논리였기 때문에, 선견지명이 있는 논자는 벌써 민란이 있기 전에 농지를 재분배함으로써 농민경제를 안정시키지 못하면 나라의 유지가 어려울 것임을 예견하고도 있었다.

 다음으로 늘 거론되는 것은 農地借耕 관계의 개선으로서, 당시의 지식인들은 이를 貸田論, 均作論, 分耕論 등의 이름으로 거론하고 있었다. 지주층이 농지를 대여하는 데서는 지대의 징수가 용이한 부농층을

중심으로 하고, 따라서 영세소작농민은 이의 확보가 매우 어려워 결국
借耕地에서조차도 배제되는 형편이었으므로, 정전·균전·한전의 실
현, 즉 봉건적인 지주제의 타도가 불가능하다면 최소한 무전농민들에
게는 차경지라도 균등하게 보유케 해야 한다는 견해였다. 그렇게 함으
로써 몰락하는 농민을 구제하고 그들의 경제안정을 통해서 사회의 안
정도 기하자는 것이었다. 그리고 또 이러한 논의의 당연한 귀결로서
지주층의 지대수취율을 낮춤으로써 소작농민들의 수입을 늘리려 하였
음은 말할 것도 없었다. 이 문제는 결국 소작전호층의 항쟁이 나아가서
는 농민반란과도 관련되는 것이었으므로, 지대수취율을 법적으로 낮추
어 제도화하면 농민층의 항쟁이 없어지는 것은 말할 것도 없고, 나아가
서는 지주층의 토지겸병도 소멸하게 됨으로써 농촌사회는 안정되리라
는 것이었다.

  셋째로 생각되는 것은 농업협동의 문제였다. 이는 특히 농촌지식인
들에 의해서 강조되는 바였는데, 농지의 재분배나 차경지의 대여 조건
이 개선되지 못할 경우에는 최소한 이 문제의 해결만이라도 절대로 필
요하다고 그들은 생각하고 있었다. 이 시기의 농업은 임노동에 의해서
행하여졌으므로 농업경영에서 늘 유리한 것은 부농층이었고, 영세소농
층은 農時를 놓쳐 失農을 하고, 따라서 더욱 쇠퇴하게 됨을 면할 수가
없었다. 그러므로 이들의 경제를 안정시키기 위해서는 이 문제의 해결
이 필요한 것이었다. 農牛와 농기구의 마련은 그 선결 문제였다. 농촌
지식인이나 위정자들은 이것을 鄕約·契·社倉 등의 자치 기구나 五家
統 등의 향촌 조직을 통해서 농민들이 자치적으로 공동으로 자금을 모
아서 마련하기도 하고, 정부의 시책으로서 국가재정에서 이를 해결해
줄 것을 말하기도 하였다. 그리하여 이것이 마련되고, 이를 마련한 공
동조직을 통해서 협동농업을 하게 되면, 이들은 능히 부농층의 농업경
영과의 경쟁에서 패하지 않으리라는 것이었다.

다산과 풍석 이전에 있었던 이러한 논의들은 농업개혁을 위한 근본적인 문제로서 거론된 것이었지만, 그러나 이것이 모두 하나의 문제로서 종합적으로 제기된 것은 아니었다. 그러한 점에서 그 어느 하나만을 해결한다고 해서 농민경제나 국가재정의 안정을 근본적으로 해결할 수 있는 것은 아니었다. 농민경제의 안정을 위해서 요청되는 이러한 문제들은 더 높은 차원에서, 그리고 사회발전이라고 하는 현실적인 문제도 충분히 배려한 위에서 나온 방안이 되어야 하였다. 더욱이 이 시기의 농업은 그 생산력이 크게 발전하고 있었으므로, 농업개선의 기본방향이 이러한 발전 방향을 저해하지 않아야 할 것은 말할 것도 없고 이를 더욱 촉진시켜 나가는 것이 되지 않으면 안 되었다. 그러려면 농업생산력의 발전을 추진하여 온 계층의 전적인 희생을 강요할 수는 없는 것이며, 그것이 바람직한 방안이 될 수도 없었다. 그러한 점에서 이 시기의 농업개혁론은 농업생산력의 발전이란 전제 위에서, 앞에서 이미 언급한 바 제문제가 종합적으로 새로이 재구성될 필요가 있었다. 다산과 풍석의 농업개혁론은 바로 이러한 요청에 부응하는 것이었다.

3.

茶山의 농업개혁론은 세 단계에 걸쳐 연구되면서 완성되었다. 그 첫 단계의 견해는 〈農策〉(정조 14년)과 〈應旨論農政疏〉(정조 22년)에 보이는 농업론이었는데, 이 단계에 그는 농업기술의 개량을 통해서 농업생산력을 발전시키고 重農的인 여러 정책을 수행함으로써 농민들에게 생산 의욕을 고취할 것을 목표로 세우고 있었다. 이 무렵까지 그는 아

직 젊고, 정부 관리인데다 스스로 농업에 관하여 어둡다고 생각하는
데서, 그리고 국왕의 求言의 취지가 농업의 근본적인 개혁방안을 바라
는 것이 아니었음에서, 아직은 농업개혁이라는 문제를 사회개혁의 문
제와 관련시키지 못하고 있었다. 그러한 점에서는 그의 초기 농업론은
18세기의 다른 農政學者들의 그것과 크게 거리가 있는 것이 아니었다.

그 내용은 네 가지로 집약할 수 있는데, 그 첫째는 그가 '便農'이라고
말하는 것이었다. 이는 여러 가지 면에서 농업기술을 개량하여 농민들
의 생산 활동을 편하게 하고 더 많은 소출을 올리려는 것, 말하자면
농업기술의 개량을 통해서 농업생산력의 발전을 성취하려는 것이었다.
농업기술이 개량되면 노동력이 덜 들고 소출이 많아진다는 생각에서였
다. 그러한 문제로서 그가 들고 있는 것은 畊田의 농지제도를 개량할
것, 擇種의 방법을 개선할 것, 농기구를 개선할 것, 수리 문제를 해결할
것 등등이었는데, 그는 이러한 문제를 그의 기술관 즉 기술이 발달하면
생산 활동에 勞少功多하다는 견해에다가 《農政全書》의 농학을 도입함
으로써 구성하고 있었다.

다음은 농민들을 '厚農'케 해야 된다는 것으로서, 이는 정부가 농정
책을 개선함으로써 빈약한 농가경제에 도움을 주어야 한다는 것이었
다. 擇穀法과 斗斛制[도량형]를 개선함으로써 농민에게 피해가 없게 하
고, 농산물의 재배나 가축의 사육을 조절함으로써 소득을 늘리게 하자
는 것이 그 내용이었다.

셋째로 그가 제언하는 것은 그의 이른바 '上農' 방안이었다. 농민들
의 사회적 지위를 향상시켜 줌으로써 그들에게 생산 의욕을 주어야 한
다는 것이었다. 이러한 문제에 관하여 그는 여러 가지 방안을 내세우고
있었다. 과거제를 개정하여 遊食士人을 귀농시킴으로써 농민들의 지위
를 상대적으로 높일 것, 抑末政策을 써서 상공업의 성행을 일정한 정도
로 억제함으로써 농업과 농민의 지위를 높일 것, 良役을 戶布制로 개정

하여 이를 모든 사회계층에 부과함으로써 농민들이 스스로를 천시하지
않게 할 것 등등이 그것이었다.

끝으로 그가 가장 기본적인 문제로서 생각한 것은 '立民之本'이 마련
되어야 한다는 것으로서, 농민이 농민으로서 존재할 수 있으려면 농지
가 있어야 한다는 것이었다. 그리고 그 농지는 균전의 이념을 지닌 것,
즉 농지의 재분배를 통해서 사회적 경제적 불평등을 시정해야 한다는
것이었는데, 그러나 그는 이때에는 아직 이를 구체적으로 전개하지는
못하고 있었다.

이와 같이 살펴보면 〈農政疏〉나 〈農策〉에 보이는 그의 농업론은 그
만이 가질 수 있었던 특출한 견해는 아니었다. 그러한 논의는 이 시기
의 농학자나 농정가 또는 농촌지식인이 논하고 있었던 바, 일부의 의견
과도 같은 것이었다. 그의 초기 농업론은 18세기의 농업론에서 월등히
뛰어난 것은 아니며, 19세기에 있어서의 봉건적인 농업경제 모순의 격
화와도 관련하여 제기되는 새로운 농업론으로서의 의미도 희박한 것이
었다. 새로운 의미를 지닌 그의 농업론은 〈농책〉이나 〈농정소〉와 밀접
하게 관련되면서 각성된 〈田論〉에서 비로소 구체화되었다.

그의 제2단계의 농업개혁론은 바로 이 〈田論〉(정조 23년)에 보이는
농업론이다. 초기의 농업론이 주로 농업기술적인 문제를 중심으로 현
체제[지주전호제]의 명백한 개혁의 제시없이 농정문제를 개선하려는
것이었다면, 제2단계의 이 〈전론〉에 보이는 농업론은 현 체제의 철저
한 부정이 전제된 위에서, 농촌사회를 閭 단위로 재편성하고, 농업생산
도 여를 단위로 한 공동농장으로 개편 경영하려는, 말하자면 이 시기의
농업을 근본적으로 변혁하려는 것이었다.

〈전론〉을 〈농책〉이나 〈농정소〉와 관련된 연구로 보는 데는 충분한
이유가 있다. 그가 이것을 "乙未間所作"(《與猶堂集》)이라고 한 附註는
저간의 사정을 모두 말해 주는 것이지만, 이것이 〈농책〉에서 해명하지

못했던 문제를 해결하는 형식으로 저술되고 있는 점에 우리는 관심을 갖게 된다. 즉 〈농책〉에서는 '立民之本'이 오직 균전에 있는 것이라고 하면서도, 중국 학자들의 균전적인 의미를 지닌 토지론이 현재의 세상에서는 그대로 실시될 수 없다는 것을 비판하였을 뿐, 그 자신의 균전 방안은 이를 구체적으로 제시하지 못하였으며 〈농정소〉에서도 마찬가지였는데, 〈전론〉에서는 정전론·균전론·한전론 등 종래의 토지론을 모두 시행할 수 없는 것으로 규정하고, 그 대안으로서 그 자신의 여전론을 제기하고 있는 것이다. 이는 〈전론〉이 〈농책〉에서의 숙제를 해결하는 것임을 단적으로 말해 주는 것이다.

그러나 그러면서도 〈농책〉으로부터 7·8년이 지난 〈농정소〉에서는 아직 한 걸음도 전진할 수 없었던 그의 숙제가, 그 후 다시 1년이 지난 〈전론〉에서는 전무후무한 획기적인 방안으로서 깨끗이 해결되고 있어서, 연구의 진행상에 이렇듯이 큰 변화가 있을 수 있을까 하는 의문을 가지게도 한다. 그러나 거기에는 그럴 만한 계기가 있었던 것이라고 생각된다. 다산의 농업관에 한 획기를 이루게 하는 이 계기를 필자는 그의 〈농정소〉와 같은 시기에 전국의 농촌 지식인들에 의해서 국왕에게 呈訴되었던 〈應旨進農書〉가 아니었을까 생각한다. 이들은 다산이 전혀 착안하지 못하였던 문제를 제언하고 있어서, 만일 그가 이를 볼 수 있었다면, 그는 그의 〈농정소〉를 재검토하고 재구성하지 않을 수 없었을 것이기 때문이다.

농촌지식인들의 농업론은 앞에서 제시하였듯이 한전론, 대전론 등 농지재분배의 문제와 농업협동의 문제가 골자가 되어 있었는데, 토지 문제는 다산도 이를 생각하고 있었으므로 별 문제 삼을 것이 못되었겠지만, 농업협동의 문제는 驚異가 아닐 수 없었을 것이다. 그런데 그러한 다산이 谷山 부사로서 〈농정소〉를 저술한 후에는 서울로 다시 돌아와 형조참의로 임명되었다. 그리고 바로 이때 정부에서는 농촌지식인들의 농정소를 중심으로 농서를 편찬하기 위한 논의를 벌이고 있었다. 농정소를 저술한 이듬해에 다시 〈전론〉을 집필하게 된 것은 바로 이러한 상황 변동에서 온 것이며, 여기에 새로운 돌연한 농업개혁론이 제시될 수가 있었던 것이라고 생각된다. 그는 균전론, 한전론 등 농지 재분배의 문제와 노동력을 중심한 농업협동의 문제를 개별적인 문제로서가 아니라 하나의 문제로서 종합하기에 열중하였을 것이고, 필경 거기에서 도출될 수 있었던 것은 공동농장적인 농업경영론이었을 것이다.

이상적인 농업개혁론으로서의 〈전론〉은 동시에 하나의 새로운 사회개혁론이기도 하였다. 그 특징은 향촌 사회를 군 또는 군역조직의 기능도 兼有하는 閭 단위로 개편하고, 이를 기본단위로 한 공동농장으로서 농업을 경영하려는 것이었다. 그리고 이때 그가 여기에서 목표로 하는 것은 농민 경제의 均産化를 통한 안정을 기하려는 것이며, 그러기 위해서는 봉건적인 농업 생산관계, 즉 지주전호제를 타도해야 된다는 점이었다. 그리고 균산을 위한 방법으로서는 정전론, 균전론, 한전론 등 여러 견해가 있지만 이러한 견해는 기본적으로 농민을 위한 균산 방안이 될 수 없다는 데서, 그로서의 새로운 기준, 즉 "農者得田 不爲農者不得之"의 원칙을 중심으로 이를 제기하는 것이었다. 그는 위정자의 농민 통치의 이념(옛 성현의 정치이념)은 원래 농민경제를 균산화하는 데 있는 것이라 보고 이를 강조하였다.

다산의 공동농장론, 즉 여 단위의 농업경영론이 어떠한 것인가는 이미 널리 알려져 있는 바이지만, 그 내용은 30호를 기준으로 하는 閭民이 그들이 공동으로 점유하고 있는 국유의 농지를 공동노동으로써 공동으로 경작하는 것이었다. 토지의 사적인 소유, 따라서 사적인 경영은 허락되지 않았으며, 閭民은 농기구의 사적 소유만이 인정된 채, 閭長 즉 공동농장 관리자의 지휘하에서 공동으로 이를 경영하도록 되어 있었다. 그리고 소득의 분배는, 전 소출의 10분의 1 정도에 해당하는 세를 정액제로서 납부하고, 또 농장관리 책임자(閭長)의 祿을 제외한 나머지로서, 농장경영을 위한 여러 노동에 참여한 농민에게 그 노동 일수에 따라서 이를 분배하도록 하였다. 공동노동에 참여한 농민만이 노동량의 다과에 따라서 보수를 받고, 일체의 비 농업인구는 그 소득분배에서 제외되는 것이었다(이들에 대해서는 다른 각도에서 그 생계가 배려되었다). 그리고 농장의 관리 책임자는 동시에 군역조직에서의 장교를 겸하게 함으로써 閭民은 경제생활에 있어서나 군역상으로 閭長에게 직결되고, 여장은 군조직의 힘을 통해서 농장경영을 조직적으로 일사불란하게 하고, 또 농업 경영을 효율성 있게 해가려는 것이었다.

다산의 공동농장은 하나의 강력한 조직이고 집단농장이었다. 그리고 그것은 지금까지의 지주전호제와 소농적 자영농민층을 바탕으로 한 봉건적인 경제질서를 전면적으로 철저하게 개혁한 것이었다. 따라서 그것은 혁신적이고 참신한 농업 개혁론일 수가 있었지만, 그러기에 그것은 또한 그만큼 실천에 옮기기가 어려운 것이기도 하였다.

그러한 난점은 여러 가지 경우를 생각할 수 있지만, 첫째로 이러한 농장이 이루어지려면, 먼저 전국의 토지를 국유화하는 작업이 앞서야 할 터인데, 이때 집권층으로서의 봉건지배층이 소유하고 있는 토지를 여하히 국유화할 것인가 하는 것은 큰 문제였다. 균전론이나 한전론도 바로 이러한 난점 때문에 실현되지 못하고 있었는데, 그보다도 더 혁신적인 공동농장이고 보면 말할 것도 없는 일이었다. 그렇더라도 이를 시행하려면 전 지배층을 실력으로 누르고 이를 실천케 할 만한 능력이 왕권을 중심한 국가권력에 있어야 한 터인데, 이때의 국왕에게는 그럴 만한 능력과 의지가 없었다. 뿐만 아니라 국왕 자신도 봉건지배층과 이해관계를 같이하는 거대한 지주, 우리나라 최대의 봉건지주였던 것이다.

토지 국유화에 있어서의 난점은 일반 농민층의 경우에도 마찬가지가 아닐 수 없었다. 농민층이라 하더라도 그 가운데는 경제 정도에 따라서 이해관계를 달리하는 여러 계층이 있기 때문이다. 특히 부농층과 빈농층, 有田者와 無田者, 고용주와 피고용자 등은 같은 농민층이지만 대개의 경우 그 이해관계는 상반되는 입장에 있었으므로, 토지국유화를 통한 공동농장이 이루어진다고 할 때 이들 농민층의 토지 국유화 및 공동농장화에 대한 반응은 크게 다르지 않을 수가 없을 것이었다. 다산의 공동농장이 주로 무전농민층과 영세토지소유자의 입장에서 그리고 이들을 위주로 하는 개혁방안이라는 점에서 보면 이는 쉽사리 이해될 수 있다. 그러므로 前記한 바와 같은 공동농장이 실천단계에 들어간다고 할 때 부농층이나 중농층에는 불만을 표시하는 자가 적지 아니 있을 것이고, 이들은 농업공동화의 정책에 쉽사리 동조하지 않을 것임을 예상할 수 있는 것이다. 더욱이 지방사회를 움직이는 사회 세력은 이들 부농층인 것이었다.

이와 같이 살펴보면 다산의 공동농장적인 농업개혁론은 실로 탁견이 아닐 수 없었지만, 혁명이 없는 이 시기의 상황에서 이를 실천에 옮기기에는 너무나 많은 난점을 내포하고 있는 것이었다. 그는 이 난점을 해결할 수 있는 무슨 묘안을 제시하고 있는 것도 아니었다. 그는 이를 옛 성현의 정치에 비추어 '대의'로서 강조할 뿐이었다.

제3단계의 농업개혁론은 〈전론〉 이후에 《經世遺表》에서 전개한 土地論, 즉 〈井田論〉·〈井田議〉(순조 17년)에 보이는 농업론으로서, 이는 〈전론〉의 농업론과는 근본적으로 다른 것이었다. 이는 농업을 개혁하기는 하되, 공동 농장이 아니라 무전농민층의 독립자영농화를 목표로 하는 것이며, 급격하고도 혁신적인 방법으로써가 아니라 점진적이고도 온건한 방법으로서 그 목적을 달하려는 것이었다. 그리고 이 개혁론은 〈전론〉의 공동농장과는 달리 당시의 우리 농업을 발전시켜 온 주역들에 대한 충분한 배려와, 그들을 농업 개혁의 주역으로 이끌어 들이고 또 나아가서는 그들을 정치권력에까지 참여시킴으로서, 농업개혁의 사회적 배경까지도 다져가려는 사회개혁론으로서의 의미도 지닌 것이었다. 〈전론〉이 그의 이상적이고도 궁극적인 개혁안이었다고 한다면, 이 〈정전론〉은 현실적이고도 방편적인 의미를 지닌 안이었다고 하겠다.

그러면 어찌하여 다산은 그의 농업개혁론을 이와 같이 〈전론〉에서 〈정전론〉에 이르면서 크게 수정하지 않으면 아니 되었던 것일까. 거기에는 몇 가지 사정이 있었다.

그것은 무엇보다도 그의 공동농장의 이상론이 현실과 너무나도 거리가 있는 실현성이 희박한 안이라는 것을 인식한 데서였으리라고 생각된다. 앞에서도 언급한 바와 같이 그의 〈전론〉은 그 내용 자체는 획기적인 것이었으나, 그는 그것을 실현시킬 수 있는 확실한 방법을 제시하고 있는 것이 아니었다. 현실 문제를 다루는 경제정책이 그것을 시행할 수 있는 방법을 갖지 못한다면 그것이 아무리 훌륭한 탁견이라 하더라도 결국 공론에 불과한 것이다. 다산은 아마도 그러한 사정을 충분히 인식하고 있었으리라 생각된다.

더욱이 그는 〈전론〉 이후에는 조선 왕조국가의 유교 이념에 도전한 천주교 사건에 휘말려 官界에서 밀려난 것은 말할 것도 없고, 전남 강진으로 유배되어 40대에서 50대에 이르는 18년간의 긴 세월을 억류 속에서 지냈었다. 그리고 그 사이에 석방될 수 있는 기회가 없었던 것이 아닌데도 그때마다 이를 저지하는 봉건지배층의 거대한 힘이 강하게 작용하였고, 이로 말미암아 그는 마침내 세상에서 잊혀진 존재로서 살아야만 하였다. 말하자면 그가 제론하는 공동농장론을 실현시키게 될 때 당면하게 될 봉건지배층과의 결전을 그 문전에도 이르기 전에 벌써 철저하게 치르고 있는 것이었으며, 그것도 지배층의 거대한 힘에 의해서 일방적으로 당하고만 있는 것이었다. 지배층의 횡포와 그 힘을 몸소 체험하면서 인생과 학문이 더불어 원숙한 경지에 이른 그는 당위

로서의 농업개혁을 어떻게 실현시킬 것인가에 관하여, 즉 그 방법에
관하여 많은 것을 생각하였을 것이며 여기에 제기된 것이 정전론이었
던 것이다.

그러나 이와 같은 방법이 그의 정전론으로서 제기된 것은, 유배 생활
중에서의 유교 경전에 대한 연구와 농촌 현실에 대한 관찰에 힘입은
바였다. 그는 이 사이에 농촌사회에서 농업생산력의 발전에 앞장서고
있는 계층을 관찰할 수 있었고, 그러한 사회계층의 기능의 중요성과
사회적 의의를 인식할 수가 있었다. 그리고 유교 경전의 연구가 심화됨
에 따라서는 종래에 실현 불가능하다고 생각하였던 '정전'을, 그 개념을
달리 파악할 수 있은 데서 실현 가능한 것으로 보고, 이를 당시의 우리
농촌을 이끄는 주역들과의 관련에서 재건하려 한 것이었다. 그는 유교
국가 조선왕조의 사회경제체제를 유교의 경전을 연구하고, 옛 성현의
정치이념을 재발견함으로써 현실적으로 개혁하려는 것이었다.

그가 새로이 파악한 정전에 대한 개념은, 첫째 그 본질이 균산을 위
해서 있는 것이 아니라 正賦를 위해서 있는 것이며, 옛 성현들이 정전
을 통해서 힘쓴 것은 '正租賦'하는 것이지 '務均産'하는 것이 아니었다
는 것이다. 말하자면 고대 중국에서의 정전의 기본목표는 조세를 균평
하게 부과하는 데 있는 것이지, 농지를 반드시 균등하게 분배함으로써
均産을 기하려는 것이 아니라는 것이었다. 그리고 다음은 일반적으로
정전은 전국의 농지를 井井方方으로 劃井成方하는 것이라고 이해하고
있지만, 옛 성현들의 정전은 그러한 것이 아니라 그 작성이 가능한 곳
은 이를 작성하고 그렇지 못한 곳은 작성하지 않았다는 것이었다.

옛 성현들의 정전의 본질이 이러한 것이라면, 이것을 당시의 우리나
라에다 재현하지 못할 것도 없다는 것이 그의 생각이었다. 그러기에
그는 일반적으로 이해하고 있는 정전과는 같지 않은 그의 정전론, 그리
고 당시의 농촌 현실을 충분히 반영시킨 정전론을 그의 제3단계의 농업

개혁론으로서 전개할 수가 있었던 것이었다.

하지만 정전의 개념이 비록 이와 같이 달라졌다 하더라도 그 설치가 그렇게 용이한 일일 수는 없었다. 정전이 설치되려면 토지의 국유화를 통한 재분배가 반드시 있어야 하기 때문이었다. 그러므로 그는 이 작업을 위해서는 수백 년의 장기 계획으로서 끈기 있게 점진적으로 밀어나갈 것을 구상하고 있었다. 국고금, 관리의 헌금, 광산 채굴에서 얻어지는 수익금 등으로써 지주층의 사유지를 매입하거나, 부농층에게 獻田을 권유하기도 하고, 新田을 개발하여서는 반드시 정전을 설치할 것 등을 그 방법으로서 내세우고 있었다. 하루아침에 전국의 토지를 법으로 국유화하는 것이 아니라 이미 취득한 소유권을 그대로 인정하고 이를 유상으로 매입하거나 기증을 받으려는 것이었으며, 이렇게 해서 수용되는 토지는 이를 그때그때 無田農民에게 재분배하여 정전제로 개편해 가려는 것이었다. 그리고 국유지로 되어 있는 각종 官屯田이나 왕실의 宮房田은 말할 것도 없이 지주제를 청산하여 정전으로 편입하고, 지주제가 그대로 남아 있는 지주층의 사유지에서는 借耕地에서만이라도 정전제적인 농지분배를 하면, 정전제의 실시가 반드시 불가능한 것이 아니라고 생각하는 것이었다. 그리고 또 劃方成井의 문제도 가능한 곳은 그렇게 하고, 그럴 수 없는 곳은 魚鱗圖[지적도]를 작성하여 이 도면상으로만이라도 井井方方을 이루게 하여 토지를 급여하기도 하고 稅를 부과하기도 한다는 것이었다.

정전제를 중심으로 한 다산의 농업개혁론은 그 경영 관계에 특징이 있었다. 그것은 공동농장적인 농업경영론에 대비되는 것으로서, 정전이 수여된 농민으로 하여금 농업 생산에 있어서의 기본적 생산수단인 토지(국유화를 거쳐서 재분배된)의 사적소유와 그 사적 또는 독립적인 경영을 통해서 농업생산력 전반을 향상시키려는 점이었다. 그리고 이와 같은 목표 하에 국가는 전국의 농업 생산을 분업화, 조직화, 계획화함으로써 이를 합리적으로 관리 경영하고, 그 일환으로 농민 개개인에 대한 均産의 문제도 꾀하는 것이었다.

그가 구상하는 농업의 분업화·조직화는 전국의 농업을 6科의 전문분야로 구분하여 이를 각각 적격의 농민으로 하여금 전업적으로 경영케 하려는 것이었다. 그 6과는 田農(곡물), 園廛(과수), 圃畦(채소), 嬪功(직조), 虞衡(조림), 畜牧(목축) 등으로서, 그는 이를 工·商·臣妾과 더불어 9직으로 보고 있었는데, 그는 이와 같은 직업들을 겸업하는 것이어서는 아니 될 것으로 보고 있었다. 그의 직업관은 겸직을 하면 어느 한쪽도 충분한 성과를 기대하기 어렵다는 것이었다. 다산은 이를 옛 선왕의 '均授其職'의 뜻과도 관련하여 설명하였지만, 보다 현실적인 이유로서는 유통경제의 발달, 즉 농업의 상업화와 관련하여 확산하고 있었다.

당시의 농업은 임노동에 의한 상업적인 농업으로서 행하여지고, 겸업을 하려야 할 수도 없고, 할 필요도 없는 경우가 많았다. 이를테면 가난한 농민이 어찌하여 곡물이외에 蔬菜 등 상품 작물을 부업으로 재배함으로써 수입을 늘리지 않는가를 알아보았더니, 농지가 없는 것은 말할 것도 없고 임노동에 동원되느라고 여가가 없어서 그러하더라는 것이며, 지방 수령들이 권농정책으로 농·상을 장려하고 있는데도 농민들은 뽕을 재배하지 않고 그것을 고통스럽게 여기는데, 그것은 목면업이 발달, 보급되고 있는 가운데서 명주는 급하지 않은 까닭이라는 것이었다.

이러한 사정은 유통경제의 발달에 따르는 농업의 상업화와 전업화 현상을 보여주는 것인데, 다산은 이를 민감하게 파악하고 있었다. 그는 각 지방에서 각종 농산물이 각각 주산지를 형성하고, 전업적으로 재배되어 상품화되며 치부의 수단이 되고 있음을 정확히 인식했던 것이다. 그리고 現時는 이미 자급자족 시대는 아니며 농민들은 농업의 상업화로 인해서 한 가지 작물에만 전념해도 살아갈 수 있음을 알게 되었다. 그리하여 그는 그의 직업관과도 관련하여, 그리고 당시의 경제 사정과도 관련하여 농업을 분야별로 전업화하고 그 기능을 조직화함으로써 보다 큰 농업생산력의 발전과 농민경제의 안정을 기하려는 것이었다. 그의 농업의 분업화·전업화는 말하자면 이 시기의 상업적 농업에 대한 농업경영상의 대응조치로서 취해진 것이었으며, 따라서 이것은 또한 유통경제의 정상적인 발전을 전제로 하는 것으로서, 이 단계에 이르면 그는 抑商政策을 취해서는 아니 될 것임을 강조하기도 했다.

농업경영의 기본원칙이 이러하고 또 정전제의 기본이념은 均産에 보다 均賦에 있는 것이라고 보기 때문에, 그는 개개인의 농민들에게 농지를 분배하는 데 있어서는 정전의 틀 속에서이긴 하지만 그들의 능력(노동력과 전문적인 재능)에 따라 차등을 두는 것을 원칙으로 하고 있었다. 재능에 따라서 과수·소채·직조·조림·목축 등을 희망하는 농민들에게는 그 면적에 제한을 두지 않고 이를 수여하고, 이러한 재능이 없어서 곡물 재배를 하게 되는 농민들에게는 농지를 分與하되 노동능력을 참작하여 100畝를 주게도 하고 25무를 주게도 하였음이 그것이었다.

노동인구가 5·6인씩이나 있는 '原夫' 농가면 100무, 1夫 1婦의 '餘夫' 농가이면 25무씩 분배한다는 것으로서, 전자의 경우는 가족 이외의 고용노동력까지도 포함하는 것이었다. 이때 다산이 말하는 100무의 농지는 40두락에 해당하는 것으로서, 이만한 경영면적은 이 시기의 중농층이나 부농층의 경영면적이었다.

그러므로 그의 정전제적인 농업개혁은 모든 농민을 봉건적인 지주전호제로부터 해방된 독립자영농민층으로 육성하는 것을 그 목표로 하는 것이지만, 일정한 범위 내에서의 중농층과 부농층을 배제하지 않는 것이었음은 말할 것도 없다. 더욱이 山農의 경우에는 황무지에 新田을 개발함으로써 규정 이상의 농지를 소유하게 됨을 또한 막지 아니하고 있었다.

국가에 대한 세는 井田─區로 한 공전을 8夫의 농민이 공동경작하여 그 소출로서 일정액을 정액제로 납부케 하였다.

그리하여 농지가 분배되면, 그는 모든 농민들이 각 지방의 사정을 참작하여 수익성 있는 농작물을 재배하고 이를 상품화함으로써 수입을 늘려야 할 것임을 강조하였다. 이때에는 국내시장의 제 조건이 배려됨은 말할 것은 없고 경우에 따라서는 국외의 시장까지도 그 판로의 대상이 되고 있었다. 그의 독립자영농적인 농업경영론은 말하자면 완전한 상업적 농업의 바탕 위에 세워진 것이었으며, 당시 발전하고 있던 유통경제를 그대로 육성, 발전시켜 간다는 전제 위에서 전개된 것이었다. 그리고 그의 농업개혁은 농업을 중시하기에 상업을 억제한다는 것이 아니라, 상업을 포함한 경제구조 전반의 변혁과 성장이 있는 가운데서 농업의 발전을 찾고 있는 것이었다. 다산의 농업 개혁론은 〈전론〉에서 〈정전론〉에 이르면서 커다란 변화가 있었지만, 그것은 그의 상업관의 진전과도 밀착되어 있었다.

다산이 이 농업개혁론에서 마지막으로 생각하는 것은 농업개혁을 사회개혁과 관련시키는 문제였다. 그것은 지주제의 타도를 수반하는 이 농업개혁을 성공으로 이끌어 가기 위해서도 그렇고, 농업개혁을 수행하려는 근본 목적이 새로운 사회의 건설에 있었던 까닭이기도 하였다. 그것을 그는 농업경영을 잘한 농민의 사회적 지위를 향상시켜 주는 방법으로써 건설하려 하였다. 즉 6과(전농의 경우에는 원부에 한함)로 전업화한 각 분야에서 농업경영을 가장 잘하고 따라서 생산력의 발전에 가장 공이 있는 농민을 지방 수령의 추천에 따라 신분을 논하지 않고 매년 20명씩 선발하여 관리로 임명하고, 여기에 임명되지 못한 자도 최소한 각 지방의 향직 등에 임명함으로써 시상한다는 것이었다. 이는

농업경영에 우수한 농민의 정치참여인 것으로서 하나의 커다란 사회개
혁론인 것이었으며, 이러한 사회적 또는 정치적 세력의 형성을 통해서
지난하고도 지난한 농업 개혁을 달성하려는 것이었다고도 하겠다.

　이와 같이 살펴보면 다산의 제3단계 농업개혁론에서 특히 주목되는
농민층은, 농업경영을 잘하고 농업생산력을 향상시켜 가는 데 주축이
되는 농민이었는데, 이들은 바로 이 시기에 현실적으로 존재하고 있었
던 力農者로서의 경영형부농층 그것이었다. 경영형부농층은 농업기술
을 개량하고, 임노동을 적절히 이용하고, 상품작물의 재배 시장을 대상
으로 하는 생산 활동을 하고, 차경지에서의 경영 확대를 통해서 부를
축적해 가는 등 이 시기의 농업생산에서 주축을 이루고 있는 농민층이
었다. 그리고 이들은 그 부력으로서 신분을 상승시키기도 하고 향직을
취득하고도 있었다. 다산이 말한 6과의 농업분야에서 농업경영이 가장
우수하여 정치권력에까지 임명될 수 있는 농민은 바로 이와 같은 실재
한 농민층으로서의 경영형 부농층의 농민상 그것인 것이었다. 그러기
에 그의 독립자영농적인 농업 경영을 목표로 하는 농업개혁은 말하자
면, 경영형 부농층을 그 개혁의 주체로 이끌어 들이면서, 이들의 힘을
통해서 점진적으로 그리고 전면적으로 봉건지주제를 타도해 가려는 방
안이었다고 하겠다.

4.

　풍석의 농업론은 그 자신과 할아버지, 아버지 등 3대에 걸친 家學으
로서의 농학 연구와 당시까지의 신구 농학을 모두 종합하는 가운데서

이루어졌다. 그의 조부 徐命膺은 산림경제의 농학을 바탕으로 하여《攷事新書》〈農圃門〉을 편찬하고, 그의 아버지 徐浩修는 그 조부의 학문을 계승하여《海東農書》를 저술하였는데, 그는 이와 같은 할아버지·아버지의 학문을 다시 계승하여 이를 완성함으로써《林園經濟志》를 이룩한 것이었다. 당시의 농학은《農事直說》이래의 우리 농학을 기축으로 하면서, 중국 농학으로부터 새로운 농업기술을 도입하고, 당시의 새로운 경제 사정 위에서 형성되는 농업경영관을 농학의 체계에다 반영시키는 것이 하나의 과제로 되어 있었는데, 풍석은 평생을 농학 연구에 이바지하여 이 과제를 해결함으로써 그 학문을 완성했던 것이다. 그러므로 그의 농업개혁론의 배경은 결코 단순한 것이 아니지만, 그 자신의 연구과정으로서 보면 그것은 두 단계를 거치는 가운데 완성되었다.

그 첫 단계는 그의 〈農對〉(정조 14년)와 〈淳昌郡守應旨疏〉(정조 22년)에 보이는 농업론으로서, 다산이 〈農策〉과 〈應旨論農政疏〉를 저술하던 바로 그때, 풍석은 이 두 편의 논문을 작성했던 것이다. 다산과 마찬가지로 국왕의 구언교에 대한 응지소의 형식으로 작성한, 말하자면 농업개혁론으로서의 제기였다. 그렇지만 이것이 비록 농업개혁에 관한 방안 제시이기는 하지만, 2, 30대의 젊은 시절에 작성된 이 개혁안의 내용은 아직 18세기 농학사상의 일반적 경향을 크게 벗어날 만큼 출중한 것은 아니었다.

그 내용은 무엇보다도 '務農之道'가 제대로 취해져야 된다는 것으로서, 여기에서는 세 가지 문제를 제기하였다. 그 하나는 한전제를 시행하라는 것으로서 이를 시행하면 당시의 사회 문제로 되어 있는 무전농민과 人稀地廣한 곳에서의 多作의 폐단도 막을 수 있다는 것이었다. 즉 토지 소유의 상한을 제한함으로써 무전농민에게는 농지를 분배하여 貧富의 격차를 없이 하고, 다작농민에게는 다작으로 인한 농작의 부실을 막을 수가 있어, 농업에서의 균산의 문제와 소출 증대의 문제를 해결할 수가 있다는 것이었다.

다음은 수리시설을 갖추라는 것으로서, 농업에 있어서 수리 문제는 인체 내에 있어서의 혈맥과 같이 절대 불가결한 기본적인 것이니, 농업을 발전시키려면 반드시 이 수리시설을 완벽하게 갖추어야 한다는 것이었다. 그러나 그것이 쉬운 문제일 수는 없었다. 그러므로 그는 이 시설의 보급을 위해서는 특별한 방안을 정책화할 것을 제언하는 것이기도 하였다. 즉, 옛날 力田科의 제도를 살려서, 각 고을마다 부호로 하여금 募丁赴役을 하게 하되 매일 100夫 이상씩 취역하면 그로 하여금 감독을 시키고, 일이 준공된 후에 道臣에게 보고하면, 도에서는 募丁의 多寡, 부역의 일수, 수리시설 뚫기[疏鑿]의 넓고 좁음[廣狹] 등을 따져서 이들 부호에게 樞銜(中樞府의 벼슬)을 주기도 하고 資級을 급여하기도 하라는 것이었다.

셋째는 농기구를 개량하여 농민들로 하여금 省勞功多케 해야 한다는 것이었다. 그리고 그러기 위해서는 농기구를 모두 일정한 규격으로 제작 보급함으로써 목적을 달성할 수 있다는 것이었다. 이는 장차 제론될 농지제도의 개정문제와 밀착되는 것이었으나 이때에는 아직 여기까지 언급하고 있지는 않았다.

'務農之道'에 이어서 이와 관련하여 그가 특히 제기하는 것은 새로운 농서 편찬에 대한 제언이었다. 농업을 발달시키려면 그 지침서로서의 농서가 필요한 까닭이었다. 이때에도 물론 《농가집성》이나 《산림경제》 등 훌륭한 농서가 없었던 것은 아니지만, 그러나 이것은 모두 17세기 중엽에서 18세기 초엽에 걸치면서 편찬된 것으로서 시세에 맞지 않는 바가 있었다. 《농가집성》으로부터 1세기 이상이 지난 당시로서는 무엇보다도 새로운 농서가 필요하였다. 《산림경제》의 증보편이 나오고, 박제가의 《북학의》와 박지원의 《과농소초》가 저술되고, 서씨가가 가학으로서 농업을 연구하고 있었던 것도 모두 이러한 시대적인 요청에서 오

는 것이었다. 그리고 정부에서 전국의 지식인들로부터 〈응지진농서〉를
받아 새로운 농서를 편찬하려 했던 것도 그 때문이었다.

풍석의 이때의 농업관은 三才, 즉 기후[天時]와 그 땅에 알맞은 작물
[土宜]과 人力이 합치될 때 농업은 성과를 거둘 수 있다는 생각이었다.
파종과 수확을 천시를 따라 하고, 농작물의 재배는 수리시설을 갖춘
후에 토의를 좇아 하며, 농민은 그러한 위에서 인력을 다함으로써 소기
의 소출은 기대할 수 있다고 보는 것이었다. 그러기에 그가 이때 제론
하는 농서는 이러한 문제를 중심으로 당시의 시대상황에 맞도록 이를
편찬할 것이었는데, 이를 위해서는 일정한 방법이 있어야 할 것임을
건의하였다. 정조 22년의 정부대신들의 생각과 같이 〈응지진농서〉를
통해서 이를 종합하는 것도 한 방법이기는 하지만, 그는 이를 기대할
만한 것이 못되는 것으로 보았다. 지방에서는 〈응지진농서〉를 작성할
때 참고할 만한 서적이 불비하여 그 진농서가 좋은 저술이 되기는 어렵
다고 보았기 때문이다. 그래서 그는 자료수집과 농업 현실의 파악을
위해서는 각도마다 局을 설치하여 농업 전문가를 배속시키고, 이들로
하여금 그 지방의 풍토, 산물, 씨 뿌리고 가꾸기[播耨]의 이름과 늦음
[早晩], 경험의 성패, 농포 방문기 등을 작성 보고하게 하며, 이것이
모두 모이면 정부는 내각으로 하여금 이를 토대로 고금의 群書를 참고,
절충함으로써 現時에 맞는 새로운 농서를 종합, 편찬하지 않으면 안
될 것이라는 방안을 제시했던 것이다.

풍석의 제2단계의 농업개혁론은 그의 《林園經濟志》와 〈擬上經界策〉
(순조 20년)에 보이는 농업론이다. 어느 것이나 장년기와 노년기의 오
랜 세월에 걸친 연찬의 결과로서 이루어진 성과였으나, 전자는 특히
그의 초기 농업론에서의 농업기술상의 문제를 계승 발전시킨 것이고
또 그가 제시하였던 바, 농서 편찬의 방법을 정부가 이를 채택하지 않
으매 가학의 완성과도 관련하여 그 스스로가 평생의 작업으로서 완성

한 것이었으며, 후자는 그의 초기 농업론에서의 농지재분배론 및 力田
科論을 계승 발전시킨 것이었다.

《임원경제지》에서 풍석이 해결하려고 한 농업 문제는, 어떻게 하면
19세기 전반기의 시대상황 속에서 이 시기의 경제 제 조건과 관련하여
농업에 있어서의 최대의 수입을 올릴 수 있을 것인가 하는 문제였으며,
이를 위해서 농업 기술상으로나 농업 경영상으로 최선의 개선방안을
제시하려는 것이었다.

그리하여 그가 여기에서 전자에 관하여 제언하게 된 것은, 무엇보다
도 임노동제의 농업조건하에서 노동력을 절약하고서도 단위면적에 있
어서의 소출을 증대시킬 수 있는 방안, 즉 농지제도를 개선하려는 것이
었다. 그것을 그는 벼농사는 직파법에서 이앙법으로, 밭농사는 壟種法
이나 縵田法에서 代田的인 畎種法으로 이를 개선함으로써 그 목적을
달성하려 하였다. 이 두 농법은 이 시기에는 지력을 최대로 이용할 수
있고 따라서 수확도 가장 많은 것으로 이해되고 있었으며, 또 이 두
농법은 노동력이 덜 들면서도 소출이 많아지는 장점이 있는 까닭이었
다. 이 경우 그가 이러한 농지 제도의 개선과 관련하여 農時의 조절과
품종 및 농기구의 개량이 있어야 하고 시비 문제, 수리 문제의 개선이
있어야 함을 강조했음을 물론이며, 이 모든 것이 그의 농학에서는 하나
의 문제로서 연결되어 있었다. 그리고 이러한 기술적인 문제의 전제
위에서, 그가 다시 후자에 관하여 제언하게 된 것은 농업생산·농업경
영을 수익성을 고려하여 할 것과, 그러기 위해서는 시장성이 좋은 농작
물을 재배할 것을 권장하는 것이었다. 이 시기에는 상업적인 농업이
발달하고 있어서 농민들은 상품작물을 재배함으로써 치부를 하는 자가
적지 않았던 까닭이다

《임원경제지》의 농업론은 이와 같이 특출한 것이지만, 그러나 이 무
렵의 풍석의 농업개혁론이 더욱 특징적으로 드러나는 것은 〈의상경계

책》의 농업론, 그중에서도 특히 둔전론에서이다. 이는 전술한 바 《임원
경제지》의 농업론을 바탕에 깔면서, 한걸음 더 나아가 이 시기의 농업
문제가 지니는 모순을 타개하고 경제 질서 전반을 점진적으로 그러나
근본적으로 개편하려는 개혁안이었다. 이와 같이 풍석이 둔전론을 통
해 제기하는 농업 개혁론의 본질은 국영농장의 설치와 농업생산의 집
단화였다. 농업 개혁에 있어서의 그의 궁극 목표는 물론 한전론이나
정전론의 언급에서 볼 수 있듯이 토지 소유관계나 농업경영 관계의 전
면적인 변혁에 목표를 두는 것이었지만, 그는 이러한 안의 현실사회에
서의 실현성 여부를 고려하여 점진적이고도 무리 없는 방법으로 이제
는 국영농장론을 제시하게 된 것이었다.

국영농장의 설치를 통해서 해결하려고 하는 농업 문제는, 첫째 국가
의 재원을 넓힘으로써 그 부력을 증대하려는 것이었다. 이 무렵의 국가
재정은 허약하였고 따라서 증세를 통한 농민수탈은 더욱 가중하여 이
른바 삼정의 문란을 초래하고 있었으므로, 농민 경제의 안정을 위해서
는 그 방안의 제시에 선행하여 정상적인 의미에서의 국가재정의 충실
이 필요한 것이었다. 그는 그것을 국영농장의 설치를 통한 國儲[국가재
정]의 충실화를 통해서 해결하려 하였다. 즉 田結制를 頃畝法으로 개정
한 위에서 양전을 하여 세원을 명확히 파악하는 한편, 국영농장을 설치
하여 이곳에서 농법을 교육함으로써 전국의 농민으로 하여금 이를 배
워 농업생산력을 발전케 하고, 따라서 국가의 세입도 충실히 하는 동시
에 국가 스스로가 전국 각지에 설치한 농장을 경영함으로써 그 수입을
확고히 하고 이를 통해서 재정을 충실히 한다는 것이었다.

다음은 토지 없는 농민들에게 생업을 수여함으로써 농민경제를 안정
시키려는 것이었다. 이때에는 농민층 분화가 격화하는 가운데 토지에
서 배제되는 농민은 늘어나고, 지주·전호 간의 대립 또한 격화하여
소작농민층의 항조운동은 집단화·폭동화하여 민란의 상태에까지 번

져가고 있었으므로 그들의 경제 안정은 절대로 필요한 것이었다. 풍석은 국영농장을 설치하고 영세 소농층이나 무전농민층을 여기에 흡수함으로써 그것을 해결하려는 것이었다. 이미 말한 바와 같이 그는 처음에는 이러한 목적을 위해 정전제의 이념 하에서의 한전제를 시행함으로써 농민경제를 균산화하려 하였던 것이지만, 한전의 시행을 위한 토지 국유화가 쉬운 일은 아니었다. 또 농학자의 입장에서 그것이 농업생산력의 발전을 위해서 최선의 방안이라고 생각하는 것도 아니었다. 그리하여 그는 정전제의 이념, 즉 농민경제의 균산화의 이념을 그의 국영농장을 통해서 해결하고, 또 이 시기 농업의 기본목표인 농업생산력의 발전의 문제도 이 국영농장에서의 집단노동을 통해서 해결할 것을 꾀했던 것이다.

끝으로 그가 이 국영농장을 통해서 해결하고자 하는 중요한 목표의 하나는 농업개혁을 경영개혁을 통해 달성하려는 점이었다. 이 시기에는 농업개혁이 하나의 당위의 문제로 되어 있었으나, 井田論을 비롯한 일련의 토지론은 지주층의 토지를 몰수·국유화하고 이를 재분배한다고 하는 난제를 안고 있다는 점에서 이상론에 불과한 것이었다. 풍석은 이러한 토지국유화가 행하여진다면 봉건지주층은 반란을 일으킬 것이라고까지 내다보고 있었다. 그러므로 그는 지주층의 반발을 피하고 그것을 견제할 수 있는 방안을 생각하게 되고, 여기에서 案出된 것이 국영농장의 설치와 그 농장의 경영을 위한 경영형부농층과의 유대였던 것이다. 말하자면 봉건지주제적인 농업경영을 이 시기 농업생산력 발전에 있어서의 주축인 경영형부농층과의 유대 하에 국영농장적인 농업경영으로 개편함으로써 농업개혁의 결실을 거두려는 것이었다.

이와 같은 배려 위에서 제기되는 국영농장을 그는 전국 각 지방에다 설치하려 하였다. 내지둔전과 변지둔전의 이름으로서였다. 전자는 서울 주변의 동서남북에다 도합 1,000경 규모의 京屯을, 각도의 감영

주변에는 400~500경에서 700~800경에 이르는 營屯을, 그리고 각
군현에는 70~80경에서 수백 경에 이르는 邑屯을 각각 설치하며, 수·
륙절도영이나 도호부에서 設屯할 때는 읍둔의 규모를 따르도록 하였
다. 그리고 후자는 북방의 국경 부근 일대와 동남해의 도서나 해안지대
에다 설치하려는 것이었는데, 도서 지방의 둔전은 그 규모를 결정할
수 없는 것이지만, 북방의 둔전은, 신설 군현의 읍둔은 5천 경, 진보둔
은 3천 경씩으로 하며, 또 여기에는 민간인의 設屯을 허하되, 각각 수
백 경에서 수천 경에 이르는 규모를 유지하도록 하였다. 그리고 이러한
농장에는 또 부대시설로서 숙소와 농기구 제조공장을 마련하고 수리시
설도 갖추어서 농장경영에 불편이 없도록 하는 것이 그의 안이었다.

이런 案대로 둔전을 설치하기로 한다면 전국 각처에는 무수한 국영
농장이 생기게 되고, 따라서 막대한 자금이 소요되는데, 그는 이렇듯이
많은 자금이 소요되는 농장을 어떻게 설치하려는 것이었을까. 그의 둔
전론에는 이에 관해서도 몇 가지 방안을 제시하고 있었다. 첫째는 국유
지와 국유시설로서 이를 이용할 수 있는 것은 이용하고, 농장의 설치에
반드시 필요한 민유지는 이를 매수하기도 하고, 絶戶田은 이를 국유지
로 수용하기도 하며, 또 중앙·지방을 막론하고 농지를 개발할 만한
곳이 있으면 국고금을 이용하여 이를 新田으로 개발함으로써 설치하려
는 것이었다. 둘째는 이렇게 규모가 크고 수가 많은 농장을 일시에 전
면적으로 설치하려는 것이 아니라 자금이 부족하여 그것이 어려울 경
우에는 각 농장에서 처음에는 소규모로 출발하여 여러 가지 수입으로
매년 수십 경씩 증설해 가려는 것이었다. 그리고 민둔의 설치를 위해서
는 그 규모의 대소를 막론하고 그것을 설치하는 민간인에게 그 농장의
관리, 즉 전농관으로 임명함으로써 이를 권장하고 그 목적을 달하려는
것이었다. 그리하여 이러한 방법으로 농장을 설치하고 경영 관계를 개
선해 나가게 되면 농업개혁에 있어서 봉건지주층과의 경면 충돌을 피

하고서도 그 목적을 달할 수 있다는 것이 그의 생각이었다.

풍석은 이렇게 설치된 농장을 어떻게 경영할 것인가에 관하여 여러 가지 규정을 마련하고 있었다. 즉 농장의 경영 내용인 것이다. 첫째는 경영 단위를 10頃 씩으로 세분하는 일이었다. 어느 농장을 막론하고 그 규모는 대단히 큰 것이었으므로 생산성을 올리기 위해서는 조직적인 경영이 필요한 까닭이었다. 이 10경이라고 하는 단위는 물론 농장에만 적용되는 것은 아니었다. 그는 그의 농업개혁의 일환으로서는 전국의 농지를 魚鱗圖[지적도] 상으로 만이라도 10경 단위로 정연하게 파악할 것을 전제하고 있었다. 그리고 그러한 10경 씩의 단위를 농장에서는 井井方方으로 구획하여 실제로 劃井分田하려는 것이었다. 이때의 경은 물론 結負法을 頃畝法으로 개정한 위에서의 경인 것으로서, 1경은 대략 1.5정보 30두락의 넓이이며, 따라서 10경은 15정보 300두락의 면적이 되는 것인데, 풍석은 이를 모든 농장의 경영에 있어서 기본단위로 삼고 있었다. 다음은 이 10경의 단위농장에 농민, 농기구, 농우를 배정하고 노동 형태, 경영 형태를 규정하는 일이었다. 그는 10경 단위의 농장마다 5인의 佃夫, 즉 5세대의 농가와 耦犂(쌍우리) 1대, 역차 2대, 牛 4두를 배속시키고, 이 5인의 농부가 이 농기구를 공동으로 이용하여 집단노동으로 경작할 것을 정하고 있었다. 이 경우 물론 이들 농민은 농지의 소유권을 받아 이를 자기 자영으로서 하는 것이 아니었다. 이들은 국유의 농장에서 국유의 생산수단에 의해 집단적으로 경작노동에 종사함으로써 임금을 받을 뿐이었다. 국영 농장일 경우 그 경영주체는 국가이고(민영농장의 경우는 그것을 개설한 전농관), 농민은 다만 의식주와 임금을 지급받는 농업노동자인 것이었다.

이 무렵에는 농업노동에 고용되어 그 임금을 받아서 살아가는 임노동층이 많았는데, 국영 농장에서 이들을 고용할 때는 농민경제의 안정이라는 목표가 있음으로 해서, 풍석은 그 임금을 시세보다 후하게 할

것을 규정하고 있었다. 그리고 해마다 적어도 농장수입에서의 반은 저
장하였다가 수한재나 기타의 不測之費 그리고 정부재정에 사용하고,
반은 다음 해의 농장경영을 위한 자금으로 사용한다는 것이었다. 그는
이 재생산을 위한 자금으로서 농장관리인과 농민에 대한 급료와 雇價
를 비롯하여 작업시의 식비 및 작업복, 飼牛·가옥 수리·농기구 보수
등의 비용들을 계산하고 있었다. 그가 예상하는 경당 수확고는 100곡
이었으므로 10경 단위의 농장에서는 1년 수확고가 총 1,000곡인 셈이
며, 따라서 5세대를 위해서 그리고 이들의 재생산을 위해서 지급될 자
금은 500곡인 것이었다. 그의 생각으로는 이만하면 농민경제는 안정될
수 있다고 보는 것이었다.

   셋째로는 농장 내에서의 농법, 농지제도를 규정하는 일이 있었다.
농지를 起耕할 때는 반드시 雙牛耦犁를 사용함으로써 깊이갈이[深耕]
을 하도록 한 것이 그 하나였다. 심경을 함으로써 지력을 철저하게 이
용하자는 것이었다. 그리고 지력을 잘 이용하여 농업생산력을 향상시
키기 위해서는 농지제도를 개선해야 하는데, 그는 그것을 수전농업에
서는 직파농법을 이앙농법으로 전환시키고, 한전농업에서는 농종법을
견종법으로 전환시키는 것으로서 규정하고 있었다. 이러한 농법은 노
동력은 덜 들고 소출은 많아지는 장점이 있어서 당시 이미 현실적으로
널리 보급되고 있는 것이었으나, 이를 반대하는 논자도 적지 않았고
정부에서도 일정한 통제를 하고 있었던 것인데, 그는 이를 국영농장을
통해서 철저하게 전국에 다 보급시키려는 것이었다. 그리고 그러기 위
해서는 국영 농장으로서의 경둔을 처음 설치할 때, 특히 영남지방의
농민과 해서·서북지방의 농민을 雇募하여, 수전농업은 영남식의 이앙
농법을, 한전농업은 서북식의 견종법을 다른 농민들에게 교육하여, 이
들로 하여금 전국의 농장에서 이 두 농법을 보급케 하려 하였다. 그가
생각하기에 당시의 우리나라에 있었던 가장 이상적인 농법·농지제도

는 영남식의 수전이앙법과 서북식의 한전견종법인 것이었다.

끝으로 농장경영을 위해서 규정하고 있는 것은 각 농장을 경영하고 관리할 책임자, 즉 典農官을 선정하는 문제였다. 둔전을 중심한 국영농장의 경영양식은 구래의 봉건적인 지주전호제와는 다른 새로운 것이므로, 그 관리인은 구래의 관인층이나 지주층이 아닌 새로운 경영적인 두뇌와 능력이 있는 계층이 아니면 아니 되었다. 더욱이 풍석에 있어서의 농업개혁의 핵심은 구래 농업의 경영개선이라고 하는 점에 있는 것이므로 관리인은 이 방면에 대한 전문적인 지식이 있지 않으면 안 되는 것이었다. 그리고 그에게 있어서의 농업 개혁은 사회개혁의 일환으로서의 개혁이므로, 농업개혁을 주도할 계층은 장차 다가올 새로운 사회의 건설에 있어서도 주역이 될 수 있는 계층이어야 하는 것이었다.

그는 이와 같은 계층을, 다산과 마찬가지로, 이 무렵의 농촌 사회를 실제로 이끌어 가고 있었던 역농적인 영농계층, 즉, 우리의 이른바 경영형 부농층에게서 발견하고 있었다. 이들은 明農者로서 현실적으로 농법전환을 선도하여 농업생산력을 발전시키는 데 기여하고, 유통경제와의 관련하에 상업적인 농업을 전개함으로써 부를 증대시키고 있었다. 그리고 이들은 임노동을 통해서 경영을 확대해 나가는 가운데 봉건지주층과의 사이에는 심각한 이해관계의 대립을 보이고 있었으며, 축적한 부력으로서 향촌사회를 실질적으로 지배하던 향직을 都占함으로써 봉건지배층과는 사회적으로도 대등할 만한 새로운 사회세력을 형성하고 있는 계층이었다. 그러므로 그는 이 시기의 농촌사회에서 새로운 전진적인 자세에 있는 농민상, 그리고 새로운 시대를 이끌어 갈 능력 있는 사회세력을 이 계층에게서 발견하는 것이며, 그러기에 그의 농업개혁에서 국영농장의 경영을 담당할 자는 바로 이러한 계층이라고 보는 것이었다. 사실 국영농장의 경영 양식은 이 시기 경영형부농층의 농업경영에 그 바탕이 있었으므로, 경영형부농층이 그 관리인이 되는 것은 너무나도 당연한 일이었다.

이리하여 국영농장의 전농관은 경영형부농층에서 선발할 것을 규정하는 것이지만, 그는 이 문제를 여기에서 그치는 것이 아니었다. 그는 이를 사회 개혁의 문제와 관련시켜 역전과를 설치하여 이들을 일반 관인층으로서의 지방수령에까지 등용함으로써 정치권력에 참여시켜야 할 것임을 강조하고 있었다. 전국 각 지방의 많은 농장의 전농관 가운데서 특히 농장경영에 큰 실적을 올린 자를 해마다 일정수씩 승격시켜서 목민관으로 임명하자는 것이었다. 그의 생각으로는 국영농장을 통한 농업개혁은 이 역전과 즉 사회개혁이 병행될 때 성공할 수 있다고 보았던 것이다.

풍석의 제2단계의 농업개혁론을 이와 같이 살펴보면, 그것은 요컨대 이 시기의 농촌사회에 광범하게 등장하고 이 무렵의 경제 제 조건과 관련하여 새로운 농업 경영을 주도하던 경영형부농층과의 유대 하에, 그들의 농업경영의 양식을 국영농장에 도입하고 이를 더욱 조직화함으로써, 구래의 봉건적인 지주전호제를 근대적인 농업경영, 새로운 생산양식으로 전환시키려는 것이었다고 하겠다. 그리고 그 농업개혁은 봉건적인 지주층을 타도함으로써 성취하려는 것이 아니라, 그들의 경영관계를 개선하고 그 질적인 전환을 통해서 이룩하려는 것이었다고 하겠다. 그는 민영농장을 통해서 봉건지주층이 나아갈 길을 열어놓고, 그들의 자본을 이용하여 농업개혁을 결실시키려 하였는데, 이는 말하자면 그가 그의 농업개혁의 효율성을 지주층의 타도에서보다도 그 자본 이용에서 찾고 있었음을 보여 주는 것이다. 그러한 점에서는 그의 농업개혁론은 균전론 계열의 18세기 토지개혁사상 그리고 그의 초기 농업론에 보이는 농업개혁론과 다른 것은 말할 것도 없고 다산의 그것과도 크게 거리가 있는 것이었다.

5.

　다산과 풍석의 농업개혁론을 이상과 같이 살펴보면 양자의 견해에는 커다란 차이가 있었다. 지주전호제를 개혁하는 방법에 차이가 있는 것은 말할 것도 없고, 이 두 석학의 이론에 따라 농업개혁을 수행한다고 할 때, 거기에는 농업생산의 형태가 다르고 농민층의 존재 형태가 다른 세 가지 유형의 농업 경제·농촌사회가 건설될 것이었다. 이는 아마도 이들 두 석학의 사상의 심도, 현실파악과 장래에 대한 전망, 사회적 위치, 그리고 농민과 농업생산에 대한 이해 등등의 차이에서도 연유할 것이며, 이 안의 제기가 먼 장래에 있어야 할 농업생산의 형태를 학문으로서 추구하는 것인가 또는 당장 현실의 농업에 적용할 것을 목표로 하는 개혁안으로서 제론하는 것인가 하는 제기 방식의 차이에서도 연유할 것이다. 다산의 개혁안이 전자적인 입장에서 제기된 것이라면 풍석의 그것은 후자적인 입장에서 제론된 것이었다.

　그러나 그러면서도 이 두 석학의 농업개혁론에는 기본적으로 공통되는 점이 여러 가지 있었다. 그 하나는 지주전호제를 타파하거나 개혁할 것을 목표로 하고 있는 점으로서, 이는 봉건적인 농업생산에서의 기본적인 모순이 이 지주·전호 관계에 있음을 보여주는 것이고, 따라서 그들의 농업개혁과 사회 개혁의 핵심은 이의 시정, 다시 말하면 체제 개편에 있는 것임을 보여 주는 것이었다. 또 그들은 이와 같은 개혁에 있어서 力農者, 明農者, 경영적인 두뇌와 능력·재력이 있는 이른바 경영형부농층을 농업개혁을 위한 주축으로 이끌어 들이고, 이들을 정치권력에까지 참여시킴으로써 이들과의 협력 하에 그들의 농업개혁을 성취하려 하였는데, 이는 말하자면 이 시기의 사회개혁이 이들을 주축으로 하지 않을 수 없을 만큼 이들은 큰 사회세력을 형성하고 또 전진적인 자세에 있는 사회계층이었음을 말해 주는 것이라 하겠다. 뿐만 아니라 그들은 그들의 농업개혁에서 농업생산을 분업화·조직화하거나 공동화·집단화한다는 점에서도 유사한 획기적인 대책을 보여주고 있는데, 이는 이 시기의 농업생산이 일정한 단계에 도달하여 보다 높은 단계에로의 발전을 위해서는, 농민 경제의 안정방안과도 관련하여 이와 같은 새로운 차원에서의 접근이 제시되지 않을 수 없었으며, 또 그것이 제시될 수 있을 만큼 지적수준이 높고 극단한 경우를 제외한다면, 사회 경제상의 현실적 여건도 조성되고 있었음을 보여주는 것이겠다.

　다산과 풍석의 이와 같은 농업개혁론은, 중세 말기의 우리의 두 지성이 도달한 최선의, 그리고 이 시기 시대사조의 첨단을 가는 개혁안이었다. 그러면서도 그들은 이러한 새로운 개혁안을 어느 외래사상의 수용을 통해서 이루고 있는 것은 아니었다. 그들은 우리의 전통사상 속에서 그 사상이 발전하는 가운데 그 사상의 결함을 자기의 것으로서 극복하는 고뇌를 거치면서 이를 성취하고 있었다. 주자학적인 유교사상이 朝野를 지배하는 大海 속에서, 그리고 이를 거부하는 논자는 斯門亂賊으로 규탄되는 사상적 질곡 속에서, 그들은 상고주의와 한·송학의 절충의 이름으로 주자와는 유교 인식의 태도를 달리하며 주자의 세계에서 벗어나고 있었던 것이다. 주자로부터의 탈피, 주자학의 극복은 그 사회사상 즉 명분론과 지주전호제를 기축으로 하는 봉건적인 사회경제질서론의 극복인 것이며, 그렇기 때문에 다산과 풍석에게는 새로운 농업개혁, 사회 개혁을 위한 논리가 성립될 수 있었던 것이다.

≪創作과 批評≫ 29, 1973. 9.

수탈을 위한 측량
- 토지조사

1. 토지조사의 배경

1) 구래의 토지제도

일제가 한국을 식민지로 지배하기 위한 기초공작은 경제적 면에서도 여러 가지로 행하여졌다. 토지조사사업, 교통·운수·통신 기구의 정비, 화폐·금융 제도의 정비, 도량형 제도의 통일 등이 그것으로서, 그중에서도 중요한 것은 토지조사사업이었다.

자본주의 국가로 성장하고 있는 일본은 그와 병행해서 제기되는 농업문제의 곤경을 식민지에 의존하고 한국을 식량 공급지로 만듦으로써 타개하려 하였는데, 그러기 위해서는 선행조건으로서 토지에 대한 철저한 조사가 필요하였다. 구래의 한국 토지제도는 그들의 효율적인 토지약탈이나 식민지 지배를 위해서는 편리하지가 못하였다. 즉, 구래의 토지제도를 새로운 식민지 경제체제에 부합하도록 개편할 것이 요청되었다.

본시 한국의 토지제도는 그 토지의 귀속관례의 측면에서 보면 民有地, 官有地, 宮有地 기타 등으로 구분되고 있었다. 이러한 소유관계는 조선 초기의 이른바 科田法이나 職田法 제도가 무너지면서 임진왜란 이후에 두드러지게 나타났으며, 외국인의 토지 소유는 허락되지 않았다. 과전법 제도에서는 한 토지에 대한 지배자로 收租權者와 耕作權者가 있었는데, 민유지(또는 민전)는 경작권의 소유였던 것으로서, 그 納租는 처음에는 每結 米 30斗(후에는 4두로 된다)인 토지이었다. 이 납조는 수확량의 10분의 1에 불과한 것으로서 고려시대의 4분의 1租에 비하여 상당히 헐값이었으며, 그런 탓으로 과전법이 지속되고 있는 시기에도 벌써 수조권자들의 경작권에의 투자가 행하여지고 있었다. 그것은 과전법 하에서의 경작권은 그 소득이 크고, 수조권은 그 수입이 적어서 기대할 만한 것이 못 되는 까닭이었다. 그러다가 차츰 과전법이나 직전법의 제도가 무너지면서부터는 수조권자는 없어지게 되었다. 그러므로 그 후 조선시대의 백성들에 의한 토지소유는 이상과 같은 형태로 변경된 경작권을 토대로 발전하게 되었다.

이러한 경작권에는 애초에 아무런 제한도 두지 않았다. 양적으로나 시간적으로나 신분적으로 모두 그러하였던바, 민전의 소유에 있어서도 마찬가지로 어떤 제한이 있을 수가 없었다. 누구든지 능력만 있으면 마음껏 농지를 사들여 대지주가 될 수 있었고, 그것은 또 자손 대대로 상속할 수가 있었다. 그리고 이러한 농지의 소유에는 양반이나 평민뿐만 아니라 천민층에도 차별이 없었다. 그러므로, 민전의 소유에는 양반·평민·천민의 누구나가 지주가 될 수 있었고, 또 소작농이 될 수도 있었다. 그리하여 봉건적인 지주와 전호의 관계는 민전 내에서 다시 성립되고 발전하였으며, 조선 말기에 가까워지면 양반 신분의 소유자 중에도 이러한 전호가 있을 수 있게 되었다. 그것은 봉건제가 변질하고 있는 한 증거이기도 한 것이다.

관유지는 각급 관아에 속하는 토지다. 이를테면 驛土, 宗親府屯, 議政府屯, 均役廳屯, 奎章閣屯, 訓鍊都監屯, 壯勇營屯, 監營屯 등이 그것이다.

둔전을 설치하게 된 목적은 각급 관청의 경비를 마련하자는 데 있었으므로 중요한 관아에는 모두 이러한 둔전이 있었으며, 그중에는 국초로부터 있었던 것도 있고 임진왜란 후에 새로 설치된 것도 있었다.

관유지의 설치 방법은 閑曠地의 개간, 公田의 하사, 죄인 재산의 적몰, 민유지의 매수, 다른 관청으로부터의 이속, 無嗣續者와 도망자의 재산을 屬公한 것, 기타 등등이었다. 이렇게 해서 설치한 둔전은 일반 농민들에게 소작시키고 소작료를 징수하는 것이 일반적이었다. 이상과 같은 둔전의 관리를 위해서는 屯監이나 導掌을 두고 있었다.

궁유지는 왕실에 속하는 토지다. 왕실에는 內需司, 壽進宮, 明禮宮, 於義宮, 龍洞宮, 毓祥宮, 景祐宮, 宣禧宮 기타 여러 宮房이 있어서 각각 그 소임을 달리하고 있었는데, 이러한 여러 司·宮에는 그 경비를 충당키 위하여 토지가 주어지고 있었다. 내수사 장토라든가 수진궁 장토, 명례궁 장토, 어의궁 장토, 용동궁 장토 등등이 그것으로서 일반적으로는 宮房田이라 부르고 있다.

궁유지의 설치 방법과 그 관리 방법도 관유지의 그것과 대략 같았다. 다만 한 가지 크게 다른 점이 있다며, 그 장도의 설치에 있어서 농민들로부터의 투탁이 적지 않았다는 점이다. 투탁은 농지의 완전한 기증이 아니라, 농지의 소유주를 형식상 궁방으로 하여 농민은 국가에 납부할 세를 궁방에다 상납하는 것을 말한다. 이러한 토지는 엄밀한 의미에서 궁장토가 아니지만, 기일이 오래되면 궁방에서는 그러한 사정을 망각하는 것이 보통이었으므로 이러한 경우에는 궁방과 농민 간에 소유권 분쟁이 일어나기도 하였다.

이와 같은 여러 종류의 토지는 모두 그 소유관계가 분명하였다. 누구도 그것을 침범할 수는 없었다. 이를테면 국가나 왕실이라 하더라도 미천한 농부의 토지를 마음대로 뺏을 수는 없었다. 농지의 소유주가 비록 노비라 하더라도 분명히 그가 그 토지의 소유권자이면 법의 보호를 받았고, 어떤 권력자의 침해가 있을 때에는 소송을 제기할 수가 있었다.

소유권의 표시는 토지대장(즉 量案)이나 土地文記로써 하였다. 토지대장에는 地目, 지형, 지위등급, 면적, 四標 등과 함께 田主를 기록하고 있었는데, 이 전주가 즉 토지의 소유자이었다. 토지대장에서는 이 전주를 '起主 某' 또는 '陳主 某'로 기록하였다. 기주는 起田主人, 진주는 陳田主人을 말한다. 그리하여 모든 농지는 이와 같이 주인의 성명이 기록되고 주인이 없는 것은 無主로 표시하였다. 따라서 농지의 주인은 양반·상천을 막론하고 개인이 되는 것도 있고, 정부기관의 각 아문이나 왕실의 각 궁방인 것도 있었다.

토지대장을 작성하는 주목적은 토지의 정확한 파악을 통해서 세를 균등하게 부과하는데 있었지만, 그러나 그와 동시에 소유주를 확인하는 것도 중요한 목적의 하나가 되고 있었다. 조선시대의 전세 부과는 원칙적으로 전주에 대해서 행해지고 있었다. 그리고 조선시대에는 아직 등기제도가 없었으므로 토지대장에서의 전주의 확인이 등기부의 역할을 하는 것이었다. 그래서 토지에 관한 소유권 분쟁이 일어날 때는 이 토지대장을 근거로 해서 문제를 해결하고 있었다. 민전 내에서의 농민 상호간의 분쟁일 경우도 그렇고, 일반농민과 왕실 간의 분쟁일 경우에도 그러하였다. 그리고 이러한 분쟁에서는 토지대장에 전주로서 기록되고 있는 자가 이기는 것이 관례였다.

토지대장은 이와 같이 등기부의 역할을 하는 것이지만, 거기에도 역시 한계가 있었다. 토지의 소유주는 현실적으로는 빈번히 교체되고 있는데, 그럴 때마다 그 소유주들을 모두 대장에 기록하는 것이 아니었기 때문이다. 토지대장은 한번 작성되면 그것의 정정이나 첨가는 허락되지 않았다. 그러한 토지대장이 수시로 작성되는 것도 아니고, 법제상으로는 20년마다 한 번씩 양전하여 만들도록 되어 있었지만, 실제로는 70~80년이나 100년이 넘도록 그대로 사용하는 것이 보통이었다. 그러므로 이럴 경우에는 70~80년이 지나는 사이에 주인이 몇 번씩 바뀌었다하더라도 대장상의 주인은 여전히 대장 작성 때의 주인일 수밖에 없었다. 소유권의 표시에 있어서 이러한 난점을 해결해 주는 것은 토지매매문기였다.

토지의 매매문기에는 매매 연월일, 賣主와 買主의 서명 날인, 증인·집필인의 서명 날인, 토지의 소재지, 토지면적 등이 표시된다. 토지면적은 양안에 기록된 대로 표시하기도 하고, 또는 斗落으로써 표시하기도 한다. 토지의 매매는 반드시 이러한 문기를 작성하여 買主에게 인도하며, 그는 이것으로써 매입한 토지에 대한 증빙서류로 삼는다. 토지가 여러 차례 전매된 것이면 이러한 문기가 여러 장이 되는데, 그럴 경우에는 賣主는 이 모든 문기를 買者에게 새로운 문기와 더불어 양도한다. 그러므로 10회, 20회에 걸쳐 전매된 토지라 하더라도 그 문기를 순서대로 이어가면 맨 앞의 문기는 토지대장에 기입된 전주가 자기의 토지를 매각한 것이 되며 따라서 신매자는 이러한 문기를 소지함으로써 그 토지가 자기의 소유임을 입증하게 된다. 그리하여 토지에 대한 분쟁이 일어나게 되면 買者는 이 문기를 관에 제출하여 그 판정을 받게 되어 있었으며, 문기에서는 그러한 사실을 반드시 "日後 同生子孫族屬中 如有雜談 將此文記告官 卞正事"라고 기입해 두고 있었다.

이와 같은 구래의 토지제도의 특징은 면적의 표시 방법과 그에 따르는 세의 부과 방법이었다. 그것은 결부법으로써 설명되고 있다. 결부법은 면적의 단위인 동시에 과세의 단위이기도 하였다. 결부법에서의 단위는 量田尺[1尺은 1把, 10把는 1束, 10束은 1負, 100負는 1結]으로 되어 있었다. 그리하여 이런 단위면적에 대한 과세율은 일정하였다. 그러나 토지는 지역에 따라 그 肥瘠을 달리하기 때문에 결부법에서는 그러한 점을 고려하여 모든 농지에 등급을 매기고 있었다. 가장 비옥한 농지는 1등전, 가장 척박한 것은 6등전으로 하여 6등급으로 구분한 것이 그것이다. 1등전은 약 3,000평, 6등전은 약 12,000평인데, 그 사이에는 4배의 차가 있었다. 1결에 대한 과세율을 1등전이나 6등전을 막론하고 동일하였는데, 농지의 비척에 따라서는 생산고에 차이가 있었기 때문에 과세율과 생산고를 조정하기 위해서는 농지의 면적을 달리하는 수밖에 없었다.

田品의 등급에 따르는 면적의 조정은 미리 마련된 '准定結負'표에 의해 행하였다. 즉, 양전할 때에는 하나의 量田尺(1등전이 기준이 된다)으로 모든 농지를 측량하고, 그것의 등급을 매기면 그 등급에 따라서 면적을 환산하도록 하는 것이었다. 가령 양전척으로 40부의 면적이 나왔을 때 그것이 1등전이면 40부, 2등전이면 34부, 3등전이면 28부 4파, 4등전이면 22부 2파, 5등전이면 16부, 6등전이면 10부이며, 또 1등전 1결이면 2등전은 85부 1파, 3등전은 70부 1속 1파, 4등전은 55부 7속, 5등전은 40부, 6등전은 25부이었다. 이러한 환산치는 1속에서 1결에 이르기까지 표로써 작성되어 있었으므로 算士들은 각 등전의 면적을 기계적으로 산출할 수가 있었다.

이렇게 해서 면적이 산출되면 1등전이거나 6등전이거나를 막론하고 그것이 동일한 1결이면 1결에 대한 세를, 동일한 50부면, 50부에 대한 세를 똑같이 부과하였다. 그러므로 결부법이 토지제도에서 가장 중요한 것은 농지의 등급, 즉 전품을 규정하는 일이었다. 어떤 농지를 1등전으로 규정하느냐 또는 3등전이나 4등전으로 규정하느냐에 따라서 국가나 농민들의 수지 관계에 큰 영향을 미치는 것이었다. 조세체제나 경제질서의 안정을 기하려면 세의 균등한 부과가 절대로 필요한 것인데, 결부법 하에서 균등한 세의 부과를 기하려면, 전품등제의 규정이 공평하게 행하여져야만 하였다. 더욱이 전품이 한번 규정되면 그것이 부당한 것이라 하더라도 다음 양전이 있을 때까지는 정정할 수 없는 것이기 때문에 처음부터 공평하게 행해지지 않으면 아니 되는 것이었다.

그러나 양전사업에 있어서 전품의 규정이 반드시 공평할 수는 없었다. 전품은 토질의 비척을 가려서 규정하는 것인데, 토질의 비척은 객관적으로 파악되는 것이 아니기 때문이다. 전품의 등급을 매기는 데는 몇 가지씩 조건이 있었지만, 눈에 보이지 않는 비척을 정확하게 구분한다는 것은 어려운 일이었고 주관에 흐르기 쉬운 것이었다. 그뿐만 아니라 등급의 규정은 농가경제에 큰 영향을 주는 것이었으므로, 양전할 때에는 贈收賄가 따랐고, 이렇게 되면 양전관의 판별은 흐려지게 마련이었다. 조선 말기의 이른바 전정의 문란이란 것도 그 근본에 있어서는 이와 같은 제도상의 결함에 연유하는 바 컸었다. 그러므로 실학자들 가운데는 그러한 결함을 시정하기 위하여, 결부법을 경무법으로 개혁하기를 주장한 사람도 있었다.

이와 같은 토지제도 위에서 개항 후에는 정부 기구의 확장, 시설의 확대 등으로 국가재정은 더욱 곤궁하여졌다. 재정상의 애로를 타개하는 방법은 여러 가지 면에서 모색되었다. 세제를 개혁하기도 하였으나 그것은 부분적인 개선에 불과하였다. 재정 전반에 대한 정리는 불가피하게 되었다. 구래의 토지제도도 그 일환으로서 정리 검토될 것이 요청되었다.

2) 일본인의 토지 투자

일본이 처음으로 한국에 진출하였을 때 그들은 한국을 주로 상품시장으로 생각하고 있었다. 그러므로 그때에는 토지는 단지 그들 일본 상인의 거주지로서 필요하였으며, 따라서 그것은 그들의 거류지 내에서 구하는 데 불과하였다.

이러한 초기 사정은 그 후 일본의 자본주의 경제체제가 성장함에 따라서, 그리고 한국에 대한 일본의 침략 세력이 강화되어 감에 따라서 점차 달라졌다. 일본인들은 개항장의 거류지에서뿐만 아니라 한인 상가에까지 그 상권을 확대시켰으며, 또 내륙지방까지도 진출하게 되었다. 그들이 이렇게 상권을 확대시켜 나감에 따라 토지나 가옥도 구입하게 되었다. 그리고 일본인들의 토지 획득의 방법은 주로 고리대 문제와 관련되고 있었으며, 그들은 저당물의 유실을 통해서 토지를 획득하는 것이 보통이었다. 그러므로, 아직도 그들의 토지에 대한 투자는 소규모

〈그림1〉 전주평야의 일본인 농업 경영(1908년)

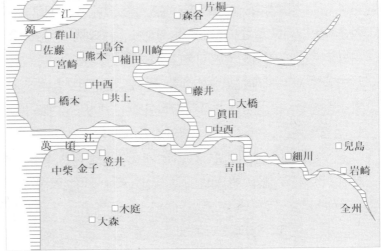

적인 것이었다. 청일전쟁을 전후한 시기까지의 토지에 대한 투자는 대
체로 이와 같았다. 러일전쟁을 전후한 시기부터는 대자본가들에 의한
토지에의 투자가 적극적으로 행하여졌다. 이와사키[岩崎], 호소카와
[細川], 오쿠라[大倉], 가와자키[川崎] 그 밖의 여러 재벌들이 대대적으
로 진출하여 왔다. 토지에 대한 투기열은 왕성하여지고 일본인 재벌들
의 농장이 속속 출현하였다. 그것은 전국 각지에서 볼 수 있는 일이었
지만, 전주 · 군산을 중심으로 전북 · 충남 지방에 걸치는 넓은 지역에
서 특히 활발하였다.

대재벌들의 토지 투자와 병행하여 일제에 의한 토지 약탈도 진행되
었다. 그 첫째는 철도 부설을 빙자해서 막대한 토지를 탈취하는 것이었
다. 일제가 부설한 철도는 경부선, 경인선, 경의선, 마산선, 경원선 등
인데, 이러한 철도 부설에는 그 부지를 한국 정부가 제공해야 한다는
조항 때문에 국유지면 무상으로 제공하고, 민유지면 한국 정부가 이를
매수하여 그들에게 인계해야만 했다. 한국 정부에 그럴 만한 재정적
여유가 없을 때에는 그들은 한국 정부에 차관을 해 주고, 그 돈으로는
철도 부지를 사서 철도회사에 제공해 줄 것이 강요되었다. 더욱이 경
의 · 마산 · 경원선 등의 부설에는 군용철도라는 명목 하에 광대한 토지
가 약탈되었다. 그리고 그 다음은 未墾地나 역둔토 등의 불하를 통해서
탈취하는 것이었다. 그리하여 이렇게 해서 탈취한 토지는 일본인 자본
가들에게 불하되고 대농장을 형성케 하였다.

일본인의 토지소유가 확대되어 감에 따라서 그들은 그 경영방식도
바꾸어 갈 것을 계획하게 되었다. 한국인 소작농으로부터 소작료를 징
수하는 것으로 만족할 것이 아니라, 일본인 농민을 초치하여 그것을
경영하고, 나아가서는 그들로 하여금 한국 농촌에서의 지도자가 되게
하여 한국 농촌을 완전히 장악해 버리자는 것이었다. 이러한 농업 이민
을 추진시키기 위하여 많은 농업회사가 설치되고, 이들 회사는 일본정

부나 지방 자치단체로부터 후원을 받아 가면서 활동하고 있었다.

이와 같이 일본인들은 한반도에 대한 그들의 정치적 세력이 강화되어 감에 따라서 토지를 구입하기도 하고 불하받기도 하여 점차 대지주가 되어가고 있었다. 그리고 일본인 농민들의 농업 이민도 성행하여 그들에 의한 직접적인 농업경영도 늘어났다. 그러나 이러한 모든 것은 구래의 토지제도나 통제된 규정 위에서 행하여지고 있었으므로 일본인들에게는 불편한 바가 적지 않았다.

첫째, 토지의 소유관계가 정확하게 현 실태대로 등기되어 있지 않는 것은 중대한 문제였다. 앞서 살핀 바와 같이 구래의 토지제도에서는 소유권의 표시가 양안에 기록되는 것으로 그쳤으며, 양안 작성 이후에 취득한 토지는 문기를 소유함으로써 그것을 표시할 수 있었다. 1902년(광무 6) 이후에는 지주에게 地契라고 하는 소유권 증서가 발행되었지만 외국인에게는 통제되고 있어서, 문기를 통한 소유권의 표시 방법이 일본인들에게는 불안스러웠다. 그들은 이미 근대적인 등기제도를 채택하고 있어서 부동산의 권리 이전이 국가에 의해서 보호 증명되고 있었다.

둘째로, 일본인들은 전국 각지에서 토지를 구입하여 농장을 설치하거나 한국인 소작농에게 그대로 소작을 시키고 있었는데, 규정상으로는 외국인들은 거류지로부터 10리 밖에서는 토지를 소유할 수가 없었다. 한국의 법규에서는 산림, 토지, 전답, 家舍는 한국인 외에는 소유할 수가 없도록 되어 있었다. 물론 이러한 규정 때문에 일본인들이 토지를 소유하지 못한 것은 아니지만, 그러나 그것은 법적 보호를 받을 수 없는 것이어서 불안하기 그지없었다.

셋째, 토지면적의 단위는 결부로 되어 있고, 전답 하나하나는 5결 단위로 묶인 字號 안에서 번호순으로 기입되어 있었는데, 일본인들에게는 이것이 또한 부정확하고 혼란을 일으키기 쉬운 것으로 생각되었다. 결부법에서는 전품의 등급에 따라서 동일한 1결 1부라 하더라도 실제 면적은 달랐으며, 전답 하나하나는 지적도의 작성 없이 양전의 방향이나 4표만 표시하고 있었으므로, 이러한 제도에 익숙치 못한 그들에게는 대단히 불합리한 것으로 생각되었다.

그러므로 이러한 상황 하에서 일본인들이 그들의 자본을 마음대로 투자하여 토지를 구입, 소유하고 그것을 경영하기 위해서는 몇 가지 문제에 대한 기본적인 해결이 있어야겠다고 생각하게 되었다. 토지의 소유관계를 현 실태대로 분명히 하여 그들이 마음 놓고 그것을 매매할 수 있어야 하겠다는 것이 그것이며, 외국인에게는 토지소유를 불허하는 봉쇄성을 타파하고 일본인의 토지소유를 법적으로 합리화시켜야 되겠다는 것이 그것이며, 토지의 소재지와 그 면적의 대소를 일목요연하게 하여서 그들에게 불편이 없도록 하여야 되겠다는 것이 그것이다. 이러한 몇 가지 문제는 한국에 투자하고 있는 일본인 자본가들이 바라는 바였지만, 동시에 일제의 한국 진출을 위해서도 절실히 요청되는 문제였다. 그리고 한반도를 식민지로 강점한 후에는 그 식민지 수탈의 체제 수립을 위해서도 더욱 필요하게 되었다.

2. 토지조사의 경위

1) 한국 정부의 조사

전기한 바와 같은 배경 위에서 토지에 대한 조사는 한국 측에서도 필요하였고, 한국을 침략하고 있는 일제에 의해서도 요청되고 있었다. 한국 측으로서는 稅源을 조사, 확장함으로써 국가재정을 공고히 한다는 점과, 토지의 소유권을 조사 확인함으로써 외국인의 토지소유를 통제한다는 점에서였다. 그리하여 아관파천 이후 국호를 大韓帝國, 연호를 光武로 개정한 후 이러한 토지조사는 행하여졌다. 이른바 광무연간의 양전으로서, 1898년(광무 2)에서 1904년까지 계속되었다.

이 광무연간의 양전은 이미 1894년의 동학란이나 갑오경장과 관련하여 논의되었고, 그 논의가 성숙하여 착수하게 되었다. 동학란 당시에는 民情視察이나 宣撫 또는 巡撫의 임명을 띤 정부 고관이 지방에 파견되고 있었는데, 그들은 농민들이 반란을 일으키게 된 연유를 설명하고 그 하나의 대책으로서 전정의 문란을 시정할 것을 요청하고 있었다. 전정의 문란은 이른바 삼정의 문란 가운데의 하나로서 오래 전부터 논의되어 오던 문제였다. 그것은 田稅 제도의 운영상에 나타나는 여러 가지 폐단을 말하는 것으로서, 그 시정을 위해서는 세제의 개정이 필요하고 그러기 위해서는 철저한 양전이 있어야 한다는 것이었다. 삼정의 문란을 시정함이 없이는 농민들의 동요를 막을 길이 없다는 것은 진주민란 이래의 통론이었다. 그래서 철종 때에 민란을 수습하기 위한 대책으로서 정부에서는 특별히 이정청을 설치하여 삼정을 논하고 전정에서는 근본대책의 하나로 양전의 실시를 제기한 바 있었다. 동학란이 한창 진행 중일 때에도 순무사들의 이와 같은 양전에 관한 의견은 중앙정부에 보고되고 정부는 이 의견을 따라 양전의 시행을 국왕에게 요청하고 있었다.

동학란은 필경 갑오경장을 일으키게 하였거니와, 양전 문제는 이 경장사업과도 관련하여 더욱 더 활발하게 논의되었다. 갑오경장에서는 정치 · 경제 · 사회에 관한 여러 가지 제도를 개혁하고 있었으며, 그에 따르는 재정상의 애로를 타개하기 위해서 세제를 또한 개정하고 있었는데, 세제의 개정은 근본적으로 양전 문제의 검토를 수반하지 않을 수가 없는 것이었다. 그리하여 제도의 개혁에서 수반되는 시설의 확장

과 그에 따르는 국가 재정의 곤경은 많은 사람들로 하여금 양전의 필요
성을 강조케 하였다. 그중에서도 李沂의 '量田論'은 대표적인 것이라
하겠다. 그는 경장에는 많은 자금이 필요하고 그것은 전결의 파악에서
얻을 수 있으며, 그러기 위해서는 양전이 불가결한 것으로 보고 있었
다. 그는 柳馨遠이나 丁若鏞을 祖述하여 전제 연구에 힘을 기울인 실학
자였다.

이기는 1895년(을미)에 당시의 탁지부 대신 魚允中에게 '田制妄言'
이란 전정에 관한 의견을 건의하고 그 가운데서 양전 문제를 논하였다.
토지조사로서의 양전이 다만 재래식의 양전에 그칠 것이 아니라 토지
제도나 세제의 근본적인 개선과 병행해야 할 것을 연구한 것이었다.
그의 의론에 의하면 전제의 개혁에 治標의 방법과 治本의 방법을 강구
하고 있었다. 전자는 응급조치로서의 대책이고, 후자는 근본적인 대책
이었다. 그리하여 치표의 방법으로서는 결부제와 아울러 두락제를 양
안에 기입할 것과 전세 및 소작료를 조정할 것을 말하였으며, 치본의
방법으로서는 국가가 토지를 公買하고, 賜田을 금하여 농민들에게 그
토지를 재분배할 것을 말하였다. 정전제나 한전제는 사실상 그 실행이
불가능하다는 점에서 마련된 대안이었다. 이러한 원칙 위에서 양전의
필요함이 강조되고 양전 및 양안의 작성에 관한 세세한 문제들이 열거
되었다. 물론 이기의 양전에 관한 건의가 그대로 채택된 것은 아니지
만, 양전의 시행을 보게 되었을 때 그의 안은 부분적으로 정부 정책에
반영되기에 이르렀다.

동학란이나 갑오경장과 관련하여 제기된 양전사업은 1898년(광무
2)에 이르러서 그 실시를 보게 되었다. 내부대신 朴定陽, 농상공부 대
신 李道宰가 연명으로 토지측량의 필요성을 논의하매 의정부의 토의를
거쳐 국왕의 재가를 받게 된 것이었다. 그들의 청의서는 다음과 같다.

　　전국의 지방을 분하여 구역을 정하고, 구역에 지질을 量測하여 條理
가 명케 함은 有國에 大政이라, 무릇 我國에 구역이 不爲不大요, 토지
가 不爲不美라, 疆界의 分定만 只有하고 토질의 측량은 미상하여, 原
野의 廣窄과 川澤의 長短과 山嶺의 고저와 林藪의 濶狹과 海濱의 漲灘
과 畎畝의 肥瘠과 가옥의 占趾와 土性의 燥濕과 도로의 夷險을 難以取
準하니, 迨此 정치 유신한 時에 어찌 一大缺典이 아니리오. 竊念 금일
급무가 토지측량에 莫過하기로 此를 회의에 提呈할 사.
　　광무 2년 6월 일

　　이때의 양전을 담당한 것은 量地衙門이었다. 양전의 조칙이 내리자
양지아문과 그 처무규정이 마련되고 양전에 관한 제 원칙도 준비되었
다. 양전의 원칙 및 방법은 종래의 것을 그대로 따르는 것이었지만,
그것을 보다 더 정확하게 하기 위해서는 측량기사를 고빙하기로 하였
다. 측량기사는 구래의 한국에서 행하여지던 측량법에 밝은 사람이 아
니라, 서구의 근대적인 측량법에 정통한 사람이었다. 토지조사를 결부
법으로써 행하기는 하되, 근대적인 측량법을 참작함으로써 그 결함을
제거하려 하였다. 이러한 여망을 받으면서 고빙된 것은 미국인 기사
크룸[Krumm : 巨廉]이었다. 그의 밑에는 측량술로 훈련된 학도들이
배속되고 그들은 양무위원들이 행한 조사사항을 검토하고 착오가 있으
면 정정하였다.
　　양전의 결과는 양안에 수록하였다. 그리고 이 양안에 기록된 토지
소유자에게는 소유권 증서를 발행하였다. 그것은 大韓田土地契[大韓帝
國田畓官契라고도 함]라고 하였다. 양안에 소유권자를 기입해 두는 것
만으로써는 토지매매 때의 부정이나 폐단을 막을 수가 없다는 데서이
었다. 종래에는 토지의 소유자가 매매문기를 작성하고 그것을 증인 연
서로 하여 인도하면 소유권이 이전되는 것이었는데, 이러한 제도로써
는 개인의 재산에 대한 보호를 기하기가 어려웠다. 정부는 여기에 지계

발행에 관한 법규를 세우고 양전이 끝난 지역에 대하여 이것을 발행하게 되었다. 이 지계를 두 부를 작성하여 하나는 본인에게 발급하고 하나는 지방관청에서 보관하였다. 토지가 매매되면 新買者에게는 새로이 발급하였다. 이 증서의 양식은 앞 표와 같다.

지계의 발생을 위해서는 특별히 지계만을 발행하는 지계아문을 설치하였다. 그러나 양전과 지계의 발생은 불가분의 관계에 있었으므로, 양지아문은 지계아문에 통합되고 지계아문은 양전사업까지도 겸하게 되었다. 그리하여 지계아문은 1904년(광무 8) 4월에 탁지부 내에 量地局이 설치되어 양전사업의 기능을 인수할 때까지 그 사업을 계속하였다.

이상과 같은 광무년간의 양전과 지계의 발행에서 특기할 것은 외국인의 토지소유에 대한 제한이다. 원래 외국인은 토지소유의 주체가 될 수 없는 것이 우리나라의 관례이었다. 그러한 사정은 개항 당시의 통상조약에 명시되어 그들은 일정지역에서만 토지를 소유할 수가 있었다. 그러나 힘의 외교로 통상조약을 맺은 열강, 특히 일본인들은 그것으로 만족할 수가 없었다. 그들은 전기한 바와 같이 그 한계를 넘어서 한국 농촌의 각처에다 토지를 매점 또는 강점하기에 이르렀다. 더욱이 전국 각처의 여러 가지 이권은 열강의 강요에 의해서 탈취당하고 있었다. 한국 정부는 이러한 현상을 묵과할 수가 없었다. 그리하여 이 광무연간의 양전과 지계의 발행에 있어서는 "山林 土地 田畓 家舍는 大韓國人 외에는 소유주 됨을 得치 못할 事"라고 법규를 정하여 외국인의 토지소유, 가사 소유 등을 불허하였다. 말하자면 광무연간의 양전과 지계의 발행은 근대적인 소유권 제도의 법적 확인이었지만, 동시에 그것은 외국 자본주의의 한국농촌 침투에 대한 대응책이기도 하였다. 광무년간의 토지조사 사업은 여러 가지 의의를 지닌 것이었다고 하겠다.

2) 통감부 치하의 조사

　토지에 대한 조사와 그 제도의 개선은 한국 측의 국가 재정면에서도
요청되는 문제이었지만, 일제가 그들의 자본진출을 위해서는 더욱더
긴급한 문제였다. 일제가 마음놓고 자본을 투입하거나 항구적인 식민
지로 만들어 가기 위해서는 前記한 바 그들에게 불편한 몇 가지 문제들
이 해결되지 않으면 아니 되었고, 그 대대적인 토지조사를 시행함이
없이는 불가능한 것이었다. 그러나 이 토지조사는 장구한 시일과 막대
한 비용을 필요로 하는 대사업으로서 단시일 내에 처리될 수 있는 것이
아니었다. 그것은 시급한 국가 재정상의 요청이나 일본인들의 왕성한
토지 투기열을 충족시키기에는 너무나도 요원한 정책이었다. 그들에게
는 한국정부의 통제에서 벗어나는 일이 우선 필요하였다. 여기에 그들
은 국유지나 왕실재정의 정리를 서두르는 한편, 토지에 대한 일련의
법령을 반포하고 서서히 토지조사를 계획하게 되었다.

　국유지와 왕실재정의 정리는, 1904년(광무 8) 8월 제1차 한일협약
이 체결되고 그 결과로 일본정부가 추천하는 메가타[目賀田種太郎]가
정부의 재정고문에 취임하면서부터 시작되었다. 그리고 을사조약에 의
하여 통감부가 설치된 후에는 더욱 적극적으로 추진되었다. 그 대략을
훑어보면 1905년에 내장원을 경리원으로 개칭하고, 궁내부 내에는 帝
室財政會議를 조직하여 제실 일체의 재용과 경제를 심의 강구케 하였
다. 1907년에는 制度局에 임시 정리부를 두어 帝室財産을 정리하고,
경리원과 병립하여 각자 독립한 재산을 가지고 있는 一司七宮[內需司,
어의·용동·명례·수진·육상·경우·선희궁]에는 각 궁 사무 정리
소를 두어 각 궁장토의 사무를 정리케 하였다. 그리고 궁중재산과 국유
재산과의 소속이 분명치 않은 것을 정리하기 위하여서는 내각에 臨時
帝室有及國有財産調査局을 두어 정리케 하였다. 여기에는 각 부처와

궁내부에서 위원이 임명되었다. 동시에 궁내부에서는 종래의 기관, 즉 경리원, 각궁 사무 정리소, 제실 제도국 등을 폐지하고 제실재산정리국으로 통합하여 帝室有 재산을 정리케 하였다. 이러한 과정에서는 대체로 다음과 같은 것이 결정되었다.

① 궁내부 소관의 토지 중에서 분명히 民有로 인정할 수 있는 것은 농민들에게 반환한다.

② 궁장토의 導掌은 그가 投託導掌인가 일반 도장인가를 판별하여 투탁도장에게는 그 토지를 돌려 준다.

③ 궁내부 소관의 모든 부동산과 경선궁 소속의 부동산은, 宮殿太廟의 기지 급 本朝陵園墓를 제외하고 모두 국유로 이속한다.

④ 漁磯·洑堰 기타 궁내부의 諸稅 징수권은 일체 국고로 이속한다.

⑤ 역둔토는 탁지부에서 관리하고[갑오경장 이후 그 관리권을 농상공부·군부를 거쳐 궁내부에 와 있었다] 소작료 등의 수입은 국고의 세입으로 한다.

그리하여 이와 같이 제실재산이 정리되고 그것이 국유재산으로 이속되면서, 1908년에는 '임시제실유 급 국유재산 조사국'과 '제실재산 정리국'을 폐지하고, 새로이 탁지부 내에 '임시재산 정리국'을 설치하게 되었다. 여기서는 국유로 이속된 재산을 조사 정리하고, 이에 따라 부동산의 권리에 관한 이의신청이 있으면 이를 심리하며, 제실의 채무관계를 정리하고, 토지의 측량에 관한 상항을 처리해 가는 것이 그 임무이었다. 첫 번째 임무로 되어 있는 국유지의 조사는 농지의 每筆에 대한 실제적인 조사로서, 그 소재지, 지번, 地目, 면적, 사표, 구명칭, 실납 소작료, 등급 및 전정 소작료, 소작인의 주소 성명 등을 세밀하게 조사하는 것이었다. 이 조사는 1909년 6월부터 1년 계획으로 전개되었는데, 일본인 주사를 반장으로 하는 60개의 조사반이 한성·평양·대구·전주·원산·공주 재무국 등으로 분산 소속되어 행하였다.

그러나 이와 같은 국유지와 왕실재정의 정리가 궁극적으로 한국정부나 한민족을 위한 것은 아니었다. 그것은 화폐·금융제도 등의 정비와 함께 이른바 한말의 재정정리의 일환으로서 행하여진 것으로서 정치적·경제적으로 일제에게 예속되어 가는 과정에서 일본인의 계획과 지도 하에 행하여진 것이었다. 말하자면 재정정리는 그들의 이른바 한국경영을 위한 기초공작이 되는 것이었으며, 국유지 및 帝室有 토지에 대한 조사도 그러한 범주에서 예외일 수는 없었다.

토지에 관한 일련의 법령은 1906년에 내부령으로 공포한 〈가계발급규칙〉, 같은 해 칙령 및 법부령으로 공포한 〈토지가옥 증명규칙〉 및 〈동 시행세칙〉, 역시 같은 해 칙령과 법부령으로 공포한 〈토지가옥 전당 집행 규칙〉 및 〈동 시행세칙〉, 1908년에 칙령과 법부령으로 공포한 〈토지가옥 소유권 증명규칙〉 및 〈동 시행세칙〉 등을 들 수 있다. 가계발급 규칙은 가사의 소유관계를 증명하는 규칙으로서 가사 소유주가 賣主, 買主, 家儈, 보증인 등 연서로 그 가계의 발급을 지방관에게 요청하면, 그 지방관은 이전의 문기를 조사하고 관에 비치한 가계원부와 대조한 후에 발급하도록 되어 있었다. 외국인도 정상적인 매매를 통해서 가옥을 사들이고 그 증명을 요청하면 그들에게도 이 증명을 발급하였다. 그러나 이러한 증명에서는 아직도 외국인들이 내륙지방의 어디서나 부동산을 소유하는 것을 용인하지는 않았다.

〈토지가옥 증명규칙〉은 외국인의 부동산 소유에 관한 종래의 국지성을 폐지하고 한국 내의 어디서나 그것의 소유를 인정하고 증명하는 법규이었다. 토지나 가옥을 매매·증여·교환·전당 하였을 때 그 계약서에 統首나 동장의 인정을 거친 후에 군수나 부윤에게 그 증명의 발급을 요청하면, 군수나 부윤은 토지 가옥 증명부를 비치하고 그것을 발급하도록 되어 있었다. 이 증명규칙에서는 외국인에 관한 조항을 특히 설정하고 있었다.

당사자의 일방이 외국인으로서 本則에 의하여 증명을 受한 경우에
는 일본 이사관의 査證을 수하되, 만약 이사관이 사증을 수하지 못하면
제2조의 효력을 생치 못한다. 당사자의 양방이 외국인으로서 증명을
받고자 할 때는 일본 이사관에게 具申하여 일본 이사관이 먼저 당해
군수나 부윤에게 知照하여 토지가옥 증명부에 기재한 후 증명한다.

외국인의 토지소유에 대한 한국 정부의 통제 정책은 무너지고, 외국
인의 한국 내에서의 토지 가옥 소유는 이로써 완전히 보장되기에 이르
렀다. 그리고 종래에 불법적으로 매점하였던 것도 이로써 합법화되었
다. 일본인들은 이 무렵에 한국 내의 도처에서 토지에 대대적으로 투자
하고 있었으므로 그에 대한 법적 보장을 필요로 하고 있었다. 그러므로
통감부가 설치된 후에는 통감으로 하여금 한국정부에 압력을 가하게
하였으며, 통감은 여기에 일본제국의 진출과 일본인의 자본투자를 위
하여 한국의 내지개발이라는 미명 아래 한국정부로 하여금 이 법규를
공포케 하였던 것이었다. 토지 가옥 전당 집행규칙은 〈토지가옥 증명규
칙〉에 의하여 증명을 받은 전당에 대하여 적용되는 것으로서 부동산의
전당에 관한 제규정을 마련한 것이다. 이러한 규칙을 마련하게 된 목적
은 "토지가옥을 목적으로 하는 전당집행에 대하여는 流質契約을 得할
수 있다. 토지가옥을 목적으로 하는 전당에 있어서는 채무자가 채무이
행의 기일을 경과하여도 상환치 아니하는 때는 다른 계약이 無하면 채
권자는 그 전당의 목적한 토지나 가옥을 경매할 수 있다"는 데 있었다.
그리하여 전당물을 경매함에 있어서는 統首·통장·면장이나 성년 남
자 2인의 입회로써 간단히 할 수가 있었다. 이 규칙에서도 외국인에
관한 조항을 마련하고 있었다.

이 규칙에 의한 전당집행에 분쟁이 있을 때는 그 목적한 토지가옥의 소재지를 관할하는 군수나 부윤이 이를 裁定한다. 채무자가 본국인이요, 채권자가 외국인일 때에는 당해 일본 이사관의 동의를 득하여 재정한다. 채무자가 외국인이고 채권자가 본국인일 때는 해당 군수나 부윤의 동의를 득하여 일본 이사관이 이를 재정한다. 채무자 및 채권자의 양방이 외국인일 때는 일본 이사관이 재정하고 해당 군수나 부윤에게 통지한다.

실로 개항 이래 일본인들은 한국의 농민들을 상대로 고리대를 행하고 그것을 통해서 토지를 강점하는 바가 많았는데, 이 규칙은 그와 같은 일본인들의 고리대 행위를 법적으로 보장하는 것이었다.

〈토지가옥 소유권 증명규칙〉은 〈토지가옥 증명규칙〉을 보완하는 것이었다. 즉 〈토지가옥 증명규칙〉의 시행 전에 토지 또는 가옥의 소유권을 취득한 자, 동 규칙 시행 후에 매매·증여·교환에 의하지 아니하고 토지나 가옥의 소유권을 취득한 자에게는, 그 신고에 의하여 〈토지가옥 증명규칙〉의 규정을 준용한다는 것이었다. 이때 외국인은 일본 이사관에 신청하면 되었다.

일본인들의 토지 소유권은 이러한 법령으로써 성립될 수가 있었고, 그에 이어서 1921년에 발표된 〈조선부동산증명령〉과 〈조선부동산등기령〉은 그들의 그와 같은 소유권을 더욱 확고하게 하였다. 그러나 이와 같이 그들의 토지 소유권이 법적으로 확립되기는 하였으나, 그것은 결부법에 의한 토지제도 내에서의 일이며 당면한 편법적 대책에 불과한 것이었다. 근대적인 토지 소유권을 철저히 확립하고 식민지 경제체제를 철저히 수립해 가기 위해서는 여전히 전국적인 토지조사를 필요로 하였다. 그러므로 일제는 이와 같이 그들의 토지 소유권을 확립시켜 가면서도 한편으로는 전국적인 토지조사를 계획하고 그것을 실천에 옮겨가고 있었다.

토지조사에 대한 계획은 국유지 조사와 마찬가지로 일본인 재정고문이 취임하면서부터 생각하였다. 그는 재정의 기초를 확립하기 위해서는 지적을 정리해야 한다고 생각하였다. 그리하여 그는 1905년 2월에 설치한 탁지부 司稅局 量地課로 하여금 그것을 계획하고 준비케 하였으며, 통감부가 설치된 후에는 1907년 임시재원 조사국을 거쳐 1908년에는 임시재산정리국에서 그것을 계승하여 추진하였다. 특히 이 임시재산정리국에서는 실제로 측량을 시행하고, 토지조사에 필요한 각국의 제도를 조사 연구하여, 법안을 기초하고 그 실행 계획을 세웠다. 여기에 토지조사는 실천단계에 들어가고 1910년 3월에는 그것을 주관할 관청으로서 토지조사국을 설치하게 되었다. 임시재산 정리국은 기술한 바와 같이 국유재산 등을 조사 정리하기 위한 최종적인 기관이었는데, 여기에는 통감부 참여관이자 탁지부 차관인 아라이[荒井賢太郎]가 장관이 되어 토지측량에 관한 문제도 처리해 나가고 있었다. 이제 그 동안의 준비작업과 그 실시를 위한 계획을 살펴보면 다음과 같다.

첫째는 측량 기술자의 양성을 들 수 있다. 1905년 6월에 일본인 기사를 고빙하여 사세국 양지과에서 기술 강습을 개시하고, 技手 견습생 약간 명을 채용하여 속성으로 이를 양성하였다. 장차 있을 토지조사사업을 위해서는, 백성들에게 토지측량의 필요성을 인식시키고 기술사상을 주입하며, 양반층에게는 그 기술을 습득시킬 필요가 있는 까닭이었다.

기수 견습생은 일정한 자격을 정하고, 그 자격이 있는 자 중에서 다시 선발한 자를 6개월 간 속성으로 강습하면, 그 졸업생은 기수 또는 雇員으로 채용하였다. 이들은 토지측량 중에서 가장 초보적인 세부측량을 익히고 있었다. 그러나 이 세부 측량술만으로는 토지조사사업에 널리 응용될 수가 없었다. 그래서 1907년에는 양지과 수업규정을 정하고 특히 우수한 자를 선발하여 圖根測量 및 小三角 측량에 관한 기술을 습득시키었다.

둘째는 측량의 실지연습을 들 수 있다. 기수 견습생의 양성이 점차 진보되어 감에 따라서는 측량에 관한 실습이 필요하게 되었던 것이다. 그래서 양지과에서는 서울과 용산 시내를, 대구 출장소에서는 대구 시내를, 평양 출장소에서는 평양 시내를, 전주 출장소에서는 그 부근을 각각 측량하고 도면을 작성할 수가 있었다. 그리고 각 부의 위촉을 받아 측량한 바도 적지 않았다. 진해 · 평양 · 용산 등지의 군용지, 각 지방의 염전, 김해지방의 蘆田, 동양척식회사에 불하되는 국유지, 인천 각국 거류지 등은 그 중요한 것이다. 그리고 1908년부터는 양지과나 각 출장소에서 모두 소삼각 측량을 개시하였다. 이 측량은 토지조사사업의 한 작업으로서 한 것이었다. 토지조사국 개설을 기다려서 이것을 행하면 다른 작업에 지장이 있을 것이라는 점에서 실습을 겸하여 한 것이었다.

셋째는 측량기술 교과서의 편찬을 들 수 있다. 그 편찬을 양지과에서 하고 출판은 그 후의 임시 재산 정리국에서 하였다.

넷째, 측량규정을 제정하였다. 이것은 대만 · 오키나와 등지에서 시행한 측량법을 참고하여 소삼각 측량을 기본으로 편성하였다.

다섯째, 농민들의 반응과 지방사정을 살피기 위하여 시험적으로 토지조사를 시행하였다. 1909년 11월에서 이듬해 2월까지에 걸쳐 부평군의 일부에 대하여 행한 이 시험적인 조사는 본격적인 조사를 계획하는 데 한 기초가 되었다.

여섯째, 舊慣 조사를 행하였다. 토지를 조사하려면 각 지방의 구래의 관습을 파악하지 않으면 아니 된다. 그것은 토지조사에 관한 법규를 제정하는 데도 긴요한 문제가 된다. 그래서 임시재산 정리국에서는 각 지방의 재무서 228개소에 조사를 의뢰하고 또 局員을 파견하기도 하여 그들이 필요로 하는 것을 조사하였다. 그중에서도 중요한 사항은 ① 행정구획 및 토지의 명칭, ② 과세지와 비과세지의 종류와 구분, ③

경계, ④ 지위 등급별 면적 및 結數査定의 관례, ⑤ 두락과 日耕의 면
적, ⑥ 소유권·質權·저당권·永小作權 등에 관한 관례, ⑦ 매매가격
및 임대 가격, ⑧ 수확고 및 수확물의 가격 및 수지계산, ⑨ 통지에
관한 문서장부의 종류 등등이었다.

　일곱째, 각국의 토지제도에 대하여 연구하였다. 토지조사에서 적절
한 성과를 올리기 위하여 일본의 地租 개정, 오키나와의 토지정리, 대
만에서의 토지조사, 인도와 이집트에서의 토지조사, 그리고 독일·오
스트리아의 地籍圖 등을 연구하고 이것을 참고한 것이다.

　토지조사를 위한 제반 준비가 이와 같이 진행되자 그것을 토대로 하
여 이제는 구체적으로 조사를 위한 계획을 세우게 되었다. 그 대강을
들면 다음과 같다.

　　첫째, 조사는 택지와 경지에 한하는 것으로 한다. 단 조사지역에 介在
　　　　하는 토지는 이를 조사하는 것으로 한다.
　　둘째, 한국의 총면적은 약 14,174方里, 즉 22,043,404정보로 보고
　　　　그 8분의 1, 즉 2,755,000정보를 조사 지역으로 간주, 계획을
　　　　세운다.
　　셋째, 조사는 총경비 14,129,707원, 7년 8개월의 계속사업으로 한다.
　　넷째, 조사기구로서는 總裁官房, 조사, 측량의 3부를 둔다.
　　다섯째, 직원은 계획 및 지도감독에 속하는 간부직 외에는 한국인을
　　　　양성하여 사용한다.

　이렇게 하여 계획이 세워진 후에는 1910년 3월 토지조사국의 개설
을 보게 되고 토지조사에 관한 모든 사무는 이 토지조사국으로 이관되
었다. 이 토지조사국은 총재관방, 조사부, 측량부의 3부로 편성되고,
총재관방에는 다시 서무과·회계과, 조사부에는 조사과·정리과, 측량
부에는 삼각과·측량과·제도과 등을 두고 있었다. 그리고 대구·평

양·전주·함흥에는 출장소를 두었다. 그리하여 이러한 기구에 의해서, 그리고 이미 마련된 계획에 따라서 토지조사는 이제 본격적으로 착수되고 진행되었다. 이것은 전 토지조사사업 중에서의 제1차 계획에 속하는 것이었다.

3) 총독부의 조사

1905년 을사조약으로 일본의 강제 보호하에 있었던 한국은 1910년 8월 그들의 예정된 계획대로 병합되고 말았다. 반식민지 상태에서 완전한 식민지로 전락한 것이었다. 이러한 과정에서 일제는 한반도에 대한 식민지 체제를 수립하기에 열중하였고, 토지조사사업에도 박차를 가하게 되었다.

한국정부 내에 세웠던 토지조사국은 폐지되고 그것을 계승하여 1910년 9월 식민지 통치기관이 조선 총독부에 '임시토지조사국'이 설치되었다. 관제에 대해서도 여러 차례의 조정이 있었다. 조사의 실제와 사무에 효율을 기하기 위해서였다. 그리하여 마지막으로 그 기구가 조정되었을 때, 임시토지조사국은 총무과, 기술과, 조사과, 측지과, 제도과, 정리과 등으로 구성되고 있었다. 그밖에 특별 조사기관·지방 토지 조사 위원회·고등 토지조사 위원회 등이 있었으며, 사무원과 기술원의 양성소도 있었다. 기구의 조정과 아울러 토지조사를 위한 제법령도 마련되었다. 1911년 6월에는 〈朝鮮森林令〉 및 〈동 시행규칙〉, 동 7월에는 〈관유재산 관리규칙〉, 동 10월에는 〈역둔토 수입수납 규정〉을 공포하고, 1912년 3월에는 〈조선민사령〉·〈조선부동산증명령〉 및 〈동 시행규칙〉, 〈조선 부동산 등기령〉 및 〈동 시행규칙〉, 동 5월에는 〈국유 삼림산야 보호규칙〉을 공포하였으며, 동년 8월에는 토지조사사업의 기간법령인 〈토지조사령〉을 공포함으로써 여기에 토지조사사업은 궤도에 올랐다. 그리하여 사업에 대한 계획도 통감부 시대의 제1차 계획에 이어 2차, 3차, 4차 조정되었다. 사업의 진전에 따라 그 계획과 경비도 신축성 있게 조정되었다.

이와 같은 기구와 계획으로 수행된 토지조사는 대별하여 ① 토지소유권의 조사 ② 지위 등급 및 지가의 조사 ③ 지형·地貌의 조사 등이었다.

토지 소유권의 조사는 임야 이외의 토지에 대하여 그 토지의 종류·지주 등을 조사하여 지적도와 토지조사부를 조제하고 소유권 및 그 疆界를 사정하여 부동산 등기제도의 소지를 마련하려는 것이었고, 지위 등급 및 지가의 조사는 시가지·경지 및 잡종지 등의 3종류에 대하여 지위 및 지가를 책정하여 지세 부과의 표준을 마련하려는 것이었으며, 지형·지모의 조사는 지상의 지형·지물의 분포를 측량하여 지도상에 명시하려는 것이었다. 그러므로 토지조사사업은 토지제도와 토지제도의 개편이라는 점에서 본다면, 그것은 전기한 두 가지의 조사를 중심으로 하는 것이었고, 특히 중요한 것은 토지 소유권을 조사하고 확인하는 것이었다고 하겠다. 그러므로 이제 이하에서는 그와 같은 소유권 조사와 지위 등급 및 지가 조사에 관해서 좀더 상론하기로 한다.

토지의 소유권 조사에서는, 준비조사와 一筆地 조사가 있고 분쟁지 조사가 있은 후 마지막으로 토지소유권과 강계를 확인 사정하고 있었다.

준비조사에서는 첫째, 토지조사의 취지를 민간에 주지시키고 있었다. 이때에는 어느 지방에서 토지를 조사할 것이 결정되면 토지조사국의 직원이 그 지방 관청에 파견되어, 군 단위로 면장·방법·지주의 의무, 토지조사 측량의 순서, 토지 신고상의 주의, 지주 총대의 유의사항, 지주의 주의사항 등을 상세히 설명하며, 이와 같은 집회를 면 단위로도 되풀이하였다. 토지조사에 대한 민심의 동향은 일제의 토지 약탈이라는 점에서 비협력적이고 반항적이었으므로, 일제는 이러한 민심을 수습하지 않고서는 그 사업의 완수가 어려웠던 것이었다.

다음은 지방 관공서에 보존되고 있는 토지에 관한 도서로서 토지조사에 참고가 될 수 있는 것은 그 내용을 조사하고, 또 필요에 따라서는 차입·등사하였다. 토지조사에 참고가 될 수 있는 도서로서 토지조사국에서 유의하였던 것은 課稅地見取圖, 結數連名簿, 토지증명부, 국유지 대장, 역둔토 대장, 민적부 등이었으며, 그 밖에 군에 비치되고 있는 결수 연명부의 정본과 면에 비치되어 있는 부본의 대조, 그리고 면장, 동리장, 지주총대 등의 명부 작성도 있었다.

셋째로는 면동리의 명칭과 강계를 조사 정리하였다. 구래의 향촌제에 있어서는 그 명칭이 洞·里·浦·坪·村 등 다양하였고, 그 강계 또한 대소 부동한 바가 있었는데, 식민지 통치자의 입장으로서는 이것이 대단히 불편한 것이었다. 그래서 토지조사가 시작되면서 그에 따라 향촌을 폐치분합하고 명칭을 바꿀 것을 꾀하게 되었다. 그리하여 토지조사에서의 준비 조사를 행함에 있어서는 지방군청과 협의하고, 과세지 견취도를 참고하기도 하고, 면장·동리장·지주총대 등의 입회하에 현지를 답사하기도 하여 편리한 강계를 작성하였다.

넷째로는 토지신고서를 받아서 지역별로 정리하였다. 토지신고서는 토지의 소유권자가 임시 토지조사국장 앞으로 자기의 소유토지를 신고하는 것으로서, 이것은 토지조사령에 의한 것이었다. 동령 제4조에는 "토지의 소유자는 조선총독이 정한 기간 내에, 그 주소·성명 또는 명칭 및 소유지의 소재·지목·字番號·사표·등급·지적·결수를 임시 토지조사국장에게 신고할 사"라고 하고 있었다. 그러므로 토지의 소유권 조사는 이 신고된 토지를 중심으로 조사하는 것이었고 그럼으로 해서 모든 토지 소유자에게는 규정된 양식에 의해서 신고할 것이 시달되었다.

이와 같은 토지신고서에 기재할 토지는 모두 결수연명부에 의거하고 있었다. 결수연명부는 합방 전에 작성된 일종의 징세대장이었다. 지세의 징수 대장은 1908년 7월의 탁지부령으로 각 지방의 재무서가 이를 작성하고 있었는데 이 결수연명부도 과세물건의 소재를 분명히 하고 납입별 소유토지의 가격을 推知하기 위하여, 위의 지세대장을 기초로 하여 좀더 세밀하게 면내의 결수를 각 납세 의무자별로 조사하여, 지세 징수 대장의 內譯簿로 작성한 것이었다. 이러한 결수 연명부는 1909년 7월과 1910년 6월의 2회에 걸쳐 작성되었는데 모두 신고에 의해서 만들어지고 있었다. 그런데, 이러한 신고에 의한 작성이 정확하려면 현지조사가 필요한데, 이때는 각 지방에 항일 의병투쟁이 한창이어서, 일본인 재무관리들은 경찰이나 군대의 보호가 없이는 지방을 자유로이 출장하기가 어려운 형편이었다. 그래서 결수연명부는 종전의 문서를 토대로 하는 수밖에 없게 되고 따라서 그것은 정확한 것이 되지 못하였다. 신고자가 정당한 권리자인지 아닌지조차 조사를 하지 않았고, 실제에 있어서는 면장이나 동장으로 하여금, 이것을 작성케 한 것도 있어서 그 신빙성은 희박한 것이 되고 말았다.

그런데 토지조사사업에 있어서의 토지의 신고는 거의가 면에 비치된 이 결수연명부에 의거하여 작성되었다. 그리하여 이러한 신고서를 접수하면 결수연명부와 다시 대조하고 장차 토지대장이나 등기사무에 편하도록 동리별로 철해 두었다.

다섯째로는 지방의 경제 상황과 관습을 조사하였다. 이러한 조사는 토지조사의 업무 진행상 유익한 까닭이었다. 동리의 강계를 조사할 때나 신고서를 접수할 때 면장·동장·이장 또는 지주총대나 지식인들에게 조사시키었다.

一筆地 조사에서는 지주의 조사, 강계의 조사, 지목의 조사, 지번의 조사를 하고 있었다.

지주의 조사는 민유지에 있어서는 토지 신고서, 국유지에 있어서는

				地目	住所	土地申告書
		字號	字番號 及 四標	郡 面 統 戶	大正
		號	土地所在			年
		南東北西	郡		月
			面	等級	氏名印	日
				地積		代地認印總
				結數	地主	
			里洞	事故		

〈그림2〉 토지신고표 제1호 양식

보관청의 통지서에 의함을 원칙으로 하였다. 그러므로 조사원은 신고서나 통지서를 실지와 대조하여 지주명과 기타 신고 사항을 査覈하고 이상이 없으면 신고인을 토지의 소유주로 인정하였다. 이때 동일 토지에 대하여 소유권 주장자가 2인 이상이거나 경계에 분쟁이 있으면, 당사자 간에 화해를 시켜서 화해가 되면 화해서를 토지신고서에 첨부하고, 안되면 분쟁지로서 이를 조사한다. 그리고 소유권원에 의문이 있어서 신고자를 곧 지주로 인정하기 어려운 것도 분쟁지에 준하여 이를 처리하였다. 삼림·산야·화전 등 종래에 그 소유권의 귀속이 분명치 않은 것은 지방의 관습, 농민의 생활 상태를 감안하여 국유로도 하고 민유로도 하였다. 그리고 제언은 원래 국유이었으면 설혹 冒耕하는 자가 있어도 이를 제언으로 간주하고 민유를 인정치 않았다. 법인이나 또 이에 준할 단체의 소유에 관해서는 그 단체가 적법의 자격을 구비치 않았다 하더라도 관습상 법인으로 취급하여 지장이 없으면, 그 단체의 신고를 그대로 인정하였다.

강계의 조사는 일필지 지역을 조사 확정하는 것이다. 1필지의 구역을 정하는 목적은 지목을 구별하고 소유권의 분계를 확정하려는 데 있다. 그러므로 같은 지주의 같은 지목이 연속한 것은 이것을 1필지로 함을 원칙으로 하였지만, 소유권 이외의 권리설정 관계, 과세상의 便否, 지적정리나 토지이용의 편부, 기타 여러 가지 사정으로 別筆로 취급해야 할 것은 지주·지주총대 등의 입회 하에 별필로 정하였다. 그리고 도로·하천·溝渠·제방·성첩 등으로 자연적인 구획을 이루고 있는 것, 특히 면적이 광대한 것, 형상이 심히 구부러지거나 길고 좁은 것, 지력이나 기타의 상황이 다른 것, 지반의 고저에 차이가 있는 것, 분쟁 중에 있는 것, 시가지로서 벽돌담·돌담 기타 영구적인 건설물로서 구획된 토지 등은 별필로서 취급하였다.

지목의 조사는 토지의 종류에 대한 조사인데, 이것은 세 계통으로 조사 구분하고 있다. 첫째는 田·畓·垈·池沼·임야·雜種地, 둘째는 社寺地·墳墓地·공원지·철도용지·수도용지, 셋째는 도로·하천·구거·제방·성첩·철도선로·수도선로 등으로서 도합 18종이었다. 첫째 것은 직접적인 수입이 있는 토지로서 현재 과세를 하고 있거나 장차 과세의 대상이 될 수 있는 토지이고, 둘째 것은 직접적인 수익이 없고 대체로 공공용으로 속해 있어서 지세를 면제해야 할 토지이며, 셋째 것은 사유를 인정할 수 없고 또 과세할 수도 없는 토지이다. 이와 같은 지목의 확정은 구래의 토지제도에서의 지목을 그대로 채용하기도 하고, 조사 당시의 현상에 따라 실지에 적합한 것은 채택하기도 하였다.

지번의 조사는 지적상의 지번이 호적상의 호번과 마찬가지로 대단히 중요하므로 세심한 주의를 가지고 행하였다. 여기에는 어떤 토지를 막론하고 토지대장이나 지적도에서 쉽사리 발견할 수 있도록 하였으며, 특히 시가지에는 지번을 주소로 사용하므로 부근의 지번으로 他 지번을 추정할 수 있도록 하였다.

분쟁지 조사는 토지의 소유권에 대하여 분쟁이 일어난 것에 관하여 조사하는 것이다. 토지 소유권에 관한 분쟁은 전국 각지에서 일어나지 않은 곳이 없었다. 더욱이 국유지에 대한 분쟁에서는 1동리 내지는 수개 동리의 대부분이 분쟁의 대상이 되는 수도 있었다. 그리하여 전 토지조사사업에서의 분쟁 건수는 총 19,107,520필의 조사지 중에

99,445필이다. 이것은 평균 200필에 1건씩의 분쟁지가 있는 비율이 된다. 이 중에서 화해로써 해결시킨 것은 26,423필이었다.

그리고 이러한 분쟁지는 소유권에 관한 것과 강계에 관한 것이 있었는데, 전자는 99,038필, 후자는 307필이었다. 분쟁지는 99% 이상이 소유권에 관한 것이었음을 알 수 있다. 그리고 또 이러한 분쟁지는 국유지에 대한 분쟁과 민유지 상호 간의 분쟁이 있었는데, 소유권 분쟁에 있어서는 전자가 64,449필, 후자가 34,689필이어서 각각 65%와 35% 이었고, 강계 분쟁에 있어서는 전자가 121필, 후자가 186필이어서 각각 39%와 61%이었다. 말하자면 토지조사에서의 분쟁은 주로 국유지, 즉 조선 총독부 소유의 토지를 대상으로 일어나고 있는 셈이었다. 뿐만 아니라 민유지 상호간의 분쟁도 국유지 분쟁관계에 기인하는 것이 많았다. 이를테면 賜牌나 賜與로서 정부나 왕실로부터 급부된 것이라든가, 역둔토를 동양 척식회사에 분하한 토지에서의 분쟁이 그것이다. 그러므로 소유권 분쟁에서 국유지 분쟁의 비중은 더 큰 셈이었다.

토지 소유권의 조사에서 분쟁이 일어나게 된 데는 여러 가지 이유가 있었다. 그 첫째는 소유권의 귀속이 분명치 않은 토지가 있었음을 들 수 있다. 이를테면 堤堰冒耕地에 대하여 정부는 종래에 혹은 국유 혹은 민유로 인정하는 것이 있었고, 또 왕실에서는 그것의 관할이 왕실에 있었다고 하여 왕실 소속을 주장하기도 하였다. 둘째는 각 아문 둔전이나 궁장토에는 有土와 無土가 있어서 유토는 자기 토지로서 소작료를 받고 무토는 민유지에 대한 지세 징수권만을 안정한 것인데, 시대가 흐름에 따라 여기에 혼돈이 생기고 무토에 대해서도 국유지나 帝室有地로 간주하게 되었다. 셋째는 投託制가 있어서 농민들이 자기 토지를 궁장토 등에 투탁하고 세를 정부에 내지 않고 궁방에 내고 있었는데, 시대가 흐름에 따라 이것이 제실유지로 간주되었다. 넷째는 미간지의 개간 문제를 들 수 있다. 無主閒曠地나 미간지는 개간자에게 그 소유권

을 인정하는 것이 국법이었는데, 농민들이 개간경작하고 있을 때 그것
의 토지대장에 기재되지 않았음을 이유로 궁방 같은 데서는 정부로부
터 그것의 개간 및 소유권을 위양받고 있었다. 이러한 토지는 조선시대
후기에도 100년 · 200년을 두고 분쟁을 하는 수가 있었다. 다섯째는
증빙서류의 불충분을 들 수 있다.

　그러나 이와 같은 사실들은 소유권 분쟁의 이유로서 인정한다 하더
라도 끝으로 우리가 더욱 중요시해야 할 것이 있다. 그것은 소유권 분
쟁의 대부분이 국유지를 상대로 분쟁에서 일어나고 있다는 사실이다.
국유지나 제실유지는 이미 일제의 재정고문이 취임하면서 조사가 시작
되고 합방 전까지는 대체로 그 정리가 끝나고 있었다. 그리고 일제는
결수 연명부를 작성하여 국유지나 제실유지를 또다시 확인하고 있었
다. 그런데 분쟁은 이러한 토지에서 집중적으로 일어나고 있었다. 그것
은 어찌된 연유일까. 그것은 국유지 조사나 결수 연명부의 작성에서
소유권 조사가 철저하지 못했음에 연유한다. 철저한 조사가 행하여지
고 있었다면 이미 분쟁문제는 처리가 되었을 것이었다. 이때의 그들에
게는 농민 하나하나에 대한 소유권 조사가 중요한 문제가 아니었다.
그들에게 중요한 것은 국유지를 많이 확보하고, 세원을 많이 확보하는
것이 긴급한 문제였다. 국유지는 나중에 총독부 재산이 되고 일본인들
에게 불하되었던 것이다.

　이와 같은 분쟁지는 여러 가지 방법으로 처리했다. 그 첫째는 농민들
이 분쟁을 일으키지 못하도록 경찰관으로 하여금 위협하여 사전에 방
지하도록 하는 것이었다. 조선총독은 도장관들에게 지시하여 "官民有
紛爭地에 대한 조사는 관유재산의 득실에 관한 것이므로 신중히 조사
하지 않으면 아니 된다. 근래 국유지 편입, 소작료 징수, 어업권의 許否
및 토지권리 관계 등에 관하여 지방민 사이에 분요를 일으키고, 많은
무리들이 집합하여 관청에 청원을 한다 …… 이러한 자들은 경찰에서

상당히 단속을 하고 있지만, 여러 지방관들도 늘 이에 주의하여 필요한 때는 경찰에 명하여 될 수 있는 대로 미발하도록 방지하라"고 하고 있었다. 분쟁이 일어나면 관유재산에 손실이 생기게 되므로 이것을 막기 위해서는 경찰로 하여금 농민들의 불만을 억제하였던 것이었다.

둘째로는 당사자를 화해시켜서 소송을 취하하도록 하는 것이었다. 이것은 토지조사의 한 방침으로서 강요되고 있었다. 그리하여 분쟁에 관계되는 토지의 신고서를 수리하였을 때는 당사자를 설유하여 될 수 있는 대로 화해를 시키기도 하고, 이미 소송 중에 있는 것이면 그를 설유하여 이를 취하하도록 하였다. 그리고 이에 응하지 아니하면 분쟁 당사자에게 증거서류, 약도 및 진술서를 제출하게 하였다. 이러한 복잡한 수속을 강요함으로써 소송을 취하시키려는 셈이었다. 대개의 경우 분쟁 중에 있는 토지는 그것이 아무리 농민들의 것이라도 그것을 증빙할 만한 서류는 완전할 수가 없었다. 완전치 못한 서류를 제출하였을 때 소송에서 이기기는 어려웠다. 그러므로 농민들은 강제된 화해로써 소유권을 포기하는 자가 있게 되었다. 그것은 전 분쟁지 건수의 약 3분의 1, 전 분쟁지 필수의 약 4분의 1이나 되는 큰 수이었다.

셋째로, 분쟁지는 지방 토지조사위원회의 자문을 받도록 하였다. 동위원회는 토지조사령의 정하는 바에 의하여 토지조사국장이 토지를 사정할 때 자문에 응하도록 만든 토지 사정에 관한 자문기관이었다. 지방 토지조사 위원회는 각도에 설치하였는데 위원장 1인, 상임위원 5인이 있었고, 필요에 따라서는 임시위원 3인을 더 둘 수가 있었다. 위원장은 道長官, 위원 중의 3명은 도참여관이 임명되었다. 임시위원은 토지사정에 관계 있는 부·군·도의 부윤·군수·도사로 임명하고 該府郡島 내의 명망가도 총독의 이름으로 임명하였다.

그리하여 토지조사국에서 지방 토지조사 위원에 자문한 분쟁 건수는 2,209건이나 되었다. 이 가운데는 1군 70건 이상이나 되는 것도 있었

다. 그러나 토지조사국의 자문에 반대 결의를 한 것은 겨우 12건밖에
안 되었다. 이 12건도 재조사를 한 후 토지조사국의 결의를 따른 것이
10건이었다. 말하자면 2,209건이나 되는 자문에서 지방 토지조사 위
원회가 반대한 것은 결국 2건밖에 안 되는 것이었다. 지방 토지조사
위원회를 설치한 목적은 토지 소유권의 사정에서 권리존중의 本旨를
철저히 하려는 데 있었지만 그 기능은 식민지 당국자만을 위해서 발휘
되었다.

넷째로는 특별 조사기관으로서 설치되는 분쟁지 심사위원회에서 심
의하고 처리하였다. 특별 조사기관에는 이 밖에도 特別細部測圖成績檢
査委員會, 給與及獎勵制度調査委員會, 雇員考査委員會, 外業特別檢査
委員會, 地誌資料調査委員會 등이 있어서 각각 특수한 사명을 맡고 있
었는데, 분쟁지 심사위원회는 분쟁지에 대해서 그 소유권을 사정하는
기관이었다.

이 심사기관의 요강은 다음과 같았다. 이 기관에는 위원장 1인, 위원
5인을 둔다. 위원장은 총무과장이 겸임하고 위원은 사무관이나 부사무
관 중에서 임명한다. 분쟁지의 심사는 분쟁지 심사서안 및 판결 확정에
의한 분쟁지 해결서안에 관하여 이를 행한다. 심사서안이나 해결서안
의 심사를 끝내면 서명 날인하여 이를 주무과로 넘긴다. 심사서안이나
해결서안의 심사를 끝내면 심사위원장에게서 결재를 받는다. 심사위원
은 심사사항에 관하여 이를 타인에게 누설할 수 없다.

그리하여 이와 같은 분쟁지 심사위원회에서는 여러 가지 어려운 사건
에 관하여 명확한 단안을 내리었다. 이를테면 국유지 분쟁처리에 있어서
우선 참고되는 것은 결수 연명부였고, 결정적인 근거가 되는 것은 각종
양안 즉 토지대장이었는데, 농민들이 아무리 자기 토지라 하여도 이
양안에 국유지로 될 수 있는 토지로 기록되어 있으면, 그 분쟁지는 국유로
판결되었다. 이와 같이 판결하는 데는 많은 난점이 있어서 조선시대에도

이러한 문제는 오랜 시일을 두고 소송이 되풀이 되어 오는 터이었지만,
이 분쟁지 심사위원회에서는 그것을 기계적으로 처리하였다.

토지소유권과 강계를 확인하고 사정하는 것은 소유권 조사에서의 마
지막 과정이었다. 말하자면 토지 소유자의 권리는 이 사정의 확정 또는
재결에 의해서 비로소 인정되었다. 그리고 이 사정은 토지조사령이 정
하는 바에 따라서 행정처분으로써 확정하는 것이었으며, 사정의 확정
또는 재결에 대해서는 이유 여하를 막론하고 사법재판에다 제소할 수
가 없었다. 그러므로 사정은 토지조사 이전의 모든 사유를 철저하게
단절시키고, 토지소유 관계를 절대적으로 확정하는 것이 되었다.

토지소유권의 확정을 행정처분으로써 행한 것은 일제가 수행한 토지
조사사업의 한 특징이었다. 그것은 그들에게 있어서 많은 토지분쟁을
해결하고 속히 토지제도를 정비하는 데 편리한 방법이 되었다. 식민지
지배의 기초공작을 조속히 달성하기 위해서는 소유권의 확인을 행정처
분으로 처리하는 것이 편리할 수밖에 없었다.

査定은 토지조사부와 지적도에 의해서 행하였으며, 사정이 끝난 것
은 토지 소유자나 이해관계인 등에게 공시관람케 하였다. 그리하여 사
정에 대하여 불복이 있으면 규정된 기간인 공시기간 만료 후 60일 이내
에 고등토지조사위원회에 이의를 제기할 수가 있었다.

고등 토지조사 위원회는 위원장 1인, 위원 25인, 간사 6인, 서기
및 통역 약간명으로 구성되고, 위원장은 조선 총독부 정무총감이 이를
겸하고, 위원은 조선총독의 주청으로 총독부 판사·고등관 및 임시 토
지조사국 고등관 중에서 내각이 이를 임명하도록 되어 있었다. 회의는
부회와 총회가 있어서 전자에서는 통상사정에 대한 불복이나 재심청구
사건을 재결하며, 후자는 법규의 해석이나 裁決例를 변경할 때에 개최
하였다. 고등토지조사위원회의 기구는 처음에는 위원장과 위원을 합하
여 10인이었지만, 사업의 진행에 따라 심의사무가 증가되어 그 기구도

확대되었다.

고등토지조사위원회에 사정에 대한 이의를 제기하는 데는 일정한 자격을 구비해야만 하였다. 토지조사에서는 토지소유자의 입회를 요구하고 있었는데, 정당한 사유없이 불응한 자는 사정에 대한 이의를 제기할 수가 없었다. 그러나 설사 이의를 제기했다 하더라도 그것은 식민지 지배자들 상호 간의 문제에 불과하였다.

토지등급 및 지가의 조사에서는 먼저 지위의 등급을 조사 결정하고 그에 따라서 지가를 산정하였다. 지위의 등급이란 전·답·垈·池沼·잡종지의 각 지목에 대하여 그 지위·지력의 우열에 따라 그 등급을 구별하는 것을 말한다. 지위·지력의 구별은 각 토지의 수익에 따를 것을 원칙으로 하였다. 그러나 토지의 수익은 풍흉, 경작의 巧拙, 노임의 다소, 곡물의 품종, 토지 사용의 용도 등 여러 가지 이유로 해서 같은 지력의 토지에서도 같을 수가 없고, 따라서 지위·지력을 정확하게 책정하기는 어려운 것이다. 그래서 전답에 있어서는 수확고, 地勢, 地質, 水利, 경작의 難易, 교통의 便否, 수요관계, 이용정도, 수확물의 품위, 異地目의 量入, 崖岸의 다과를 참작하고, 垈에 있어서는 지가와 위치, 교통의 편부, 상공업의 繁閑, 이용 정도, 수요 관계, 이 지목의 양입 등을 감안하여, 전답에서는 주로 수확고, 대에서는 주로 지가를 기초로 하여 지위 등급을 詮定하였다. 그리고 池沼나 잡종지를 그 수익, 이용목적을 참작하고 田의 등급 구분을 준용하여 그 지위등급을 정하였다. 그리하여 전국의 같은 품위의 토지를 같은 등급으로 취급되고 지가산출, 지세부과의 기초가 되었다.

이와 같은 각종 토지의 지위등급은 처음에는 수확고 등급과 지위등급으로 구분하여 조사했다. 수확고 등급은 기왕 5개년간의 100평당 평균 수확고를 기초로 하여 전은 1급에서 11급, 답은 1급에서 19급까지를 두고, 垈·沼池·잡종지는 전답의 등급에 준하게 하고, 菜田·蔘

田·芹畓·시가지·정거장·港灣 등에 접근한 대지 같은 것으로서 1
급 이상을 매겨야 할 것은 특1급 특2급으로 순차 진급시켰으며, 沙礫
地·습지 등 특히 열등한 토지의 전은 13급, 답은 22급까지로 그 등급
을 순차로 저하시켰다. 그리하여 1면 내에서의 각 필지의 수확고 등급
이 조사되면, 전기한 바와 같은 여러 가지 조건을 참작하여 각 동의
등급을 1등에서 수등으로 구분하고, 이 동의 등급과 수확고 등급을 배
합하여 지위등급을 전정하였다. 즉, 수확고 등급에 의한 2등 洞의 1급
지는 1등 동의 2급지에, 3등 동의 1급지는 1등 동의 3급지에 상당하는
것으로 간주하여 면 전체의 각 필지의 지위를 결정한 것이다.

그러나 이러한 방법에는 커다란 난점이 있었다. 그것은 일면 과학적
인 것 같으면서도 쉽사리 해결할 수 없는 복잡한 문제가 개재하고 있었
다. 그것은 동의 등급을 정하는 문제였다. 면 내의 동을 등급별로 정하
는 것은 곧 지세의 문제와 관계되기 때문에 동간의 반목을 초래할 염려
가 있고, 또 여러 가지 조건을 참작하는 것이기는 하지만 조사원의 주
관 여하에 따라서는 등급의 고저가 제대로 되기 어려운 점도 있었다.
그리고 이러한 문제가 한 동리로 그치는 것도 아니었다. 동과 동을 조
정하면 면과 면, 또 군과 군, 도와 도를 조정해야 하는 것이었다. 지위
등급의 전정에 있어서 동의 등급을 참작하는 것은 사정상 불가능한 문
제였다.

그래서 지위등급 조사에서 처음의 방침은 중도에 폐지되었다. 동의
등급을 규정하는 것은 포기하기로 한 것이었다. 그리하여 대지의 등급
은 임대 가격이나 매매가격을 조사하여 1평당의 지가를 기준으로 하여
지위등급을 정하고, 전답·지소·잡종지의 등급은 지난 5개년간의
100평당 평균 수확고에다 地勢·지질·수리작업의 난이, 교통의 편
부, 수요관계, 이용 정도, 수확물의 품위, 異地目 또는 불모지 양입의
유무, 畦畔 또는 애안의 다과 등을 참작하여 지위등급을 정하였으며,

종전의 방침으로써 이미 조사한 지방의 지위등급은 다시 이것을 검토하여 재조정하고 그 등급을 결정하였다. 이제 그와 같은 전답·대지의 지위등급을 표로 나타내면 위의 표와 같다. 池沼 및 잡종지의 지위등급은 田의 등급에 준거하고 그 수확고는 전의 주작물인 보리·콩·조·귀리의 석수로 환산한 石數로써 구분한다.

〈표1〉 전(田)의 지위등급 100평당 수확고, 단위 석(石)

종류 등급	보리	콩	벼	조
특4급	2.900 이상	1.774 이상	2.070 이상	1.914 이상
특3급	2.600	1.951	1.856	1.716
특2급	2.300	1.407	1.642	1.518
특1급	2.000	1.224	1.428	1.320
1급	1.700	1.040	1.213	1.122
2급	1.500	0.918	1.071	0.990
3급	1.300	0.795	0.928	0.858
4급	1.100	0.673	0.785	0.726
5급	0.950	0.581	0.678	0.627
6급	0.800	0.490	0.571	0.528
7급	0.650	0.397	0.464	0.429
8급	0.500	0.306	0.357	0.330
9급	0.350	0.214	0.250	0.231
10급	0.200	0.122	0.142	0.132
11급	0.080	0.049	0.057	0.052
12급	0.030	0.018	0.021	0.020
13급	0.015	0.009	0.010	0.010
14급	0.015 미만	0.009 미만	0.010 미만	0.010 미만

* 특5급 이상은 보리 3斗, 콩 1斗 8升 3合, 벼 2斗 1升 4合, 조 1斗 9升 8合이 증가할 때마다 1급을 올린다.

〈표2〉 답(畓)의 지위등급   100평당 수확고, 단위 석(石)

등급	벼	등급	벼	등급	벼	등급	벼
특4급	2,800 이상	3급	1,800	9급	1,200	16급	0,500
특3급	2,600	4급	1,700	10급	1,100	17급	0,400
특2급	2,400	5급	1,600	11급	1,000	18급	0,300
특1급	2,200	6급	1,500	12급	0,900	19급	0,200
1급	2,000	7급	1,400	13급	0,800	20급	0,100
2급	1,900	8급	1,300	14급	0,700	21급	0,050
						22급	0,050 미만

*특5급 이상은 벼 2두가 증가할 때마다 1급을 올린다.

〈표3〉 대(垈)의 지위등급   100평당 수확고, 단위 석(石)

등급	벼	등급	벼	등급	벼	등급	벼
특4급	2,800 이상	3급	1,800	9급	1,200	16급	0,500
특3급	2,600	4급	1,700	10급	1,100	17급	0,400
특2급	2,400	5급	1,600	11급	1,000	18급	0,300
특1급	2,200	6급	1,500	12급	0,900	19급	0,200
1급	2,000	7급	1,400	13급	0,800	20급	0,100
2급	1,900	8급	1,300	14급	0,700	21급	0,050
						22급	0,050 미만

*특5급 이상은 벼 2두가 증가할 때마다 1급을 올린다.

〈표4〉 대(垈)의 지위등급   1평당 지가, 단위 원

등급	지가	비고	등급	지가	비고
125급	200	125급 이상은 평당 10원씩 증가할 때마다 증급	25급	1	25급 이상은 평당 10전씩 증가할 때마다 증급
99급	70	99급 이상은 평당 5원씩 증가할 때마다 증급	8급	0.15	8급 이상은 평당 5전씩 증가할 때마다 증급
98급	67		7급	0.12	
97급	65		6급	0.10	
96급	62		1급	0.05	1급 이상은 평당 1전씩 증가할 때마다 증급
80급	30	80급 이상은 평당 2원씩 증가할 때마다 증급	등외 1급	0.04	
65급	15	65급 이상은 평당 1원씩 증가할 때마다 증급	등외 2급	0.03	
42급	3.5	42급 이상은 평당 50전씩 증가할 때마다 증급	등외 3급	0.02	
41급	3.2		등외 4급	0.01	
35급	2	35급 이상은 평당 20전씩 증가할 때마다 증급			

이와 같은 지위등급의 조사는 지세부과의 근거가 되는 것이므로 대단히 중요한 문제였다. 그러므로 이 조사에서는 지방민에게 그 취지를 설명하고 정확한 지술과 참고자료의 제공을 촉구하였으며, 지방청·금융조합·경찰서 등과도 협의하여 각종 자료의 제공과 조사에 대한 원조를 구했다. 그리하여 이러한 지료를 토대로 하고 外業班[현지조사반]의 실제 조사가 끝나면, 토지조사국에서는 이들이 조사한 바를 査覈하고 타 지역과의 균형을 유지케 하여서 그 지위등급을 최종적으로 결정하는 것이었다.

지가의 산정은 지위등급을 토대로 하였다. 즉, 垈의 지가산정은 그

지위등급 구분에 의한 1평당 금액을 각 필지의 평수에 곱하여 그 지가를 산정하였으며, 전답·지소·잡종지는 각 지위등급의 100평당 최소 수확고에 각 지방의 곡가를 곱한 것을 그 토지의 총수확고로 하고, 그 금액에서 경작비(50/100), 토지의 수선 유지비(5/100), 토지의 부담 금액(15/100)을 공제한 순익금을 지방별로 정한 환원율로써 환원하였다. 환원율은 순익금을 환원하여 토지의 가격을 산출할 때 적용할 이율, 말하자면 토지의 가격에 대한 순익금의 비율인 것이다.

그러나 시가지 및 시가지 내의 전답·대·지소·잡종지에 대한 지가 조사는 위의 방식과는 좀 달랐다. 이러한 토지의 지가는 그 토지의 시가나 임대가격을 표준으로 하고, 地利의 便否, 상업의 繁閑, 기타 각종 경제 사정을 참작하여 산출하였다. 시가지 내의 토지의 가격은 반드시 그 수확 또는 수익에 따르는 것이 아니고, 전·답·지소·잡종지라 하더라도 언제든지 대지로서 이용될 수 있어서 그 경제적 지위는 대지와 같은 까닭이었다.

토지조사사업의 마지막 정리작업은 장부 및 지적도의 작성과 그에 대한 검사였다. 장부는 토지조사부, 토지대장, 토지 대장 집계부, 지세 명기장 등이었다.

토지조사부는 토지소유권의 査定原簿가 될 것으로서 동리별로 지번의 순서를 따라 지번, 假地番, 지목, 지적, 신고 연월일, 소유자의 주소 성명 등을 등사하며, 분쟁지나 사고가 있는 토지는 적요란에 사유를 기입하도록 하였다. 책 끝에서 지목별로 지적과 필수를 집계하고 국유지와 민유지로 구분하였다. 공유지에 대해서는 2인이 공동으로 소유하는 것이면 장부 내에서 연명하고, 3인 이상이 공유하는 것이면 별도로 연명하여 책 뒤에 첨부하였다.

토지대장은 1필지를 한 장에 등록하지만 여기선 토지조사부, 등급 조사부, 100평당의 지가금표를 자료로 하여 동리별로 작성했다. 토지대장 집계부는 면별로 국유지·민유 과세지, 민유 부과세지를 분책하고, 지목별로 지적, 지가, 筆數를 게재하였다.

　지세명기장은 토지대장 중에서 민유 과세지에 대하여 면 단위로 작성되었는데, 여기서는 모든 지번의 토지를 소유자별로 連記하고 그것을 합계하였다.

　지적도는 1필지 측량에서 작성한 原圖를 등사한 것이다. 이것은 토지대장과 더불어 부군도에 비치하기 위해서 만든 것인데, 1필지의 경계·도로·하천·溝渠·기타 3각점 및 圖根點의 위치 등이 표시된다.

3. 토지조사의 결과

　한국정부의 양전과 토지제도를 부정하고 이미 통감부 시대부터 착수한 일제의 토지조사사업은 1918년에 끝이 났다. 구래의 토지제도와 지세제도를 개편하여 토지 소유권을 재확인하고 지세 부과의 기준을 재정리하려는 이 사업은 예정된 기일 내에 완수되었다. 그리고 그들이 목적하였던 바, 식민지 지배의 경제적 기반의 건설도 이로써 이루어질 수가 있었다. 전국의 토지에 대한 정밀한 측량은 농지면적의 확장을 보게 하고, 신고서와 행정처분에 의한 폭력적인 소유권 사정은 그들로 하여금 토지 약탈을 가능케 하였던 것이다.

　농지면적에 대한 실측의 결과가 과세지의 증가를 어느 만큼 초래하였는가 하는 것은 이미 통계상으로 제시되고 있다. 그것에 의하여 종래의 토지면적인 結을 일정한 환산율로써 町步로 환산하여 1910년의 농지 면적을 추정한 것과, 1918년에 토지조사가 끝났을 때의 실제의 농지면적을 비교하면 엄청나게 큰 차이가 있었다. 즉 결에서 환산한 농지 면적은 2,399,842정보였는데, 실제로 측량한 농지 면적은 4,342,091 정보로서 1,942,249정보가 증가하고 있었다. 이것은 종전의 농지 면적보다도 81%나 증가하고 있는 것으로서, 동일 면적, 동일 수확고에서 稅가 이만큼 더 가중되게 된 것이었다.

〈표5〉 토지조사로 인한 농지면적의 증가

도별	1910.12	1918.12	증가	동상 증가율
경기	227,549.8	387,116.2	159,566.4	70.12
충북	62,395.6	160,389.9	97,994.3	157.05
충남	110,054.4	242,492.6	132,438.2	120.33
전북	96,853.6	234,644.1	137,790.5	142.26
전남	243,343.7	409,508.7	166,165.0	68.28
경북	190,681.0	389,979.0	199,298.0	104.51
경남	131,421.8	281,646.4	150,224.6	114.3
황해	244,969.7	543,159.0	298,189.3	121.72
평남	251,817.8	394,032.4	142,214.6	56.47
평북	326,386.0	396,841.1	70,455.1	21.58
강원	178,452.8	332,864.7	154,411.9	86.52
함남	195,781.7	361,983.7	166,202.0	84.89
함북	140,134.1	207,433.2	67,299.1	48.02
	2,399,842.0	4,342,091.0	1,942,249.0	80.93

일제의 한국에 대한 식민지 지배의 기본정책은 한국을 농업지대 식량공급지로 만드는 데 있었으므로, 농지 면적의 증가는 지세를 증가시켜 식민지 당국의 재정을 튼튼하게 하였으며, 또 정확한 계획 위에서 더욱 많은 미곡을 생산시키고 수탈해 갈 수 있게 하였다.

토지조사 방법으로서의 신고제는 일제가 한국에서 실시한 토지조사의 한 특징이었다. 그것은 신고된 토지는 행정처분으로서 신고자의 소

유로 인정하였다는 점에서도 그렇고, 따라서 신고되지 않은 토지는 식
민지 당국의 소유로 귀속되었다는 점에서도 그러하였다. 이러한 신고
제를 통해서 종래의 국유지는 모두 관유지 즉 식민지 당국의 소유로
되고 그 밖에 부당하게 신고한 토지나 신고되지 않은 일반농지 및 미개
간지 · 간석지 · 산림 등이 모두 그들의 손으로 넘어갔다. 약탈한 농지
와 간석지의 일부는 도우따꾸[東拓], 후지[不二], 도오야마[東山], 구마
모토[態本], 가다쿠라[片倉] 등의 일본인 토지회사나 일본인 이민들에
게 불하되었다.

산림은 일제의 각 대학 실습림이 되었다. 조선총독부는 최대의 지주
가 되고 일본인들 중에는 대지주가 더욱 더 많아졌다. 1921년의 조사
에 의하면 100정보 이상의 대지주가 한국인 가운데는 426명이 있었으
나, 일본인 가운데는 487명이나 되었다. 그리고 1927년에는 전자는
334명, 후자는 553명이었다. 토지조사를 기점으로 하여 일제의 수탈
체제가 더욱 확고하게 수립된 셈이었다.

그리고 토지의 신고는 토지의 소유권자들에게 허락되고 소작 전호들
은 신고의 대상에서 제외되었기 때문에 종래의 국유지나 지주들의 토
지를 빌어서 경작하던 소작인들은 토지조사사업 이후에도 여전히 소작
농이었다. 일본인 지주들은 이러한 소작농을 구사하여 그들의 농지를
경영하게 되었다. 일본인의 부당한 신고나 농민들의 미신고로 농토를
빼앗긴 자작농도 소작농으로 전락하여 그들의 농지를 빌어 경작하지
않으면 아니 되었다. 그들은 새로운 소작 계약을 맺음으로써 소작인이
되고 고율의 소작료를 현물로써 바치지 않으면 아니 되었다. 봉건적인
지주 · 소작 관계는 그대로 존속하였다. 이러한 생산관계는 토지조사사
업이 간여할 바 아니었다. 그것은 도리어 그들의 원하는 바이기도 하였
다. 낡은 지주 · 소작 관계에서 고율 소작료를 받아들이고 그것을 상품
화하는 것은 지주들에게는 유리하였다.

그러한 점에서는 한국인 지주들도 마찬가지였다. 그들 가운데는 약삭빠르게 신고를 서두르고 문중의 공유지나 촌락의 공유지를 자기의 것으로 신고하기도 하고 타인의 농지를 자기의 것으로 부당하게 신고하여 거부가 되는 자도 있었다. 그들은 그러한 농지를 소작인들에게 빌려 주어 경작시키고 고율의 소작료를 받아들였다. 원래부터의 소작인과 토지를 상실한 농민들이 그들의 소작인이 되었다.

더욱이 고율 소작료에 의한 지주·소작인 관계의 강력한 재편성은, 종래의 지주·소작인 관계에서 성장하던 경영형 부농의 계속적인 성장을 저지하였다. 종래의 지주·소작인 관계에서는 소작인 가운데 남의 토지를 빌어 경작함으로써 부를 축적해 가고 있는 농민들이 적지 않게 있었다. 이러한 경영형 부농은 일반 민전 내에서의 소작인에게도 있었지만 궁방전이나 관둔전을 빌어서 경작하는 소작인들에게는 더욱 많았다. 궁방전이나 관둔전은 일반 민전보다도 소작료가 헐한 까닭이었다. 이들은 자작지와 소작지를 겸해서 경작하기도 하였고, 소작지만을 빌어 경작하기도 하였다. 이들이 경영하는 토지의 면적은 많으면 20여 정보를 넘는 수도 있었다. 경영형 부농들은 이러한 농지를 농업 임금노동자를 동원하여 경작하기도 하고, 가족노동이나 雇工[머슴]의 노동력으로 경작하기도 하였다. 그리고도 노동력이 부족할 경우에는 2중 소작관계를 맺기도 하였다.

경영형 부농은 봉건적인 지주와 같이 토지의 소유를 통해서 부를 축적해 가는 것이 아니라, 지주의 토지를 빌어 경작하되 그것의 경영을 통해서 부를 축적해 가는 농민들이었다. 이들은 지주와의 관계에서는 하나의 소작농에 불과하였지만, 부력에 있어서는 결코 명칭 그대로의 빈곤한 소작인은 아니었다. 그들은 농촌의 중견으로서, 이른바 자본가적 차지농이라고 부를 수 있는 존재이었다. 그러한 의미에서 경영형 부농은 한말의 사회를 새로운 근대사회로 이끌어 갈 하나의 진보적인 세력이기도 하였다. 이러한 경영형 부농은 조선 후기에서 한말에 이르면서 광범하게 존재하고 있었다. 이와 같이 새로운 진보적인 세력으로서의 경영형 부농이 일제의 토지조사사업으로 인하여서는 그 존속이 어렵게 되었다. 토지의 정확한 조사와 소작료의 고율화는 소작지의 경영으로 수지를 맞출 수가 없게 하였다. 경영형 부농은 여기에 고율 소작료에 짓눌리는 한낱 빈곤한 소작인으로 탈락하게 되었다.

그뿐만 아니라 이러한 과정에서는 소작지조차도 경작할 수 없는 농민이 또한 많아졌다. 소작지의 경작은 가혹한 계약조건을 수반하고 그것을 이행치 못할 경우에는 물러나야 하는 것이었다. 농지를 상실한 이와 같은 농민들은 날품팔이 노동자가 되기도 하였다. 그들은 1912년에는 약 35만 명이었으나, 1917년에는 약 45만 명으로 늘어났다. 또 농지를 상실한 농민 가운데는 화전민이 되는 자도 있었다. 1916년에는 그 수가 24만 5천 명 정도였으나, 1933년에는 144만 명이나 되었다. 그리고서도 살 수 없는 농민들은 고향을 버리고 만주 · 시베리아 · 미국 · 중국 · 일본 등지로 흘러 들어갔다. 1917년에서 1927년까지 일본으로 건너간 자는 67만 명, 1909년에서 1925년까지 그 밖의 각지로 흘러나간 자는 27만 8천 명이나 되었다. 한국의 농촌은 토지조사사업으로 파탄을 일으키고 농민들은 流離四散하였다.

4. 수탈의 기초공사

이상에서 우리는 토지조사사업의 경위와 그 내용을 살피었다. 지금까지 살펴온 바와 같이 그것은 한국정부에 있어서도 필요한 것이었고,

일제에게 있어서도 절실히 요청되는 문제였다. 한국정부의 입장으로서는 동학란을 수습하고 구래의 토지제도 및 세제를 정리하기 위해서도 필요하였으며, 또 1894년 이래로 실천에 옮겨지고 있는 경장사업을 위해서도 필요하였다. 그리고 일본의 입장으로서는 한반도에 대한 일본인들의 토지수탈이나, 한반도를 일본의 경제권에 예속시킴으로써 효율적으로 이 식민지를 지배하기 위하여 필요한 것이었다. 양자에 있어서는 그 의도하는 바가 다를 뿐이었다.

이러한 의미에서의 토지조사는 한국정부에 의해서 먼저 착수되고 있었다. 광무연간의 양전사업과 지계발행 사업이 그것이었다. 토지를 조사하여 경계를 명백히 하고, 또 소유권 증서를 발행함으로써 토지 소유권의 이동을 정확하게 파악하려는 것이었다. 이러한 일련의 토지조사에서는 내륙지방에서의 외국인의 토지소유가 배제되고 있었다. 한국정부의 토지조사는 제국주위 열강의 침투에 대응하는 태세가 취해지고 있었다. 이러한 태세가 관철되면 내륙지방에서의 외국인들의 토지소유는 불가능하였다. 그러나 이러한 토지조사는 한반도가 러일전쟁에 휘말리고, 일본의 정치적 세력이 국제적으로 강화됨으로써 수포로 돌아갔다. 토지조사사업은 중도에 중단된 것이었다.

일제는 러일전쟁을 계기로 한반도에 대한 침략을 국제적으로 보장받게 되었다. 고문정치가 행해지고 통감정치가 행해지면서 그들은 한국의 정치를 실질적으로 좌우하게 되었다. 그들은 한국을 수탈하기 위하여 토지조사의 필요성을 느끼게 되었다. 한국정부에서도 토지는 조사하고 있었지만, 이는 그들의 이해관계에 상반되는 것이었으므로 그대로 계속될 수는 없었다. 그들은 그들대로의 토지조사 원칙을 세웠다. 첫 단계로서는 내륙지방에 대한 외국인의 토지 소유권을 법제화하고 국유지나 궁방전 등을 정리하였다. 이러한 작업은 통감부 치하에서 대략 끝이 났다. 이러한 작업을 진행하면서 그들은 제2단계로서 민유지에 대해서도 토지조사의 계획을 진행시켰다. 신고제에 의하여 소유권을 사정할 것과, 결부법을 평·정보법으로 전환시키려는 계획이었다. 이러한 토지면적의 단위는 일본에서 시행되고 있는 것으로서, 한국경제의 일본경제에로의 예속을 전제로 한 것이었다.

일제의 이러한 계획은 한국을 병합한 후에 실천에 옮겨졌다. 1910년까지 토지조사사업은 계속되었다. 그들의 토지약탈과 식민지 통치를 위해서는 완전무결한 조사가 행하여졌다. 그러기에 이 조사는 한국 농촌을 완전무결하게 파괴해 버리는 바가 되었다. 토지는 약탈되고 몰락 농민은 더욱 늘어났다. 한국사회의 전진적 요소는 절단되고 고율 소작료에 허덕이는 소작농민들은 더욱 더 증가하였다. 농촌을 이탈하고 고향을 등지는 농민이 늘어나는 것은 당연한 귀결이었다.

일제의 토지조사사업은 실로 구래의 토지제도와 지세제도를 대폭 개정한 것이기는 하였다. 그러나 기본적으로는 봉건적인 농업체제를 그대로 온존하고 있었다. 일제는 이러한 원칙 위에서 구래의 농업체제를 그들의 식민지 농업체제로 재편성하였다. 이는 한국경제를 제국주의 일본의 전 경제체제에로 흡수시키는 과정이기도 하였다. 일제는 이와 같은 농촌의 재편성 또는 흡수과정을 통해서 식민지 한국으로부터의 수탈을 더욱 효과적으로 수행할 수가 있었다. 한국농촌은 희생되고 이러한 희생 위에서 제국주의 일본은 번영하였다. 토지조사사업은 일제의 그러한 수탈, 그러한 번영을 위한 기초공사인 것이었다.

《韓國現代史》4, 신구문화사, 1969. 12.

제5편

한국농업사 연구 주변

高麗 忠烈王朝의 '光山縣題詠詩序'의 分析
　　－新羅 金氏家 貫鄉의 光山지역 定着過程을 중심으로

奎章閣 圖書와 韓國史 研究

書評 : 《獨立協會研究》(愼鏞廈 著)

학술원의 성립과정

高麗 忠烈王朝의 '光山縣題詠詩序'의 分析
- 新羅 金氏家 貫鄕의 光山지역 定着過程을 중심으로

1. 序 言

　　羅末麗初의 시기는 신라가 후삼국으로 분열되고 각축하며, 그런 가
운데 신라에서 고려로 국가가 교체되는 정치적 군사적 격동기였다. 그
리고 사회 경제 문화 전반에서도 보다 새로운 질서와 통치이념이 확립
정착되어 나가는 전환기이었다. 이 같은 문제에 대해서는 그간 역사학
계에서 많은 연구가 있어 왔고 그 전모가 어지간히 밝혀졌다고 하겠다.
그러한 여러 연구 중에서도 본고의 주제와 관련하여 우리가 관심을 갖
게 되는 것은 사회상의 변동과 관련되는 문제인데, 이에 관해서도 그간
학계에서는 신라의 골품제적인 신분제를 대신해서 향촌사회 내에서 재
지 豪族 土豪層이 성장함으로서, 이것이 역사 전환의 원동력이 되었던

것으로 이해하고, 이를 통해서 새로운 신분제와 사회제도가 확립되었
던 것임을 특히 강조하였다.

이 같은 연구에서는 다른 시기 다른 주제의 연구에서와는 달리, 여러
종류의 자료가 이용되는 가운데, 특히 연구 대상이 되는 역사적 인물들
의 墓誌銘 碑文 및 이와 관련되는 문서 등을 이용하는 것이 한 특징이
었다. 이 시기에 있어서는 일반 문헌사료가 부족한 가운데 이들 자료가
특별한 가치를 지니게 되고 있었기 때문이었다.[1] 그런 가운데서도 光
山 金氏 門中의 자료는 이 시기를 연구하고 그 전환기의 문제나 사회상
을 이해하는데 중요한 자료의 하나로 활용되었다. 이 가문과 관련하여
서는 고려시기에 활동한 여러 인물들의 墓誌銘과 戶籍이 남아있고, 〈光
山縣題詠詩序〉라고 하는 기록이 남아 있으며, 또 후대로 내려와서는
族譜가 또한 작성되고 있어서, 연구자들이 어떤 가문을 중심으로 하여
이 시기의 전환과정 사회상을 이해하고자 할 때, 이 金氏가문의 자료는
좋은 사례 연구의 대상이 될 수 있었기 때문이었다.

그런데 이 같은 자료를 이용하여 이 시기의 사회상 姓氏制를 고찰하
고 있는 연구 중에는, 豪族層 土豪層의 성장이라고 하는 점에 연구의
초점을 맞추고 이를 강조하는 나머지, 자료를 면밀히 검토하지 않는
가운데 金氏家에 관한 결론을 내리고 있는 연구도 있었다. 동 연구에서
는 전란기 전투지구로서의 光州·羅州 지역에 대한 지역적 사정, 고려
초중엽의 李資義 謀叛 사건이 金氏家에 미친 영향 등을 고려하지 않았
고, 신라말·고려초기의 本貫·貫鄕을 후대 성씨의 本貫(姓氏)과 같은
것으로 보는 가운데 논지를 전개하고 있어서, 자료를 통해서 볼 수 있

---

1) 고려시기의 사회사 연구와 관련하여 묘지명이나 비문이 갖는 사료적 가치에 관해서는 다음의
   글을 참조할 수 있다.
   金都鍊, 〈高麗 金石文의 資料的 價値〉, 《中國學論叢》 4, 1988.
   박종기, 〈高麗時代 墓誌銘 譯註작업의 현황과 과제〉, 《고려시대연구》 I, 2000.
   정병삼, 〈고려 高僧 碑文 譯註의 과제와 방향〉, 同上書.

는 金氏家 선대의 사실을 잘못 파악하였으며, 때문에 金氏家 측의 강한 비판을 받기도 하였다.[2] 그리고 이를 통해서 전망할 수 있는 고려시기의 사회상을 또한 그대로 따르기 어렵게 하는 바도 있었다.

이러한 연구 상의 문제점은 여러 계통의 연구를 통해서 시정되어 나가겠지만, 그러나 이 같은 문제는 자료에 대한 바른 이해가 전제될 때 보다 분명하여질 것으로 생각된다. 이는 金氏家의 선대의 사실을 바르게 파악하기 위해서 뿐만 아니라, 전환기의 사회를 옳게 이해하기 위해서도 필요한 일이라고 생각된다. 그리고 그 같은 문제점을 해결해 줄 수 있는 자료는, 앞으로 지금까지 볼 수 없었던 특정 인물에 대한 자료 (예컨대 墓誌銘 같은 자료)가 새로 발굴되지 않는 한, 지금으로서는 위에서 든 바 〈光山縣題詠詩序〉(이하 〈題詠詩序〉로 약칭)가 가장 가까운 것이 되지 않을까 생각된다. 그러므로 이곳에서는 이 자료를 중심으로 그 밖의 몇몇 자료도 참작하는 가운데, 이를 면밀히 분석 고찰함으로써, 나말여초 격동기의 김씨가의 동향을 자료를 통해 종합적 구성적으로 살피고, 이를 통해서 전환기의 사회상을 이해하는데 접근해 보고자 한다. 다만 그 같은 문제는 그 주제가 너무나도 크고 여러 가지 문제를

---

2) 李樹健 교수의 《韓國中世社會史研究》(1984)는 註94의 논문과도 아울러 그 대표적 연구가 되겠다. 이 연구의 金氏家에 관련된 부분에 대해서는 金氏門中과 학계에서 이미 다음과 같은 비판적 연구와 자료집이 나와 있다.

　金昌炫, 〈光山金氏 上系史實研究〉, 《先史研究資料集》(光山金氏大宗會 光山金氏史研究委員會 (委員長 金魯洙) 編, 1999, 이하 同)

　金斗漢, 〈先系問題에 關한 資料整理〉(同上書)

　金哲泳, '姓貫研究資料'(同上書)

　金仁 · 金壯潤, 《光山金氏史研究資料集》 ①, 光山金氏大宗會 光山金氏史研究委員會(委員長 金魯洙) 編, 2000, 이하 同)

　金仁, '先史研究'(同上書 수록)

　　이는 同上書 별집 부록으로 정리한 金仁 · 金壯潤, '上系修正 試案'을 기초로 하여 작성한 것이다.

　金壯潤, 《光山金氏史研究資料集》 ②, 2000. 7.

　金仁 · 金壯潤 · 金斗漢 · 金龍業, 《光山金氏史研究資料集》 ③, 2001. 3.

　金圭善, 〈君子里 高麗時代 戶口文書의 性格〉, 《안동문화권 전통문화선양을 위한 심포지엄프로그램》(안동대학교 안동문화연구소 · 안동전통문화선양사업회 편, 2000. 11)

해결해야 하는 것임으로, 이곳에서는 그것을 나말여초의 김씨가가 어떠한 과정을 거쳐 광산 지역에 정착하게 되었는지에 한정하여, 그것도 특히 그 관향의 移動과정을 중심으로 살피고자 한다. 이러한 고찰을 통해서는 김씨가 先代의 사실뿐만 아니라, 이 시기 本貫制 · 貫鄕制[3]의 본질도 좀 더 분명하여질 것으로 기대된다.

2. 〈題詠詩序〉의 撰者와 撰述動機

이 〈題詠詩序〉는 충렬왕 33년(大德11年 : 1307)에 提按 黃臺典誥 金珥에 의해서 찬술되었다. 이 인물은 김씨가문의 일원이며, 이 자료가 그 가문의 선대의 인물 중 관인이 된 사람들의 세계를 기술하고 있다는 점에서, 김씨가문에서는 이를 소중하게 여겨왔다. 그리고 김씨가문에서는 조선후기 이래로 여러 차례 족보를 간행하였는데, 이 자료는 그 보존되어 온 경위는 미상이나, 이들 여러 족보에 수록됨으로써 세상에 널리 알려지게 되었다. 그 문장은 길지 않으므로 전문을 들어보면 다음과 같다.[4]

---

3) 新羅末 · 高麗前期에는 本貫과 貫鄕이라는 용어가 故鄕 또는 국가가 제도상으로 공식 確定한 특정한 의미의 就籍地 · 本籍地의 뜻을 갖는 용어로 동일하게 쓰여지고 있었다. 그러나 후대로 내려오면서 그리고 오늘날에 이르러서는 本貫은 주로 血統의 연원을 가리키는 姓貫, 따라서 시조의 出自地의 뜻으로 쓰여지는 바가 많아졌다. 그러므로 이곳에서는 高麗前期의 本貫制와 후대 本貫(姓貫)과의 혼동을 피하기 위하여, 고려전기의 本貫 貫鄕을 되도록 貫鄕이라는 용어로서 표현하기로 한다. 고려전기의 본관이나 관향은 지역개념으로서 가변적이었지만, 후대의 本貫(姓貫)은 血統 개념으로서 특별한 경우가 아닌 한 원칙적으로 불변성을 지닌다는 본질적인 차이가 있기 때문이다. 이러한 문제에 관해서는 稿를 달리해서 별도로 논해야 하겠지만 우선은 다음의 논저를 참고할 수 있을 것이다.
許興植, 《高麗社會史硏究》, 아세아문화사, 1981.
宋俊浩, 《朝鮮社會史硏究》, 일조각, 1987.
蔡雄錫, 《高麗時代의 國家와 地方社會》, 서울대출판부, 2000.

光山縣題詠詩序

① 此縣乃新羅時刺史官也 玆時 王子金興光[시조:제1세]預知將有亂離 出作庶人來于此地 卜西一洞而居焉 適生一子 軾[제2세]其名 角干其職 今平章之秩也 軾生金吉[제3세] 當是時 新羅王金傅 來臣聖祖 則其興光之預知者 豈不智哉 ② 吉以寄偉之策事我聖祖 於統合時 佐成王業 卓立大功 故賞以三重大匡 稱功臣 生左僕射金順[제4세] 順生平章文貞公金策[제5세] 策於光廟 擢天場獨步榜頭 上特開儀鳳門 賜以內馬令紫門指諭 扶鞍而出 以示後人 生平章貞俊[제6세] 貞俊生門下侍中文安公良鑑[제7세] 良鑑熙寧甲寅 使於大宋 摹畫太廟國子圖而還 蘇東坡作詩而贈之 乞與三韓使新圖到樂浪 生平章忠貞公義元[제8세] ③ 乃玄祖也 ④ 後人 興光王子所居之地 多出平章 洞號曰平章 傳之至今 ⑤ 僕令提按到此 如此其叙事者 非敢好事也 此縣雖吾之內鄕 接朝累世 故縣人未知本末 由是出此言也 請後來無誚. ⑥ 詩曰 文貞公是海東賢 獨步天場後世傳 承蔭此身提按到 平章一洞尙依然.

大德十一年 六月 日 ⑦提按 黃臺典誥 金珥 書

여기서 우리가 먼저 살펴야 할 것은, 이 자료를 찬술한 김이는 어떠한 인물이고, 그가 이러한 〈題詠詩序〉를 찬술하게 된 동기는 무엇이었을까 하는 점이다.

김이는《고려사》에도 등장하는 인물로서, 그는 젊은 시절의 충렬왕 7년(1281)에는 陰竹縣 監務를 지내고 있었다. 그런데 그는 이때 지방관의 고과에서 현 행정의 치적이 가장 좋았으므로(政最), 국왕에 의하여 특별히 신설된 중앙의 도평의사사 案牘員(공문서 담당원)으로 특차되었으며,5) 그 후 내내 중앙 정부에서 일을 한 인물이었다. 위의 〈題詠詩序〉에서 黃臺典誥(〈題詠詩序〉의 ⑦)는 그 한 예로서 黃臺는 黃閣 臺省, 즉 尙書·門下·中書省 臺省을 총칭하는 것이겠는데, 그는 그 관서

---

4) 여기서는《光山金氏族譜》丁卯譜(英祖 23년:1747), 권1에 수록된 것을 이용하였다. 자료 내의 숫자는 필자가 기입한 것이다. 이 자료에 관해서는 허흥식 교수가 전게서에서 이미 소개한 바 있었으나 학계에서 주목받고 있는 것 같지는 않다.

5)《高麗史》권29, 세가 권29, 충열왕 7년 8월, 상 604~605쪽.

의 전고 즉 고명문서를 담당하는 관원의 직함을 맡고 있었다. 중앙정부
의 여러 직함 중에서도 핵심 요직이 되는 자리였다. 그런데 그는 그러
한 직함을 지니고 있으면서 노년이 된 충렬왕 33년(1307)에는 전라도
지역에 提按使로 파견되고 있었다.(〈題詠詩序〉의 ⑦). 제안이라는 관
직명은 按察使 · 按廉使의 별칭으로 쓰여지고 있었던 칭호이거나, 그에
준하는 특별한 사명을 지닌 사신,[6] 아니면 충렬왕 34년부터는 按察
使 · 按廉使를 提察使로 개정하였으므로,[7] 그렇게 되는 과정에서 제찰
사의 고유한 임무 외에 刑政까지도 다루는 그 권한이 강화된 직책으로
서의 관직명이었을 것으로 여겨진다. 그리고 뒤따라 제찰사의 직명이
나온 것을 보면 후자의 경우가 맞을 것 같다.[8] 그렇다면 안찰사의 경우
로 보아, 제찰사도 중앙정부의 요직에 있는 사람이 짧은 기간(안찰사는
6개월, 重任도 可)[9] 파견되는 직책이었다고 하겠으며, 후에는 조선왕
조에서와 같이 관찰사제도로 확대 발전하게 되는 중요한 지방관직이었
다고 하겠다. 말하자면 김이는 중앙의 요직에 있으면서 동시에 잠시
외직(지방관)으로 파견되어 공적 임무를 수행하고 있는 공직자인 것이
었다. 따라서 이 〈題詠詩序〉는 그 자료로서의 가치를 생각할 때, 그러
한 요직에 있는 공직자가 공적인 활동 중에 쓴 글, 즉 신빙성이 있는
글이라는 점을 특히 유의할 필요가 있는 것이라고 하겠다.

---

6) 安鼎福은 《東史綱目》官職沿革圖, 監司沿革附諸使에서 조선시기 감사에 해당하는 고려시기의
   외직의 명칭을 드는 가운데, '麗制有事必置使 隨事立名 事已卽罷殆不盡記 若體察 · 體覆 · 檢
   察使等是也'라고 부언하고 있었다. 邊太燮, 〈高麗按察使考〉《高麗政治制度史硏究》, 일조각,
   1971 참조.
7) 《慶尙道先生案》 충렬왕 34년(元 武宗 至大元年 戊申)條에 '是年改按察使爲提察使'라 하였고,
   그 후에는 제찰사의 명단이 제시되고 있다.
   허흥식 편, 《韓國中世社會史資料集》, 아세아문화사, 1976, 333쪽 참조.
8) 그러한 사정은 제찰사의 명칭에서 그와 같이 이해된다. 당시의 중국의 안찰사제도를 시대적으
   로 요약한 글에 의하면, 금나라의 지방관제도에는 제찰사와 제형사가 있었고, 원나라에서는
   이 두 직제를 '提刑按察使'로 통합하였는데, 고려에서는 이를 더 간추려서 '提察使'라 하였던
   것으로 생각되기 때문이다.(堀敏一, 〈按察使〉, 《아시아 歷史事典》 1, 136쪽.)
9) 각주 7의 《慶尙道先生案》
   邊太燮 전게논문 참조.

그러나 김이가 광산현에 들려서는 위와 같은 글, 즉 그의 家門事와 그 世系를 장황하게 기술하고 있었다. 이에 의하면 그 가문의 제1세는 신라왕자 金興光, 제2세는 金軾, 제3세는 金吉, 제4세는 金順, 제5세는 金策, 제6세는 金貞俊, 제7세는 金良鑑, 제8세는 金義元인데(〈題詠詩序〉의 ①②), 이 김의원은 그 자신의 현조(5대조)가 되며(〈題詠詩序〉의 ③), 따라서 그는 김의원의 5대손으로서 김씨가문의 제13세가 되는 인물이었다. 이 같은 世系는 家乘으로 작성되어 전해오는 것도 있었겠으나, 그와 함께 그는 정부에서 誥命文書를 다루는 요직에 있었으므로, 정부내에 있는 그 가문의 선대에 관한 기록도 참고할 수 있어서 이 같은 세계가 작성될 수 있었던 것으로 생각된다.

그런데 공직자로서의 제찰사가 개경에서 전라도에 내려오면, 이 시점에서는 전주와 나주의 두 牧을 중심으로 그가 수행해야 할 업무를 보고, 필요하면 전라도 일원의 여러 군현도 시찰하였을 것으로 생각되는데, 그는 그러한 일정 가운데 광산현에도 들르고 있었다.[10] 광산현은 위의 문장에 보이듯이 김씨가의 內鄕(〈題詠詩序〉의 ⑤ : 父系가 관에 貫籍을 올리고 사는 고향)이었으므로 일차 들르지 않으면 아니 되었을 것이고, 이곳 관청과 유력인사들은 그를 제안사로서 또는 동향인으로서 환영회와 시회를 겸한 연회를 베풀지 않으면 아니 되었을 것이다. 아니면 김씨문중에서 제안사가 고향에 내려온 것을 기회로 광산현 일원의 유지들을 초청하여 연회를 베풀었을 수도 있겠다. 위의 〈題詠詩序〉는 이 같은 환영회 석상에서 그가 시로 읊고(〈題詠詩序〉의 ⑥), 그것에 덧붙여서 이곳 인사들에 대한 인사로서, 미리 문장으로 작성하여

---

10) 全羅道를 全州, 羅州의 2牧 체제로 개편하고 光州·光山을 전주목에 종속시킨 것은 현종 9년의 일이었는데, 고종 46년 이후에는 한 때 광주·광산이 광주목으로 승격되었으므로, 揚次使가 전라도에 내려왔을 경우 이곳을 중심으로 사무를 보았을 수도 있겠다. 그러나 그 제안사가 충열왕 33년에 쓰고 있는 글의 제목이 〈光山縣題詠詩序〉인 것을 보면, 광주목은 이때까지는 다시 광산현으로 강등되었던 것으로 보인다. 이곳은 그 후에도 그 乘降이 거듭된다.(《高麗史》 권57, 志11, 地理 2, 全羅道, 中, 285쪽, 295쪽 ; 註42 참조)

마련하였던 인사의 말을 한 것이었다. 그런데 이 인사의 말에는 그가
그 가문의 내력을 기술하고 있어서(〈題詠詩序〉의 ① ②), 일반적 의미
에서의 題詠詩에 첨부할 수 있는 序로서는 좀 격에서 벗어난 감이 없지
않아 있었다. 이 같은 가문의 내력은 뒤에 다시 검토하게 되겠지만,
그러나 그의 인사의 말을 세심히 검토하면, 우리는 이 〈題詠詩序〉에서
왜 그가 이 같은 가문사를 말하고 있었는지 새삼 이해할 수 있을 것
같다. 그것은 그가 그러한 가문사를 말하게 된 동기를 다음과 같은 요
지의 말로서 기술하고 있었기 때문이다.

> 제가 지금 提按으로서 이곳에 와 이같이 집안 일을 말하는 것은 결
> 코 好事家이어서가 아닙니다. 光山縣은 비록 저희 집 內鄕이지만, 저
> 희는 조정에 나아가 근무하기를 累世에 걸치게 됨으로서, 이곳 현인들
> 이 저희 집 내력을 잘 모르시는 것 같아 이같이 그 사정을 말하게 된
> 것입니다. 청컨대 앞으로는 못난 이 후손들을 너무 나무라지 마시기
> 바랍니다.(〈題詠詩序〉의 ⑤)

여기서 우리에게 궁금한 것은, 제안사 金珥는 이곳 有志들에게 아주
정중하게 그 일족의 입장을 변명하고 무엇인가 부탁하고 있는데, 그것
이 무엇이었을까 하는 점이다. 우리는 그것을 여러 가지로 생각해 볼
수 있겠지만, 가문의 내력, 즉 시조 金興光이 이곳 광산현에 정착하게
된 사정이나 여러 선조들의 사회적 정치적 지위 등을 세세히 설명하고,
이어서 이곳 광산현 西一洞(지금의 광주시 북쪽, 장성군 남쪽, 담양군
서쪽 등 세 군현이 인접하는 지역)에 와서 살게 된 것이(〈題詠詩序〉의
①) 오래되었음을 특히 강조하고 있는 점으로 보아, 아마도 그것은 그
일족의 이곳 향촌사회 내에서의 사회적 지위 및 그 운영에의 참여 문제
와 관련되는 일이 아니었을까 생각된다. 짐작컨대 김씨 문중에서도 개
경에 상경하여 관료가 되고 있었던 사람들은 많은 사람들의 존경을 받

는 가운데 살아가고 있었겠지만, 이곳에 남아 있는 그 일족들은 오늘날 학계에서 일반적으로 이해되고 있는 바와 같이, 대단한 호족이나 토호로서 이 지방을 움직이는 유력자의 일원이 되고 있는 것은 아니었던 듯 하며, 제안사 김이는 그 점을 마음 아프게 생각하고 이를 조정하고자 하는 것이 아니었을까 생각되는 것이다.

　金珥가 한 이 인사말의 표현에 따르면, 이곳 지방민들은 이 동리(서일동)는 平章이 많이 배출된 동리라는 것만을 알뿐(〈題詠詩序〉의 ④) 김씨가의 내력은 잘 몰랐고, 따라서 이곳 향촌사회를 움직이는 유력인사들에 의해서는 여러 가지 면에서 在鄕 김씨 일족이 소외되고 있었던 것으로 생각된다. 아니면 잘 알면서도 羅末麗初의 김씨가의 정치적 자세와도 관련하여(후삼국 시기의 적대관계 – 뒤에 다시 언급된다), 그리고 고려초 중엽의 李資義의 모반 사건 등을 비롯한 여러 차례의 정변에서 김씨가를 의도적으로 소외하고 있었는지도 모르겠다. 그리고 어쩌면 후자가 사실에 더 가까울 수도 있겠다. 김씨가는 그 제8세 金義元을 전후한 세대가 공식적으로는 관향이 광양인으로 되어 있었으므로(주12 김의원 묘지명 및 표1참조), 이곳 향촌사회의 유력인사들이 김씨가를 소외하는 것은 어쩌면 자연스러운 일일 수 있었을 것이며, 만일 그러하였다면 상경하여 관료가 되고 있었던 일족으로서는 안타까운 일이 아닐 수 없었을 것이다. 그래서 김이는 제안사로서 고향에 들른 것을 기회로, 이곳 유력인사들에게 집안 내력을 장황하게 설명하고 '앞으로 저희 일족 잘 부탁합니다'하는 뜻이 담긴 인사의 말, 부탁의 말을 하게 되었던 것이 아닐까 생각되는 것이다. 그리고 그러한 사정이 곧 그로 하여금 좀 격에서 벗어난 〈題詠詩序〉를 쓰게 된 동기가 되었던 것으로 짐작된다. 말하자면 제안사의 〈題詠詩序〉를 통해서 볼 때, 김씨가의 광산지역 정착과정은 결코 순탄한 것이 아니었으며, 거기에는 우여곡절이 있었음을 우리는 인지하게 되는 것이라고 하겠다.

3. 자료에서 볼 수 있는 김씨가 선대의 世系와 貫鄕

〈題詠詩序〉에서 다음으로 살펴야 할 것은, 김씨가 선대의 세계와 관향은 어떠하였고, 이를 통해서는 김씨가가 어떠한 경과 과정을 거쳐 광산 지역에 정착하게 되었는지 그 경로를 파악하는 문제이다. 그런데 이 같은 貫鄕에 관해서는, 위의 〈題詠詩序〉가 제1세에서 제13세에 이르는 김씨가 여러 세대의 貫鄕·內鄕을 光山으로 기술하면서도 그간에 어떤 변동이 있었을 것임을 시사하는 기술이 있었으며(〈題詠詩序〉의 ② 金吉이 王建의 통일전쟁에 참여하고 있는 기사), 또 이 밖에 김씨가 선대의 묘지명에서는 그 지문에 그 관향을 광양인으로 기술하고 있는 자료가 있어서 김씨가의 선대사를 이해하는데 혼선을 일으키게 하는 바도 있었다. 그러나 김씨가의 선대사와 이 시기의 관향제를 바로 이해하기 위해서는 이들 자료를 각각 별개 성씨(光山人 金氏와 光陽人 金氏)의 자료로 보고 분리 고찰해서는 아니 되며, 이때의 관향은 지역 개념으로서의 就籍地·本籍地라는 점에서, 〈題詠詩序〉가 제시하는 바와 같이, 이를 하나의 성씨(광산인 김씨)에 관련되는 자료로 보고 종합적 유기적으로 관련 고찰해야 할 것으로 생각한다. 그러므로 이제 이들 자료를 그 작성년대 순, 즉 〈資料 1〉, 〈資料 2〉, 〈資料 3〉의 순으로 그 世系 및 貫鄕을 정리하여 다음과 같이 〈표 1〉을 작성하고, 이를 중심으로 우리의 관심사를 고찰하면 문제를 쉽게 풀어나갈 수 있을 것으로 생각된다.[11]

11) 여기서 世系는 주2의 金仁의 〈先史硏究〉 및 金仁·金壯潤의 〈上系修正試案〉에서 구래의《光山金氏族譜》상의 세계를 면밀히 검토하여 이를 재구성한 것을 기준으로 하였다. 그 내용은 다음과 같다. 이 경우 金興光은 서기 825년생, 金吉은 서기 885년생으로 추정하고 있다.

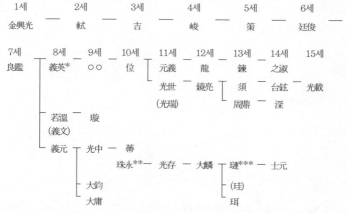

　* 8세 金義英이 金良鑑의 嫡男임은 金龍善 교수의 李頲墓誌銘 정리(개정판《高麗墓誌銘集成》, 한림대출판부, 2006)를 통해서 확인되었다. 그리고 이를 통해서는 김씨가 先代史에서 커다란 의문의 하나가 풀릴 수 있게 되었다.
　** 10세 金珠永이 8세 金義元의 세 아들인 9세 光中 大鈞, 大庸 중 누구에게 이어지는지는 미상으로 남겼다.
　*** 璉의 世系는 그의 准戶口에 의하고, 珥의 세계는 그가 金義元의 玄孫임에 의거하며, 珪의 그것은 丁卯譜信川譜單에 '贈侍中諱大麟 第二子珪 後云《光山金氏族譜》(丙子大譜·丁卯譜 권 28 하)에 의거하였다. 단 珪에 관해서는 古來로 김씨가에서 家藏해온 三人畵像贊(宣祖壬辰 失於兵火 -《光山金氏族譜》漢城譜 권1)에 의거하여, 漢城譜에서는 이들을 삼형제라하고 그 중 珪를 장남이라 하였으나, 이는 아직 확실하게 검증되지 않았음으로(金贊金璵恐必是金璉之 一家而末可考 - 同上族譜 畵像贊 挾註), 여기서는 信川譜單에 따라 그 서차를 잠정적으로 珪를 ( )로 묶어서 중간에 제2자로 표기하였다.

〈표1〉 金氏家의 貫鄕과 世系一覽

期·貫鄕	世系	자료1	자료2	자료3	자료의 작성년대
第1期 武州人	1세	其先本出新 羅避難囚家		興光	
	2			軾	
	3	佶		吉	
第2期 光陽—錦山人	1			興光	
	2			軾	
	3			吉	
第3期 光州人	3	佶	吉 吉	吉	
	4	峻		順	
	5	策		策	
	6	廷俊		貞俊	
	7	良鑑	(良鑑)	良鑑	
第4期 光陽人	7	良鑑	(良鑑)	良鑑	
	8	義元	(義英)	義元	毅宗7年(1153)
	9	光中·女	(○○)		女. 毅宗6年(1152)
	10	(蕃)	位		
	11		元義		
第5期 光州人	11		元義 光世		2. 高宗4年(1217)
	12		鏡亮		
	13	(珥)	須	珥	3.忠烈王33年(1307)
	14		台鉉		
	15		光載		

〈표 1〉에서 자료1의 世系와 貫鄕은 고려 초 중엽의 ① 金義元墓誌銘
과 ② 崔允儀妻金氏墓誌銘(김의원의 장녀)[12]을 통해서 정리한 것인데,

---

12) ① 金義元墓誌銘(《高麗墓誌銘集成》,《韓國金石全文》中世 上,《韓國金石文追補》)
公諱義元 羅州光陽縣人也 其先本出新羅 季世 避難囚家焉 考良鑑守大保門下侍中監修國史 妣
崔氏尙書右僕射中樞院廷塭之女贈西海郡大夫人 … 朝廷俊守司徒門下侍郎平章事 曾祖策左僕
射翰林學士 高祖峻三重大匡 峻父佶重大匡 自佶以上 舊俗無譜 皆失其名 … 戊辰年十一月遘疾
十二月四日卒 … 越癸酉年十二月七日葬 … 享年八十三(生卒年 : 文宗20年 ～ 毅宗2年,
1066~1148)
② 崔允儀妻金氏墓誌銘(《高麗墓誌銘集成》, 단《韓國金石全文》中世 上에서는 이 묘지명의 標
題가 崔允儀配金氏,《韓國金石文追譜》에서는 光陽郡夫人金氏墓誌銘으로 되어 있다.
光陽郡夫人金氏墓誌 夫人金氏 其先光陽人 … 諱義元之長女也 … 天德四年(毅宗6年) … 允儀
誌

이에 의하면 김의원의 선대 시조는 신라에서 난을 피하여 이곳으로 와
일가를 이루었는데, 그 世系는 金佶[13] 이후는 표에서와 같으나 그 이전
은 譜册이 없어서 失名했으며, 김의원의 관향은 新羅 光陽縣이라는 것이
이었다. 〈자료2〉의 세계와 관향은 고려중후기의 ① 金義元墓誌銘을 중
심한 ② 金光載墓誌銘 및 ③ 金台鉉墓誌銘과《高麗史》列傳의 金台鉉
傳[14]을 통해서 정리한 것인데, 그 世系는 제3세 吉과 그 후손으로서의
位 이후는 표에서와 같이 분명하지만, 吉 이후는 너무나도 유명한 인물
들이므로 그렇지도 않았겠으나, 특히 位 직전은 기록을 의도적으로 생
략하고 있는 듯하며, 貫鄕은 光州라는 것이었다. 그리고 〈자료 3〉의
관향과 世系는 고려 후기 本稿의 주 자료인 〈光山懸題詠詩序〉를 통해서
정리한 것인데, 이에 의하면 그 시조는 신라 慶州에서 武州로 피난하여
온 王子 金興光이고, 그 세계는 표에서와 같이 제1세에서 제8세까지는
분명하나, 그 이후 제13세까지의 세계는 〈자료 2〉에서와 같이 기록에서
생략하였으며, 김씨가의 관향은 光州·光山이라는 것이었다.

---

13) 자료1에서는 김씨가의 제3세 金吉(字連信?)을 金佶로 표기하고 있는데, 이는 당시의 관행이
　漢字六書 중의 假借法을 사용한데서 기인하는 것으로 잘못된 것은 아니다.(金壯潤, '3世 金吉
　의 諱에 대한 小考《光山金氏史硏究資料集》③, 2001. 3) 그러나 지금으로서는 金吉 당시의
　공식적인 표현을 좇아(주 41 참조) 그리고 〈자료 2〉, 〈자료 3〉에서와 같이 金吉로 표기하는
　것이 옳을 것이다.
14) ① 金元義墓誌銘《高麗墓誌銘集成》,《朝鮮金石總覽》上) 公諱金義毎昜人 … 諱位之長子也 …
　丁丑秋七月十三日　　以疾卒于正元里第　享年七十有一　　(生卒年:毅宗1年~高宗4年,
　1147~1217)
　② 金光載墓誌銘(同上書) 先生姓金氏諱光載 … 州人 司空吉之後也 司空佐太祖有功 其裔孫
　匡瑞中郎將 中郎將生諱偉三司使 三司使生諱競亮大將軍 大將軍生監察御史諱須 … 生決軒先
　生文正公諱台鉉 … 先娶 … 生一男曰光載 … 繼室 … 生三男二女 長光轍 … 次先生 次光略
　… 公以至元甲午(1294) 正月 甲子生
　여기서 이 묘지명의 匡瑞(光世)와 偉(位)는 그 순서가 바뀌고 있다.(金仁 前揭〈先史硏究〉).
　③ 金台鉉墓誌銘《(拙藁千百》권1,《高麗墓誌銘集成》) 이는 본시 崔瀣가 찬한 金文正公墓誌
　銘(앞의 文集)로서, 金氏家에서는 이 誌文 중의 諱의 복자 탈자를 보하여 그 족보에 실었는데,
　《高麗墓誌銘集成》에서는 이 族譜의 墓誌銘을 그대로 수록한 것이다. 여기서는 후자의 기록을
　취하였다. 公諱台鉉字不器 金氏本光山之望族 自麗初(已)入仕 代不絶人 大王父神虎衛中郎將
　光 贈尙書左僕射 王父金吾衛大將軍諱競亮 贈門下平章事 父監察御史諱須 累贈門下侍中
　《高麗史》列傳 金台鉉
　金台鉉字不器 光州人 遠祖司空吉 佐太祖有功 父須瞻略過人

　　이같이 〈자료 1〉은 묘지명이고, 〈자료 2〉의 ①②③은 墓誌銘과 이를 기초로 작성한 傳記이며, 〈자료 3〉은 가계를 설명한 기록으로서, 이들 자료는 모두 김씨가에 관한 기록이기는 하지만, 각각 시대를 달리해서 다른 사람에 의해서 작성된 별개의 기록이었다. 그러므로 이들 자료의 기술 내용은 반드시 동일하거나 일치될 수 있는 것이 아니었다. 그러나 그렇기 때문에 이 세 자료를 나란히 놓고 검토하면, 그 자료를 상호 보완하는 가운데, 김씨가의 世系와 貫鄕에 관한 궁금한 문제를 적지아니 해명할 수 있을 것으로 생각된다.

　　무엇보다 궁금한 것은 첫째로 김씨가의 始祖 문제인데, 고려 후기의 〈자료 3〉(〈題詠詩序〉)에서는 김씨가의 始祖, 世系의 시발점을 분명히 신라 왕자 김흥광으로서 기술하였는데, 고려 초중기의 자료1(金義元墓誌銘)에서는 '其先本出新羅 季世避難因家焉'이라고만 하였을 뿐 '無譜失名'을 내세워 그 시조의 이름을 기술하지 않았다. 그러면서 이 〈자료 1〉에서는 그 세계의 시발점이 되는 인물을 제3세 金吉로서 크게 내세우고 있었으며, 〈자료 1〉보다 좀 뒤에 작성된 〈자료 2〉에서도 그러하였다. 말하자면 〈자료 1〉, 〈자료 2〉는 고려 국가의 건국 과정에 기여한 功臣을 金氏家門의 世系 상의 전면에 내세웠고, 〈자료 3〉에서는 혈통상 뿌리가 되는 신라 왕자를 시조로서 그 전면에 내세우고 있는 것이었다. 이 같은 차이는 물론 〈자료 1, 2〉는 墓誌銘과 이를 기초로 해서 작성한 傳記로서, 고려왕조의 귀족관료들이 그 체제 안에서 그들 자신의 사회적 지위를 증명하고 과시하지 않으면 아니 되었던 시대적 사정에서, 고려시기로부터의 貫鄕과 고려국가의 建國功臣을 특히 내세운 것이었고(주 12, 14의 吉에 대한 표현 참조), 〈자료 3〉은 그 찬자가 광산현의 유력인사들에게 김씨가문의 內鄕(貫鄕)이 신라말년이래로 이곳 光山縣이었음을 설명하기 위해서 특히 신라 왕자의 광산현 은거를 강조하였던 데서 연유하는 것, 즉 두 계통의 자료가 지니는 성격상의 차이에서 기인하는 것이었지만, 그러나 동시에 그러한 차이가 고려전기와 고려후기의 貫鄕制와 血統上 始祖에 대한 관념이 시대의 흐름과 더불어 그 기저로부 터 변하고 있었던데서 연유하는 것이었음은 말할 것도 없겠다.

둘째는 〈자료 1〉 ①의 墓誌銘과, 〈자료 2〉 ① 墓誌銘의 경우, 그리 고 〈자료 3〉의 경우도 世系의 기록에 부자연스러운 단절이 있었음이 눈에 띄는데, 그러나 이들 세 자료의 세계 기록 상의 단절에는 어떤 공통의 매개 작용이 있었음에서 연유하는 것으로 보인다는 점이다. 즉 〈자료 1〉의 ①에서는 제8세에서 제3세까지 그 세계를 장황하게 기술 하면서도 그 이전은 말하지 않았고, 〈자료 2〉의 ①에서는 겨우 11세에 서 제10세까지 부자 2대만 말하고 그 이전을 기술하지 않았으며, 〈자 료 3〉에서는 〈자료 1〉의 ① 金義元의 5대손인 (김씨가의 제13세) 金珥 가 〈題詠詩序〉의 ③ 〈자료 1〉의 世系를 보완하여 1세에서 8세까지를 기록하였으면서도, 9세 이후는 기록하지 않고 있는 단절이 있었음은 그것이다. 물론 자료 1의 ①에서는 '無譜 失名'이라는 이유가 있었고, 〈자료 2〉의 ①에서는 祖 이상을 몰랐을 수도 있었지만 얼른 납득되지 않는다. 〈자료 3〉의 경우는 더욱 그러하다. 정부에서는 관료가 된 사람 이나 백성들의 신원을 파악하기 위하여, 호적에서 본관 四祖를 기록하 도록 하고,15) '氏族不付者'는 과거에 응시하지 못하도록 하였으며,16)

---

15) 盧明鎬 외,《韓國古代史古文書研究》上, 2000에는 여러 戶口文書가 수록되어 있어서 편하게 이용할 수 있다. 그중에는 김씨가의 "金璉 准戶口"도 포함되어 있으므로 이를 예시하면 아래 와 같다. 그리고 고려시기의 호적에 관해서는 많은 연구가 있는 가운데, 위의 편자가 그 특징 을 고찰한 바, 논문 〈高麗時代 戶籍 記載樣式의 성립과 그 사회적 의미〉《震檀學報》79, 1995 가 있으므로 아울러 참고할 필요가 있겠다.

　大德五年(1301) 十一月 日 東部上奉香一里 辛酉年坊戶口准

　戶朝散大大試小府監金璉 古名仲龍 年肆拾柒 本貫光州 父追封禮賓卿大鱗 祖興威衛別將同正 光存 故曾祖金吾衛中郎將同正行豫正珠永 母追奉翼陽郡夫人金氏 本貫光州 外祖戶長金俊齡 妻加庶捷州郡夫人曺氏 本貫綾城 年肆拾貳 父銀靑光祿大夫知樞密院事禮部尙書上將軍太子賓 客曺著 古名時著 祖檢校神虎衛將軍行僕正楄材 故曾祖戶長珥廉 古名克廉故 母河源郡君爽氏 年陸拾柒 本貫貞州 外祖左右衛保勝中郎將楄陞 并産 …

16)《高麗史》卷73, 志27, 選舉1, 科目1, 中, 590쪽.

　文宗九年十月 內史門下奉 氏族不付者 勿令赴舉

과거에 赴試할 때에는 卷首에 성명, 본관, 四祖를 기록하도록 하고 있 었으며,[17] 그렇지 않을 경우 조정에서는 이를 문제 삼아 관의 임명을 거부할 수도 있었기 때문이다.[18] 그리고 관리의 인사기록부라고 할 수 있는 政案, 政籍, 政簿에도 또한 本籍 四祖를 기록한 위에서 그 경력 사항을 작성하고 있었기 때문이다.[19]

그러므로 김씨가의 위 세 자료의 세계 기록에서 金吉 이상과 金義英 이하에 각각 단절이 있었음은, 그 세계를 몰라서가 아니라, 다른 어떤 그럴만한 이유가 있었음에서 연유하는 것으로 보아야 하겠다. 우리는 그것을 後三國의 난세 속에서 그리고 격동하는 정국 속에서 김씨가의 貫鄕에 어떤 변동이 있었거나(표 1의 期, 貫鄕 란 참조), 그 가문에 어떤 불행한 일, 또는 어떤 말못할 사정이 있는 가운데 이를 내세우고 싶지 않았던 데서 연유하는 것, 그리고 이 양자가 복합하는데서 연유하 는 것으로 보는 것이 합당하리라고 생각한다. 그러면 그 같은 어려운 사정, 말 못할 사정이란 구체적으로 무엇을 말하는가. 이 문제는 뒤에 다시 언급하겠지만, 〈자료 1〉 金義元墓誌銘(의종 7년)이 제3세 金吉 이상을 말하지 않은 것은 바로 이 무렵에 편찬된 《三國史記》(仁宗 23 年)의 史論이 始祖 金興光의 父 神武王을 부정적으로 기술하고 있었음 과 관련이 있었을 것으로 생각되며(주25 참조) 金元義墓誌銘이 제10세 이전을 말하지 않은 것은 김씨가의 제8세 金義英이 이보다 앞서 있었던 李資義 謀反 사건(獻宗 1年)에 연루되어 큰 희생을 치렀는데, 김원의

---

17) 《高麗史》卷74, 志28, 選擧2, 科目2, 中, 613쪽.
   其赴試諸生 卷首 寫姓名本貫及四祖 糊封 試前數日 呈試院
18) 《高麗史》권95, 列傳8, 崔沖, 下, 117쪽.
   明年 (崔沖)爲式目都監使 與內史侍郎王寵之等 奏及第李申錫不錄氏族不宜登朝 門下侍郎金元
   沖 御史臺事金珇俊 奏氏族不錄 乃其祖父之失 非申錫之罪 況積功翰墨捷第簾前 身無痕咎 合列
   簪紳 制曰 沖等所奏固是常典 然立賢無方 不宜執泥 其依元沖等奏 여기서 御史臺事 金珇俊은
   본고에서 다루는 김씨가의 제6대 金貞俊이다.(〈龜趺珙秤〉② 및 주12의 金義元墓誌銘 참조).
19) 前揭, 《韓國古代史古文書研究》上 第二編 人事文書에는 鄭仁卿政案과 李子脩政案이 수록되어
   있다.

묘지명에서는 이를 내놓고 말할 수가 없었으며 또 그럴 필요도 없었기 때문이었을 것으로 사료되는 것이다. 그리고 이로 인해서는 후세에 김씨가에서 족보를 편찬할 때 金義英과 그 子 ○○이 탈락하게 되고, 김의영 계의 후손 金位와 김의원 계의 후손 金珠永 등의 선대와의 연계관계가 불명하게 되었다.

셋째는 위와도 관련되는 일이지만 이들 자료에서는 인물이나 世系를 말할 때 그것을 반드시 그 貫鄕과 함께 기록하거나 말하고 있었다는 점이다. 즉 〈자료 1〉의 ①에서는 제9세의 인물(金光中)이 그의 父 제8세 김의원을 '羅州光陽懸人'이라 하였고, 〈자료 2〉의 ①에서는 撰者 미상의 인물이 제11세에 해당하는 묘지명의 주인공 金元義와 그 부친인 제10세 位를 '海陽人'(海陽은 光州·光山)이라 하고, 그 ②③에서는 그 묘지명의 주인공 金光載, 金台鉉을 '光州人'이라 하였으며, 〈자료 3〉에서는 김씨가의 제13세에 해당하는 인물이 그 가문 전체(제1세~제13세)의 內鄕을 '光山縣', 따라서 그들 스스로를 광산현인인 것으로 말하고 있었음은 그것이었다. 이 시기에는 이 시기를 살고 있는 사람들이 신원을 밝힐 경우 반드시 그의 貫鄕을 기록하지 않으면 아니 되었기 때문이었다.

그런데 이 같은 김씨가의 관향은 그 자료의 작성 시기와도 관련하여 〈자료 1, 2, 3〉 사이에 적지 않은 차이 변동이 있었음을 보게 된다. 즉 高麗 初中期의 〈자료 1〉에서는 貫鄕을 光陽縣 따라서 그들을 광양인이라 하였고, 高麗 中後期의 〈자료 2〉에서는 貫鄕을 光山縣 따라서 그 자신들을 광산인이라 하였으며, 그보다 더 뒤의 高麗後期의 〈자료 3〉에서는 김씨가의 貫鄕은 본시 光山縣 따라서 그 자신들은 光山人으로서 출발하였으나, 어느 특정 시기에(표 1 참조), 그 貫鄕이 光陽縣 따라서 그들이 광양인이었음도 인정하고, 그 후에 관향이 다시 광산현 따라서 그들은 광산인으로 되었음을 말하고 있는 것이었다. 그뿐만 아

니라 이들 자료에는 표시되지 않았지만, 後三國 시기의 난세에서는 김
씨가가 武州를 탈출하여 뒤에 다시 언급되는 바와 같이 光陽을 거쳐
錦山人으로 호칭되었을 것이다. 말하자면 이 같은 김씨가의 네 종류의
관향 표기를 종합해서 고찰하면, 〈자료 3〉에서 보는 바와 같이 金氏家
의 貫鄕은 新羅末年에 光山縣에서 출발하였고, 高麗後期의 忠烈王朝
현재에도 光山縣이기는 하였지만, 그러나 그간에는 제3세 金吉을 전후
한 시기에 錦山郡으로 이동해 있었던 시기가 있었고, 제8세를 전후한
시기에 光陽縣으로 이동해 있었던 변화가 있었다.(표 1 참조). 따라서
김씨가는 그 始祖 이래로 몇 차례에 걸치는 貫鄕의 移動 變動을 거치는
가운데, 마지막에 와서야 그 貫鄕이 光山縣으로 돌아와 정착하게 되는
것이었다고 하겠다.[20] 다시 말하면 김씨가의 관향은 시기에 따라 武州
-錦山郡-光州-光陽懸-光州로 변동하고 있는 것이었으며, 따라서 그
일문의 인사들은 그 변동에 따라 武州人-錦山人-光州人-光陽人-光
州人으로 호칭되고 있었던 셈이었다. 이 시기의 관향은 就籍地, 本籍地
로서의 지역 개념을 갖는 관향이었으므로 그렇게 되는데 무리가 있는
것은 아니었다. 이는 김씨가의 先代史를 이해하는데 대단히 중요한 사

---

20) 관점은 좀 다르지만 이 같은 변동의 가능성은 이미 몇몇 연구자들에 의해서 시사된 바 있었다.
許興植,《高麗社會史硏究》, 1981, 152~153쪽에서 '光州는 武珍州로 고려전기에는 隣近의
가장 큰 界首官이었다. 반면 光陽은 고려후기에 州牧으로 승격한 昇州의 屬懸으로 나타나
있다. 따라서 광양은 고려전기에는 光州에 포함되었을 가능성도 없지 않으므로, 광양에서 광
주로 本貫의 명칭이 바뀌었을 가능성도 배제하기는 어렵다고 생각된다'고 하였음은 그 한 예
이다.
사실 고려초기에는 행정체계 상 광양(晞陽)이 광주에 속한 시기가 있었다. 太祖23年에서 成
宗14年까지가 그 시기로서(《高麗史》卷57, 志11, 地理2, 全羅道 羅州牧 晞陽縣, 중, 295쪽),
그 사이에 해당하는 光宗 9年(958)의 光陽玉龍寺洞眞大師寶雲塔碑에 의하면, 이때의 광양현
은 '光州晞陽懸(光陽懸)'으로 되어 있었다.(《朝鮮金石總覽》上, 189쪽).
그리고《光陽邑誌》1983, 194쪽에서 光陽 金氏에 관한 현지 사정을 고찰하는 가운데, '그러
면 왜《高麗史》에 광양 김씨로 밝혀져 있는 이들이 지금에 와서는 光山 金氏 世系圖에 나타나
있는가? 여기서 우리는 성급하기는 하나 光陽 金氏가 곧 光山 金氏로 이어지는 것이 아닌가
하는 추측을 해볼 수 있다'고 한 그 예가 되겠다.
본고에서는 이 같은 문제 제기와는 다소 관점을 달리해서, 이 문제를 金氏家의 貫鄕의 變動
移動이라는 시각에서 좀 더 확대 고찰하게 된다.

안이 되는 것이라고 하겠다.

4. 羅末 · 高麗 時期의 정치적 혼란과 金氏家 貫鄕의 정착 과정

〈題詠詩序〉나 몇몇 墓誌銘과 관련하여 다음으로 우리가 살펴봐야 할 문제는, 金氏家의 貫鄕은 어떠한 사정으로 인하여 위에서와 같은 변동을 거치게 되었을까, 다시 말하면 어떠한 과정을 거치는 가운데 결국은 光山 지역에 정착하도록 되었을까 하는 것을 좀 더 구체적으로 살피는 일이다. 주지하는 바와 같이 김씨가의 始祖는 본시 위의 〈題詠詩序〉에서 보는 바와 같이 신라 말년의 왕자 金興光이었다.(〈題詠詩序〉의 ①). 그는 신라 말년의 王京(慶州)에서 끊임없이 전개되는 왕위쟁탈전의 분위기 속을 살면서 절망하고, 왕자로서의 지위나 특권을 버리고 庶人(非官人)이 되어 신라 경주로부터 멀리 이곳 武州(光州, 光山)의 西一洞에와 은거한 인물이었으며(〈題詠詩序〉의 ①), 여기에 이곳은 그 후 그 후손들이 신라 김씨(新羅 宗姓)에서 분리하여 光山 金氏로서의 일맥을 형성하게 되는 근거지가 되었다. 그러나 이 김씨가는 처음부터 신라 김씨에서 곧바로 광산 김씨로 分派하게 되는 것은 아니었다. 그 같은 姓氏制度, 本貫制度(姓貫)가 성립하는 것은 훨씬 후대의 일이었고, 그 뿐만 아니라 그 후 얼마 지나지 않아서는 후삼국 시기의 전란 난세가 전개되고, 또 고려 초기에서 중기에 걸치면서 거듭되는 政變을 겪지 않으면 아니 되었으므로, 光山縣에 정착하여 光山 金氏로서의 本貫을 얻을 수 있는 지역 기반을 마련하기까지에는, 위에서 제시한 바와 같은 몇 단계에 걸친 우여곡절을 거치지 않으면 아니 되었다. 그러므로 김씨가의 선대사를 밀도있게 이해하기 위해서는 그러한 여러 시기에 걸친

관향의 변동 사정을 좀 더 구체적으로 고찰하는 것이 필요하리라 생각
된다.

1) 新羅 末年의 王權爭奪과 金氏家의 武州 지역 卜居

〈표 1〉에서 보는 바와 같이 金氏家 貫鄕의 제1기는 김씨가가 新羅
金氏로서 武州 지역에 籍을 올리고 武州人(光州人, 光山人)으로서 살아
가던 시기였다. 세계상으로는 〈자료 1〉에서 金吉 이전의 先代들에 관
하여 '其先本出新羅 季避難因家焉'이라고 한 시기가 그것으로서(주12
의 金義元墓誌銘), 이를 좀 더 구체적으로 말하면, 〈자료 3〉 김씨가의
시조 金興光이 장차 난리가 날 것을 預知하고 이곳 무주에 와 은거한
이래로 제2세 그 자 金軾을 거쳐 제3세 그 손자 金吉의 소년 시절에
이르는 기간이었으며(〈題詠詩序〉의 ①), 시간적으로는 神武王(839 즉
위) 이후의 어느 시점에서 眞聖女王 6년(892) 또는 동 3년(889)의 甄
萱이 '百濟[후백제]'를 건국함으로서,[21] 후삼국 시기의 전란기 난세가
전개되는 때까지의 기간이 되겠다. 그리고 新羅史의 흐름상에서 보면
이른바 新羅 下代의 신라사회의 모순이 절정에 달하고 그 해체과정이
급속하게 전개되던 시기였으며, 그 정치적 표현으로서의 왕실 귀족들
의 왕위쟁탈전이 中代의 마지막 왕인 惠恭王代에서 下代의 定康王代까
지의 약 100여 년간 지속되는 가운데 왕조 말기적인 징후가 농후해지
는 시기였다. 이 사이에는 귀족들의 왕권쟁탈을 위한 정치 변란이 수
없이 일어났으며, 그 쟁탈전이 귀족 상호 간의 문제로 그치는 것이 아

---

21) 《三國史記》 新羅本記 권 11, 眞聖王 6年條.
　　《三國史記》 권50, 列傳10, 甄萱傳
　　《三國史記》 권2, 後百濟 甄萱
　　申虎澈, 《後百濟 甄萱政權 硏究》, 일조각, 1993.

니라, 마침내 지방 세력과도 연결되는 가운데 전국적 규모로까지 확대되고 있었다. 그리고 그것은 결국 反新羅의 혁명운동[甄萱 弓裔]으로까지 이어지지 않을 수 없도록 되고 있는 시기이었다. 이 같은 시대 상황 속에서 혼탁한 세상사에 염증을 느끼는 사람들은 탈 정치, 탈 경주를 생각하게 되었거니와,22) 김씨가의 시조 김흥광도 그 정확한 시점은 분명치 않지만, 왕위쟁탈전의 소용돌이 속에서 벗어나 庶人이 되어 이곳 무주지역으로 피난하고 은거하게 된 것이었다. 물론 김흥광 왕자의 이 같은 피란 은거는 국왕의 허락과 왕실의 양해가 있는 가운데 취해졌을 것이며, 따라서 국왕과 왕실에서는 그가 武州에 가서 사는데 불편이 없도록 넉넉한 邸宅과 충분한 田莊 奴僕을 賜給하고 몇몇 지역에는 別墅도 마련해 주었을 것이다.

그런데 김씨가가 무주 지역에 은거하여 살게 되는 시발점을 世系上으로 神武王代 이후라고 한 것은, 金興光이 제3 왕자라고 하는 것은 널리 알려져 있었으나, 어느 왕의 제 3왕자인지 분명치 않은 가운데, 金吉이 앞에서 언급한 바와 같이 高麗 太祖의 건국과정에서 활약한 인물임은 분명하였으므로, 전후의 역사 과정과 사람의 수명 등을 고려할 때 그 조부 김흥광은 신무왕의 제3왕자로 추정될 수 있었기 때문이었다. 신무왕에게는 왕자가 4명이나 있었던 것으로 이해되고 있었다. 그뿐만 아니라 신라 왕실내의 왕위쟁탈전에서 무주 관내로 난을 피하였던 것은 신무왕계였음이 史書의 기록상 분명하였고, 신무왕을 보좌하여 왕권을 쟁취케 하였던 바 金陽도 武州都督을 지낸바 있었으므로,23)

---

22) 新羅 統一期 末年의 地藏禪宗朗圓大師悟眞塔碑(한국역사연구회 편,《羅末麗初金石文》上, 5)에는 다음과 같은 글귀가 있다. 즉 '大師 諱開淸 俗性金氏 辰韓鷄林人也 … 考有車 宦遊康郡 早諧歸他之心 流寓豫鄉 終闡南天之志'라고 하였음이 그것이다. 당시에는 이 같은 생각을 하는 사람이 비단 이 인물에만 그치는 것이 아니었을 것으로 생각된다.

23)《三國史記》新羅本記 권10, 神武王
　《三國史記》권44, 列傳4, 金陽傳
　《三國史記》紀異 2, 권2, 神武大王 閻長 弓巴

그리고 김흥광이 은거하게 된 지역도 바로 그 무주 지역이었다는 점에
서, 김씨가의 시조 김흥광은 신무왕의 제3왕자였을 것으로 보는 견해
가 설득력을 갖게 되었다.[24] 그러나 김흥광의 신무왕 제3왕자설도 史
書나 墓誌銘 상에 명백하게 그 근거가 제시되고 있지 않다는 점에서,
김씨가의 여러 기록에서는 그 始祖를 논의할 때 金興光을 다만 新羅
王子로만 표기하게 되었다.[25]

위에서 우리는 이 시기의 金氏家는 武州의 官司에 籍을 올리고 무주
인(光州人 光山人)으로서 살았다고 하였거니와, 그와 같이 籍을 올리고
사는 것은 당시의 制度이고 慣行이었다. 국가가 百姓 民을 지배하고
통치하기 위해서는 戶籍制度를 통해서 그들을 확실하게 장악하지 않으
면 아니 되었기 때문이었다. 신라에서도 국가 公認下에 그와 같이 民이
籍을 올리고 世世代代로 살아가는 특정한 의미의 就籍地를 '貫鄕'이라
고 하였으며, 그렇게 하고 사는 사람을 '某某鄕人', '某某郡人'으로 호칭
하고 있었다. 그것은 다음과 같은 두 가지 사실에서 그와 같이 이해할
수 있다.

---

24) 金氏家의 始祖 金興光의 제3 왕자설에 관해서는 다음의 논저에서 상론하고 있으므로 이곳에
서는 재론하지 않는다.
　光山金氏大宗會,《光山金氏史》I, 제3장 제1절 시조공의 신위, 1991.
　金昌炫, 前揭 註 2의〈光山金氏 上系史實硏究〉

25) 그러나 金氏家에서 그 始祖의 神武王 제3 왕자설을 그 상황 조건의 충족에도 불구하고 적극
수용하지 못한 데는 또 다른 이유도 있었던 것으로 생각된다. 그것은 高麗 仁宗朝에 국가사업
으로 편찬한 金富軾의《三國史記》가, 그 史論에서 神武王이 생사를 건 왕위쟁탈전을 통해서
(전왕, 즉 閔哀王 살해) 즉위한 사실을 지극히 부정적으로 표현하고(죄악시) 있었다는 사실이
다.(《三國史記》卷10, 新羅本記 卷10, 神武王條). 이러한 史論이 國家公論으로 확산되고 있
는 조건 하에서 김씨가의 후손들은 그들의 始祖 金興光을 神武王의 제3왕자로 밝혀 기술하기
가 어려웠을 것으로 생각된다. 더욱이 김씨가는 이때 李資義의 모반 사건(獻宗-肅宗, 1095)
에 연루되어 가문 절단의 어려운 처지에 있었으므로(뒤에 상론), 김씨가의 그 같은 소극적인
자세는 난세를 살아나가기 위한 신중한 처신으로서 충분히 이해될 수 있는 일이었다고 하겠
다. 이 같은 사실은 김씨가에게 큰 심리적 부담으로 작용하는 가운데 그 후 오랫동안 계속되
었으며, 이는 조선초기 權近의 史論과 그 후《東國通鑑》편찬자들의 사론 및 柳希齡 등의
史論이 金富軾《三國史記》의 사론을 비판하고, 신무왕의 정변에 대하여 그와 정반대의 평가
를 내림으로써(《陽村集》卷34, 東國史略論, 神武王 … 條《東國通鑑》卷 11, 新羅紀 神武王
條《標題音註東國史略》卷4, 神武王條) 다소 완화되기는 하나, 그러나 김씨가《三國史記》사
론의 분위기에서 완전히 자유로워질 수는 없었던 것 같다.

　그 하나는 아직 後三國시기가 진행되고 있었던 통일신라의 最末期에, 高麗太祖 王建이 쿠테타에 의해서 弓裔의 왕권을 탈취하면서, 韓粲, 聰逸에게 淸州를 그의 '貫鄕'으로서 말하고 있었던 것은 그것이었다.26) 이는 統一新羅 시기 또는 그 이전부터 貫鄕制로 부를 수 있는 제도가 있었음을 뜻하는 것이었다고 하겠다.

　그리고 다른 하나는 그러한 곳에 사는 사람들의 身元의 표시방법 또는 出身地의 표시방법을 다음과 같이 某某郡縣人으로 표기하고 있었음은 그것이었다.

〈표2〉 三國, 新羅統一期의 身元表示

인물	지역(군현)	시기	자료
1. 奚論	牟梁人	眞平王 (6~7세기)	《三國史記》 列傳
2. 强首	中原京沙梁人	文武王 (7세기)	《三國史記》 列傳
3. 泉男生	遼東郡平壤城人	寶藏王 (7세기)	《韓國金石文追捕》
4. 高震	公諱震字某渤海人	祖藏 (8세기)	《韓國金石文追捕》
5. 向德	熊川州板積鄕人	景德王 (8세기)	《三國史記》 列傳
6. 道詵(先學國師)	新羅國靈岩人	興德王~孝恭王 (9세기)	《朝鮮金石總覽》 上
7. 朴寅亮	鷄林人(竹州人 平州人)	文宗, 宣宗祖	《高麗史》 列傳 《高麗墓誌銘集成》27)
8. 利嚴(眞徹大師)	鷄林人(熊川富城人)	景文王~太祖 (9~10세기)	《羅末麗初金石文》 上
9. 智□(惠居國師)	溟州林氏(川寧郡黃驪縣人)	孝恭王~光宗 (9~10세기)	《羅末麗初金石文》 上

---

26) 《高麗史》卷1, 世家 1, 太祖 元年, 上, 38쪽.
　　王謂韓粲聰逸曰 前主信讒好殺 以卿貫鄕靑州 土地肥饒 人多豪傑 恐其爲變 將欲殲之 乃召軍人 尹全愛堅等八十餘人 俱以非辜 械繫在途 卿其返往 放還田里

27) 朴寅亮에 관해서는 《高麗史》에 간략한 傳이 실려 있을 뿐, 墓誌銘이 발견되고 있지 않아서 그 家門의 내력을 구체적으로 알 수 없다. 그러나 이 같은 점은 《高麗墓誌銘集成》, 《韓國金石全文》 등에 수록된 그의 두 아들의 묘지명, 즉 朴景山 墓誌銘과 朴景仁 墓誌銘을 통해서 비교

여기 제시된 인물들은 史書와 金石文에서 그들이 생존하였던 시대 순으로 발췌 나열한 것인데, 이를 통해서 보면 신라에서는 1의 奚論과 2의 強首에서 볼 수 있는 바와 같이, 삼국시기부터 사람의 신원을 표시할 때 姓名과 出身地, 貫鄕을 밝혀 '어디어디 사람으로 표시하고 있었다. 그것은 당시의 中國에서도 마찬가지였다. 3의 泉男生은 주지하는 바와 같이 高句麗 사람으로서 당나라에서 사망하였고, 따라서 그의 묘지명은 그곳에서 중국인에 의해서 작성되었는데, 그 찬자는 泉男生의 貫鄕, 本貫을 요동군 평양성인으로 기술하고 있었다. 4의 高震도 고구려 사람으로서(寶藏王의 孫) 중국에서 죽었고, 그의 묘지명도 그곳에서 작성되었는데, 그 묘지명의 찬자는 그의 관향을 渤海人으로 기술하고 있었다. 중국에서의 관향, 본관표시는 대체로 이와 같았다.[28] 新羅의 貫鄕 표시는 통일기 신라에 들어와서도 마찬가지였다. 5는 그 예로서 向德은 景德王代의 사람인데 熊川州의 板積鄕人으로 불리우고 있었다.

물론 이때의 신라에서는 이 같은 관향이 移動될 수 있었다.[29] 예컨대 6의 道詵(先覺國師)은 속성이 신라 김씨(太宗大王庶孼孫)로서 慶州人이었는데 후에는 靈岩人이 되고 있었으며,[30] 7의 朴寅亮은 고려 文

───

적 소상하게 파악할 수 있다. 이 가문에 관한 연구로서는 鄭清柱, 〈新羅末 高麗初 豪族의 形成과 變化에 대한 一考察-平山 朴氏의 實例 檢討〉《역사학보》118, 1988를 참조.

28) 中國의 墓誌銘과 本貫制, 貫鄕制(本籍) 표시에 관해서는 수많은 資料集을 통해서 이를 살필 수 있지만, 우선 손쉽게 볼 수 있는 자료집과 연구서로서는 아래와 같은 編書와 著述을 들 수 있을 것이다. 그리고 이러한 墓誌銘이 아니더라도, 우리는 黃幹, 〈朱子行狀〉《黃勉齋先生文集》권8 ; 姜浩錫譯, 《朱子行狀, 乙酉文書本)에 그의 본관이 '徽州婺源懸永平鄕松巖里'로 되어 있고, 이곳은 隋代에 新安郡이기도 하여서, 그는 新安人을 자처하기도 하였음을 잘 알고 있는 터이다.

趙超, 《漢魏南北朝墓誌彙編》, 1992.

周紹良, 《唐代墓誌彙編》(內題 :《唐代墓誌彙編》上下), 1992.

李獻奇, 黃明蘭, 《畵像磚石刻墓志硏究》, 1994.

中田勇次郞 編《中國墓誌精華—解說, 釋文, 解題》, 1975.

宋俊浩, 《朝鮮社會史硏究》, 1987.

29) 蔡雄錫, 《高麗時代의 國家와 地方社會》에서는 이러한 문제와 관련하여, 羅末麗初 지방 출신 高僧들의 俗籍과 土姓을 비교하는 가운데, 양자의 일치 여부를 表로 정리한 바 있었다. 그런데 이에 의하면 양자가 일치하지 않는 경우, 즉 就籍地가 이동하고 있는 경우도 적지 아니 있었다.(同上書, 128쪽, 〈표 2-2〉 참조).

宗 宣宗朝의 인물로서 그 선대는 鷄林人이었으나, 신라말년에 그 후손 朴積古(赤島)가 竹州로 입거하여 察山候가 됨으로서 竹州人이 되었으며, 그 아들 直胤은 다시 平州로 徙居하여 邑長이 되고 弓裔의 摩震에 복속함으로서 그 이하는 平州人이 되었는데(朴景山墓誌銘 朴景仁墓誌銘), 고려시기에는 그 가문을 혹은 죽주인 혹은 평주인으로 부르고 있었다.(朴寅亮傳) 그리고 8의 利嚴(眞徹大師)은 신라 金氏로서 鷄林人이었는데 그 선대에 熊川富城人이 되고 있었으며, 9의 智口(惠居國師)는 속성이 朴氏로서 그 관향이 溟州이었는데(俗籍溟州朴氏), 즉 溟州人 박씨였는데 뒤에 川寧郡 黃驪縣人이 되고 있었다.

요컨대 이때에는 貫鄕이 자유롭게 이동되고 있는 것이었다. 그러므로 이 같은 사정에 비추어 볼 때, 김씨가의 始祖 金興光은 본시 신라 김씨로서 慶州人이었으나, 亂을 피하여 그리고 庶人이 되어 武州 西一洞에 卜居하게 되었으므로(〈題詠詩序〉의 ①), 신라 김씨로서 무주인이 되는 것은 자연스러운 일이었다.

2) 後三國 戰亂期의 金氏家의 光陽—錦山 피란과 光州 복귀

그러나 金氏家 貫鄕의 이 제1기의 마지막 단계에 이르러서는 後百濟의 등장이라고 하는 역사적 대사건이 발생하는 가운데 김씨가의 武州 지역 거주는 어렵게 되고 있었다. 이때에는 甄萱이 신라의 西部都統(司令官)[31]으로서 新羅에 반하여 옛 百濟지역의 통치권을 탈취하고 실질적인 왕이 되고 있었는데, 그 근거지는 바로 무주이기 때문이었다. 그

---

30)《朝鮮金石總覽》上, 附 13, 光陽玉龍寺先覺國師證聖慧燈塔碑.
31)《高麗史》卷 57, 志 11, 地理 2, 全羅道편에 '全羅道… 景德王分爲全武二州 眞聖五年 西部都統 悉據舊地 稱後百濟王'이라고 하고 있다. 이로서 보면 新羅에 반기를 들기 직전의 甄萱의 신라 장군으로서의 직위를 西部都統이었던 것으로 보인다.

뿐만 아니라 김씨가의 西一洞) 남쪽 가까이에는 甄萱臺가 있어서 견훤
군의 練兵場(較兵之地)이 되고 있었다.[32] 그리고 견훤은 이어서 孝恭
王 4년(900)에는 全州에 순행하여 옛 백제의 부흥을 기치로 내세우고,
그곳에 定都하였으며, 백제의 국왕을 자칭하게 되었기 때문이었다. 金
氏家가 자리 잡은 西一洞은 바로 그 무주 견훤군 본부의 문 앞에 위치
하고 무주에서 전주로 가는 길목에 위치하며, 따라서 全 百濟를 놓고
볼 때 서일동은 그 심장부 핵심부가 되는 곳이었다. 그리하여 그 후
견훤의 백제는 新羅 및 弓裔, 즉 王建의 高麗와 더불어 後三國의 일원
으로서 정립 대치하는 가운데, 전 국력을 동원하여 상호 침탈 공격하는
이른바 후삼국의 전란기 난세를 전개하고 있었다. 甄萱의 통치방식은
국가운영을 위해서 주민에게는 막대한 재력과 노역의 부담을 강요하
고, 종래의 이 지역 新羅의 관료와 귀족들에게는 정치적 협력을 요구하
되, 그들이 그것을 거부할 경우 가산몰수, 추방 등 가혹한 응징을 서슴
치 않았을 것으로 생각된다. 그것은 그가 大耶城을 공격하였다가 이를
취하지 못하자, 군을 금성 이남으로 옮겨 그에게 비협조적이었던 이
지역민을 약탈함으로서 분을 풀고 응징하고 있었던 점으로서 그와 같
이 이해할 수 있다.[33]

(1) 金氏家의 光陽-錦山 피난

金氏家는 이 같은 시대 상황 속에서 어려운 결단을 내리지 않으면
아니 되었을 것으로 생각된다. 김씨가는 後百濟의 심장부인 武州지역
에 그대로 살면서 甄萱에게 협력할 것인가, 즉 신라에 반역할 것인가,

---

32) 《與地圖書》 全羅道, 光州牧 古跡 甄萱臺, 下, 727쪽.
　　《大東地誌》 卷 12, 光州, 山水 甄萱臺, 267쪽.
33) 《三國史記》卷 12, 新羅本記 12, 孝恭王 5年(901)條
　　秋八月 後百濟王甄萱 攻大耶城不下 移軍錦城之南 掠奪沿邊部落而歸

아니면 그곳에서 탈출하여 견훤의 지배력이 덜 미치거나 아니면 미치지 못하는 다른 지역으로 이전함으로써, 견훤에의 협력을 피하고 나아가서는 그에게 대항하여 싸울 것인가 하는 문제를 결정하지 않으면 아니 되었기 때문이었다. 물론 이 경우 김씨가는 이럴까 저럴까 하는 선택의 여지없이, 견훤군에 의해서 西一洞에서 추방되고, 타 지역으로 이동하지 않으면 아니 되었을 수도 있겠다. 그리고 그러한 난국 속에서 김씨가에서는, 金興光의 아들 金軾은 신라의 角干(〈題詠詩序〉의 1)이었으므로 신라지역에 가 있었을 것이고, 견훤이 점령하고 있는 무주지역에는 高齡이었을(신무왕의 제3 왕자일 경우 60대 후반) 김흥광과 그 손자인 10세 전후의 소년 金吉이 남아 있었을 터인데, 김흥광은 손자 김길과 더불어 후자의 길, 즉 탈출 이전의 길을 택하게 되었던 것으로 생각된다. 김흥광은 신라국의 왕자 귀족이기 때문이었다. 그 같은 사실은 무엇보다도 그 김길이 성장하면서 후일 고려의 王建 휘하에 들어가 견훤과 싸우고 왕건의 後三國 통합운동에 기여함으로써 고려국가의 建國 功臣이 되었던 역사적 사실로서 그와 같이 이해할 수 있다(주 39의 제 자료 참조). 그리하여 여기에 김씨가 貫鄕의 제2기는 시작되었다.

김씨가의 탈출 시기는 여러 가지로 생각할 수 있겠으나, 叛軍의 통치체제가 아직 확고하게 확립되지 않은 초기의 시점이 되었을 것으로 생각된다. 그리고 그 탈출의 방향은 두 가지 가능성을 생각할 수 있겠다.

먼저 생각되는 것은 金氏家는 新羅人이었으므로 光州에서는 되도록 거리가 멀고 신라쪽에는 거리가 가까워서 쉽게 그곳으로 연락도 할 수 있고 갈 수도 있는 동남쪽 바다에 인접한 지역을 택했으리라는 점이다. 그러한 곳이라면 光陽(晞陽縣)이 될 것이다. 광양에는 어떠한 특별한 친인척이 있어서 도움을 받을 수 있었겠는지, 그리고 어떠한 김씨가의 경제기초가 이곳에도 있었겠는지 기록상으로는 미상이지만, 아마도 白鷄山 玉龍寺의 先覺國師 道詵은 그러한 인물일 수 있었을 것으로 생각된다. 더욱이 무주가 반군의 본거지가 되어 협조를 요구받고 가산을 몰수당하는 위급한 상황하에서, 金興光이 무주를 탈출하여 터놓은 앞날을 상의하고 손자 金吉의 장래 문제를 의논할 수 있는 인물은 우선은 이 사찰의 高僧 道詵이 아니었을까 생각된다. 앞에서 지적하였듯이 도선은 속성이 김씨로서 太宗大王의 庶孼孫이었으며, 김흥광과는 먼 친척이고 비슷한 연배였는데, 당시의 신라 왕실(獻康王-獻은 憲, 孝恭王)과는 각별한 관계에 있었다. 그러한 점에서 도선과 김흥광은 평소에 친교가 있었을 것으로 생각되고, 설사 그러한 점에서 도선과 김흥광은 평소에 친교가 있었을 것으로 생각되고, 설사 그렇치 않았다 하더라도 도선은 어려울 때 옥용사에서 먼 친척이고 동년배인 김흥광을 도와주고 보호해 줄 수 있는 처지가 아니었을까 생각된다. 그는 甄萱이 건국한 지 7년 후에 사망한다(주 30 참조). 그리고 만일 그러하였다면 그러한 동안에 金興光 老人은 난세의 추이를 관망하며, 이 지역에 就籍을 하고 光陽人이 되는 가운데 다소나마 생활의 근거를 마련하였을 것이며, 그의 어린 손자 金吉은 소년시절의 한동안을 玉龍寺에 거주하며 道詵에게서 세상 돌아가는 이치에 관하여 많은 것을 배울 수 있었을 것으로 생각된다.

그러나 이 같이 광양지역으로 탈출하여 잠시 그곳에서 안정할 수 있었다 하더라도, 이 지역에 대해서는 甄萱軍의 統治體制가 점차 강화되고 있었으므로, 청년으로 성장하고 있는 김길이 계속 머물러 있을 수는 없었다. 그런데 바로 그러한 시기는 弓裔휘하의 王建軍이 錦山郡 이남의 서남해안 지역을 장악하기 위하여 작전을 개시하는 시기이기도 하였다. 그러므로 政局 亂世가 이 같이 격동하는 가운데, 다음에 언급하는 바와 같은 사정과도 관련하여, 金興光과 그 손자 金吉은 때를 기다려 光陽을 떠나 王建軍의 점령지역, 그중에서도 武州에 가까운 錦山郡 지역으로 이주하게 되었던 것으로 추정된다.

　　다른 하나의 탈출의 방향은 光州에서 거리가 가깝더라도 甄萱의 통
치력이 아직 제대로 미치지 못하는 남쪽 지역, 그러면서도 앞으로 격전
이 예상되는 지역이어서 좀 불안하기는 하지만, 新羅의 영향력이 아직
부분적으로나마 살아있는 지역이 택해졌을 것으로 생각된다. 그러한
곳이라면 武州 서남쪽의 錦山郡(錦城-羅州)을 중심한 지역을 생각할
수 있었을 것이다. 금산군 이남 지역은 견훤의 후백제가 세워진지 10여
년이 지난 孝恭王 9년(甄萱 14년, 弓裔 5년: 天祐 2년:905)경 까지도,
그간 신라의 知武州諸軍事로 임명되었던 王池本이 王建이 금성을 점령
(903)한 후에도 그 휘하에서 그대로 그 지역을 유지하면서 親新羅勢力
으로 정치상 군사상의 활동을 하고 있었다.[34] 그러므로 金興光이 그
곳을 탈출지역으로 선정할 가능성은 적지만 있었다. 그뿐만 아니라 금
산군을 포함한 전라도의 서남해안 지역 토착세력은, 神武王 즉위 당시
淸海鎭大使 張保皐가 무주의 토착세력인 武將 閻長에 의해서 살해되었
다는 점에서, 무주지역의 토착세력과 정치적으로 갈등관계에 있었다.
그리고 錦山郡 등 지역의 토착세력은 해상활동을 하는 경제세력이라는
점에서, 양 지역의 토착세력은 경제적으로도 이해관계가 대립되는 관
계에 있었다. 그러므로 금산군 이남의 토착 해상세력들은, 이미 무주지
역을 중심한 내륙지방 경제세력과 결속하고 있는 견훤의 후백제에 대
해서, 쉽게 협력할 수 있는 분위기가 아니었으며 실제로 견훤군에 비협
조적이고 저항적이었다.[35]

　　그러므로 금산군 이남 지역은 충분하지는 않으나 金氏家에서 피난할

34) 全基雄 《羅末麗初의 政治社會와 文人知識層》, 혜안, 1996, 64~68쪽.
　　許興植 《韓國金石全》 中世 上, 無爲寺先覺大師邊光塔碑, 348쪽.
　　李智冠 《校勘譯註 歷代高僧碑文》 高麗篇 2, 강진 무위사 선각대사 편광탑비문, 326쪽.
　　김인호 〈無爲寺先覺大師遍光塔碑 교감 역주〉《譯註 羅末麗初金石文》上下, 1996.
35) 尹炳喜, 〈新羅下代 均貞系의 王位繼承과 金陽〉《歷史學報》96, 1982
　　金光洙, 〈張保皐의 政治史的 位置〉《張保皐의 新研究》, 완도문화원, 1985
　　鄭淸柱, 〈新羅末 高麗初 西南海岸地域 豪族의 動向- 羅州豪族을 중심으로〉《新羅末高麗初
　　　豪族研究》, 일조각, 1996.

수 있는 조건을 갖춘 지역일 수 있었다. 그러나 그럼에도 불구하고 김씨가에서는, 이 지역이 아직 전투지구라는 사실 외에도, 선뜻 피난지로서 선정할 수 없는 家門史上의 정치적 사정이 있었던 것으로 생각된다. 그것은 金興光은 바로 閭長과 연결되는 神武王의 아들이고 또 武州人이라는 점에서였다. 금산지역 이남의 토착세력들이 金興光의 이러한 사정을 안다면 그의 내접을 환영할 리가 없었다. 그러므로 김흥광은 무주를 탈출하기 이전 그 탈출을 위한 지역을 선정할 때 몇몇 지역을 대상으로 재삼 심사숙고하였겠지만, 금산군이남 지역에 대해서는 그때마다 어떤 불길을 연상하며 주저하지 않을 수 없었을 것으로 생각된다. 그러나 그러면서도 甄萱軍과 王建軍이 무주 금산지역에서 격전을 전개하는 시점이라면, 금산군이남 지역의 그러한 분위기는 적지 아니 완화되고, 김흥광이 금산지역으로 들어오는 것을 그곳 토착세력들이 환영하지는 않을망정, 反甄萱의 인물이 온다는 점에서 그 入境을 거부하지 않았을 것으로 생각된다. 요는 김씨가에서 이곳으로 피난하기 위해서는 시간을 기다리지 않으면 아니 되었다.

金氏家가 武州지역을 탈출할 수 있는 두 방향 두 지역을 이같이 비교하고 보면, 그 탈출시의 방향과 지역은 달랐고 또 각각 일장일단이 있었던 것이라고 하겠지만, 그러나 어느 경우나 그 궁극 목표가 되는 지역은 동일하였다고 하겠다. 그리고 그중에서도 김씨가가 실제로 택하였던 것은 첫번째 경로였을 것으로 생각된다. 즉 김씨가는 잠시나마 光陽지역으로 탈출하여 그곳에 안정하였더라도, 그것은 앞으로의 진로 탐색을 위한 잠정적 기거지역이 되는 것이었으며, 적당한 시기에 錦山지역에 이르기 위한 준비 기간이 되는 시기였다고 하겠다. 단, 이 경우 그 같은 탈출과 이전이 있기 위해서는 금산지역에도 김씨가의 經濟基盤이 있었을 것이 전제되어야 하겠으나, 그러한 경제기반으로서 어떠한 것이 있었는지는 미상이다. 다만 김씨가는 신라의 왕자이고 귀족이었다는 점에서 혹 그곳에 別墅가 있었을 수 있고, 또 그렇지 않다 하더라도 그것을 마련하는 것이 그렇게 어려운 문제는 아니었을 것으로 생각된다.

그리하여 김씨가 金吉은 우선은 당분간(후삼국시기 약 40여 년간) 光陽을 거쳐 錦山郡에다 다시 籍을 올리고 정착하는 가운데 錦山郡人으로서 살게 되었을 것으로 생각된다.[36] 그리고 이곳 군현민으로서의 의무를 다했을 것이다. 그러한 의무로서는 錦山郡이 武州와의 경계선, 즉 對甄萱戰을 위한 전진기지 최전선에 수비진지를 구축할 때 이에 참여하기도 하고, 知武州諸軍事의 對百濟軍 방어전에 참여하는 등 군사활동을 하는 경우도 있었을 것이다. 그러한 사실은 지금까지도 羅州(錦山郡) 인근에 王祖臺와 더불어 古跡으로서 남아 있는 王子臺를 통해서 이해할 수 있다. 地理誌에서는 이 왕자대를 俗傳에 따라 다만 三國時 왕자가 留陣한 곳 또는 신라왕자가 유진한 곳으로 언급하였고[37], 金正浩는 특히 이 왕자대에 按說을 달아 神武王이 微時에 留陣하였던 곳이라고까지 기술하고 있었다.[38] 그러나 신무왕이 왕위를 다툴 때의 지위는 왕자가 아니었으므로 이곳 왕자대가 이름 그대로 王子의 臺라면, 여기서의 왕자는 신무왕이 아니라 시대를 좀 내려가 신무왕의 제3왕자 金興光으로 보아야 하겠다. 그리고 이곳 王子臺는 그 가까이에 王建의

---

36) 물론 여기서 우리가 金氏家 錦山郡에 피란 정착하였을 것으로 추정하였지만 확실한 근거가(자료)가 있는 것은 아니다. 이밖에 이 지역권에는 여러 郡縣이 있었으므로 金氏家에서 피란한 곳이 다른 곳일 수도 있다. 그러나 錦山郡(羅州)은 이곳 西南每岸지역 중에서도 중심이 되는 곳이고, 다음에 언급하는 바 王子臺가 또한 이곳 금산군과 인접한 곳에 있다는 점에서, 우선은 잠정적으로 이곳 錦山郡을 김씨가의 피란지역으로 보고자 한다.

37) 《與地圖書》 全羅道 光州 古跡條
　《邑誌》 湖南 光州 古跡條
　王子臺 在光州西四十五里大江上 俗傳三國時 王子留陣之所 尚有築城基地
　《大東地志》 全羅道 光州 山水條
　王子臺 在光州西四十五里 新羅王子留陣之所 有築城臺址

38) 同上《大東地志》
　按 新羅神武王 微時遊禍 往依淸海大使張保皐 與武州都督金陽 合謀起兵 誅亂反正 此卽 神武王留陣之處

王祖臺가 있는 점과도 관련하여, 그리고 無等山 산 넘어 光州 건너편에 甄萱臺가 있는 점과도 관련하여, 後三國시기에 錦山郡 또는 知武州諸 軍事가 金興光 王子로 하여금 對甄萱軍 수비를 위하여 진지를 구축케 도 하고, 그 방어전이 있을 때에는 留陣케도 하였던 곳이라고 보는 것 이 옳다고 하겠다. 물론 그 진지 구축이나 그곳에의 留陣이 김흥광 개 인에 그치는 것이 아니라, 그가 이끄는 金氏家 一族 奴僕 그리고 그가 살고 있었던 지역의 주민 전체, 말하자면 김흥광 왕자의 부대를 말하는 것임을 말할 것도 없겠다. 그리고 이 경우 그는 이미 年老하였으므로 官에서는 그를 다만 그 곳 지역주민을 이끄는 상징적 지도자로서 내세 우고, 실제로는 그곳 官과 軍에서 民을 일사분란하게 장악하고 지휘하 는 가운데 전투에 대비하였을 것으로 생각된다.

金吉에 관해서《高麗史》에 그 傳이 실려 있지 않고 墓誌銘도 아직 발견되고 있지 않아서 그의 인적 사항이 잘 알려지고 있지 않다. 그리 고 그가 국내에만 있었는지 아니면 당시 많은 사람들이 흔히 다녀오는 中國에 한때 유학을 갔었는지도 미상이다. 그가 後日 중국에 高麗國家 의 使臣으로서 파견되고 있었던 점으로서 보면(주 41 참조) 그럴 수 있는 가능성은 충분히 있었던 것으로 짐작된다. 그러나 그러면서도 후 삼국이 통합된 후의 그의 말년에 그가 그 통합에 기여한 공로로 고려국 가의 高位官僚 司空, 三重大匡, 三韓壁上功臣이 되었다는 그의 생애의 결과에서 보면,[39] 그는 이곳 남해안의 바다에 가까운 光陽 錦山이라는 새로운 환경속에서, 그리고 戰時 亂世의 세파속에서, 政治, 軍事에 관 한 학문을 익히고, 바다에 익숙해지면서 정치가로서의 수련을 쌓았던

---

39)《光山縣緦遅汖詩序》의 ②
　　註 12의 ① 金義元墓誌銘
　　註 14의 ② 金光載墓誌銘 ③ 金台鉉墓誌銘 및《高麗史》의 金台鉉傳등 참조
　　《高麗墓誌銘集成》《韓國金石文追捕》吳元卿墓誌銘
　　公姓吳諱元卿 古諱山俊 安西大都護 海州人也 三韓壁上功臣 字連信與金吉之後裔也

시간이 더 많았을 것으로 이해된다. 그리고 그러한 가운데서도 그가
王建의 후삼국 통합 운동에 기여한 바가 '奇偉之策'으로서 보좌하는 것
이었다는 표현으로서 보면(〈題詠詩序〉의 ② 부분 참조), 그의 高麗政府
내에서의 직책은 후삼국 상호간의 力關係 및 후삼국과 중국과의 국제
관계를 전략적으로 조정하는 文士, 策士로서의 직함을 맡는 것이었을
것으로 생각되는데, 그러하였다면 그는 그의 성장과정에서부터 이미
그러한 방면(國際政治 戰略問題)에 특히 유의하면서 정치적 수련을 쌓
았을 것으로 사료된다.

　그뿐만 아니라 그는 청소년기를 이같이 지내는 가운데, 신라귀족의
한 사람이라는 사회적 지위로 인해, 그리고 金軾(角干)의 아들이라는
점과도 관련하여, 慶州쪽으로부터 격동하는 세상사에 관하여 많은 것
을 듣게 되고, 따라서 이를 통해서는 後三國을 비교 관찰하는 가운데
그 장래에 관하여 일정한 眼目을 확립할 수 있었을 것으로 생각된다.
그리하여 여기에 그는 후에 高麗太祖가 되는 弓裔의 장군 王建과도 자
연스럽게 연결되고, 그 휘하에 들어가 왕건의 장기간에 걸친 西南海岸
作戰40)에도 참여하여 현지 사정에 밝은 입장에서 동분서주하며, 이어

---

40) 王建의 西南海岸作戰에서 중요한 사실은 들면 다음과 같은 몇몇 局面으로 정리할 수 있겠다.
　　이에 관해서는 박한설, 〈고려의 건국과 호족〉《한국사》 12, 1993, 60~61쪽이 참고 된다.
　　첫째, 錦城(羅州)을 확보하기 위한 작전으로서 이때에는 王建軍이 금성과 10 군현을 擊取하
　　였다.
　　《高麗史》 卷1, 世家 1, 太祖1, 卷首上, 34쪽
　　① 天復三年 癸亥(903)三月 奉舟師 自西海抵光州界 攻錦城郡拔之 擊取十餘郡縣 仍改錦城為
　　羅州 分軍戍之而還
　　《高麗史》 卷1, 世家1, 太祖1, 卷首, 34쪽.
　　② 開平三年(909)… 裔以羅州為憂 遂令太祖往鎮之 … 太祖 … 以舟師于塩海縣 獲萱遣入
　　越船而還
　　同上書, 上, 36쪽.
　　③ 乾化四年(914)…太祖 … 領水軍 就貞州浦口 理戰艦七十餘艘 載兵士二千人 往至羅州
　　둘째, 康州(晉州)와 大良城까지도 확보하기 위한 작전으로서 이에서는 백제와의 사이에 그
　　占有를 위한 공방전이 거듭되었다.
　　《高麗史》 卷1, 世家1, 太祖3年(920)正月, 上, 41쪽.
　　① 康州將軍閏雄 遣其子一康為質 拜一康阿餐 以卿行訓之妹妻之 遣郎中春讓於康州 慰諭歸附

서는 羅州의 王建 본부로 들어가고, 마침내는 開城의 고려정부로 올라가 태조 왕건의 유능한 참모가 되고 要人의 한사람이 되었던 것이라고 사료된다. 그가 왕건의 統一事業 마지막 단계인 太祖 17년(934)에 고려의 고위관료로서 中國의 後唐에 사신으로서 파견될 수 있었다는 사실은 이 같은 경과 과정이 있음으로서 비로소 이해될 수 있으며41), 통일사업이 끝난 후 '奇偉之策'으로 왕건을 보좌하여 왕업을 성취케 하였다고 하는 공적으로 인해서 功臣이 되었던 사실도(주 39 참조), 이 같은 배경에서 이해될 수 있는 것이라고 하겠다.

金氏家의 貫鄕에서 제2기, 즉 光陽人─錦山郡인 시기는 세계상으로는 제1세 金興光의 노년기, 즉 그 손자 제3세 金吉의 소년시절에서 그 노년기에 이르기까지(〈표1〉 참조), 시간적으로 대략 新羅 眞聖女王 6년 甄萱의 후백제 건국으로부터 고려국가 후삼국을 통합할 때까지의 기간이 되겠다. 〈표 1〉, 〈자료 1〉의 金義元墓誌銘에서 金吉과 그 이전

《高麗史》卷1, 世家1, 太祖10年(927)秋 7月, 上 43쪽.

② 秋七月戊午 遺元甫在忠金樂 攻破大良城 虜將軍鄒許祖等三十於人

③ 八月丙戌 王狗康州 高思葛伊城城主興達歸款 於是百濟諸城守皆降附

셋째, 南海岸의 海上權을 장악하고 占領지역을 防衛하기 위한 작전으로서 要衝也로서의 여러 섬들을 攻取하였다.
《高麗史》卷1, 世家1, 太祖1, 卷首, 34~35쪽.

① 開平三年(909)…又使太祖修戰艦于貞州 以閼粲宗希金言等副之 領兵二千五百往擊光州珍島郡拔之 進次皐夷島 城中人 … 不戰而降

②及至羅州浦口 萱親率兵列戰艦 自木浦至德眞浦 首尾相銜 水陸縱橫兵勢甚盛 … 乃進軍急激敵船稍却 乘風縱火 燒溺者大半 斬獲五百餘級 萱以小舸遁歸 … 於是三韓之地 裔有大半
《高麗史》卷1, 世家1, 太祖10年(927)夏 4月, 上, 43쪽.

③遺海軍將軍英昌能式等 奉舟師往擊康州下轉伊山·老浦平·西山·突山等四鄕 虜人物而還…

여기서 轉伊山 老浦平 西山은 지금의 南海島, 突山은 지금의 突山島이다.
넷째, 西南海岸을 중심으로 계속 後百濟를 압박하여 옛 光州관할하 58개 郡縣중 40여개 군을 장악하였다. 여기에는 光陽縣도 포함되었을 것으로 추정된다.
《高麗史》卷1, 太祖18年 夏 4月, 24쪽.

①王謂諸將曰 羅州四十餘郡 爲我藩籬 久服風化 近爲百濟 劫掠六年之間

41)《册府元龜》卷 972, 外臣部, 朝貢 第 5, 廢帝 淸泰 元年(934) 8月條에
'靑州言 高麗入貢使金吉船至岸'
姜喜雄,〈高麗初 科擧制度의 導入에 관한 小考〉《韓國史論文選集》3, 高麗篇, 일조각, 1976
李基白,〈高麗初期 五代와의 關係〉《高麗光宗研究》, 일조각, 1981 등 참조

의 세계로 기술된 사람들, 〈題詠詩序〉의 ②에 기술된 1·2·3세에 걸
치는 인물들은 바로 이 시기를 살았던 인물들이었다. 김길은 소년시절
까지는 武主人·光山縣人이었고 그 후에는 光陽人·錦山郡人이었으
며, 김씨가는 김길의 소년시절까지는 신라의 무주인·광산현인이었으
나, 그 후에는 신라와 고려의 광양인·금산군이 되고 있는 것이었다.

(2) 김씨가의 광주 복귀

金氏家의 貫鄕은 고려태조의 후삼국 통합이 성취된 후 피난지 錦山
郡에서 옛 고향인 光州(武州)[42]로 복귀할 수 있었다. 그 복귀의 정확한
시점이 언제쯤이었는지는 분명치 않지만, 고려국가의 정부 관료가 되
고 있었던 金吉과 그 直系 가족들은 후삼국 통합이전부터 이미 개성으
로 상경해 있었을 것이므로, 아마도 김씨가의 나머지 일족들은 난세의
혼란한 분위기가 어느 정도 진정되는 것을 기다려 피난자를 수습하고
고향으로 돌아왔을 것이다.[43] 그리고 이곳에 다시 就籍을 하고 이곳을

---

42) 《高麗史》卷 57, 志 11, 地理 2, 中, 295쪽, 《新增東國輿地勝覽》卷 35, 全羅道 光山縣, 622
　쪽에 의하면 新羅時期의 武州는 고려시기부터 光州(太祖 23년), 海陽縣(成宗條), 翼州(高宗
　46년), 光州牧(武珍州→高宗朝), 化平府(忠宣王 2년), 茂珍府(恭愍王 11년) 다시 光州牧(공민
　왕 22년) 등으로 누차 개명된다. 그뿐만 아니라 海陽縣이 진행되는 동안에는 이 해양현이
　잠시 翼陽郡으로 개명된 듯도 하나 다시 해양현으로 환원한 것으로 보이며(明宗朝?), 高宗
　46년에는 이 군명을 기초로 이곳을 '金仁俊의 外鄕임을 이유로 翼州로 승격'하였던 것으로
　생각된다.(同上書 地理志) 그것은 金俊(金仁俊)이 元宗 元年에 '翼陽郡開國伯'으로 封해졌던
　사실에서 그와 같이 이해되고(《高麗史》卷 130, 列傳 43, 叛逆 4, 金俊 下, 823쪽), 光州의
　별호는 光山·翼陽이었는데(同上書 地理志), 이 경우의 별호 翼陽도 익양군에서 연유하였던
　것으로 생각되기 때문이다. 그리고 光州牧이 진행되는 동안에는 이것이 한 동안 光山縣으로
　강등 개명되었던 것으로도 생각된다. 본고에서 검토하는 〈光山縣題詠詩序〉(忠烈王 33년)의
　표제에 보이는 광산현은 그러한 사정을 반영하는 것이겠다.
　　물론《高麗史》地理志에는 光州의 칭호를 太祖 23년부터 시작하는 것으로 기술하였지만, 그
　러나 광주의 칭호는 이보다 앞서 新羅末年(後三國)부터 이미 통용되고 있었던 것으로 보아야
　하겠다. 주 40에 보이는 '光州界' '光州塩海縣' '光州珍島郡' 등의 표현은 그러한 사정을 말해
　주는 것이라고 하겠다.

43) 後三國 통합 후 金氏家의 光州 복귀문제는 생각하기에 따라서는 쉬운 일이었을 것으로도 보이
　지만, 그러나 김씨가로서는 이것이 그렇게 간단한 문제가 아니었고, 따라서 주저하게 되는
　일이었을 것으로 생각된다. 그것은 이때의 김씨가의 光州 復歸는 그들이 단순히 먼길을 떠났

貫鄕으로 삼음으로서 光州人·光山人이 되었을 것이다. 물론 이때의
관향은 고려국가의 이른바 本貫制에 의한 관향으로서, 〈표 1〉에서 보
는 바와 같은 金氏家 貫鄕의 제3기가 되는 시기였으며, 김씨가의 이때
의 이러한 움직임은 開城에 상경하여 정부의 귀족관료로서 활약하고
있었던 金吉과의 상의 또는 지시에 의하여 이루어졌을 것이다.

　　고려의 本貫制에 관해서는 이미 여러 연구가 있어서 주지하는 바이
지만, 이는 고려가 후삼국을 통합한 후 지방 군현의 유력자들을 새로운
姓氏制度와 고려의 本貫制度·貫鄕制度로 재편성하면서, 이들을 그 힘
과 그 통일사업에 기여한 공로에 따라 고려국가의 中央官職이나 地方
統治制度, 즉 각급관청 鄕職 등의 적절한 지위에 흡수 배치하기 위하여
마련한 정책이고 제도였다.[44] 당시 고려국가는 후삼국을 통합하기
는 하였으나, 그 초기에는 국력이 아직 미약하고 지방세력이 강성하여
전국을 集權官僚體制로 일사불란하게 통치할 수 있는 힘이 없었으므로
취해진 조치였다. 이때 국가에서는 郡縣守令을 모든 군현에 파견하
는 것이 아니라 주요 군현에만 파견할 수 있는데 불과하였으며, 지방행
정은 身分制와 관련하여 豪族層을 비롯한 在地 土着勢力을 中國式 姓
氏制와 高麗國家의 이른바 本貫制로 재편성하고, 그들은 州 府 郡 縣
鄕 所 部曲 등의 행정구역에 따라 차등 있게 파악하는 가운데, 종래
官班을 자처해온 堂大等, 大等 其他 등에게는 慣行에 따라 중앙관료
진출과 아울러 지방행정을 독자적으로 운영해나가도록 하는 특권을 부

다가 귀향하는 것이 아니라, 後三國의 전란이 계속되는 오랜 기간동안 김씨가는 光州지역
住民과 적대관계 전쟁관계에 있다가 戰勝者로서 돌아오고 있었기 때문이었다. 그러한 점에서
아마도 김씨가의 광주 복귀는 상당기간 지체되고, 복귀한 후에도 광주지역의 土着 주민들과
의 사이에는 갈등관계 불편한 관계가 오랜 동안 계속되었을 것으로 생각된다.

44) 高麗의 本貫制·貫鄕制에 관해서는, 이미 오래 전에 나온 연구와 함께 관점이 다르기는 하지
만, 근년에 여러사람에 의해서 새로운 시각의 연구가 나왔으므로 참조할 필요가 있다.
　李樹健, 註 2의 책
　金壽泰, 〈高麗本貫制度의 成立〉《震檀學報》 52, 1981
　蔡雄錫, 註3의 책
　朴恩卿,《高麗時代 鄕村社會硏究》, 일조각, 1996

여하였다. 그리고 국가의 체제가 어느 정도 정비되는 成宗朝, 顯宗朝에
이르러서야 겨우 이들을 국가의 鄕職 吏職體系에 흡수하여 전국적으로
戶長 副戶長 체제로 재정비하되, 人吏姓을 중심으로 하는 戶長層에게
는 그들이 종전부터 지녔던 특권을 그대로 부여하고 그 이하의 吏職을
관할하도록 하는 가운데, 그 호장을 정부가 관장하고 관리하는 일정
수준의 체제강화를 이룰 수 있게 되었다.[45] 말하자면 고려초기에는 국
가권력과 지방세력의 力關係속에서, 힘이 부족한 국가권력은 그 지방
통치를 위하여 부득이 姓氏制度와 本貫制 · 貫鄕制를 정착시키지 않을
수 없었던 것이었다. 그러므로 初期의 고려국가는 이 本貫制를 여하이
조정하여 운영하는 가운데 지방사회를 원활하게 통치할 것인가 하는
것이 중요한 과제가 되지 않을 수 없었으며, 이는 高麗貴族社會 성립의
鄕村的 배경이 되는 것이기도 하였다.

　이러한 고려의 本貫制 · 貫鄕制는, 在鄕支配層의 입장에서는 국가의
강한 통제하에 여러 계층의 身分 階序에서 자기 지위를 확보하고 새롭
게 정착하지 않으면 아니 되는 제도이기는 하였지만, 동시에 이는 지배
층에게 내리는 특권 혜택이기도 하였다. 그리하여 이 단계에서는 新羅
의 귀족층 이외에는, 中國式 姓氏가 없었던 在地 有力者層에게도 전국
적으로 중국식 성씨제도가 점차 확산되고[46], 국가권력은 이 성씨제도

---

45)《高麗史》卷 1, 志 卷 29, 選擧 3, 鄕職 成宗 2年, 中, 653쪽.
　　李基白,《新羅政治社會史硏究》新羅私兵考, 서강대, 1974.
　　河炫綱,〈地方勢力과 中央統制〉,《한국사》5 - 고려귀족국가의 사회구조, 1975
　　金光洙,〈羅末麗初의 豪族과 官班〉,《韓國史硏究》23, 1979
　　――――,〈高麗 官班體制의 變化와 兩班戶籍整理〉,《歷史敎育》35, 1984
　　――――,〈新羅 官名 大等의 속성과 그 史的 展開〉,《歷史敎育》59, 1996
　　李樹健,〈고려시대 支配勢力과 鄕吏〉,《啓明史學》8, 1997
　　蔡雄錫, 前揭書, 2000
　　姜恩景,《高麗後期 戶長層의 變動 硏究》1988, 연세대 대학원 박사논문.
　　하일식,〈고려초기 지방사회의 주관과 관반─금석문자료 분석을 통한 시론적 해석〉,《역사와
　　현실》34, 1999.
　　尹京鎭,《高麗 郡縣制의 構造와 運營》, 2000, 서울대 대학원 박사논문.
46) 高麗 中葉의 자료 '古籍'을 기초로 해서(주 83 참조) 작성한 朝鮮初期의《世宗實錄地理志》각

와 관향제도를 통해 지배층 재지 유력자층을 제일하게 관장할 수가 있었다. 특히 貫鄕制度는 국가권력이 그 民 百姓의 신원을 파악하고 국정을 운영하는데 있어서 基層的인 제도가 되었다. 관향은 어느 家門이 어느 郡縣에 就籍함으로써, 즉 그 가문이 그곳에 정착하고 뿌리를 내림으로써, 국가에 대한 제반 의무를 그곳을 중심으로 지게 되고, 그 자신의 身元도 그곳 사람이 되는 것으로서 보장받게 되는 것인데, 就籍時의 戶籍에는 앞에서 언급한 바와 같이 戶主의 內外四祖의 身分을 명시해야 하는 것이기 때문이었다. 그리고 四祖를 기록하는 이 같은 사실은 科擧에 응시할 때도 그러하였고, 官僚가 된 후 政案을 작성하는데 있어서도 그러하였으며, 그렇지 않으면 科擧에 급제하더라도 官吏 임명에서 문제가 생기게 마련이었다. (註 15~18참조)

貫鄕은 이와 같이 국가의 人事行政 地方民의 統治에서 기층적인 제도가 되는 것이었으므로, 일정한 절차를 거치지 않고서는 원칙적으로 그 이동이 자유로울 수 없었다.[47] 국가의 입장에서는 貫鄕制度를 통해서 지방군현과 그 민을 통치하고 있었으므로, 민의 貫鄕이 빈번하게 이동하는 것은 지방행정의 운영상 불편하였을 것이고, 그리고 민의 입장에서도 在鄕 支配層의 경우 기득권 특권을 부여받고 고향에서 떠나는 것을 원치 않았을 것이고, 一般民의 경우에도 현재의 관향에서 그대로 사는 것이 유리하면 移籍을 원치 않았을 것이다.

그러한 가운데 金氏家에서는 그 貫鄕의 제3기에는 여러 세대에 걸치면서 光州 · 光山을 관향으로 삼고 광주인 · 광산인을 표방하면서 살아갔던 것이라고 하겠다. 김씨가 선대의 이 단계의 인물들에 관해서는 墓誌銘도 발굴되어 있지 않고 《高麗史》에 傳도 실려 있지 않아서, 본고

군현의 土姓條와 《新增東國輿地勝覽》 각 군현의 姓氏條에 기재된 여러 姓氏들은, 신라시기 貴族層의 姓氏를 제외한다면, 대부분 이 같이 해서 성립된 姓氏이었다.

47) 蔡雄錫 前揭書

에서 분석하고 있는 〈光山縣題詠詩序〉에서 '此縣雖吾之內鄕'(동 자료
의 ⑤)이라고 한 것 이외에는, 그들이 그 관향을 어떻게 표방하고 있었
는지 정확하게 알 수 없지만, 그러나 김씨가와 인연이 있는 몇몇 타
家門의 기록을 통해서는 그러한 사정을 어렵지 않게 확인할 수 있다.
그러한 기록으로서 먼저 들 수 있는 것은 광산 卓氏家의 族譜인데, 이
에 의하면 그 始祖는 文宗~宣宗朝의 학자 卓之葉으로서 그는 소년 시
절에 光山의 金文貞公(제5세 金策)에게서 학문을 배우고 있었다.[48] 金
策은 開城에서 벼슬살이를 하다 치사한 후 고향인 광주·광산에 돌아
와 여생을 보내고 있는 것이었다. 그리고 海州 崔氏家의 기록에서 崔沖
의 문도 金良鑑(제7세)을 光山人이라 하고 그 아들 金若溫(義文)도 광
산인으로 기록하고 있었던 것이라 던가[49], 仁州 李氏家의 族譜에서 金
良鑑의 아들 金義元과 그 아들 金光中을 모두 光山人으로 기술하고 있
었던 일[50], 그리고 坡平 尹氏家의 族譜에서 金若溫, 金良鑑, 金廷(貞)
俊)을 모두 光山의 金氏로 기록하고 있었던 일은 그러한 예가 되는 것
이라고 하겠다.[51]

　金氏家 관향의 제3기는 김씨가의 世系上으로는 제3세 이미 노년기
에 들어선 金吉로부터 제4세 金峻(順), 제5세 金策, 제6세 金廷俊, 제7

---

48) 《光山卓氏大同譜》 舊譜序文 ① ③
　　金仁·金壯潤 註 2의 資料集 ①
　　단, 이 경우 金策과 卓之葉의 생존시기 생존연한으로서 보면, 탁지엽이 김책으로부터 교육
　　받는다는 것은 어려웠을 것이라는 의문이 제기되기도 한다(金仁 '卓氏譜의 검토', 《光山金氏
　　史硏究資料集》 ③, 2001.3). 그러나 이 두 인물이 모두 장수하였다면(卓之葉은 90살을 살았
　　다) 그 두 사람은 老幼 간의 사이로서 만날 수 있고 또 교육도 받을 수 있었을 것이다. 만일에
　　그렇지도 않았다면 卓氏家의 인물로서 金策에게서 교육받은 사람은 卓之葉이 아니라 그 先代
　　의 인물일 수도 있겠다.
49) 《海州崔氏文獻錄》 3면
　　金斗漢, 註 2의 논문.
50) 《仁川李氏大同譜》 卷1, 그러나 그러면서도 金若溫은 光陽人으로 기록하고 있어서, 光山人과
　　光陽人을 통용하고 있음을 볼 수 있다. 이 점은 다음 절에서 다시 언급하게 되겠다.
　　金 仁·金壯潤, 註 2의 資料集 ①
51) 《坡平尹氏世譜》 文定公派 12世
　　金 仁·金壯潤, 同上 資料集 ①

세 金良鑑의 노년기까지, 역대 국왕의 世系上으로 太祖代의 후삼국 통합 단계에서 憲宗代까지의 약 160여 년 간의 기간이 되겠다. 이 시기는 고려 초중엽의 귀족관료 사회가 지방의 貫鄕制를 기초로 하여 번영하여, 이에 따라 김씨가도 仁州 李氏家 및 여러 名文家와 혼인을 하는 가운데 귀족사회의 일원으로서 그 榮華가 절정에 달하는 시기였다. 이제 이 단계에 있어서의 이들 世系의 官職과 그 品階를 앞의 〈표 1〉에서 이용하였던 바, 〈자료 1 · 2 · 3〉을 통해서 정리해 보면 그러한 사정이 확연하게 드러난다고 하겠다.

〈표3〉 金氏家 貫鄕 제3기의 世系와 官職

世系	名	官職(〈자료 1〉)	官職(〈자료 2〉)	官職(〈자료 3〉)	品階	비고
3세	金吉	重大匡	司空	三重大匡 功品	正1品	*
4세	金峻	三重大匡		左僕射	正2品	
5세	金策	左僕射翰林學士		平章 文貞公	正2品	
6세	金廷俊	守司徒門下侍郞 平章事		平章	正2品	*
7세	金良鑑	守大保門下侍中 監修國史52)		門下侍中 文安公	從1品	*

이렇게 정리하고 보면, 이 시기의 金氏家에서 고려국가의 고위관료 宰臣(宰相)을 많이 배출하고 있었던 것이라 하겠다. 이 가문에서 관료가 되고 있는 사람들은 이들 뿐만 아니었겠지만, 이들은 특히 그중에서도 승진을 거듭하는 가운데 平章事이상의 宰臣에까지 오르고 있는 것이었으며, 그 직을 다른 가문의 인물들과 돌려가며 여러 세대에 걸쳐

---

52) 備考欄 *표 인물의 아래 관은 《高麗史》에도 보인다.
　　金吉 司空：《高麗史》 卷 110, 列傳 23, 金台鉉 下, 400쪽.
　　金廷俊 門下侍郞平章事：《高麗史》 卷 8, 世家 8, 文宗 2, 文宗 11月 11月 丁丑, 上, 165쪽.
　　金良鑑 侍中： 註 77 참조

역임하고 있는 것이었다.53) 그러한 사정은 그 후 世系上 제 8세 이후의
인물들에 있어서도 마찬가지였다.54) 그래서 고려 후기 忠烈王朝의 인
물 金珥는〈光山縣題詠詩序〉에서, 이 가문의 始祖 金興光이 살던 동리
(武州 西一洞)에서는 平章이 많이 배출하였으므로 후인들은 그 洞號를
平章이라 하였고 그것은 지금까지도 전해온다고 하고 있었다.(〈題詠詩
序〉④ 참조) 그러한 사정은 고려 후기에서 뿐만 아니라 조선 후기에
있어서도 마찬가지였다. 이때의 光州地域 地誌와 地圖에는 平章洞이
명시되고 있었다.55) 그리고 좀 더 아래로 내려와 忠惠王朝의 인물 崔
瀣는 金台鉉墓誌銘(金文正墓誌銘)을 쓰는 가운데 김씨가는 본이 광산
望族으로서 국초이래로 이미 入仕하였으되 그 입사에 대가 끊이지 않
았다고 기술하고 있었다.(주 14 참조) 高麗初中葉 귀족관료사회, 즉
김씨가 貫鄕의 제3기는 실로 김씨가가 전성하는 시기였다고 하겠다.

3) 고려 초중엽 政變期의 金氏家의 光陽 移鄕과 光州 귀환

高麗國家의 本貫制·貫鄕制는 고려중엽에 이르면서 크게 달라지지
않을 수 없었다. 그것은 위에 언급한 바와 같은 貫鄕制와 地方 統治體制
는 엄격한 身分制와 差等制를 기초로 하는 것이었으므로, 그러한 신분
제와 차등제는 중앙의 貴族 官僚社會 및 鄕村 사회내의 여러 사회신분과
사회 계층 간에 갈등구조를 胚胎하고, 동시에 그것은 귀족 관료층의
지방민에 대한 수탈 구조를 수반하지 않을 수 없었기 때문이었다. 그리

53) 朴龍雲,《고려시대 中書門下省 宰臣 연구》, 일지사, 2000 참조
54) 同上書
55)《輿地圖書》全羅道 光州 古跡條
　　《邑誌》湖南 光州 古跡條
　　大東輿地圖 34面 十九 13

고 그 같은 갈등구조 수탈구조는 결국 門閥貴族의 발호, 귀족사회내의
政變, 향촌사회 통치의 불안정, 나아가서는 각 지방 民과 奴婢의 반란,
그리고 武臣과 軍人의 亂 등으로 표출되고 있었다. 그러므로 고려국가
는 이 같은 사회불안의 요인에 대하여 사전에 막을 수 있는 어떤 대책을
강구하지 않으면 아니 되었다. 그것은 統治體制와 관련하여 말한다면
王權을 강화하고 集權官僚體制를 강화함으로서 중앙의 門閥貴族勢力을
누리고 在地 有力者層을 억제하는 것이 되지 않을 수 없었다. 그리하여
여기에 취해진 조치가 중앙에서는 한편으로 官僚制와 관련된 科擧制
土地分給制 및 기타 여러 제도를 제정, 재조정함으로서 과거 관료와
집권관료제체를 확대 강화시켜 나가고, 다른 한편으로 발호하는 문벌귀
족과 그에 추종하는 정치세력을 숙청하는 것이었다.56) 그리고 地方郡
縣에 대해서는 여러 가지 면에서 郡縣制와 部曲制를 개편하는 가운데
差等制를 조정하고, 특히 말단 守令으로서의 監務를 대대적으로 파견함
으로서 관료의 신분차별을 조정하는 가운데 지방 戶長層을 중심으로
土着勢力을 통제하게 된 것이었다.57) 科擧制는 光宗朝부터 시행하였으
되 그 후 계속 확대 발전하였으며, 監務制는 睿宗朝부터 시행은 하였으

56) 姜喜雄, 〈高麗初 科擧制度의 導入에 관한 小考〉《한국사논문선집》3. 고려편, 일조각, 1976
    許興植, 《高麗科擧制度史研究》, 일조각, 1981
    河炫綱, 《韓國中世史研究》, 일조각, 1988
    盧明鎬, 〈羅末高麗初 豪族勢力의 경제적 기반과 田柴科體制의 성립〉《震檀學會》, 74, 1992.
    채웅석, 〈고려 문종대 관료의 사회적 위상과 정치운영〉, 《역사와 현실》 27, 1998
    ────, 〈의종대 정국의 추이와 정치운영〉, 《역사와 현실》 9, 1993
    ────, 〈명종대 권력구조와 정치운영〉, 《역사와 현실》 17, 1995
57) 《高麗史》 卷12, 世家 12, 睿宗 1, 睿宗 3年 7月 辛酉, 上, 257쪽.
    《高麗史》 卷 19, 世家 19, 明宗 1, 明宗 2年 6月, 上, 392쪽.
    旗田 巍《朝鮮中世社會의 研究》, 第 1編 郡縣制度, 1972
    河炫綱 上揭書, 270쪽, 〈表 2-9참조〉
    李義權, 〈高麗의 郡縣制度와 地方統治政策〉《高麗史의 諸問題》, 邊太燮 편, 삼영사, 1986
    金東洙, 〈高麗 中後期의 監務 派遣〉《전남사학》 3, 1989
    朴宗基, 《고려시대 부곡제연구》, 서울대출판부, 1990
    ────, 〈14세기 군현구조의 변동과 향촌사회〉《14세기 고려의 정치와 사회》, 민음사, 1994
    尹京鎭, 前揭論文, 2000.

나 明宗朝의 武臣亂 이후부터 그 수를 대대적으로 늘려 파견함으로써
지방행정 체계에 커다란 변화가 오지 않을 수 없도록 하였다. 그리고
이러한 추세는 당연한 귀결로서 在地 豪族層과 土着勢力의 정치 사회적
지위를 격하시키고 그 鄕職體系에도 커다란 변동이 오지 않을 수 없게
하였다. 이는 고려 초기의 貫鄕制가 지속될 수 있는 존립기반을 쇠퇴시
키는 것이 아닐 수 없었으며, 초기 貴族官僚社會가 존립할 수 있었던
鄕村的 배경을 약화시키고 소멸시키는 것이 아닐 수 없었다. 그리고
이러한 과정에서는 金氏家도 큰 타격을 받지 않을 수 없었다.

(1) 金氏家의 光陽 移鄕

高麗初中葉의 이 같은 政局의 소용돌이 속에서 金氏家가 대타격을
받게 되는 것은 李資義의 謀叛事件(憲宗 元年, 1095), 李資謙의 모반
사건(仁宗 4년, 1126), 武臣亂(毅宗 24년. 1170) 등과 관련해서 이었
다. 그중에서도 李資義의 모반사건은 김씨가에서 결정적인 타격을 주
는 계기가 되었으며, 그 후의 두 사건은 그러한 김씨가에게 새로운 2
차, 3차의 충격을 더 가하는 바가 되고 있었다. 그리고 李資義 모반사
건과 관련하여서는 그 처벌 규정과 관련하여 金氏家의 貫鄕이 光州·
光山에서 光陽으로 변동하고, 따라서 김씨가는 光陽人이 되고 있었다.
김씨가 貫鄕에서의 제4기의 시작이었다. 그러므로 김씨가의 관향을 이
해하기 위해서는 좀 장황하지만 그렇게 되는 배경을 살펴두는 것이 필
요하겠다.

그런데 金氏家가 이 같은 타격을 받게 되는 것은 김씨가가 邵城人·
仁州人·慶源人으로서 李氏家(후대의 仁州 李氏)와 혼인을 맺는 가운
데 귀족관료사회의 일원으로서 번영하고 있었음과 깊은 관련이 있었
다. 李氏家는 李子淵의 가문으로서 고려왕실의 文宗, 順宗, 宣宗, 睿

宗, 仁宗 등 역대 국왕과 혼인을 함으로써(獻妃),58) 왕실의 外戚이 되고 貴族官僚社會내에서 커다란 세력을 형성 발호하고 있었으며, 이로 인해서는 타 가문의 질시를 받고 왕실에서도 혼인을 하기는 하나 경계를 하고 있는 터이었는데, 金氏家에서는 이 같은 李氏家와 累代에 걸쳐 혼인을 함으로서 인척관계가 되고 있는 것이었다.

　물론 김씨가와 이씨가의 유대관계는 兩家의 혼인이라고 하는 사적인 관계에서만 연유하는 것은 아니었다. 그러한 문제와 아울러서는 그와 병행하여 이미 정치생활이라고 하는 公的인 관계에서도 깊은 유대관계가 맺어지고 있었다. 가령 金氏家의 제6세 金廷俊과 李氏家의 李子淵은 동시기의 인물로서, 정부내에서 官職이 정상에 달하였을 때는 이자연이 侍中일 때 김정준은 門下侍郞平章事 등 宰臣으로서 일을 같이 하고 있었으며,59) 또 人才를 선발하는 科擧에서는 번갈아 知貢擧가 됨으로서 좋은 인물을 뽑기에 노력하고 있었다.60) 그뿐만 아니라 김정준의 아들 金良鑑은 崔沖의 門徒로서 九齊에서 학문을 수학하였지만,61) 동시에 李子淵의 문생으로서 그 지도로 받고 있었는데, 이자연이 知貢擧가 되어 科擧를 주관하고 있었던 文宗 5년 4월에는 다른 동문들과 함께

---

58) 王室과 李氏家의 婚姻관계는 다음과 같았다.
　　王室: 11대 文宗　　12대 順宗　　13대 宣宗　　14대 15대　　16대 睿宗　　17대 仁宗
　　　　　　　　　　　　　　　　　　　　　　　　　　　　(獻宗 肅宗)

　　李氏家: ②李子淵 女 ③李顗 女　　①李預 女　　　　　　　　②李資謙 女 ①李資謙 女
　　　　　　③李子淵 女　　　　　②李碩 女　　　　　　　　　　②李資謙 女
　　　　　　④李子淵 女　　　　　③李頙 女
　　　*○속의 숫자는 王妃의 序次
　　李氏家와 王室과의 婚姻관계에 관해서는 다음의 글들을 참고할 수 있다.
　　藤田亮策,〈李子淵과 그 家系〉,《靑丘學報》13, 15, 1933,1934
　　尹庚子,〈高麗王室과 仁州 李氏와의 관계〉,《淑大史論》2, 1965
　　李萬烈,〈高麗 慶源李氏 家門의 展開過程〉,《韓國學報》21, 1980
　　金仁 編,〈高麗開城王氏聖源錄〉,《光山金氏史研究資料集》3, 2001
59)《高麗史》卷 7, 世家 7, 文宗 1, 文宗 9年 7月, 庚申, 157쪽.
　　《高麗史》卷 8, 世家 8, 文宗 2, 文宗 11年 8月 辛未, 11月 丁丑, 165쪽
60) ①《高麗史》卷 73, 志 27, 選擧 1, 科擧, 文宗 3年 5月, 內史侍郞李子淵 知貢擧, 598쪽.
　　②《高麗史》卷 73, 志 27, 選擧 1, 科擧, 文宗 5年 4月, 內史侍郞 李子淵 知貢擧, 598쪽.
61)《海州崔氏文獻錄》, 3쪽.

그 과거에 응시하여 급제하고 있었다.[62] 주지하는 바와 같이 고려시기에는 門生 座主의 禮를 대단히 중히 여기고 있었는데 김씨가와 이씨가는 그러한 관계에 있었다. 말하자면 이씨가와 김씨가의 혼인관계는 그두 가문의 정치 학문에서의 깊은 유대관계와 병행하여 표리 관계로서행해지고 있는 것이었다. 그러므로 김씨가와 이씨가의 혼인 관계는 이때 정치생활을 같이 하던 인물들을 중심으로 대를 이어가며 행해지게되었을 것임을 말할 것도 없었다. 이제 그 같은 관계를 정리해 보면다음과 같이 〈표 4〉를 작성할 수 있다.[63]

〈표 4〉 李氏家와 金氏家의 婚姻관계

李氏家:	3세 李子淵	4세 李頲	5세 李頲 女	5세 李頲 女	5세 李碩 女	6세 李資仁 女	7세 李軾 女
金氏家:	6세 金廷俊	7세 金廷俊 女	8세 金義英* (초명 義文)[64]	8세 金若溫*	8세 金義元	8세 金義元	9세 金光中

이 같은 婚姻관계에서 우리가 주목하게 되는 것은, 김씨가에서 혼인한 이씨가의 사람들은 李子淵의 후손으로서 특히 李資義와 李資謙에

---

62) 許興植,《高麗科擧制度史硏究》附錄 11, 高麗禮部試登科錄, 269쪽. 註 60의 ② 참조
《仁川李氏大同譜》卷 1·3 世 子淵 항에서는 李子淵이 知貢擧가 되어 人才를 선발하던 이때의사정을 다음과 같이 기술하고 있었다.
甄拔人才 各當其任 崔平章奭 金平章良鑑 崔參政思訓 朴參政寅亮 崔學士擇 魏學士齊萬等 皆以門生應選

63) 金仁,〈仁川李氏系譜圖〉,《光山金氏史硏究資料集》3, 2001

64) 金義英은 李頲墓誌銘(文宗 31년 작성, 1077)에 보이나《仁川歷史大同譜》에 보이지 않고 金若溫은 그 반대이다. 그러므로 이 두 사람의 이씨가와의 관계에는 의문이 제기되고 혼란이 일어날 수도 있으나 그런 것은 아니라고 생각된다. 전자가 그 大同譜에 보이지 않는 것은 뒤에언급되는 李資義의 謀叛事件과 관련하여 그 家譜에 올리지 않은 까닭일 것이고, 후자가 李頲墓誌銘에 보이지 않는 것은 그 묘지명의 작성시기에는 아직 그가 이씨가의 사위로 되어 있지않았던 까닭이었다. 그것은 그가 사망한 후《高麗史》卷 97, 列傳 10의 金若溫傳에 '若溫與資謙 爲堂兄弟'라고 기술되어 있는 것으로서 알 수 있다.

연결되는 世系였다는 점이다. 즉 위의 표에서 이씨가의 제 4손 李顥(李子淵의 제 6자)는 金廷俊의 女息을 부인으로 맞이하였는데 그녀는 아들 이자겸을 출산하였으며, 제4세 李頲(이자연의 제1자)은 제5세로서 李資仁, 李資義, 李資孝, ⋯女, 女⋯ 등 여러 명의 자녀를 두었는데, 그는 표에서 보는 바와 같이 金義英과 金若溫(초명 義文)을 사위로 맞이하고 따라서 李資義는 그들을 妹弟로 맞이하였으며, 또 제4세 李碩(이자연의 제3자)은 제 5세로서의 세 명의 여식을 두었는데, 그중 한명으로서 金義元을 사위로 맞이하고 있었다. 그리고 김의원의 배필이 된 李碩의 女息이 早卒하자 김의원을 다시 제5세 李資仁(이자연의 손자)의 사위로 맞이하게 하고, 이어서는 김의원의 장자 金光中을 다시 제6세 李軾(李資孝의 아들, 李頲의 손자)의 女壻로 맞이하고 있었다. 여기서 김씨가의 제8세에 해당하는 金義英 金若溫 金義元 등은 김씨가의 제7세 金良鑑(金廷俊의 아들)의 子弟로서 3兄弟간이었는데, 그들은 모두 당대 최고의 명문가 최강의 戚臣인 李氏家의 사위가 되고 있었으며, 金義元의 경우는 그 아들 제9세 金光中 또한 그렇게 하고 있었다. 그리하여 金義英 등 3형제는 李氏家의 李資義 측근에 있게 되고 또 李資謙과도 자극히 가까운 일족이 되고 있었다.

李 · 金 兩家의 이러한 관계는 정치적으로 세상이 평온할 경우에는 서로 좋은 관계일 수 있었으나, 그렇지 못할 경우, 즉 政治的 變亂이 있는 격동기에는 그에 반비례하는 커다란 위기상황 희생이 따르지 않을 수 없었다. 그리고 역사는 실제로 그렇게 전개되고 있었다.

앞에서 언급한 바 李資義의 謀叛事件(獻宗元年, 乙亥年 1095)은 바로 그것이었다. 이때의 사건은 왕실의 肅宗계 정치세력이 外戚을 중심으로 한 귀족들의 정치세력을 숙청하고 국왕권을 강화하려는 데서 발생한 대정변으로서, 李資義 父子 등 17명이 살해되고, 50여 명 중에 南裔로 流配되며, 그 妻子들은 官沒되어 신분이 奴婢로 격하되고 북쪽

兩界의 州鎭奴婢로 배속되는 대 사건이었다. 金氏家의 金義英도 이때 逆黨으로 몰려 이 50여명 중에 들게 되고 유배되었음을 말할 것도 없으며, 그 妻子도 奴婢로 신분 격하되어 유배됨으로서 가족이 남북으로 이산되고 가정은 파괴되었다.[65] 당연히 그들의 家産은 모두 몰수되었을 것이다.(주 65의 ③ 및 주 71의 申虎雄 ② 논문, p. 201 참조). 金義英은 李資義의 妹弟로서 그와 처남매부 간이었으므로 逆黨의 협의를 받게 되는 것은 어쩌면 당연한 일일 수 있었다. 여기서 50여 명이 유배된 南裔는 한반도 南端의 陸地와 海島를 포함한 여러 地方(行政區域)이라는 뜻이 되겠다. 정치범으로 몰린 50여 명을 집단으로 한 지방에 유배할 수 없었을 것이고 여러 지방에 분산 배치하였을 것이므로, 이 같은 포괄적인 표현을 썼을 것이다. 그리하여 유배자들 가운데 혹자는 海島로 유배되기도 하고 혹자는 陸地로 유배되기도 하되 이런 경우의 육지는 특히 遠惡地가 택해졌을 것이다. 그리고 그런 가운데서도 김씨가의 김의영은 이자의의 최측근이었다는 점에서 여러 유배지가운데서도 가장 조건이 좋지 않은 해도나 육지일 경우 최고의 원악지로 유배되었을 것이다.

그뿐만 아니라 이 金氏家에서는 그 후 金義英의 동생 金義元이 李資謙의 모반사건에서(仁宗 4년, 1126) 그의 親堂이라는 이유로 인하여 해를 입어 지방관으로 좌천되고, 그 아들 金光中은 그 후의 武臣亂 武臣政變에서(毅宗 25년, 1170) 희생되는 불운이 계속되었다.[66] 그런

---

65)《高麗史》卷127, 列傳 40, 叛逆 1, 李資義, 中, 761쪽.
　　《高麗史節要》卷6, 獻宗 元年 6月, 168쪽.
　　① … 王幼弱有疾 不能聽決 母后專國事 左右依違其間 資義貪冒貨財 集無賴勇士 以騎馬射為事 常日 主上有疾 朝夕難保 外邸有窺覦者 汝輩宜盡力奉漢山侯 勿令神器歸于他人 聚兵禁中 欲擧大事
　　② 時肅宗為鷄林公 在明福宮密知之 諭平章事邵台輔 曰國家安危繫宰相 今事急 公其圖之 台輔 使上將軍王國髦 領兵入衛 國髦 先令壯士高義和 斬資義於宣政門內 誅其黨……等十七人 皆殺之 流平章事李子威 少卿金義英 ……等五十餘人 于南裔 賊黨妻子 為兩界州鎭奴婢
　　③ 肅宗初 御史臺奏 賊臣李資義等 私畜米穀數至鉅萬 是皆剝民所聚 請並沒官 從之
66) 金義元墓誌銘

가운데서도 金若溫은 李資謙과 堂兄弟간이었으나 처신을 지극히 신중히 하고 가까이 하지 않았으므로 세평이 좋았고 벼슬이 門下侍中에까지 오를 수 있었다(주 77 참조).

이러한 일련의 사태는, 요컨대 발호하는 文臣貴族勢力과 國王權을 중심으로 하는 정치세력 또는 문신귀족세력과 武臣勢力과의 갈등 대립 관계에서 발생한 것으로서, 그 숙청 작업은 국왕권을 중심한 정치세력 및 反文臣의 武臣政治勢力이 集權官僚體制를 강화함으로써 그 체제내에서의 불평등 구조를 제거하기 위하여 감행한 조치이었다고 하겠다. 그리고 이같이 되는 것은 당시의 역사의 흐름이기도 하였다. 그러므로 金氏家는 그 같은 정국의 소용돌이 속에서, 그 제 8세에서 제 10세에 걸치면서 여러 차례의 정변을 겪는 가운데, 그 화려했던 貴族社會에서의 정치생명은 끝나고 門閥貴族社會의 쇠퇴와 더불어 서서히 재기 불능의 위기, 가문몰락의 위기에 직면하지 않을 수 없게 되고 있었다. 더욱이 貴族身分을 公奴婢身分으로 전락시키는 것은 이 시기 정치운영의 한 특징으로서67), 귀족가문 몰락의 象徵的 표현이기도 하였는데, 金氏家는 이때 이러한 과정을 거치고 있는 것이었다.

김씨가의 이 같은 위기상황은 政局이 호전되고 金義英이 유배지에서 解配되고 上京하여 다시 관에 敍用되면 풀릴 수 있을 것으로 기대되었다. 그러나 정국의 흐름은 金氏家쪽으로 호전되지 않았고 赦免의 조치도 쉽게 취해지지 않았다. 이때의 이 사안은 워낙 정치적으로 민감하고 그 형벌이 무거웠으므로, 그후 5, 6년이 지난 숙종 6년에 역당 죄역자[罪疑者]에 대한 혐의가 풀리고 사면의 조치가 있기는 하였지만, 그러나 이는 그 罪疑者를 완전히 해방하거나 본래의 官人으로 복귀시킬 수

《高麗史》卷101, 列傳 14, 金光中 帶, 下. 234쪽 : 註 85 참조.
67) 洪承基 《高麗時代 奴婢硏究》 제3장 공노비의 특성, 일조각, 1981,
　　〈신분제도〉, 《한국사》 15, 1995

있는 조치가 아니었다. 그것은 그들에 대한 숙종의 다음과 같은 두 차
례의 赦免의 詔書를 통해서 알 수 있다.

　　壬子 詔逆李資義從坐者 皆量移
　　乙卯 又詔曰 逆黨罪疑者 已赦之矣 其侍御史王台紹主簿全寵判官李
滋衛尉少卿金義英妻李氏等 許令還京[68]

이라고 한 것이 그것인데, 이에 의하면 역당 從坐者, 罪疑者들은 嫌疑
가 풀려 赦免되고 量移되어 유배지에서 해배될 수 있었지만, 그리고
金義英 등 몇몇 유배자의 妻들은 開城으로 돌아올 수 있었지만, 그러나
그 사면 해배는 커다란 한계가 있는 것이었다. 이 자료에 의하면 肅宗
은 그들을 사면하기는 하였지만, 그것을 量移하는 정도로 그쳤으며,
그들 중 王台紹, 全寵, 李滋, 金義英 등 몇몇 사람의 妻들은 還京케는
하였지만 그것은 還京에 그치는 것이었고, 그나마 그들 모두의 妻를
환경시키고 있는 것도 아니었다. 이는 李資義의 謀叛事件이 갖는 정치
적 성격과 관련이 있는 것으로 생각된다. 즉 이자의 모반사건을 확실한
모반사건으로 보기에는 그들의 거동이 너무나 어설픈 사건이었고(주
65 ① 참조), 그 실상은 獻宗 王弟(漢山候-李資義의 甥姪) 및 그 정치
세력(李資義 중심)과 獻宗 王叔(宣宗 王弟-후의 肅宗) 및 그 정치세력
(邵台輔 지지)간의 차기 王權쟁취를 위한 정치적 爭霸의 성격이 농후하
였다. 그리고 外戚인 李資義가 漢山候를 옹립하는 가운데 실권을 장악
하려 한데 대한 왕권측의 鷄林公(肅宗)이 이를 저지하고 타도하고자
한 정치적 변란이었음이 분명하였다.[69] 그러므로 肅宗으로서는 그가

---

68)《高麗史》卷 11, 世家 11, 肅宗 6年 2月, 上, 232쪽.
　《高麗史節要》卷 6, 肅宗 6年 2月 176쪽.
69) 李資義 謀叛事件의 政治的 성격에 관해서는 다음의 여러 논문을 참조할 수 있다.
　李萬烈, 註 58의 논문

즉위한 후 漢山候계의 정치세력이었던 역당 반역자, 즉 한반도 南裔로 유배된 50여 명의 유배자를 정치적으로 사면하기는 해야겠으나, 그러나 그들을 완전히 사면 해방하거나 還京시키고 한 걸음 더 나아가 관직까지도 복직시켜 준다는 것은 생각하기나 어려웠다. 그와 같이 한다는 것은 肅宗에게는 과거의 政敵을 다시 키워주는 계기가 될 수도 있었기 때문이었다. 여기에 취해진 조치가 유배자에 대하여 정치적 생색은 크게 내면서도 일정하게 그들을 구속하게 견제할 수 있었던 정책, 말하자면 名分上으로는 사면을 하면서도 실제로는 아직 유배의 연장선상에 있게 하는, 즉 解配의 과정을 점진적으로 진행시키는 量移의 정책을 취하는 것이었다.

그렇지만 이때의 이 조치는 혐의가 풀린 자들을 量移시키면서도 그것은 아주 제한적이었으므로, 이로써 혜택을 받게 되는 유배자가 많을 수는 없었으며, 따라서 조정에서는 세월이 흐르면서 사회여론을 의식하지 않을 수 없었다. 그리하여 肅宗이 10년간 집권을 하고 사망한 후 睿宗이 즉위하게 되면서는, 새로 즉위한 국왕으로서의 新政의 恩典을 베풀기도 하고 民, 百姓들에 대한 화합을 도모하는 뜻도 겸하여, 이때의 유배자들에 대하여 포괄적인 赦免의 조치를 내리지 않을 수 없었다. 睿宗이 獻宗 1년에 있었던 李資義 모반사건에 연좌되어 처벌되었던 유배자들을 대대적으로 量移, 赦免하는 詔書를 내리게 되었음은 바로 그것이었다. 즉

南仁國, 〈高麗 肅宗의 卽位過程과 王權强化〉, 《歷史敎育論集》 5, 1983
────, 〈高麗 睿宗代 支配勢力의 構成과 動向〉, 《歷史敎育論集》 13, 14, 1990
────, 〈귀족사회의 전개와 동요〉 《한국사》 12, 1993
秋萬鎬, 〈李資謙의 軍事基盤 理解〉 上, 《史鄕》 2, 1985
盧明鎬, 〈韓安仁 一派와 李資謙 一派의 族黨勢力－高麗中期 親屬들의 政治勢力化形態〉, 《韓國史論》 17, 1987
金光植, 〈高麗 肅宗代의 王權과 寺院勢力－鑄錢政策의 배경을 중심으로〉, 《白山學報》 36, 1989.
金仁, 〈忠貞公 金義元墓誌銘의 再 解釋〉, 《光山金氏史硏究資料集》 3, 2001에서는 이 謀叛사건과 관련된 金氏家의 사정을 정리하고 있다.

　　詔書 … 其乙亥年 犯惡逆流配者 宜各量移敍用 緣坐沒爲奴隷者 免
之 其不屬賤者 並加撫恤[70]

이라고 하였음이 그것인데, 여기서 乙亥年은 獻宗 원년의 을해년이며,
이해에 惡逆, 즉 극악무도한 반역행위를 범하고 유배되었던 자들은 李
資義 모반사건에 연루되어 유배된 자들을 말하는 것이겠는데, 睿宗은
이들에 대하여 세 가지 계통으로 그 죄를 사면하고 있었다. 그것은 첫
째, 그 당사자들은 각각 量移하는 가운데 敍用할 수 있는 자는 서용하
고, 둘째, 이 사건에 연좌되어 그 신분적 지위가 몰수되고 奴隷로 전락
되었던 자들은 모두 원래의 신분으로 사면하며, 셋째, 奴婢로 격하되지
는 않았지만 본시 官職이나 爵位가 없지 않아서 몰수되었던 자들은 이
를 구제하고 慰安한다는 것 등등이었다. 그리하여 이 셋째 조항으로서
金良鑑, 金良溫, 金義元 등에게서 削奪官爵하였던 조치는 복원되었다
고 하겠다. 그러면서도 이 詔書에서도 유배자들을 모두 일거에 해방하
여 官人의 지위로 복귀시키는 것은 아니었다. 그들은 아직 量移[정치적
필요에 의해서 그리고 죄인의 수형 태도를 참작하여 그 죄를 단계적으
로 풀어주는 것]의 과정을 거치지 않으면 아니 되었다. 이때에 완전히
해방될 수 있었던 것은 당사자가 아니면서 緣坐되어 이런저런 처벌을
받고 있었던 直系 家族으로서의 죄인들이었다.
　　우리는 앞에서 김씨가의 貫鄕이 李資義 謀叛 사건 등과 관련하여 변
동한다는 점을 지적하였거니와, 그것은 당시의 逆黨 罪疑者들에 대한
유배의 형벌과 그 후 있게 되는 그들에 대한 사면의 조치가, 바로 이
같은 量移의 정책으로 취해지고 있었음과 관련이 있었다. 고려시대의
刑律에서는 유배자에 대한 사면제도가 量移라고 하는 단계적인 解配의

---

70)《高麗史節要》卷7, 睿宗 元年 7月, 188쪽.

과정을 거치도록 규정하고 있었기 때문이었다. 우리는 그 같은 사실을
유배자의 赦免, 量移에 관한 肅宗, 睿宗, 仁宗연간의 다음과 같은 몇몇
규정을 통해서 확인할 수 있다.[71)]

1. 赦二罪以下 當斬絞者配島 前配島者出陸 出陸者歸鄕 歸鄕者上京 上
   京者通朝見 已朝見者敍用[72)]
2. 斬絞二罪 際刑付處 以下皆原之 在流配者量移乃至敍用 曾蒙恩宥 未
   得移免者 訪問量移[73)]
3. 犯公流私徒以下 皆原之 斬絞二罪 除刑流配 諸歸配者 量移乃至敍
   用[74)]
4. 仁宗元年 淸州有人 因救父殺人 判云 事理可恕 除入島 只移鄕[75)]

이에 의하면 高麗의 刑律에서 流配는 斬刑과 絞刑의 二罪 다음가는
중형으로서, 斬, 絞할 죄인을 정치적으로 배려할 경우 그를 죽이지 않
고 유배하는 것이 일반이었는데, 그 유배죄인을 정치적 필요에서 다시
사면할 경우에는, 위의 자료에서 보는 바와 같이 몇 단계에 걸쳐 量移
의 과정을 거치도록 하고 있었다. 그중에서도 李資義 일당을 斬絞刑
流配刑 등으로 숙청하였던 肅宗이 유배자를 解配할 경우에 관하여 반
포한 자료1의 규정은 그러한 과정을 잘 설명하고 있었다. 이에 의하면
斬絞者를 구할 경우 그 量移의 과정은 다음과 같이 6단계의 과정을 거
치도록 하고 있었다.

　　1단계, 斬絞者는 配島하고

---

71) 高麗時代의 刑政 運營에 관해서는 다음의 저술을 참조.
　　申虎雄 ①《高麗法制史硏究》, 국학자료원, 1995
　　　　　②〈형률제도〉《한국사》15, 1995
72)《高麗史》卷11, 世家 11, 肅宗 3年 10月 甲申, 上, 227쪽.
73)《高麗史》卷12, 世家 12, 睿宗 3年 2月 丙戌, 上, 254쪽.
74)《高麗史》卷12, 世家 12, 睿宗 3年 4月 己亥, 上, 256쪽.
75)《高麗史》卷85, 志 39, 刑法2, 軍律, 中, 872쪽..

2단계, 전에 配島한 자는 出陸하며 — (자료 4에서는 移鄕)
3단계, 出陸者는 歸鄕하며
4단계, 歸鄕者는 上京하며
5단계, 上京者는 朝會에 나가며
6단계, 이미 朝會에 참석한 자는 官에 敍用한다.

　물론 流配罪人을 구하지 않을 경우도 얼마든지 있어서 그럴 경우에는
그는 유배지에서 죽게 되고(終身刑), 구하더라도 그 量移가 1단계에서
그치거나 2,3,4단계에서 그치는 경우도 흔히 있었을 것이다. 정치적으
로 죄인 즉 政敵을 영원히 제거하고 埋葬할 필요가 있을 경우에는 특히
그렇게 하였을 것이다. 〈자료 2〉와 〈자료 3〉도 〈자료 1〉과 같은 내용을
약술한 것이었다. 그런데 이 같은 양이과정에서 우리가 주목하게 되는
것은 세 가지 점인데, 그 첫째는 그러한 양이의 과정에는 제3단계로서
歸鄕을 시키는 과정이 있었다는 점이고(〈자료 1〉), 다음은 流配地에서
해배될 수 있는 恩宥를 받았으면서도 여러 가지 사정으로 양이의 조치가
취해지지 못하고 있는 경우에는 官이 그 유배자를 '訪問量移'토록 한다
는 것이었다.(〈자료 2〉) 여기서 訪問量移 한다는 것은 관이 그 유배자를
찾아가 이런 저런 사정을 문의하고 그에게 편하도록 그리고 그가 원하는
방향으로 양이의 조치를 취한다는 것이 되겠는데, 아마도 유배자를 해
배할 경우 그가 高官이거나 有力者이면 지방관들은 통상적으로도 그와
같이 하였을 것으로 사료된다. 그리고 셋째는 특별한 경우에는 配島의
단계를 거치지 않고 직접 移鄕을 시키고도 있었다는 점이다.(자료 4)
移鄕은 유배자로 하여금 본래의 貫鄕, 故鄕에 발을 붙이지 못하도록
그 貫鄕을 다른 생소한 지역으로 옮기고 그곳에서 살도록 하는 처벌조치
이었다. 여기서는 歸鄕과 더불어 移鄕의 예만을 들었지만, 이와 아울러
서는 放歸田里 放還田里 放還鄕里 등으로 표현되는 조치가 취해진다고

하였다.76) 그리고 이런 경우에도 그곳에 눌러앉아 籍을 올리고 오래 살게 되면 결국 移鄕을 하는 것으로 되었을 것이다.

高麗의 量移의 정책은 위에서와 같은 단계성을 갖는 것이지만, 李資義 모반사건에 연루되어 유배되었던 罪延者들이 肅宗朝와 睿宗朝의 두 詔書를 통해서 해배될 때 받았던 量移의 조치가 구체적으로 어느 단계의 것이었는지는 미상이다. 다만 본고의 관심사가 되는 金義英에 관해서만은 그 量移가 여러 가지 정황으로 보아 그 제2단계인 出陸 移鄕이었던 것으로 사료되며, 그 이향의 지역은 光陽이었던 것으로 생각된다. 아마도 그는 海島나 陸地의 遠惡地에 유배되었다가 여러 가지 사정이 참작되는 가운데 그 해배에 따라 있게 된 양이가 光陽地域으로서의 移鄕으로서 결정되었던 것으로 사료된다. 그것은 그 후 작성된 金義英의 동생 金義元의 墓誌銘에 그 貫鄕이 ‘羅州光陽縣人‘으로 되어있고 (주 12참조), 또 金若溫(仁宗 18년, 1140 卒)의 傳에도 그의 貫鄕이 ’光陽縣人‘으로 되어 있었던 것으로 그와 같이 이해할 수 있다.77) 그리고 이 경우 그 移鄕의 지역은 정부가 일방적으로 정한 것일 수도 있겠으나, 金氏家의 親戚과 外戚이 그곳에도 살고 있었다면,78) 金義英의 해배와 양이문제가 논의될 때, 김씨가와 그 친인척들이 ‘訪問量移의 규정과도 관련하여 그 이향의 지역을 김씨가와 국초 이래로 이런 저런 인연이 있었던 光陽으로 정해줄 것을 요청했을 수도 있겠다. 그리하여 그 결과로서 종래의 光州人, 光山人으로서의 金氏家는 이제 光陽을 貫鄕으로 하는 光陽人이 되었던 것이라 하겠으며, 김의영과 그 처자식은

---

76) 申虎雄, 前揭 ② 논문, 203쪽.

77) 《高麗史》 卷97, 列傳10, 金若溫, 下, 169쪽.
   金若溫字柔勝 初名義文 光陽縣人 侍中良鑑之子 力學登第 …. 仁宗 …. 十八年 以門下侍中致仕 卒年八十二 … 若溫 與資謙堂兄弟而不相比 世多其守正

78) 金氏家의 先代 자료에는 제 8세에 이르기까지 그 外家 外鄕이 어디라는 것이 명시되어 있지 않지만 光州에 살고 있는 在鄕一族의 경우에는 광주를 중심으로 한 여러 군현의 有力者들과 통혼을 하였을 것으로 생각된다. 그리고 그러하였다면 光陽도 그러한 通婚 대상지역이 될 수 있었을 것으로 생각된다.

유배지에서 해배된 후 이곳에서 다시 가정을 복원할 수 있었던 것이라고 하겠다.

金氏家에게 있어서 그 貫鄕의 제4기는 참으로 고난의 세월이었다. 이 제4기는 〈표1〉에서 보는 바와 같이 김씨가의 世系上으로는 제7세 金良鑑이 아직 생존해 있었다면 그의 나이 70대의 노년기가 되겠는데 그 이후, 즉 제8세 金義英의 40세 이후에서 제9세 ○○(노비로 신분이 격하되고 州鎭奴婢로 배속되었다 해방되었던 인물)을 거쳐 그의 아들 제10세 金位에 이르는 동안(주11 참조), 그리고 그 아들 제11세 金元義의 청장년기까지의 기간이었다. 그리고 시간적으로 獻宗 1년(1095)의 李資義 謀叛事件에서 그 후 5~10년 뒤의 移鄕의 조치를 거친 때부터 毅宗 24년(1170)의 武臣亂을 거쳐 明宗朝의 어느 시기에 그 貫鄕이 다시 光州, 光山으로 돌아올 수 있었을 때까지(뒤에 다시 논의된다) 약 60여 년간에서 70여 년간에 걸치는 기간이었다. 그런데 이 사이에 金氏家에서는 이 시기의 門閥貴族社會의 해체과정과 더불어 家門 凋落의 위기를 맞고 있는 것이었다. 그러한 점에서 김씨가 貫鄕의 이 제4기는 金氏家 先代史에서 가장 어렵고 불행했던 시기의 하나가 되겠으며, 그러기 때문에 앞에서 살핀 바와 같이 그 貫鄕에는 혼란이 오기도 하고, 그 世系의 기록상에는 이를 고의로 누락시켜야 하는 단절이 있게도 되고 있었다.

여기서 이 시기의 김씨가의 意識構造도 주목되는 것은 金義元 墓誌銘을 쓴 사람은 그 아들 제9세 金光中이었는데, 그는 誌文에서 보는 바와 같이, 제3세 金吉까지는 그 이름을 기록하면서도 그 이상은 '舊俗無譜 皆失其名'이라고 하여 金興光과 金軾의 名을 기록에서 생략하고 있는 점이다. 이는 정말로 譜冊이 없어서 실명한 까닭일 수도 있지만, 그러나 보다 정직하게 말하면 앞에서 지적하였듯이《三國史記》의 金富軾의 史論과 아울러, 모반사건에 연루된 처벌로서 貫鄕이 光州에서 光

陽으로 변동되고 있음을 설명하는 것이 구차스럽고 그렇다고 후손들이 완전히 위축되어서는 아니 되겠으므로 '우리는 高麗國 功臣 金吉의 後孫이다'라는 점을 후손들에게 강조하고 세상에 널리 알리고자 하였던데서 연유하는 것으로 생각된다. 특히 金光中은 고려국가의 관료였으므로 그 조상을 말할 때는 고려국가와 관련되는 훌륭한 인물을 내세우고자 하였을 것인데, 金吉은 고려국가 건설에서 功臣이기 때문이었다. 이러한 사실은 金義元墓誌銘을 쓴 金光中이 그 부친 김의원의 貫鄕을 그냥 光陽縣人이라 해도 좋을 것을 '羅州光陽縣人'으로 강조하여 기술한데서도 그 숨은 뜻을 엿볼 수 있겠다. 羅州는 이 墓誌銘을 쓸 당시 光陽縣을 領屬하는 지방 행정구역이기도 하지만, 동시에 그곳은 그 이전 후삼국 전쟁기에 王建이 羅州 이남의 지역을 점령하기 위하여 그 군현민들과 결속하여 甄萱의 百濟에 대항하게 되었을 때, 金氏家가 그곳으로 탈출 피난하여 거주하고 그 제 3세 金吉이 王建에 협력하여 고려 건국에 공을 세우던 시기의 행정구역이기도 한 것이었다. 이 같은 의식구조는 高麗後期로 넘어와 김씨가의 관향이 光州, 光山으로 歸還하고 그들이 光州人, 光山人을 칭하게 되었을 때에도 그대로 계속되고 있었다. 그들은 그 가문을 '司空金吉之後'라던가 '元祖司空吉'로 내세우고 있었다.(주 14의 ②김광재 묘지명, ③김태현전 참조) 옛적의 墓誌銘은 본래 그 가문의 자랑스러운 점을 내세우고자 하는 것이 그 특징이었다.

(2) 金氏家의 光州 歸還

光陽人으로서의 金氏家 특히 金義英系에서는 이제 가문의 재건을 생각하지 않을 수 없었으며, 貫鄕문제와 관련하여서는 解配의 연장선상에서 移鄕된 光陽 貫鄕에서 벗어나 본래의 고향인 光州 貫鄕으로 귀환하지 않으면 아니 되었다. 그렇지만 이때에는 그렇게 되는 것이 쉬운 일이 아니었던 듯 많은 세월이 흐른 후에야 그렇게 될 수가 있었다. 그러나 세월이 많이 흐르기는 하였지만 결국에는 그렇게 되고, 따라서 김씨가는 다시 光州에 籍을 올리고 이곳을 貫鄕으로 삼음으로서 光州人, 光山人이 되고 있었다. 김씨가 관향의 제 5기가 되는 시기였다.

그런데 김씨가가 그렇게 되기 위해서는 앞에서 언급한 바 고려국가의 本貫制, 貫鄕制에 신축성이 생기고, 그 本貫制와 表裏關係가 되는 統治體制에 변동이 생기며, 즉 國王權을 중심으로 사는 集權官僚體制가 강화되며, 光陽 貫鄕이 정치적으로 강제된 것인 만큼 그 解法도 정치적으로 푸는 과정이 따르지 않으면 아니 되었다. 그러므로 이곳에서는 그 같은 여러 국면을 요점만이라도 언급해 두는 것이 필요하리라고 생각된다.

여기서 먼저 관심을 갖게 되는 것은 고려국가의 本貫制, 貫鄕制에 신축성이 생기고 있었다는 점이다. 이는 애초에는 貫鄕을 옮기는 移籍 현상이 쉽지 않았으나, 세월이 흐르면서는 이것이 용이하여지고, 특히 고려중후기에 이르면서는 그러한 예가 기록상으로 보더라도 적지 아니 늘어나고 있었다는 점으로서 말할 수 있다. 그러한 사실은 金石文이나 史書에 사람들의 貫鄕의 변동, 즉 移籍에 관한 사례가 적지 아니 보이는 것으로서 확인할 수 있다. 고려시대에는 內外로 격동기가 계속되고 있었으므로 국가이거나 개인이거나 이 같은 세상을 살면서 밀폐된 상태에서 살 수만은 없었다. 그리고 사회제도 婚姻制度上으로도 불가피하게 移籍을 해야 하는 경우가 발생하지 않을 수 없었다. 그 같은 문제에 대한 연구는 이미 학계에 제시되고 있는 바이지만,[79] 우리는 이적에 관한 그러한 예를 다음과 같이 〈표 5〉과 〈표 6〉의 두 종류로 정리해

---

79) 朴恩卿 前揭書
    蔡雄錫 前揭書, 제3장

봄으로서 이를 더욱 분명하게 확인할 수 있을 것이다.[80]

<표 5> 高麗時期의 移籍 事例 (1)

李公壽	其先信州人	出守邵城因家焉爲仁州人	文宗~仁宗	《高麗墓誌銘集成》
2. 崔褎抗	先自狼川郡	遷于水州遂爲水州人	肅宗~仁宗	《高麗墓誌銘集成》
3. 崔誠	其八代祖書遷萁南人	韓用入朝居京師其後世爲王京人	毅宗	《高麗墓誌銘集成》
崔孝思	漢南 崔氏	其先自鷄林移籍此州	高宗	《高麗墓誌銘集成》
4. 金誠	其先道康郡人	公…姓京兆金氏	毅宗	《高麗墓誌銘集成》
5. 崔安道	先世海州人	後徒龍州因占籍	忠烈王~忠惠王	《朝鮮金石總覽》上
6. 趙公卓	淳昌郡人	從姻婭居水原府龍城縣	高宗~忠肅王	《朝鮮金石總覽》上
7. 金希磾	本葐山島人	開城留居以爲籍	高宗代	《高麗史》 列傳
8. 琴儀	本奉化縣人	後賜籍金浦	毅宗~高宗	《高麗史》 列傳

위의 移籍 사례 <표 5>는 제시된 인물의 新羅 末에서 高麗 中葉까지
의 원래의 出身地, 貫鄕과 移籍한 새로운 貫鄕을 모두 다 말하고 있는
예인데, 1의 李公壽는 본시 信州사람이나 그 3(5?) 世祖가 邵城(仁川)
에 지방관으로 나왔다가 이곳에서 1가를 이루고 仁州人이 되었다는
것. 2의 崔褎抗은 원래 狼川郡 사람인데 그 선대에 이곳 水州(水原)로
이사함으로서 마침내 수주인이 되었다는 것이다. 같은 방법으로 3은
崔誠과 崔孝思의 誌文에 나오는 기술로서 崔誠의 8대조 書遷은 漢南人
인데 그 둘째 아들 韓用이 入朝하여 京師에 살게 됨으로서 그 후세는

王京人이 되었으나, 그 후손 崔孝思는 다시 원래의 漢南으로 이적한
듯 漢南人으로서 崔氏가 되고 있었으며,[81] 4의 金誠은 본시 그 先代가
道康郡人이었으나 그는 京兆(開京)인이 되고 있었으며, 5의 崔安道는
선대에는 海州人이었는데 후에 이곳 龍州로 이사하여 就籍하였으며(龍
州人이 되었으며), 6의 趙公卓은 淳昌郡 사람인데 妻家를 따라 水原의
龍城縣에 와서 살았다(용성현인이 되었다)는 것이다. 그리고 7의 金希
磾는 본래 群山島 섬사람인데 商船을 따라 京城에 와 留하다가 마침내
이곳에 籍을 두게 되었으며(개성인이 되었으며), 8의 琴儀는 본시 奉化
縣人인데 金浦縣에 사적을 받아 김포현인이 되었다는 것이었다. 賜籍
은 國初의 申崇謙의 예에서 유명하지만(본시 谷城사람인데 太祖가 平
山으로 賜籍)[82] 그러한 예는 그 후에도 많이 있었을 것으로 생각된다.

<표6> 高麗時代의 移籍 事例 (2)

	人物	貫鄕	時期	資料	族譜상의 本貫
1	崔凝	黃州土山人	太祖代	高麗史 列傳	開城崔氏 2世
2	韓彦恭	湍州人	光宗~穆宗	高麗史 列傳	淸州韓氏 3세
3	韓安仁	湍州人	睿宗~仁宗	高麗史 列傳	淸州韓氏 7세
4	韓希愈	嘉州吏	忠宣王~	高麗史 列傳	淸州韓氏 8세
5	韓宗愈	漢陽人	忠烈王~	高麗史 列傳	淸州韓氏 9세
6	韓文俊	大興郡人	仁宗~明宗	高麗史 列傳	淸州韓氏 12세
7	孫抃	樹州人	高宗~	高麗史 列傳	淸州韓氏 15세
8	白文節	藍浦郡人	高宗~	高麗史 列傳	水原白氏 7세
9	金㫜	義城縣人	元宗~忠肅王	高麗史 列傳	光州金氏 3세
10	趙暾	世居龍津	忠肅王~	高麗史 列傳	漢陽趙氏 4세
11	文益漸	晉州江城縣人	恭愍王~	高麗史 列傳	南平文氏 12세
13	崔誠之	光陽君	元宗~忠肅王	朝鮮金石總覽 上	全州崔氏 12세

---

81) 漢南人 崔氏 家門의 動向에 관해서는 朴龍雲,〈高麗時代 水州 崔氏家門 分析〉《史叢》26,
   1982을 참조
82)《朝鮮金石總覽》下, 大邱 申崇謙忠烈碑

그리고 〈표 6〉은 앞 사례 〈표 5〉와는 달리 당시의 자료에서는 제시된 인물의 貫鄕만을 기록하였으나, 그들의 현재의 族譜上의 本貫(姓貫)을 조사 대조함으로써, 그 자료상의 貫鄕과 族譜上의 本貫이 다른 사례를 열거한 것이다. 이들은 본래 血統을 같이 하며 본관지역에서 살았던 여러 사람들이 타 지역으로 분산 移籍하여 그곳을 貫鄕으로 삼았거나, 본래의 관향지역에서 타지역으로 移籍하고 一家를 이루는 가운데 새로운 本貫(姓貫)으로 分派하여 성립된 가문의 몇몇 예이다. 예컨대 1의 崔凝은 자료상 黃州 土山人으로 되어 있지만 그는 族譜上으로는 開城 崔氏 2세였으며, 2, 3, 4, 5, 6의 韓彦恭 등 韓氏들은 자료상 湍州人, 湍州人, 嘉州人, 漢陽人, 大興郡人 등으로 되어 있지만 그들은 族譜上으로는 모두 淸州 韓氏 3~12세에 걸치는 인물들이었다. 같은 방법으로 7의 孫抃은 樹州(富平)人이라 하였으나 족보상 密陽孫氏 15세였으며, 8의 白文節은 藍浦郡人이라 하였으나 족보상 水原白氏 7세였다. 그리고 9의 金暄은 그 가문이 본시 義城縣人이었으나 나중에 光州와 인연을 갖게 되는 가운데 그는 光州 金氏 3세가 되었으며 10의 趙暾은 龍津에 世居하고 있는 인물이었지만 族譜上으로는 漢陽趙氏 4세였다. 그리고 11의 文益漸은 晉州江城縣人이었지만 족보상 南平文氏 12세였고, 12의 崔誠之는 完山의 崔氏 후손으로 光陽君으로 봉해졌던 것으로 보아 광양현과 인연이 있었던, 즉 籍을 두고 있었던 사람으로 보이는데, 그는 족보상으로는 全州崔氏 中始祖로부터 12세손이었다(주 90, 91 光陽人으로서의 崔氏는 완산 최씨이었음을 참조).

말하자면 이 시기의 貫鄕은 후대의 족보상의 本貫과 같은 것이 아니었으며, 따라서 이 양자는 반드시 일치하는 것이 될 수가 없었다. 애초의 貫鄕에서 住居地 就籍地의 이동이 없을 경우에는 양자가 일치하는 것이 일반적 일 수 있지만, 그러나 사람들의 생활에서는 많은 경우 그 이동이 없을 수가 없었다. 즉 관향은 地域槪念으로서 사정에 따라 移動

될 수 있는 것이었으나, 本貫은 血統槪念으로서 특별한 경우기 아닌
한 變動될 수 있는 것이 아니었고 따라서 위에서와 같은 취적지, 本籍
地로서의 貫鄕과 族譜上 本貫의 괴리가 있게 된 것이었다.

　이 같은 몇몇 예에서 보면, 高麗時期에도 본시 어느 군현을 貫鄕으로
삼고 그 군현인으로 불리우던 사람들이, 여러 가지 사정으로 전부 또는
그 일보가 다른 군현으로 移轉하고 그곳을 새로운 貫鄕으로 삼는 예가
적지 아니 있었다고 하겠다. 金氏家가 光陽人이 되었던 것도 좀 특별한
사정에 연유하는 것이지만 그 한 예이었다. 그리고 그 같은 사정에 비
추어 보면, 김씨가에서 다시 光陽에서 光州, 光山으로 귀환할 수 있는
것도, 그렇게 될 수 있는 객관적 정세가 조성되거나 또는 어떤 계기가
주어지면 그렇게 될 수 있는 것이었다고 하겠다.

　다음으로 유의하게 되는 것은 高麗의 本貫制, 貫鄕制와 표리 관계에
있는 통치체제에 변동이 생기고 있었다는 점인데, 우리는 이를 이 시기
의 정치사회적 정세, 즉 중앙의 王權 및 集權官僚體制와 지방의 재지
土着勢力 豪族層과의 力關係의 변동을 통해서 확인할 수 있다. 이러한
문제는 앞에서 이미 언급한 바이지만(3절의 서두 참조), 이는 요컨대
국왕권을 축으로 하는 집권관료체제를 강화하는 가운데 在地 豪族層과
土着勢力의 힘을 약화시키는 制度改革 政變(숙청작업)으로 표출되고,
따라서 재지 호족층과 토착세력에 기초하였던 중앙의 門閥貴族層의 힘
을 또한 급격히 쇠퇴시키는 결과가 되고 있었다. 리는 고려국가가 관향
제를 필요로 하였던 鄕村的 조건의 쇠퇴 변동과정이었던 것으로서, 김
씨가의 관향이 변동될 수 있었던 객관적 정세의 조성이 아닐 수 없었
다. 그러한 기층적인 변동이 있음으로써 김씨가의 관향의 변동도 다소
간의 정치적 작용이 가해질 경우 자연스럽게 이루어질 수 있었던 것이
라고 하겠다.

　그런데 在地 豪族層과 土着勢力을 억제하기 위한 그 같은 제도개혁

이 있기 위해서는, 정부는 사전에 그들 재지 토착세력에 관하여 이런 저런 실태조사를 하지 않으면 안 되었을 것이다.《世宗實錄地理志》의 土姓條에 보이는 '古籍'은 이 같은 조사와 관련된 여러 文籍이었을 것으로 생각되며,[83] 정부는 이를 기초로 해서 明宗條에는 監務의 파견이라고 하는 제도개혁을 과감하게 추진하였던 것으로 생각된다. 그리하여 전국의 在地 豪族層과 土着勢力들의 姓氏는 이때 現實態대로 전국적으로 조사 재정비되고, 후대의《世宗實錄地理志》에 이르러서는 이들을 土姓(그 地方에 累代에 걸쳐 世居하고 있는 有力者의 姓氏)의 이름으로 부르게 되었던 것으로 생각된다. 그리고 고려후기에 이르면서는 이러한 제도개혁을 통해서, 戶長層 사회에서도 중앙의 科擧官僚로 진출하는 사람을 제외한다면, 점차 재지 호장층의 지위가 격하되고 그 특권도 약화되는 가운데, 그들은 이제 주로 조세수취의 임무를 맡고 책임을 져야하는 일개 鄕吏의 지위로 전락하게 되었던 것이라고 하겠다. 그리고 이로인해서는 재지 호장층 사회 내부에도 여러 가지 이유로 인해서 주거지 관향을 떠나 他鄕으로 이동하는 사회현상이 발생하게 되었다. 고려시기의 자료를 기초로 해서 편찬한 朝鮮初期 세종조의《慶尙道地理志》와《世宗實錄地理志》, 따라서 고려시기의 사정을 반영한 것으로 볼 수 있는 문헌에 어느 군현에나 그 지방의 '土姓'이 있는 가운데 '來姓', '續姓', '亡姓'이 있었음은 그러한 사정을 단적으로 말해주는 것이라 하겠다.[84] 이는 지방 유력자들이 고려초기의 경우에서와 같이 고려

---

83) 土姓이라는 용어는《世宗實錄地理志》의 각 郡縣 土姓條의 '古籍'과 관련하여 처음 보이는데, 이 '고적'은 高麗時期의 것이고 거기 수록된 土姓의 형성시기에 관해서는 ① 羅末麗初說(李樹健《韓國中世社會史研究》), ② 12,13세기 설 – 郡縣祠에 참여하고 있는 姓氏가 人吏姓 또는 土姓(浜中 昇,〈高麗時代의 姓氏의 記錄, 《古籍》에 관하여 –《世宗實錄》地理志 姓氏條의 史料的 性格〉,《朝鮮學報》123, 1987), ③ 高麗 後期 1260년 이전설 – 高麗初期의 人吏姓 등 여러 姓氏가 후기로 넘어오면서 재정비되는데, 위의 朝鮮初期의《世宗實錄地理志》에서는 이들을 土姓의 이름으로 정리하였다(姜恩卿, 前揭書) 등 그 견해가 다양하다. 이곳에서는 姓氏, 本貫制를 발전과정으로서 이해하고자 한 ②, ③설과 견해를 같이 한다.

84) 李樹健,《韓國中世社會史研究》, 제3장 土姓의 分化, 1984.
   許興植,《高麗社會史研究》, 1981, 106쪽.

국가의 本貫制, 즉 지역개념으로서의 貫鄕을 고집하고 집착할 하등의
이유가 없게 되었음을 표현하는 것이 아닐 수 없었다.

그러면 셋째로 이러한 정치 사회적 정세의 변동과 관련하여 있게 되
는 金氏家 貫鄕의 歸還의 시기는 언제쯤이었을까, 우리는 그것을 정확
하게 언제하고 할 수 있는 확실한 자료를 갖고 있지 못하다. 그러나
〈표 1〉에서 볼 수 있는 바와 같이 그 〈자료 1〉의 墓誌銘에서는 제 8세
金義元을 羅州光陽縣人이라 하였고(毅宗 7년, 1153 작성), 〈자료 2〉의
墓誌銘에서는 제11세 金元義를 海陽人(해양은 光州, 光山)이라 하였으

姜恩卿, 前揭書
《世宗實錄地理志》의 慶州와 光州에서 그 예를 들어보면 다음과 같다.
慶州
本府　土姓 6, 李,崔,鄭,孫,裵,薛
　　　　天降姓 3, 朴,石,金
　　　　來姓 1, 康(洞州來)
　　　　賜姓 1, 俀*
　　　　續姓 1, 楊(杞溪來 時爲鄕吏)
安康　姓　5, 安,盧,金,黃,廉
　　　　來姓 2, 邵,邊(唐來)
　　　　續姓 3, 尹(松生來),崔,李(本府來 皆爲鄕吏)
杞溪　姓　4, 俞,楊,盍,尹
　　　　續姓 1, 金(金海來 今爲鄕吏)
神光　姓　4, 徐,陳,尹,申
慈仁　姓　4, 朴,韓,鄭,周
　　　　續姓 1, 任(珍島來),邊(加恩來 皆爲鄕吏)
仇史　姓　3, 鄭,石,曹
　　　　來姓 1, 全(獐山來)
北安谷 姓　3, 李,宋,葛
　　　　續姓 2, 洪(本未詳),金(本府來 皆爲長役)
竹長　續姓 4, 葛(花園來),金,李(本府來),宋(陜川來 皆爲長役)
省法伊 續姓 2, 金,崔(本府來 皆爲長役)
* 元崇文監丞偰遜 高昌國人 元季避兵東萊(來) 其長子判三司事長壽 請賜鄕貫 太祖命以鷄林爲
本貫
光 州(茂珍郡)
　　　　土姓 13, 卓,李,金,蔡,盧,張,鄭,朴,陳,許,潘,成,承
　　　　村姓 1, 庚
　　　　續姓 4, 金(開城),程(錦山),申(高興),崔(唐津 皆鄕吏)
良瓜　姓 1, 金
慶旨　姓 1, 金
碧津渡 亡姓 1, 金

며(高宗 4년, 1217 작성), 그 후의 여러 기록은 〈題永詩序〉도 포함하여 김씨가 先代의 인물을 모두 光州人, 光山縣人이라 하였으므로, 그러한 변화는 이 두 묘지명의 年代사이(1153~1217) 약 60여 년간에 있었던 일이라고 할 수 있겠다. 그리고 시간을 좀 더 단축하여 말한다면, 후자의 경우 묘지명의 주인공인 金元義를 海陽人이라고 하면서 그 父親 位에 관하여 아무 단서도 달지 않고 있는 점으로 보아, 그 부친 位도 海陽과 관련되는 바가 있었던 것으로 볼 수 있겠다. 그렇다면 이때 光山縣人으로 호칭될 수 있었던 시기의 상한은 1100년대의 말, 즉 明宗代까지 소급할 수 있는 것이라 하겠으며, 따라서 그 변화는 毅宗代에서 明宗代에 이르는 사이 특히 후자의 연간이 그 시기가 된다고 하겠다. 이는 앞에서 언급한 '古籍'의 조사 작성시기와 근접하는 연대가 된다.

그리고 이 金元義 墓誌銘에서는 위의 先代(제9세)는 기록하지 않고 있어서, 誌文 작성의 일반적 양식에서 멀리 벗어나 있음을 보게 되었는데(주 14의 ①참조), 이는 제 1기와 제 2기의 사이에 있었던 기록방식과 마찬가지고, 그 선대까지는 貫鄕이 光陽이었기 때문이거나, 아니면 어떤 말 못할 사정, 불행한 일(李資義 모반사건에 의한 피해)이 있어서, 誌文 작성자가 번거로움을 피하여 생략하였던 것으로 볼 수 있겠다. 이 같은 사실은 〈자료 3〉에서 金義元의 5대손인 金珥가 그 玄祖인 제8세 이후를 기록하고 있지 않았던 사실과도 무관하지 않다고 생각된다.

이러한 상황 속에서 등장하는 것이 金義英계로 볼 수 있는 제10세 金位~제 11세 金元義이었다. 그리고 그렇게 볼 때 앞에서 언급한 정치 사회정세의 변동과도 관련하여 이 家門이 재기하는데 기여한 한 인물은 제11세 金元義이었던 것으로 추정된다. 그것은 鄭仲夫 등이 武臣亂을 일으켰을 때 巡檢軍을 동원하여 毅宗의 행차에 屬從한 文官 大小臣僚 宦侍 그리고 武人으로서 '不去幞頭者' 다수를 살해하고 在京文臣 50

여인을 살해하여 또 隨駕했던 內侍 10여 인 宦官 10인을 살해하는 가운데, 毅宗과 太子가 鄭仲夫 등에 의해서 추방되고 王弟 翼陽公(明宗)이 領兵한 그들에 의해서 迎入되고 卽位하게 되었을 때의 사정을 통해서 그와 같이 이해할 수 있다.[85] 金元義는 이때 掖庭局에 달리 지체가 낮은 24세의 右中禁(卒兵)으로서[86] 翼陽公을 隨駕하고[87] 무신란이라고 하는 격동하는 정국 속에서 기민하게 時勢에 대처하고 明宗을 호위 侍從하였다. 그래서 그는 명종의 총애를 받는 가운데 隊校로 발탁되고

---

85) 《高麗史》 卷19, 世家19, 毅宗3, 毅宗 24년 8월, 上, 387쪽.
　《高麗史節要》 卷11, 毅宗 24년 8월 丁丑 己卯, 304~306쪽.
　秘書監 金光中은 이때 在京 50여인중의 한 사람으로서 희생된다(同上 《高麗史節要》). 그는 毅宗의 총애를 받고 있어서 毅宗이 그의 집에 머무르기도 했었다.(《高麗史》 卷19, 世家19, 毅宗 3, 毅宗 23년 秋 7월 丙寅, 上, 384쪽.)
　그리고 이때의 毅宗의 행차에는 中禁도 隨駕하였고 그 指諭는 이때 武人들의 '御前拔刃'을 말렸으나(同上 《高麗史節要》, 304쪽.) 그들은 군인이기 때문에 희생되지 않았고 金元義는 그 다음날 武臣들의 翼陽公 迎入 행사에 右中禁으로서 隨駕하였던 점으로 보아, 이날의 毅宗의 행차에는 비번으로서 참여하지 않았던 것으로 사료된다.

86) 《高麗史》 卷72, 志26 輿服, 儀衛 鹵簿, 中, 569~588쪽에 의하면 中禁은 都知와 함께 國王의 행차에 隨從하는 儀衛隊의 하나이다. 이들 중 中禁은 中禁班으로 편제되는데 將校(領班 行首)와 土兵으로 구성되고, 分班하여 교대 근무를 하였으며, 儀式에 참여할 때는 殿庭 또는 式場의 좌우에 分立하였다. 그런 가운데 그는 右中禁이었다.(註 87. 金元義墓誌銘의 인용문 참조). 그리고 中禁은 평상시에는 국왕 및 왕태자의 侍從을 들고 傳喝을 받들며, 그뿐만 아니라 太子에 대하여 侍從하였던 규정으로서 보면 왕실의 여러 왕자들에게도 그 王子府(《高麗史》 卷77, 志31, 百官2, 諸王子府, 中, 690쪽)를 통해 필요할 때마다 수시로 侍從을 들고 王의 傳喝을 받들되 담당이 정해져 있었던 것으로 사료된다.

87) 金元義墓誌銘에서는 이때의 사정을 '明廟自候氐閽政 公以右中禁道駕'라고 하였다. 鄭仲夫 등이 領兵하고 翼陽公을 新王으로 迎入하려 갔을 때의 兵은 亂에 참여하였던 그들의 수하 군대 巡檢軍이었을 것이나, 그러나 이러한 迎入行事에는 일정한 格式을 갖추어야 했을 것이므로, 制度上의 규정에 따라 中禁으로 하여금 안내를 하고 翼陽公을 隨駕하도록 하였던 것으로 이해된다. 그리고 金元義는 毅宗 시절부터 翼陽候를 시종하였던 인연으로 인해서 이때 그 임무를 맡게 되었던 것으로 생각된다.
　그런데 翼陽公은 毅宗 22년 3월까지도 그 爵位가 翼陽侯였는데(《高麗史》 卷18, 毅宗 2, 毅宗 22년 3월 上, 381쪽 ; 《高麗史節要》 卷11, 毅宗 22년 3월, 330쪽) 언제 翼陽公으로 승격하였는지 미상이다. 혹 《高麗史》 列傳, 235쪽의 崔婁皆傳의 기록을 따르면, 이보다 훨씬 이전에 翼陽候가 翼陽公으로 승격하였던 것 같기도 하나, 그러나 이는 《高麗史》 撰者가 明宗卽位 時節의 지위를 최고의 爵位로 표현하였을 뿐, 연대적 사실이 그러하였음을 표현하고자 한 것은 아니었을 것으로 생각된다. 생각건대 武臣들은 난리통에 익양후를 왕으로 삼기 위하여 毅宗으로 하여금 그를 翼陽公으로 승격시키도록 하였던 것이 아닐까. 그리고 金元義墓誌銘을 작성한 찬자는 그러한 사정을 모르는 가운데, 평소에 김원의가 섬기고 그들이 알고 있었던 翼陽候만을 생각하고 그 익양후가 즉위할 때의 사정을 '明廟自候氐閽政(明宗이 候氐(候爵)의 地位에서 迎入되어 政事를 맡게 되었을 때)라고 하였던 것이 아닐까 생각된다.

別將, 郎將, 監稅使를 거쳐 全羅道按察使에 임명되고 西京量田使에 임명되기도 하며, 將軍兼給事中에 擢配되고 刑部侍郞知閤門事를 역임하며 이어서는 大將軍으로서 東蕃 恩巖에 出鎭하기도 하였었다. 그리고 이것이 기초가 되어 明宗 또한 무신정권의 崔忠獻에 의해 추방된(明宗 27년) 후에도 金元義는 그 관직이 門下侍郞平章事判兵部事에까지 오를 수가 있었다.[88]

　明宗이 이같이 金元義를 총애하였음은 수십 년 간 난세 속을 같이 살아오며 국왕을 侍從하였던 그를 신뢰하였던 까닭이겠지만, 그리고 그의 충성에 대한 보상이 되는 것이겠지만, 그렇게 되기 위해서는 그의 貫鄕(光州, 光山과 光陽의 관계)을 下問하고 四祖 등 身元을 확인하며 그 先代의 과거사를 이해하고 관용하며, 그의 정치활동을 보장해주는 어떤 계기가 되는 사연이 있었을 것으로 사료된다. 어쩌면 明宗은 그의 外鄕이 定安縣(長興府)이었고,[89] 그의 候邸時節의 爵位가 翼陽候로서 光州의 君號 翼陽郡과 같았음이(주 42 참조) 金元義를 각별하게 대한 계기가 되었는지도 모르겠으며, 그런 가운데 김원의의 父 金位가 사망하는 것을 계기로 金氏家의 貫鄕문제를 오래 되었지만 재고하게 되었는지도 모르겠다. 그리고 그러하였다면 명종은 당시의 정치 사회정세 전반의 變通과도 관련하여 肅宗, 睿宗年間에 있었던 金義英에 대한 解配과정이 김씨가의 貫鄕문제를 移鄕으로 처리하고 더이상의 조치없이 방치하였던 것을 金元義 부자뿐만 아니라 그 門中 전체 그리고 先代까

---

88) 金元義墓誌銘
　　金元義의 고려 왕실에 대한 충성은 明宗에 대해서 뿐만 아니라, 그 후 그가 70세에 致仕하려할때까지 5대에 걸치는 국왕에 대해서도 한결같았다. 그래서 高宗은 그의 치사를 여러 차례 불허하였으며 그를 붙들어 앉히고 계속해서 國政에 참여시키려는 마음 간절하였다.(《東文選》卷29, 批答, 門下平章上將軍金元義乞致仕不允敎書)
89) 《高麗史》卷88, 列傳1, 后妃1, 下, 14쪽.
　　《高麗史》卷85, 列傳8, 任懿 任元厚, 下, 132쪽.
　　明宗은 仁宗의 셋째 아들로서 그 모친은 仁妃 恭睿太后 任氏였는데, 이 任氏의 父는 定安縣人(長興府人) 任元厚이었다. 이 任氏家門에 관해서는 朴龍雲,〈高麗時代의 定安任氏, 鐵原崔氏, 孔巖許氏 家門 分析〉《韓國史叢論》3, 1978을 참조.

지고 소급하여 모두 동시에 光陽에서 光州로 귀환케 하는 방안으로서 해결해 주었던 것이 아닐까 추정되기도 한다. 그것은 《萬家譜》 4, 光州 金氏項에서 金義英 - 金元義系는 그 기재를 생략한 채 金若溫(義文)에 金珠永을 연계하고 거기에 金光存을 연결시켜 설명하되 '始籍光州'라 한 것으로서 그와 같이 이해할 수 있다.(주 2의 《光山金氏史研究資料集》①) 光陽을 貫鄕으로 삼고 있었던 김씨가의 사람들 중에서 光州에 맨 처음으로 적을 올린 것은 金光存이라는 것이었다. 김광존은 세계상 金元義와 마찬가지로 김씨가의 제11세로 추정되는 인물이었다.(주11 참조) 다만 여기서는 그러한 문제가 처리되는 사정을 당시의 자료를 통해서 구체적으로 확인할 수 없는 것이 아쉬울 따름이다.

그리하여 그 후 金氏家의 貫鄕은 다시 그 始祖 金興光이 卜居하였던 김씨가 貫鄕 제1기의 지역, 그리고 고려전기에 김씨가가 그 관향의 제3기로서 전성을 누렸던 光州, 光山지역으로 돌아와 정착하고, 이에 따라 그들은 다시 光州人, 光山人이 될 수 있었던 것이라고 하겠다.

5. 結 語

이상에서 우리는 新羅 金氏의 한 왕자 金興光과 그 후손들이 武州, 光州, 光山지역을 貫鄕으로 삼고 光山人이 됨으로써, 후대의 光州 金氏를 이룰 수 있는 기반을 마련하게 되는 사정을 고찰하였다. 끝으로 우리는 이상에 언급한 바를 요약하고, 시기를 달리하는 〈地理志〉상의 光陽人 姓氏의 추리를 살피며, 본고의 주 자료 〈光山縣題詠詩序〉가 김씨가의 가문사에서 차지하는 의미를 음미해봄으로써 稿를 맺고자 한다.

A － 金氏家의 光山지역 정착 광산 貫鄕의 취득과정은 결코 순탄한 것이 아니었다. 지금까지의 자료를 통해서 보는 한 그것은 다섯 시기 다섯 차례의 이전이라고 하는 우여곡절을 거친 후에야 겨우 얻을 수 있었던 험난한 과정이었다.

그 貫鄕의 제1기는 김씨가의 始祖 新羅王子 金興光이 신라말년의 왕위쟁탈전 난세를 피하여 慶州에서 武州로 이전 복거함으로써 武州人, 光山人이 되는 시기였고, 제2기는 甄萱이 武州지역을 근거로 後百濟를 건국함으로써 김씨가가 그곳에 살기 어렵게 되자 견훤의 지배력이 아직 확고하게 확립되기 전에 光陽을 거처 錦山(羅州)지역으로 탈출 여기에 籍을 올림으로써 光陽人－錦山人이 되는 시기, 그리고 고려 王建휘하에 참여하고 後百濟에 대항하여 싸움으로서 王建의 後三國統合에 기여하게 되는 시기였다. 제3기는 왕건의 후삼국 통합이 있은 후 김씨가의 貫鄕이 고려국가의 이른바 本貫制에 의한 光州, 光山으로 복귀하고 김씨가는 光州人, 光山人이 되는 시기였다. 그리고 이때에는 김씨가의 제3세 金吉이 王建의 후삼국 통합운동에 기여한 공로로 功臣이 됨으로써 그 후손들이 세세대대로 귀족관료가 되고 仁州人으로서의 李氏家(후대의 仁川李氏)와 累代에 걸쳐 혼인도 함으로써, 이 시기의 이른바 門閥貴族의 일원이 되고 있는 김씨가 先代史에 있어서의 전성의 시기이기도 하였다. 제4기는 김씨가의 관향이 光州에서 光陽으로 處罰 移鄕되고 그들은 光陽人이 되는 시기였다. 이는 김씨가의 제8세 金義英이 李資義 謀叛사건에 연루되어 한반도 南裔로 유배되고 그 처자식은 兩界의 州鎭奴婢로 전락하며 그 直系 家族도 처벌되는 가운데, 金義英이 유배지에서 赦免 解配되기는 하였으나 그것은 量移과정을 거치는데 그치는 것이어서 그 貫鄕이 光陽으로 移鄕케 된 것이었다. 이때의 이 사건은 국왕권을 중심으로 집권관료체제의 강화를 지향하는 정치세력이 발호하는 門閥貴族을 중심한 정치세력을 숙청하는 정변이었으므로 김씨가는 그 희생이 되고 따라서 김씨가 특히 金義英系는 가문 몰락의 위기에 몰리고 있는 시기이었다. 제5기는 武臣亂을 계기로 金義元系에는 金光中이 살해되는 희생이 따르기도 하였으나, 그러나 김씨가의 제11세이고 金義英系의 증손이 되는 金元義가 掖庭局의 右中禁 (卒氏)으로서 난세속에 明宗을 기민하게 잘 侍從하고 扈衛함으로써, 그 보상으로서 가문을 재건하고 그 貫鄕을 다시 光州, 光山으로 歸還케 하며 김씨가를 다시 光州人, 光山人이 되게 한 시기였다. 그리하여 여기에 비로소 金氏家의 貫鄕은 光州, 光山지역에 안정적으로 정착하게 되고 따라서 그 始祖 金興光이 卜居하였던 武州, 光州지역을 김씨가의 本貫(姓貫)지역으로서 즉 光州金氏가 성립할 수 있는 지역으로서 재확인할 수 있게 되었다.

이같이 살피면 김씨가는 王建이 後三國을 통합한 후에는 高麗國家의 대단한 貴族官僚家門이 되지만, 그러나 그렇게 될 수 있었던 사회적 배경이 한 지방을 지배할 수 있었던 豪族, 土豪層이었던 까닭은 아니었다고 하겠다. 김씨가는 그 貫鄕의 제1기 (新羅末年-新羅의 貫鄕) 武州人 시절에는 武州地域에서 그곳을 지배하는 豪族, 土豪層이 될 만한 시간적 여유가 없었으며 또 그때의 무주지역을 배경으로 고려국가의 귀족관료가 되고 있는 것도 아니었다. 이 제1기는 高麗國家가 後三國을 통합하기 以前의 시기이었다. 그리고 김씨가 貫鄕의 제2기(後三國의 戰亂期-新羅의 貫鄕) 光州人-錦山人 시절에도 김씨가는 난세의 혼란 속에서 武州지역을 탈출하여 光陽-錦山으로 피난한 新參者이었기 때문에 그곳에서 그 지방을 지배하는 豪族, 土豪層이 되기는 어려웠다. 김씨가는 이 시기의 활동과 그 공로로 인해서 고려국가의 귀족관료가 되지만 그것은 김씨가가 그곳의 豪族, 土豪層이 되고 그것을 배경으로 한데서가 아니라 新羅貴族으로서의 배경을 기반으로 하고 王建의 후삼국 통합운동에 기여한데서 연유하는 것이었다. 이러한 사정은 김씨가

貫鄕의 제 3기(王建의 後三國 統合後 - 高麗의 貫鄕) 光山人 시절,
즉 錦山에서 光州, 光山으로 그 관향이 복귀한 후에도 마찬가지였다.
김씨가는 후삼국시절에 甄萱을 지지하며 百濟를 재건하려던 옛 백제영
역내의 武州, 光州, 光山지역 사람들과 정치적으로 대립관계 적대관계
에 있었으므로 後三國이 통합된 후 金氏家가 光州, 光山지역으로 그
貫鄕과 더불어 복귀하였다 하더라도, 이 지역 사람들과는 소원한 사이
가 되지 않을 수 없었고, 그러한 점에서 이 지역 有力者들에 의해서는
오랫동안 소외당하는 처지에 있지 않을 수 없었다. 김씨가가 이 지역에
서 유력자 호족적인 토착세력의 일원이 되기 위해서는 오랜 세월을 기
다리지 않으면 아니 되었으며, 그렇게 되는데는 오히려 그 가문의 중심
세력이 중앙에서 귀족관료로서 성공한 것이 큰 힘으로 작용하고 있었
다. 제4기 光陽人 시기는 더 말할 것이 없었다. 이때 광양은 金氏家에
있어서 罪人으로서 解配과정 量移단계에 있거나 그 연장선상에 있는데
불과하였다. 제5기에도 김씨가는 제4기를 거치고 있었으므로, 光州,
光山 지역에서 그 지역 有力者들에 의해서 소외되는 것은 오히려 자연
스러운 일이기도 하였다. 〈光陽縣題詠詩序〉에서 김씨가의 제13세 提
按使 金珥가 이 지역 有力者들에게 이곳에 살고 있는 金氏家의 후손들
에 관해서 무엇인가 부탁하는 인사의 말을 하고 있었음은 그러한 사정
을 반영하는 것이었다고 하겠다.

　B - 金氏家의 이 같은 貫鄕의 移動過程과 귀족관료로서의 성장과정
을 통해서 보면 高麗初期의 本貫制, 貫鄕制는 어느 家門의 始祖의 出自
地 따라서 血統 姓貫을 뜻하는 것이 아니었으며, 국가가 어느 家門 어
느 인물의 身元을 파악하기 위하여 마련한 오늘날의 本籍地와 같은 것
이고 世世代代로 정착하여 살고 있는 地域槪念으로서의 貫鄕, 故鄕이
었다고 하겠다. 세월이 오래 흐른 후에는 어느 가문에서나 이때의 貫鄕
이 始祖나 中始祖의 出自地가 될 수 있고, 따라서 이때의 貫鄕이 姓貫

으로서 本貫이 될 수 있었지만, 高麗 初期의 本貫制 貫鄕制가 처음부터 姓貫으로서 出發한 것은 아니었다고 하겠다. 이때 국가가 새로운 姓氏 制度를 도입하고 처음으로 本貫制를 시행하게 되는 단계에서는, 모든 民이 새로운 姓氏와 姓貫을 가질 수도 없었지만 국가가 모든 민에게 그러한 姓氏와 姓貫을 갖도록 강요할 필요도 없었을 것으로 생각된다. 이때 국가가 本貫制를 시행하게 되는 이유는 國家權力이 일사불란한 集權官僚體制와 地方民에 대한 統治體制를 확립할 수 없었던 조건하에 서, 新羅末年이래의 재지 有力者層을 여하히 복속시키고 장악하며 그 들을 國家運營 地方行政運營에 참여시킬 것인가 하는 과제를 해결하는 데 있었으므로, 그 本貫制의 본질은 일면 그들을 統制하고 다른 일면 그들에게 여러 가지 特權을 부여하는 가운데 地域概念으로서의 貫鄕制 를 시행하는 것으로서 足하였으리라 생각된다.

 이 같은 사실은 무엇보다도 앞에서 언급한 바 朴寅亮家門의 貫鄕 표시에 잘 드러난다고 하겠다. 이 家門의 先代에는 朴積古라는 인물이 竹州에 入居하여 察山候가 됨으로서 竹州人이 되고 있었으며, 그 아들 朴直胤이 平州에 입거하여 邑長이 됨으로서 平州人이 되고 있었는데, 高麗時期의 사람들은 이 家門의 사람들을 竹州人 혹은 平州人으로 부 르고 있었다. 말하자면 이 가문에서는 父子간에 그 貫鄕 표시가 달라지 고 있었는데 이는 그 관향이 血統 姓貫으로서의 本貫, 즉 竹州朴氏, 平州朴氏가 아니라 地域개념으로서의 貫鄕, 즉 就籍地, 本籍地이기 때 문에 그럴 수가 있었다. 아버지가 竹州朴氏인데 그 아들이 平州朴氏일 수는 없는 것이며, 세상에서 그 가문의 本貫을 호칭할 때, 竹州朴氏 혹은 平州朴氏의 어느 경우로 불러도 좋을 수는 없는 것이었다. 그리고 이 같은 사실은 〈表 6〉에서 제시하였던 바 여러 인물들의 당시의 記錄 상 貫鄕과 後代의 族譜상 本貫이 달랐던 점에서도 그와 같이 이해되는 것이라고 하겠다. 가령 韓氏 성을 가진 사람은 5명이나 되었는데, 이들의 당시의 기록상 貫鄕은 각각 단주, 湍州, 湍州, 嘉州, 漢陽, 大興郡 등 여러 곳이었으나, 그러나 그들의 後代의 族譜상 本貫[姓貫]은 모두 하나의 始祖에 연결되는 淸州韓氏이었다. 이 점은 다른 인물들의 경우도 마찬가지였다. 木棉의 種子를 재래 재배한 것으로서 유명한 文益漸은 그 貫鄕이 晉州江城縣人이었지만 그의 後代의 族譜상 本貫은 南平文氏이었다. 말하자면 高麗初中期의 貫鄕 또는 本貫은 후대, 오늘날의 族譜상의 本貫과 같은 것이 아니었으며 같은 貫鄕 또는 本貫이라는 용어를 썼어도 그 개념은 다른 것이었다고 하겠다. 즉 전자는 行政편의를 위하여 마련한 地域개념으로서의 貫鄕, 本貫으로서 可變的일 수 있는 것이었으나, 후자는 血統 姓貫개념으로서의 貫鄕, 本貫으로서 固定的 不變的이었으며, 따라서 양 시기의 貫鄕, 本貫은 그 개념과 성격에서 커다란 차이성이 있는 것이었다고 하겠다.

고려 초기의 本貫, 貫鄕이 후대의 本貫(姓貫)과 다르다는 점은 여러 가지 면에서 설명될 수 있는 것이지만, 우리는 그 같은 사실을 《世宗實錄地理志》光陽縣 土姓條에 수록된 여러 土姓들의 역사적 추이를 살피는 것으로서도 확인 할 수 있다. 즉 同書 光陽縣의 土姓은 本縣 金, 徐, 田, 鄭, 李, 柳, 康, 辛, 朴 皇甫, 등 10 姓, 骨若所 車, 金 등 2姓 (續) 阿麻代部曲 金, 車, 崔 등 3姓(車, 崔 중 1姓은 亡), 本井鄕 車, 崔 등 2姓 등 10여개 姓氏나 되었고,[90] 그들은 高麗時期에는 '光陽人 金某', '光陽人 李某' 등으로 불리고 있었다. 그런데《世宗實錄地理志》의 그러한 여러 土姓으로서 朝鮮後期 英祖朝의《輿地圖書》단계까지 이어지는 姓氏는 모두 6개 성씨였는데, 이들은 그 姓氏의 本貫(姓貫)이 '光陽金氏', '光陽鄭氏', '光陽李氏' 등이 아니라. 金(金海), 徐(利川), 鄭 (晉州), 朴(密陽), 李(完山), 崔(完山), 즉 金海 金氏, 利川徐氏, 晉州鄭

---

90)《世宗實錄地理志》全羅道 光陽縣, 209쪽.

氏, 密陽朴氏, 完山李氏, 完州崔氏 등으로 되어 있었다. 本貫(姓貫)을
光陽으로 하는 성씨는 없었다. 그리고 《輿地圖書》에는 이밖에도 《世宗
實錄地理志》에 없었던 姓氏로서 朱, 姜, 成, 楊, 張, 裵, 俞, 黃 등 8개
姓氏가 더 추가되고 있었는데 이들 중에서도 本貫(姓貫)을 光陽으로
하는 姓氏는 없었다.[91]

  그뿐만 아니라 《世宗實錄地理志》의 姓氏는 같은 하나의 姓氏, 가령
金氏 姓氏라 하더라도 血統이 같은 단일의 金氏가 아니라 同姓異本으
로서의 金氏 姓을 갖은 여러 血統의 김씨들이었다고 생각된다. 그것은
本稿에서 검토되는 金氏家의 貫鄕은 '古籍의 단계에서 이미 光陽에서
해방되어 光州, 光山으로 歸還해 있었고 따라서 본고 金氏家의 金氏姓
(光山 金氏)에 관해서는 구체적인 인물까지도 同上書에 분명히 기재하
고 있었는데도(金周鼎, 金台鉉)[92] 같은 책의 光陽縣 土姓條에는 그대
로 金氏姓이 나오고 있기 때문이다. 이 경우 《世宗實錄地理志》 光陽縣
土姓條의 金氏姓은 《輿地圖書》의 姓氏를 통해서 보면, 光山 金氏가 光
州로 귀환한 후에도 그곳에 남아 있었던 金海 金氏이었던 것으로 생각
된다. 위에서 보는 바와 같이 《輿地圖書》에서는 金氏姓에 '金海'라고
挾註를 달고 있었기 때문이다. 이 점은 고려 전기의 名士 金黃元이 光
陽人이면서도 本稿의 金氏家(光山金氏)와는 혈연관계에 있지 않았다는
점에서도 그와 같이 이해된다. 그는 오늘날의 성씨 개념(姓貫)으로서는
金海 金氏이었던 것으로 추정되고 있다.[93]

  요컨대 이 같은 여러 성씨의 역사적 추이를 통해서 보더라도, 고려
초기 여러 姓氏의 本貫, 貫鄕은 후대의 姓氏에서 말하는 本貫(姓貫)이
아니라 지역 개념으로서의 관향 오늘날의 本籍地와 같은 성격을 지니

---

91) 《輿地圖書》 全羅道 光陽縣, 下, 762쪽.
92) 《世宗實錄地理志》 全羅道 茂珍郡, 人物條
93) 金壯淵, 〈光山金氏와 金黃元〉 《光山金氏史研究資料集》 ③ 2001, 3쪽.

는 故鄕이었던 것이라고 하겠다.[94]

　C - 그러한 점에서 金氏家 貫鄕의 이동 과정 중에서도 始祖 金興光
이 정착한 제1기의 貫鄕(武州, 光州, 光山)은 처음에는 地域 개념으로
서의 貫鄕으로 출발하였으되, 후대에 이르면서는 血統, 姓貫을 뜻하는
本貫이 될 수 있는 것이었으나, 제 4기의 자료 金義元墓誌銘에 보이는
貫鄕(光陽)은 그 光陽人들이 김씨가와 다른 별개의 가문을 分立하고
金吉을 그 始祖로서 세우고자 하는 것이 아닌 한, 金氏 家門의 姓貫이
될 수는 없는 것이었다. 그것은 金氏家 貫鄕의 이동 과정 중에 있었던
高麗의 本貫制와 관련된 한 시기의 就籍地, 本貫地로서의 貫鄕에 지나
지 않았다. 그러나 그러면서도 김씨가에서는 당시 새로운 고려가 세워
지고 그것이 本貫制와 관련하여 貴族社會로서 운영되며, 김씨가도 그

---

94) 이와 관련해서 李樹健 교수의 族譜 姓貫에 관한 硏究를 살펴두는 것이 필요 하겠다. 同 교수는
〈朝鮮後期 姓貫意識과 編譜體制의 變化〉(《黃鐘東停年紀念史學論叢》, 1994) 등 여러 연구를
기초로, 〈조선시대 身分史 관련 자료의 비판 - 姓貫, 家系, 人物관련 僞造資料와 僞書를 중
심으로〉《古文書硏究》 14, 1998를 작성하면서 다음과 같이 그 변동 상황의 실태를 요약 정리
한 바 있었다. 즉
　"慶尙道의 각 읍 土姓 가운데 曺氏는 15개본, 全氏는 17개본, 尹氏는 16개본, 吳氏와 白氏
는 각 11개본, 黃氏는 9개본, 宋氏와 文氏는 각 8개본으로《世宗實錄地理志》에 나타나지만,
17세기 이후의 士族층에는 曺氏는 昌寧, 全氏는 天安, 沃川, 尹氏는 坡平, 海平, 吳氏는 海州,
高敞, 同福, 白氏는 水原, 黃氏는 長水, 昌原, 平海, 宋氏는 恩津, 文氏는 南平 등으로
本貫의 개변이 만연되어 갔다. 平安道를 비롯한 兩界지방은 高麗이래 朝鮮前期까지 남부지방
의 주민을 徙民入居 시켜 각기 주거지 州鎭別로 編戶, 새 本貫을 주었지만, 역시 후기에 와서
문벌의식 고조로 인해 거주지 본관을 쓰지 않고 原出身地 本貫(기성의 대성, 명문) 또는 다른
유명 본관을 冒稱하는 것이 일반적인 경향이었다"라고 하였음은 그것이다.
　그런데 李 교수는 여기에서 이러한 變動이 있게 된 원인을 慶尙道의 경우 여러 지방의 姓氏
들이 그 本貫을 다른 지방의 유명 本貫으로 改變한데서 연유하는 것으로 규정하였으면, 兩界
지방의 경우 徙民入居하여 새로 本貫을 받은 사람들이 원출신지 本貫(기성의 대성, 명문) 또
는 다른 유명 本貫을 冒稱한데서 기인하는 것으로 규정하였는데, 이러한 설명이 근본적인
원인이 되는 것이라고는 얼른 납득되지 않는다. 아마도 그러한 경우도 적지 아니 있었을 것으
로 생각되기는 하나, 그러나 필자의 생각으로는 그러한 變動이 있게 된 보다 중요하고도 근본
적인 원인은 高麗初期 國家의 本貫制와 後代의 本貫은 그 성격이 본시 근본적으로 달랐기
때문에 그와 같이 되었던 것이라고 생각되는 것이다. 그것은 고려초기의 本貫, 貫鄕은 본시
地域개념으로서의 本貫으로서 동일한 血統의 사람들이라 하더라도 여러 지방에서 高麗國家
의 本貫, 貫鄕으로 편제될 수 있었지만, 後代의 本貫은 血統, 姓貫으로서의 本貫이었으므로
血統 姓貫중심으로 姓氏를 표기하거나 族譜를 편찬할 때 그리고 어떤 사업을 할 경우에는
여러 지방에 분산되어 있으면서 여러 지방의 土姓 姓氏로 기술되었던 사람들이라 하더라도
血統 始祖를 중심으로 하나의 姓氏, 姓貫으로 집결되는 것이 오히려 당연하고 자연스러운
일이 아니었을까 생각되기 때문이다.

일원이 되고 있는 조건 하에서 고려의 本貫制와 직접 연결되지 않는 武州, 光州에 은거하였던 新羅의 王子를 金氏家의 상징적 인물로서 내세우고 있지 않았다. 그들은 그곳을 탈출하여 高麗의 建國過程에 기여함으로서 貴族의 일원이 되고 있었던 인물 그리고 고려의 本貫制와 직접 관련되는 인물을 대외용으로 크게 드러내고 있었다. 金氏家에서는 그렇게 하는 것이 가문의 번영을 위하여 현실적으로 유리하다고 판단하였던 것으로 사료된다. 그러한 점에서 김씨가 사람들의 심중에는 制度的으로 고려의 本貫制에 충실하여 金吉을 드러내고자 하는 입장과, 血統上으로 新羅王子 金興光을 金氏家의 始祖로서 현양하고자 하는 두 입장이 있어서 갈등하고 따라서 門中의 장로들은 이 두 입장을 여하히 조정할 것인가에 대하여 적지 아니 고민하였을 것으로 생각된다. 그리고 그러한 한에 있어서 이 제4기 이전에 있어서의 김씨가의 始祖에 대한 관념은 그 後代人들의 그것에 비하여 상대적으로 덜 절실하고 그것을 덜 중요시하는 것이 되지 않을 수 없었을 것으로 사료된다.

그러나 高麗中後期를 넘기면서 그 초기 이래의 귀족사회가 점차 해체되고 集權官僚體制가 초기에 비하여 비교적으로 강화되는 시기, 즉 金氏家의 貫鄕이 光陽에서 光州, 光山 지역으로 귀환하게 되는 시기 즉 제 5기에는 그 이전에 비하여 김씨가의 始祖에 대한 관념이 정치 사회정세의 변동과도 관련하여 점차 그러나 크게 달라지지 않을 수 없었던 것으로 이해된다. 물론 이때에도 金氏家에서 官人이 되고 있는 많은 사람들은 아직 제 3세 金吉을 '遠祖'로서 내세우고 있었으며(주 14 참조) 그 귀환의 동기도 단순히 당시의 政治的 社會的 조건 하에서 이루어진 것이었지만 그러나 그러면서도 그것은 기존 出自地로의 歸還이라는 의미를 지닌다는 점에서 이때의 光州, 光山 貫鄕에로의 귀환은 의식적이건 무의식적이건 간에 血統 姓貫의 의미를 내재하게 되는 것이 아닐 수 없었다. 金義元墓誌銘에서의 世系 기록이 제 3세 金吉을

내세우고 그 先代를 소홀히 다루었던 것과는 달리 〈光山縣題詠詩序〉에
선 제1세 金興光을 내세우고 이를 강조하고 있었음은 그 단적인 표현이
었다(〈題詠詩序〉의 ①). 그러한 점에서 〈光山縣題詠詩序〉의 世系 기술
이 金氏家의 始祖 金興光을 특히 내세우고 있었음은, 高麗 前期의 地域
개념으로서의 貫鄕制가 朝鮮時期의 姓貫 개념으로서의 本貫制로 전환
하는데 있어서 하나의 계기가 되고, 나가서는 始祖를 기점으로 하는
家乘 族譜가 편찬될 수 있도록 하는데 있어서도 하나의 촉진제가 되었
던 것이라고 하겠다. 말하자면 金氏家의 貫鄕의 변동과정 발전과정을
통해서 볼 때, 提按使 金珥의 〈光山縣題詠詩序〉는 高麗의 貫鄕制가 朝
鮮의 本貫制로 이행하는데 있어서, 양 시기를 연계하는 仲介者的, 過渡
期的 역할을 한 자료가 되는 것이었다고 하겠다.

《歷史學報》172, 2001. 12.

奎章閣 圖書와 韓國史研究*

1.

사료는 역사학에 있어서 절대적인 여건이며 사료 없이 역사학은 성
립될 수 없다. 그것은 나아가서 사료 없는 곳에 역사 그 자체도 체계화
될 수 없음을 의미한다. 사료와 역사학의 관계는 마치 실험소재와 자연
과학과의 관계에 비유될 수 있다.

역사학에 있어서의 사료의 의미는 역사관이나 방법론에 앞서서 존재

---

* 편자 주: 출판 당시의 제목은 〈奎章閣〉이었으나, 후에 직접 손으로 제목을 고치고 소제목을
없애고 번호를 매겼다. 잡지 수록 때의 소제목은 역사가 숨쉰다(1), 역사의 창고(2), 현실타개
의 방안, 관리로 통하는 도서관, 외래문화의 자극, 이학지상주의, 현실타개책 규장각(이상
3), 한국문화의 광역(4), 평생의 직업(5)이었다. 전체 내용의 흐름으로 보아 제목, 소제목은
잡지사에서 편집한 것으로 보인다.

하는 기본여건이며, 따라서 역사학의 활동은 사료의 수집과 더불어 시작된다.

역사학과 사료의 이와 같은 관계는 어느 민족 어느 국가에 있어서도 마찬가지다. 그 나라 그 민족의 역사를 체계화하려면 반드시 사료가 있지 않으면 안 되며, 그래서 어느 나라에서나 자기 나라의 역사를 위해서는 많은 비용, 많은 노력을 들여서 사료를 수집하고 보존하기 마련이다. 사료는 그 이전의 사람들의 사상과 행동이 남긴 유적이므로, 사료가 湮滅하면 그 조상들의 행적을 더듬을 길이 없게 되는 까닭이다. 사료를 缺하는 데서 지나간 날의 오랜 기간의 인간들의 역사가 미지의 상태로 남아 있는 예는 얼마든지 있다. 우리나라에서도 고대사는 그러한 예에 속한다.

사료를 수집하고 보존하려는 노력은 나라마다 행해지고 있지만, 그 성과는 반드시 동일하지 않다. 그것은 그 나라의 문화수준과 비례하는 까닭이다. 문화의 폭이 넓고 그 역사가 깊으면, 그 산물로서의 사료는 다종다양해서 그 수집과 보존은 풍부할 것이며, 문화정도가 낮고 그 전통이 짧으면 그와 반대일 것이다.

이와 같이 문화전통의 진폭을 측정하는 기준을 사료의 수집과 그 보존의 정도에 다 구할 때 우리나라는 어떠할까. 우리 민족의 문화전통이 폭넓은 것이었음은 늘 지적되어 오는 이야기지만, 그것은 우리나라 사료의 수집 및 보존 정도에도 잘 나타나 있다. 그 대표적인 것으로서 들 수 있는 것이 이곳에서 소개하게 되는 규장각도서이다.

규장각은 근 200년의 역사를 가진 기록보존소이고 그 수집도서의 규모로 보아서 우리나라 최대의 것이라 할 수 있다. 여기에는 우리 조상들이 남긴 문화유산이 가능한 범위 내에서 최대한 수집되어 있으며, 우리 민족의 사상과 행적이 가장 잘 집약되어 있다고 해도 좋을 것이다. 규장각도서는 우리 문화의 縮圖라 할 만큼 다방면의 사료를 보존하

고 있으며, 따라서 우리 문화, 우리 역사의 연구를 풍요하게 하려면,
여기에 수집된 古記錄들을 분석·종합하는 작업활동이 따르지 않으면
안 되도록 되어 있다.

2.

이와 같은 규장각도서는 그 기원이 정조 때에 있었다. 그러나 그때에
도 지금과 같이 그 규모가 큰 것은 아니었다. 오늘같이 그 규모가 큰
것은 아니었다. 오늘날의 규장각도서는 오랜 시일에 걸친 수집 과정을
거쳐서 이루어졌으며, 도서의 명칭도 처음에는 규장각도서가 아니었
다. 그것은 후대에 붙여진 칭호이다.

처음 정조가 도서를 수집해서 보존하기 시작한 것은 貞頤堂이었다.
정이당은 정조가 아직 세손으로 있던 무렵에 지은 서고인데 세손 시절
의 정조는 이 서고를 중심으로 도서 수집에 전념하였다. 이곳에다 정조
는 舊弘文館所藏本과 江華府行宮所藏本을 이관하고, 명나라에서 기증
해 온 중국본을 모았으며, 入燕使節을 통해서 다시 새로운 서적을 구입
하기도 하였다. 이것이 규장각도서의 기원으로서 貞頤堂所藏本으로 불
릴 수 있는 것이었다. 정조는 이렇듯이 도서 수집에 열중하면서도 스스
로는 만족하지 못하고 있었다. 정조의 생각에는 좀 더 원대한 바가 있
었으나 세손의 자격으로써는 그것을 실천할 수가 없었던 것이다.

그러함에서 정조는 즉위와 더불어 평소에 생각해온 그의 문화정책을
구현하기 위하여 새로운 기구를 설치하기로 하였다. 그것은 규장각으
로 곧 실현되었다. 정조는 즉위하자마자 관제상의 기구로서 규장각을

설치하고 그 청사도 신축하였다. 그리고 이 규장각에는 부속기구로서 두 개의 서고를 설치하였다. 하나는 西庫라 하였고 다른 하나는 閱古觀이라 하였다. 그리하여 이 두 서고에는 정이당소장본을 이관하였는데, 전자에는 한국본, 후자에는 중국본을 각각 分藏하였으며, 열고관의 도서가 늘어남에 따라 다시 皆有窩라는 서고를 증축하기도 하였다. 이리하여 규장각은 정조 5년경까지 총 3만여의 장서를 갖게 되었는데, 규정을 마련하여 이를 閣臣들에게 열람시키기도 하였다. 이때에는 도서목록도 작성하였는데 이를 《奎章總目》이라고 하였다.

규장각은 도서를 수집하고 보존하는 데만 주력하지는 않았다. 그와 병행하여서는 도서를 편찬하는 데도 큰 힘을 기울이고 있었다. 아니 평상시의 사업은 도리어 이 편찬사업에 종사하는 것이 중심이기도 하였다. 그리하여 규장각에서는 여러 가지 서적을 편찬하였지만, 그중에서도 대표적인 것은 《日省錄》이었다. 《일성록》은 매일 매일의 정사를 기록한 것으로서 정조 때에 편찬하기 시작한 이 편년체 사서는 한말까지 계속하였다. 이것이 규장각에 보존까지 계속하였다. 이것이 규장각에 보존되었음은 말할 것도 없다.

규장각의 도서는 정조 이후 점점 더 늘어났지만, 이 도서의 규모가 결정적으로 커진 것은 한말의 일이었다. 한말에는 정부기구가 개편되었는데, 규장각의 기능은 강화되고, 그 관장사무는 확대되었으며, 이에 따라서 타 관서에 보존되었던 각종 문서나 서적이 이 규장각으로 이관되었다. 이를테면 각 관서의 등록이나 일기(《備邊司謄錄》·《承政院日記》· 기타), 각지의 史庫藏書(實錄 · 기타) 등이 그것이었다. 이렇게 되자 규장각에서는 도서관의 설립계획을 세우고, 또다시 정부나 왕실의 도서를 모두 이곳에 집결시키게 되니 규장각도서의 규모는 더욱 커졌다. 그리고 일본인들이 재무정리나 국유지 정리를 위해서 수집하였던 기록도 모두 이곳에 이관되었다. 규장각은 이리하여 우리 문화, 우리 역사의 모든 분야를 망라한 가장 큰 규모의 그리고 가장 충실한 내용의 사료보존소가 되었다.

일제하에서는 이 도서는 한때 李王職의 도서실에서 보관하였으나 곧 식민지 당국(朝鮮總督府)에 접수되었고, 京城帝國大學이 설치되자 그 대부분인 15만여 권의 책이 이 대학의 도서관으로 이관되었다. 그리고 해방 후에는 서울대학교가 경성제국대학의 시설을 모체로 개교하게 되자, 이 도서도 또한 서울대학교의 소장본이 되어 오늘에 이르렀다.

3.

그러면 이러한 규장각도서는 처음에 어떠한 환경 속에서 설치를 보게 된 것이었을까. 우리는 이 도서의 성격을 이해하기 위해서는 먼저 이 도서가 설치되는 시대적인 분위기와 그 환경을 살피는 것이 좋겠다.

이 도서가 설치되는 것은 앞에서 말한 바와 같이 英·正時期부터인데, 이 시기는 이른바 실학사상으로 불리는 새로운 학풍이 발달하고 있어서 사상계는 큰 전환기에 처해 있었다. 이러한 환경 속에서 정조는 그의 즉위 이전(영조 재위 중)부터 도서를 수집·정리하고 있었으며, 즉위 후에는 규장각이라는 기구까지 신설하여 그 활동을 더욱 활발히 전개한 것이었다. 그러므로 규장각도서는 말하자면 조선후기에 발달하고 있는 실학사상의 물결을 타고 등장한 셈이었다.

따라서 그 설치의 근본정신도 그러한 범위 내에서 이해될 수 있을 것이며, 한 걸음 더 나아가서 그러한 실학사상이 대두하게 되는 배경을 살피면 그것은 더욱 분명해지기도 할 것이다.

조선후기에 이르러서 실학사상이 대두하게 되는 데는 여러 가지 사정이 있었다. 이때 이르러서는 종전부터 있어 온 조선의 사회·경제·정치상의 여러 가지 난문제가 격화해서, 국가에서는 이를 극복하지 않으면 안 되었는데, 이러한 사정은 학문의 방향을 현실타개의 방향으로 전환시켜 가게 하였다.

사회상의 문제는 봉건적인 신분제에 큰 변동이 생기고 있는 일이었다. 조선시대에는 양반·중인·평민·천민 등의 신분계층이 있어서 이것은 엄격하게 준수되고 있었으며, 토지의 소유관계도 이러한 신분제와 밀접하게 관련되고 있었다.

조선의 봉건적인 지배질서는 이러한 신분제가 엄격히 유지되는 한 완전할 수 있는 것이었다. 그러나 이러한 신분제가 조선후기에 들어오면서 크게 동요하기 시작하였다. 국가의 재정기반을 위해서 존재한 평민층은 양반층으로 상승하고 양반지배층에게 예속되었던 천민층도 평민신분이나 양반신분으로 올라가는 자가 있게 되었다. 종래에 천대를 받아 오던 서얼층의 사회적인 불만도 점점 더 누적되어 갔다. 이와 같은 변동은 광범위하게 전개되었으며, 시간이 흐르면 흐를수록 그것은 격화되었다.

경제상의 문제는 무엇보다도 국가세원으로서의 전답 결수가 줄어든 일이었다. 조선은 재정기반을 토지에 두고 있었으며, 토지에서 세를 염출하기 위해서는 과전법 직전법·전세제도 등 일련의 토지제도를 마련하고 있었다. 그러므로 조선에서는 언제나 이 토지를 정확하게 확보하기만 하면 경제적으로는 안정될 수가 있는 것이었다. 그런데 조선후기에 들어서면서 壬亂을 겪고 나서는 이러한 토지의 파악이 불가능하게 되었다.

임란 전에 1백 50만 내지 1백 70만 결이었던 토지면적이 亂後인 광해군 때는 50여만 결로 줄어들었다. 국가의 세원은 3분의 1 또는

4분의 1로 감소된 셈이었다. 이렇게 농지 결수가 감소된 것은 戰火로 인한 전답의 황폐, 경작농민의 농촌이탈로 인한 陳田化, 관리·토호층에 의한 隱結 등등이 그 이유가 되고 있었지만, 어떻든 국가는 이로써 막심한 타격을 받게 되었다.

농민경제가 점점 영세화하고 있는 것도 큰 문제였다. 조선에서는 국가의 재원은 토지의 확보와 더불어 이를 경작하는 농민들의 경제상태도 안정될 필요가 있었다. 그런데 조선후기에 있어서의 농민들은 관료·토호들의 土地兼幷이나 농민층 내부에 있어서의 계층분화 현상으로 있는 자와 없는 자의 간격이 점점 더 벌어지고 있어서, 영세소농층의 생활은 안정을 잃고 있었다. 농지를 상실한 농민들이 살아갈 길은 우선 소작농이 되는 길이었으나 그들에게는 소작지를 얻는 일도 쉽지는 않았다.

그러한 농민들은 농업노동자가 되기도 하고, 농촌을 떠나 상공업(末業)에 종사하기도 하고, 또는 무위도식하는 유민이 되기도 하였다. 이러한 현상은 국가의 경제질서에 혼란을 초래하고 농업 중심의 재정에 위협을 주었다.

정치상의 문제는 지배층 내부에 있어서 정치적 대립이 격화하고, 그 분열이 사회 불안 또는 정치 불안을 유발하고 있는 일이었다.

조선에서는 유교를 국가의 지도이념으로 삼았고, 이 이념은 봉건적인 지배체제의 사상기반이 되고 있었다. 그러므로 유교는 조선에서의 유일한 학문이 되었고, 양반이라 하더라도 이 학문을 깊이 익혀야만 관리가 될 수 있었다.

그런데 유교는 그 본질상 정치참여·현실구제를 목적으로 하는 것이었으므로, 유교 교육을 받은 전 지배층은 관리가 되는 것을 하나의 당연한 과정으로 생각하였으며, 또 그렇게 되기를 언제나 원하고 있는 것이었다. 그리고 이것은 전국 각지의 지배신분의 소유자들이 모두 희망하는 일이었다.

그러므로 조선에서 정치 정세에 안정을 얻으려면 개인의 능력상으로나 또는 지역적으로 이러한 관료 선발에 공평과 균형을 유지하지 않으면 안 되었다.

그러나 이러한 조건이 오래도록 지속하지는 않았다. 중기 이후에는 지배층의 자기분열이 심해지고 지역적으로도 균형을 잃게 되었다. 이른바 당쟁의 격화인 것이었다. 이와 같은 현상은 지배층 상호 간의 불신과 대립을 조장하였으며, 사회적으로나 정치적으로 항상 불안을 내포하게 하였다.

사회·경제·정치상의 이상과 같은 난문제들은 어떻게든 타개되지 않으면 안 되었다. 그것은 비단 정치적으로 불우한 입장에 있는 사람들만 관심사일 수는 없었다.

집권자들은 그것의 개선에 관해서 더욱 절실한 바가 있었다. 국가가 당면하고 있는 난관을 타개하는 문제도 봉건지배층 전체의 그리고 지식인 전체의 공통된 관심사가 아닐 수 없었다.

그들은 그것을 정책면에 반영시켜 제도를 개혁하기도 하고, 또는 학문으로써 그 타개책을 연구하여 그 방안을 저서로 남기기도 하였다. 이러한 분위기가 곧 이른바 실학이었다.

현실타개를 위한 노력은 곧 자기반성이었다. 이때의 지식인들은 그러한 자기반성의 능력을 자기들의 사상체계 속에 지니고 있었다. 그것은 유교사상 자체가 내포하고 있는 합리적인 측면, 즉 格物思想이었다.

격물사상은 유교사상이 본래부터 가지고 있는 합리적 정신인 것으로, 유교사회에서의 과학의 발달은 이 격물사상과 밀접한 관련이 있었다. 이와 같은 합리적인 사상은 조선의 지식인들로 하여금 조선이 지니고 있는 구조적인 모순에 관하여 비판하고 재검토하게 하였다. 유교의 사상적 경향이 主理說에서 主氣說로 전환해 가고 있었다는 것도 이와 무관한 일이 아니었다.

私學이나 書院이 발달하면서부터는 더욱 그러하였다. 사학이나 서원에서의 교육은 官學에 비하여 자유로웠고, 그곳에서 수학하고 연구하는 학인들은 객관적인 입장에서 정부 시책도 비판할 수가 있었다.

이러한 사학·서원이 조선후기에 들어오면서는 급속도로 증가하여 갔다. 서원의 발달이 가져온 폐단도 있기는 하였으나, 그러한 가운데서 자기반성을 위한 능력은 성장해가고 있었다.

이 시기에 전래하고 있었던 외래사상은 이와 같은 국내의 학문적인 경향을 더욱 촉진시키는 자극제가 되었다. 이때의 외래사상은 중국을 거쳐서 들어오고 있었는데 청나라의 고증학이나 서양의 서학, 즉 천주교 사상과 과학 사상이 중심이었다. 이러한 학문 및 사상은 우리나라의 학문이 실증성이 있고 과학성이 있도록 하는 데 도움을 주었다.

특히 천주교 사상을 도입하여서는 그 혁신적인 성격에 영향 받는 바도 적지 않았던 것이었다. 서학을 하나의 학문으로서가 아니라 종교로서 받아들인 사람들은 이학지상주의의 조선에 반기를 들기도 하였다.

조선후기에 있어서의 우리의 학문은 내적으로도 그 전환이 불가피한 형편이었지만 외부에서 오는 자극도 심상치 않았다.

조선의 통치자들은 이러한 환경과 분위기 속에서 전기한 바 여러 가지 난문제를 타개하지 않으면 안 되었고, 그것은 또 하나하나 해결되어 갔다.

조선후기에 있게 되는 일련의 사회정책, 경제제도의 개혁, 탕평책의 강행 등이 그것이었다. 그리하여 그러한 노력은 결국《續大典》이라는 법전으로 집약되기도 하였다.

그러면서도 그들은 현실타개를 위해서는 여러 가지 문제에 대한 깊은 연구가 있어야 할 것도 생각하게 되었다. 국정을 주재하는 국왕 정조에게 있어서는 더욱 그러한 생각이 절실하였다. 현실문제의 해결은

학문적으로 기초지워져야 한다고 생각한 것이었다. 여러모로 국정의
개선을 꿈꾸었던 정조는 그러한 의미에서 당색·신분에 구애되지 않고
유능한 학자를 우대하였다. 외래문화의 적지 않은 자극하에서 자기문
화를 보존하고 자기전통·자기학문을 발전시키기 위해서는 국가적인
규모의 문화사업이 필요하다는 것도 생각하였다. 도서를 수집·보존하
고 간행하게 된 것은 그러한 생각의 일단이었다. 규장각도서의 설치에
는 실로 현실타개를 위한 학문적인 기초 확립이라는 점과 우리의 문화
전통을 계승·발전시킨다는 목표가 있는 것이었다.

4.

규장각도서는 그 설치 목적에 있어서 투철한 바가 있고 소장 내용에
있어서도 풍부한 바가 있었다. 그러한 점에서 이 도서는 실로 우리 문
화의 광맥이라고도 하겠다. 그러므로 우리의 문화, 우리의 역사를 연구
함에 있어서는 이 도서의 이용은 불가결한 것이며, 이 도서의 이용이
제대로 되면 많은 새로운 史實이 해명되기도 할 것이다.

식민지 치하에서 왜곡되었다고 하는 우리 역사의 많은 부분은 자세
만 바로 서 있다면, 이 도서의 이용을 통한 연구로써 구체적으로 시정
될 수도 있을 것이다. 우리의 문화전통을 바로 인식하고 그것을 해명하
는 데 있어서 이 도서는 그만큼 귀중한 것이다.

그래서 연구자들은 누구나 자기의 연구에 이 도서를 참고하기를 바
라고 있다. 특히 조선시대, 그중에서도 조선후기 3백 년간의 역사, 개
항 후에 자본주의 열강이 침투해 들어오는 데 관한 역사, 일제의 침략

과정에 관한 역사 등등을 연구하려면 이 도서의 참고 없이는 불가능한 형편이다. 그러나 연구자들에게는 이 도서의 참고가 그렇게 편리하게 되어 있지는 않았다. 근자에 와서는 다소 완화되었으나, 지난날에는 식민지 당국이나 경성제국대학 관계자 외에는 거의 그 참고가 불가능하였으며, 해방 후에도 그러한 상태는 한동안 계속되었다.

이러한 상태하에서는 이 도서를 통한 연구가 제대로 될 수는 없었다. 여기에 국학자들은 국학 연구의 장래를 위하여 이러한 점을 염려하고, 이 도서 중에서도 중요한 자료기본이 되는 자료는 출판을 해줄 것을 바라게 되었다.

이러한 요청에 부응하여 국사편찬위원회에서는 정부의 사업으로서 《朝鮮王朝實錄》·《備邊司謄錄》·《承政院日記》 등을 출판하였으며, 고려대학교 아세아문제연구소에서는 《舊韓末外交文書》를 정리·간행하였다. 그리고 서울대학교 도서관에서는 《靑莊館全書》·《林園經濟志》·《度支志》·《日省錄》 등을 영인·출판하고 있다.

그러나 이렇게 여러 기관에서 귀중도서의 출판에 힘쓴다 하더라도 그것은 규장각도서의 극히 일부분에 지나지 않는다. 이 도서 가운데는 일차사료로서의 생생한 기록들이 산적해 있다. 이러한 기록이나 문서를 정리하지 않고서 연구자들이 이 도서를 제대로 이용할 수는 없다. 그래서 서울대학교 문리과대학의 동아문화연구소에서는 수년 전부터 이 규장각도서의 기초조사에 착수하였으며, 그 성과는 《奎章閣圖書韓國本總目錄》, 《韓國經濟關係文獻集成》, 《韓國近世對外關係文獻備要》 등으로 간행하였다.

그러면 이 도서를 통한 연구의 실적은 어떠한가. 한마디로 말하여 실로 부진한 상태라고 하겠다. 그것은 비단 정리가 잘 안 되어 있다던가, 참고에 불편이 있다던가 하는 데만 이유가 있지는 않았다.

해방 후에 이 도서를 본격적으로 이용하여 논문을 쓴 사람은 극소수의 서울대학교 관계자에 불과하였다. 분야별로 보면 사회경제관계가 압도적으로 많은 편인데, 여기서도 조선후기와 최근세에 걸쳐서 직접 또는 간접으로 이 도서를 이용한 것은 1966년 12월 현재로 10명 내외였다. 규장각도서의 《한국경제관계문헌집성》을 정리한 서울대학교의 韓沽劤 교수는 이러한 연구상황을 같은 책의 서문에서 다음과 같이 표현하였다.

> "필자는 극히 조략하나마 본 규장각도서와 관련하여 경제 부분에 있어서의 지금까지의 연구성과를 중점적으로 그 대강을 살펴보았다. 본서에 수록된 문헌에 비추어 볼 때, 이들 연구성과를 고찰하더라도, 한국사회경제사의 완성은 문자 그대로 전도요원하다고 하지 않을 수 없다."

이러한 실정은 비단 경제 부문에만 한정되는 것이 아니었다. 정치 · 외교 · 사회 · 경제 · 사상 · 문화 · 제국주의의 침략 · 기타 등등 모든 분야가 그러한 형편에 있다. 우리의 힘으로 우리 문화의 전통을 개척하기 시작한 지 벌써 20여 년이 되었지만, 규장각도서에 관한 한 우리는 이제 겨우 그 문턱을 넘어서고 있는 것이라 하겠다.

5.

이상으로서 우리는 규장각도서의 설치 사정과 그 자료로서의 중요성 그리고 이 자료를 통한 연구 상황 등을 소개하였다. 그것을 다시 한마디로 말한다면 규장각도서는 한국문화 · 한국사의 바른 이해를 위하여 가장 소중하고 가장 풍부한 내용을 가진 장서지만, 실제로 우리 문화, 우리 역사를 연구하는 데 있어서 이것이 충분히 활용되지 못하고 있는 형편이라고 하겠다. 지금 부분적으로는 기초적인 자료 정리가 되어가고 또 유일본의 영인 출판도 되고 있으므로, 이러한 활동이 앞으로는 연구상에도 적지 않은 도움을 주겠지만, 그러나 10여만 점에 달하는 전 규장각도서를 생각하면 그것이 근본적인 해결책이 될 수는 없겠으며, 현재로서는 이 도서의 중요성에 비하여 이를 통한 연구는 너무나도 부진한 상태에 있음을 지적하지 않을 수 없다.

그러면 이렇게 귀중한 자료보존소가 이렇듯 적극적으로 그리고 조직적으로 활용되지 못한 채 연구의 부진을 초래하고 있는 보다 더 근본적인 사정은 무엇일까. 그리고 그러한 부진상태를 타개할 수 있는 방법은 또 어떠한 것이 있을까.

무엇보다도 먼저 들 수 있는 것은 연구자의 수가 절대적으로 부족하다는 점이다. 선진 제국의 역사학은 많은 사람의 협동 연구를 통해서 그리고 많은 사람의 동일 문제에 대한 연구 참여를 통해서 급속한 진전을 보이고 있는데 우리의 경우에는 그렇지 못하다. 우리의 경우에는 누구나 문제를 잡으면 그것이 그 방면에 있어서는 개척적인 의미를 지닐 만큼 연구자의 수는 적고 연구 분야는 산적해 있다. 한국사 연구는 아직 황무지의 상태로 남아 있는데 이것을 개발할 인적 자원인 연구자의 수는 부족한 것이다. 이러한 상황이 타개되지 않고서는 연구의 급속한 진전을 기대하기는 어려울 것이다.

이러한 상황을 타개할 수 있는 방법은 한국사 연구를 평생의 직업으로 택할 국사학도를 더욱 많이 양성하는 길밖에는 없다. 그런데 그러한 국사학도를 양성하기 위해서는 현재의 사학과의 제도로써는 여러모로 적당치 않다. 그래서 국사학자들은 국사학과를 독립시켜서 국사학도를 양성하는 것이 효율적일 것이라고 생각하고 있는 것이다. 그렇게 되면

수적으로도 장차 국사학자의 증가를 기대할 수 있을 뿐만 아니라, 그들이 대학에 입학할 때부터 벌써 그들에게는 학문의 목표, 나아가서는 인생 목표까지도 정해질 수 있는 데서 국사학자를 양성하기가 지금의 사학과 제도하에서보다는 훨씬 쉬워질 것이라고 보는 것이다. 그것은 동양사나 서양사의 경우에 있어서도 마찬가지라고 생각한다.

다음은 규장각도서와 관련하여 이 도서를 중심으로 어떤 문제를 집중적으로 연구할 수 있는 기관이 없음을 들 수 있다. 선진 제국의 역사학에서 보면 사료보존소가 있는 곳에는 그와 관련된 연구소가 있음을 볼 수 있는데, 우리 규장각도서의 경우에는 그것이 없다. 학문적으로 뒤떨어진 우리나라에서는 응당 그러해야 할 것으로 생각되는데, 지금까지의 문화정책에 있어서는 그러한 점이 배려되지 못하였다. 규장각도서를 이용해 온 사람들은 모두 개인 자격으로 연구한 것이었다. 개인의 능력에는 한도가 있는 것이니 연구의 부진은 불가피한 일이 아닐 수 없었다고 하겠다.

이러한 점을 타개하려면 이 규장각도서와 관련하여 연구소가 설치되어야 하겠다. 규장각도서가 발족할 때와 마찬가지로 규장각(도서) 자체를 한국문화 연구를 위한 연구소로 개편해도 좋을 것이고, 아니면 규장각도서를 부속시킨 한국문화연구소를 별도로 설치해도 좋을 것이다. 그리고 이 연구소에는 한국문화 연구에 종사하는 연구교수를 전속시키고 연구원과 조수를 배치하여, 이 도서를 샅샅이 파헤치는 연구를 시켜야 할 것이다. 그렇게 되면 10년, 20년이 지나는 사이에 이 도서를 통한 연구는 차차 자리를 잡을 것이고, 우리 문화의 광맥은 조직적으로 발굴되어 갈 것이다.

물론 이러한 연구소의 설치나 국사학과의 독립만으로 한국사나 한국문화의 연구가 갑자기 달라지지는 않을 것이다. 한국사나 한국문화의 연구를 질적으로 향상시키기 위해서는 그러한 문제와는 별도로 한국사에 관한 역사이론을 좀 더 다듬어가지 않으면 안 될 것이다. 그러나 이것은 연구소가 설치되거나 안 되거나를 막론하고, 그리고 국사학과의 독립 여부를 막론하고, 국사학자이면 누구나 이를 늘 생각해야 하는 문제인 것이며, 또 국사학자들 스스로에 의해서 해결되어 갈 것이다.

　역사가들이 해결할 수 있는 문제는 역사가들이 어떻게든 해결해 나가겠지만, 분과 문제나 연구소의 설치 문제는 역사가들의 생각만으로는 해결될 수가 없다. 그것은 정부 당국이나 재벌들이 움직이지 않으면 불가능한 것이다. 연구소 문제는 특히 더 그러하다. 그러한 의미에서 우리 역사가들은 선진 제국의 예에서 볼 수 있듯이, 재벌들이 우리의 문화전통 개발에 관심을 가져줄 것을 바라는 것이며, 또 나아가서는 이 귀중한 사료보존소와 관련하여 한국문화연구소가 설치되도록 협조해 주기도 바라는 것이다. 이렇게 하여 서울대학교에 한국문화연구소가 설치되고 또 다른 몇 개의 대학에도 같은 내용의 연구소가 설치되어서, 우리의 문화전통을 조직적으로 연구해 가게 되면 그때에는 부진하였던 한국사 연구도 점차 활기를 띠고 궤도에 오르게 될 것이라고 생각한다.(1968. 7. 5)

《月刊中央》 1968년 10월호.

書評 : 獨立協會硏究
(愼鏞廈 著, 一潮閣刊, 1976)

　　19세기는 개혁의 시대였다. 이 시기에는 정치, 경제, 사회, 사상 등 여러 면에서 봉건적인 朝鮮국가의 체제가 파탄하고, 이와 관련하여서는 새로운 사회를 건설하기 위한 개혁의 노력이 여러 단계에 걸치면서 여러 계통으로부터 시도되고 있었다. 19세기 초엽의 실학파의 개혁방안, 19세기 중엽 철종조의 三政釐整策을 중심한 개혁방안과 대원군의 개혁정치, 19세기 말엽의 개화파의 甲申政變과 甲午改革, 진보적 농촌 지식인과 농민층의 농민전쟁을 중심한 개혁방안, 그리고 新舊사상을 절충하는 가운데 종래의 개혁방향을 조정하여 근대화 작업을 제도적으로 마무리 한 지배층 중심의 光武改革 등은 그려한 여러 단계의 개혁과정이었다.

　　이러한 諸 개혁과정은 혹은 봉건적인 지배층에 의해서 수행되기도 하고 혹은 피압박대중에 의해서 제기되기도 하였으며, 또 경우에 따라

서는 지배층 가운데서도 진보적·혁신적인 지식인에 의해서 추진되기
도 하고, 혹 경우에 따라서는 보수좌파에 속하는 개량주의자들에 의해
서 수행되고도 있었다. 이 밖에 보수우파에 속하는 수구세력이 있어서
朝鮮국가의 체제를 부분적으로 개선하는 것으로서 만족하려는 논자가
다수 존재하였음은 말할 것도 없었다. 체제의 파탄과 관련하여 제기된
개혁방안은 그 주체나 그 내용이 실로 다양하고도 복잡한 것이었다.
그러나 이를 대별하면 피지배층이나 농민층을 위주로 하는 개혁방안과
지배층이 중심이 된 지배층을 위주로 하는 개혁방안으로 구분되는 것
으로서, 이는 예컨대 그러한 각각의 방안을 제기한 논자들의 사회적
배경이나 그 역사의식의 심도에 연유하고 있었다.

　우리나라의 근대사는 이렇듯이 내적으로 사회적인 모순을 개혁해 가
는 과정이었지만, 그러나 그 과정이 그렇게 단순한 것은 아니었다. 19
세기 중엽 이후에는 자본주의 열강과의 국교를 맺게되고 그 제국주의
적 침략을 받고 있었으므로 이를 방어해야 하는 반제국주의민족운동의
문제가 있었다. 대내적으로는 사회적인 모순을 개혁하면서도 대외적으
로는 제국주의의 침략으로부터 국권을 수호해야 하는 문제가 있는 것
으로서, 근대화의 문제는 반봉건 반제국주의의 양면이 동시에 해결되
어야만 하는 것이었다. 그리하여 논자에 따라서는 이러한 외침에 대처
하는 자세가 사회개혁에 대한 입장 태도와도 관련하여 그리고 그들의
이해관계와도 관련하여 각각 다르게 나타나고 있었다. 혹자는 민족문
제에 민감하나 사회개혁문제에는 등한하고, 혹자는 반대로 사회개혁문
제에 민감하나 민족문제에는 소홀하였으며, 또 혹자는 민중적 입장에
서의 사회개혁과 민족문제를 주장하였으나 혹자는 지배층의 입장에서
의 사회개혁과 민족문제를 내세웠다.

　19세기의 역사는 이와 같이 내외의 문제가 착종하는 가운데 이를
중심한 개혁운동이 전개되는 과정이었다. 그리고 그러한 개혁운동이

제도적으로 마무리되는 것은 19세기 최말기에서 20세기초에 걸치면서 수행된 지배층중심의 이른바 광무개혁이었다. 그리고 바로 그와 같은 광무개혁기에 수구세력의 그것과는 달리 사회개혁과 민족운동에 관한 진보적 여론을 주도하였던 것이 독립협회였다. 그러므로 우리나라의 근대화과정을 바로 이해하기 위해서는 그 각각의 단계에서 개혁을 주도하였던 바 주체들의 사회적 사상적 배경을 계통적으로 파악할 필요가 있으며, 특히 광무개혁에 관해서는 당시 여론의 일각을 형성하고 이 개혁의 방향에 일정한 작용을 하였던 바 독립협회의 활동을 정확하게 파악할 필요가 있다.

　근자에 간행된 사회학자 愼鏞廈교수의 '獨立協會硏究'는 바로 이러한 목표에 기여하기 위해서 독립신문 독립협회 만민공동회를 중심으로 그 사상과 행동을 연구한 것이다.

　독립협회에 관한 연구는 물론 기왕에도 적지 않았다. 개설을 통해서도 이미 그 윤곽은 파악되고 있었지만, 개별구체적인 논문이 적지 않게 발표되는데 따라서는 그 활동내용과 성격이 비교적 소상하게 알려졌다. 최준·이만갑·한흥수·박성근·류영렬·강재언·전봉덕·이광린 등 諸氏의 연구는 바로 그것이었다. 이들 諸氏의 연구에 의하면 독립협회는 초기개화파의 사상을 계승하면서 서구식 근대화를 위한 정치사상과 외세의 경제적 침투에 대항하기 위한 민족주의사상을 바탕으로 하여 정치활동과 계몽운동을 전개한 정치단체였다. 그 사상의 성격은 부르조아 변혁사상이었으며, 그 활동과 그 사상은 三一運動의 사상적 배경이 되고 있었다.

　그러나 이들 諸氏의 연구는 독립협회에 관련된 모든 문제를 종합적으로 다루고 있는 것이 아니었으며 각각 그 일면을 취급하고 있는데 부과하였다. 박성근·강재언 兩氏의 연구는 독립협회의 사상을 종합적으로 파악하여 그 핵심을 추출해 낸 수작이기는 하였지만 세세한 문제

에 대한 파내려간 천착이 아쉬웠다. 그리하여 愼교수는 이들 諸氏와
더부러 오랫동안 이 문제를 다루면서 諸氏의 연구가 미치지 못한 여러
가지 문제를 풍부한 자료를 통해서 체계적으로 해명할 것을 꾀하고 마
침내는 그것을 완성하게 되었다. 본서는 바로 그러한 노력의 성과인
것으로서 그 구성내용은 다음과 같다.

> I. 〈독립신문〉의 創刊과 그 啓蒙的役割
> II. 獨立協會의 創立과 組織
> Ⅲ. 獨立協會의 社會思想
> IV. 獨立協會의 獨立門建立과 討論會의 啓蒙活動
> V. 獨立協會의 自主民權自强運動
> VI. 1898년의 官民共同會
> Ⅶ. 萬民共同會의 自主民權自强運動
> Ⅷ. 獨立協會와 皇國中央總商會의 商 權守護運動
> IX. 獨立協會의 社會思想의 社會學的解釋

　　사회학과를 나와 사회사를 전공하고 있는 신교수는 이 같은 내용의
연구를 위해서 세가지 원칙을 세우고 이 원칙에 따라 작업을 진행시켰
다. 그 하나는 독립협회의 사상과 활동에 관련된 모든 현상을 실증적으
로 구명한다는 점이었다. 그러기 위해서는 이 會와 관련된 신문ㆍ회
보ㆍ일기ㆍ정부문서ㆍ사서 등 모든 사료를 섭렵하였으며 문헌고증학
자들의 실증과정에서도 볼 수 없을 정도의 자료제시와 은폐된 사건의
추이를 드라마틱하게 전개하였다. 제 I 장에서 제 Ⅷ장에 이르는 논문
은 그러한 의미에서의 실증적 연구였다. 다른 하나는 독립협회의 성격
을 그 발전과정 즉 역사적인 입장에서가 아니라 횡적 즉 사회학적인
현실 분석의 방법으로서 추구한 점이었다. 그리고 이러한 현실분석에
있어서는 이를 다시 그 사상의 분석과 그러한 사상에 입각한 실천운동

의 분석으로 구분하여 그 실태를 해명하였다.

그리고 셋째로는 이러한 실증적 연구를 토대로하여 마지막 제 Ⅸ장
에서는 이를 다시 사회학적으로 해석함으로써 이 역사적 의의와 성격
을 추출해내는 일이었다. 이에 앞선 모든 연구는 이 장에 수렴되어 그
성격이 종합정리되어진 것이었다. 이 경우 현대사회학에 관한 세계적
석학의 제 이론이 도입섭취되었음은 말할 것도 없으며, 그러한 '틀'을
전제로 해서 前記한 실증적 연구는 재해석되었다. 그러므로 愼교수의
실증적 연구는 말하자면 이 마지막 장에서의 그의 견해를 도출해 내기
위해서 있은 셈이었으며 따라서 본서는 그 실증과정에서는 제 Ⅲ장에
핵심이 있고, 저술전체로서는 이 마지막 장에 그 핵심이 있게 된다.

방대한 사료의 실증적 연구를 통해서 파악한 愼교수의 독립협회에
대한 이해 및 그 사상은 '당시 새로운 생산력을 가지고 급속히 성장하고
있던 시민계층·농민층·임금노동자·해방된 천인층·신지식층 등
신흥사회세력의 사상'이며, 이는 초기 개화사상을 계승발전시킨 지식
인과 東道西器派의 사상을 계승발전시킨 지식인으로 구성된 신지식층
이 '특권적 수구세력에 대항하면서 성장하는 모든 신흥사회세력의 이
익과 의식을 포괄적으로 대변하고 새로운 세계관으로 체계화한 것이었
다'(247~248쪽). 그러한 세계관 그러한 사상은 외세의 침략에 대항하
는 '自主獨立思想'이며, 국민개개인이 자립부강하고 민중의 권리를 신
장시키려는 '自由民權思想'이며, 이 양자를 달성하기 위한 '自强改革思
想'이었다. 본서에서는 이를 통털어 '自主民權自强思想'으로 부르고 있
으며, 따라서 독립협회는 이를 실현시키기 위하여, '自主民權自强運動'
을 전개한 사회단체였다.

사료상의 용어로서 표현된 이러한 사회사상은, 근대사회학의 이론으
로서 여과되고 재해석되거니와, 이에 의하면, '독립협회의 사회사상은
19세기 말 한국사회라는 하나의 사회체제의 「체제문제」를 해결하기 위

하여 한국인들이 만든 「새로운 사고」의 체계'였다. 이 「체제문제」는 크게 나누어 대외적으로 '한국사회의 독립과 대내적으로 신흥사회세력의 사회적 압력의 흡수와, 이를 위한 새로운 수단합리화'에 있었으며 따라서 '독립협회의 사회사상도 이러한 문제에 대응해서' 전기한 바 세 사상으로서 형성되었다(662쪽). 그것을 근대사회학의 개념에 비추어 보면 '自主獨立思想'은 근대적인 '民族主義思想'이었고 '自由民權思想'은 '民主主義思想'이었으며, '自强改革思想'은 '近代化思想'인 것이었다.

그러므로 이러한 점에서 볼 때 '독립협회의 사회사상은 사회체제 그 자체의 변동을 주장한 사상'이었으며 더욱 정확하게는 '조선왕조의 전통적인 구사회체제를 변혁하여 근대시민사회를 수립하려는 사회체제의 변동의 사상이었다'는 것이다(667~668쪽). 말하자면 愼교수는 세계적인 석학들의 사회이론을 통해서 독립협회의 사상이나 활동의 근대성을 입증하기에 이른 것이었다.

'독립협회연구'의 기본논리는 대략 이상과 같다. 愼교수는 그것을 방대한 사료를 구사한 실증적 연구와 현대사회학의 제이론을 통한 여과작업을 거쳐서 체계화하였으며, 이를 일찍이 볼 수 없었던 묵직한 저술로서 내놓았다. 아마도 앞으로 본서는 근대사 연구상의 소중한 업적으로서 이 방면의 연구에서 많은 참고가 될 것이며, 또 근대사 전반의 연구와 그 체계화에 있어서도 새삼 재검토를 요하게 되는 바가 적지 않을것이다.

그러나 그러면서도 본서는, 근래에 드물게 보는 勞作이라는 점에서, 도리여 역사학도들에게는 아쉬움을 느끼게하는 바가 없지 않다. 그것은 연구의 방법과 관련되는 것으로서 몇가지 점에서 더 세심한 배려가 있었으면 더욱 좋지 않았을가 하는 점이다.

무엇보다도 먼저 두드러지게 눈에 띄는 것은 독립협회의 사상을 시민사회성립을 위한 체제변혁사상이 라고 할 때, 어떠한 체제를 이와 같이 변혁하려는 것인가에 대하여 명백한 언급이 없는 점이다. 물론 우리 나라 구래의 사회체제를 신분제와 관련하여 언급하고는 있지만, 우리나라 중세의 봉건적인 사회체제는 이와 아울러 토지문제가 그 근간을 이루고 있음을 놓쳐서는 안 될 것이다. 더욱이 당시의 체제의 파탄은 주로이 토지문제를 중심으로 발생하고 있었으며 신분제의 문제는 이미 제도상으로도 해결되고 있어서 그 시행상의 뒷처리만이 남아 있 있다. 그러므로 당시의 체제변혁문제는 이 토지문제에 대한 해결이 절대로 필요하였고 따라서 독립협회의 사상을 체제변혁사상으로 파악하려 할 때는 이 문제에 대한 입장이 어떠하였는지를 명시할 필요가 있다.

이와 아울러서는 어떠한 사회계층이 중심이 되어 이러한 체제변혁을 구상하고 그 변혁사상을 형성하게 되었는지, 독립협회 회원, 특히 會를 주도한 핵심세력의 사회적 기반과 사상적 배경을 추구하는 작업도 행해져야 할 것이다. 체제변혁과 관련하여서는 독립협회의 활동에 앞서 그리고 개항이전에 있어서도 이미 여러 계층 여러 계통에서 여러 가지 방안이 제시되고 있었으므로, 독립협회의 사상적 입장이 분명해지기 위해서는, 구래의 사회체제 내에서의 어떠한 사회계층이 이와 같은 개혁사상과 관련되면서 그 자신(독립협회)의 변혁사상을 형성하였는지 언급할 필요가 있는 것이다.

다음은 독립신문이나 독립협회 등의 단체가 성립케 되는 사회적 배경이나 계기가 좀 더 크게 다루어져야 하지 않을가 하는 점이다. 역사적 사건의 성격은 그 사건의 진행과정에서 많은 변화를 보이지만, 그러나 그 기본성격은 그 발생동기 그 자체에 있는 것이다. 그래서 역사학에서는 누가 왜 그렇게 하였는가하는 '왜'를 해결하는 것이 그 연구의 한 과제가 되고 있다. 독립협회의 경우도 마찬가지가 아닐 수 없다. 누가 왜 이것을 설치하지 않으면 아니 되었는가 하는 것을 해명한다면 그 성격이 더욱 분명하게 될 것이다.

그러한 의미에서의 계기를 찾기 위해서는 다음과 같은 점에 유의하지 않으면 안 될 것이다. 개화파들은 일제의 군대와 야합하여 농민군을 진압 소탕하는 가운데 갑오개혁을 수행하고는 있었지만, 그러나 전국민을 적으로 돌리고 일제의 힘에 의지해서 이를 수행하고 있는데 대하여 자신이 없고 불안을 느끼고 있었다.

갑오개혁이 진행되는 동안 억제되었던 보수적 여론은 閔妃弑害 이후 개화파를 국적으로 규탄하면서 의병운동으로까지 확대되고 있었으므로 개화파에서는 이에 대하여 대책을 세우지 않으면 아니 되었다. 삼국간섭으로 개화파가 의지하던 일본의 세력은 약화되고 있었으므로 당시 개혁사업을 진행시키고 있었던 개화파정권에서는 장차 독자적으로 개혁을 수행하지 않으면 아니 되었다. 三國干涉 · 俄館播遷을 결기로 외세의 침략이 가중하고 국제 간의 남북대립도 심화되고 있어서 이에 대해서도 대비가 있어야만 하였다는 점 등등은 그 중심이 되는 것이겠다.

셋째는 독립협회의 사상을 좀 더 구체적으로 파악하기 위해서는 회원의 사상을 그 사회적 지위나 신분에 따라 분석적으로 파악하는 작업이 따라야 하지 않았을가 하는 점이다. 본서에서는 여러 계층 여러 계통의 인사로 구성된 회의 사상을 일사불란한 획일적인 논리로 처리하고 있는데, 현실적으로는 그렇지 못한 바가 많았을 것이다. 그들은 서로 이해관계를 달리하고 따라서 회원이 될 때의 동기가 다를 수 있기 때문이다. 그리고 회원이 된 후에도 그 사상이 다를 수 있기 때문이다. 예컨대 신기선은 독립협회의 연장활동인 만민공동회에서 중요한 위치에 있었다고 하는데 그러면서도 동 협회에서는 그를 반협회적인 인사로 규탄하고 있었던 것, 황성신문은 독립신문과는 경영주가 다르면서도 독립협회의 기관지가 되고 있었다고 하는데 그러면서도 독립협회가 해체되고 독립신문이 폐간될 때 이 신문은 그대로 건재할 수 있었던 것 등은 구성회원 간의 그러한 위화성을 보여 주는 것이라고 하겠다.

이러한 일이 아니더라도 독립협회의 운동에 가담하였거나 협조적인 의사표시를 한 諸계층을 신흥사회세력의 이름으로 통합하여 그 사상을 같이하는 것으로 규정할 때에는 얼른 납득이 가지않는 무리가 따르게 된다. 가령 농민전쟁을 겪은 농민층의 견해를, 농민전쟁에서 이들을 탄압소탕한 독립협회창설자(개화파)들의 사상과 동일하다고 한다거나 또는 봉건적인 특권상인으로서의 시전상인의 단체 —— 그것도 수구세력의 두목이 총재가 되어 이끄는 단체가 그것을 해체시키려는 입장에 있었던 독립협회와 사상을 같이하는 자매단체가 되고 있었다고 할 때에는 어리둥절하게 되는 것이다. 그러한 점은 독립협회를 구성하는 제계층의 사상을 분석적으로 검토함으로써 서로 무리없이 연계시킬 수가 있을 것이다. 그리고 그러한 위에서 이를 다시 종합할 때 會 전체의 사상이 추출될 수 있을 것이다.

네째는 독립협회와 관련된 諸 현상을 분석하고 이를 통해서 추출해 낸 이 會의 민족주의에는 불투명한 점이 있으며 따라서 사실이 그러하였다면 거기는 단서가 붙어야 하지 않을가 하는 점이다. 독립협회는 그 민족주의의 한 표현으로서 열강의 이권침탈에 항쟁을 하였는데 본서에 제시된 바에 의하면 그것은 모든 침략자에 대해서가 아니라 諸열강이 남북으로 대결하는 상황 속에서 몇몇 국가에 대해서였으며, 어느 특정한 국가에 대해서는 이를 규탄하지 않았다 - 더욱이 그 규탄을 주장하는 회원이 있었을 때 그 지도층은 그것을 저지시키고 있었다 -. 독립협회에 관한 사회학적인 분석이 이렇게 나타난다면 그 민족주의에는 일정한 한계가 있는 것이며, 그것을 민족주의로 규정하는 데에도 문제가 있는 것이라 하겠다. 사실 이때 독립협회의 지도층은 會나 신문의 창설시기부터 그 활동을 중단하게 될 때까지 그 국가와 밀접한 관계에 있었으며, 따라서 그러한 사실 때문에 당시 동 협회는 매국당이라고 지칭되기도 하고 오늘날에도 어느 역사가는 그 민족주의에 한계가 있음을 지적하고 있는 것이다. 그러므로 이권침탈에 대한 규탄을 이협회의 민족주의 사상으로서 규정하려할 때는 그러한 문제에 대한 음미와 검토가 있어야 하겠다.

　이상은 사회학자의 독립협회연구를 읽고 역사가가 느낀, 그리고 慎교수의 연구를 늘 옆에서 지켜보고 있었던 한 동학이 느낀 몇 가지 점을 열거한 것이지만, 그러나 이러한 지적이 본서의 결함이 됨을 뜻하는 것은 아니다. 그리고 이러한 지적때문에 본서에게 부여된 근래에 드문 勞作이라는 가치가 경감하는 것도 아니다. 본서는 독립협회에 대한 사회학자의 사회학적인 분석과 그 것을 통한 그 사상의 성격을 추출하는 것이 목표로 되어 있으며, 그러한 한에서는 크게 잘못된 점이 없는 까닭이다. 그러면서도 이러한 몇가지 방법 상의 문제를 지적하는 것은 독립협회가 역사적 연구의 대상이기도 하며, 혹 앞으로 있을 慎교수의 독립협회에 대한 역사적 연구에 보탬이 되었으면 하는 우정에서이다.

《한국사연구》 12, 1976. 4.

학술원의 성립과정

　문명국가는 어느 시대에나 그 국가경영을 위해서, 크고 작은 여러 연구기관을 설치하는 것이 일반이다. 조선시기라면 집현전, 규장각 등이 그 예가 되겠다. 그리고 근대국가의 경우라면, 어느 국가이거나 어떤 문제에 대한 전문 연구기관을 많이 거느리는 가운데, 그 국가체제에 따라 그 국가의 학술을 대표하는 學術院 또는 科學院을 두는 것이 또한 일반이다.

　학술원과 과학원은 국가를 대표하는 학술기관이므로, 우리나라의 경우, 일제침략기에는 이 같은 기관이 제도적으로 설치되지 못했다. 이것이 설치되는 것은 일제로부터의 해방, 독립 정부 수립 이후의 일이었다. 제국주의 국가의 침략을 받았다가 해방되고 독립한 국가들에서는, 학술원·과학원 설립이 대개 이같이 늦어졌다. 그동안에는 학문연구의 자주성도 박탈당하고 있었기 때문이다.

그러나 우리나라의 경우 그 학술원·과학원의 성립과정이, 민족해방, 국가독립, 정부 수립 이후 비로소 시작되는 것은 아니었다. 일제 침략 하의 1930년대에 뜻있는 과학자들은 18~19세기의 시대정신, 국가개신 사상의 전통을 계승하며 정다산 逝世百年祭를 계기로, 학술원·과학원에 유사한 민립 중앙아카데미(학술총본부) 설립운동을 전개하였고, 해방이 되자 곧 민립 朝鮮學術院을 설립하고 국가건설에 기여하고자 하였다.

그 후 국토와 민족이 남북으로 분단된 뒤에는, 이때의 경험을 바탕으로 하여 남북에 각각 몇 단계에 걸치면서, 오늘에 보는 바와 같은 국립의 학술원과 과학원을 성립시킬 수 있었다. 중앙아카데미 운동과 조선학술원 설립은 남북 학술원과 과학원이 공유하는 소중한 배경이다. 그런 가운데 본서[대한민국 학술원, 《學術院 60年史》]는 南의 학술원사를 정리하고 있는 것이다.

그러므로 이 총설에서는, 남에서의 학술원 발달의 전체 흐름을 명쾌하게 파악하기 위하여, 학술원 설립운동의 기원에서부터 지금의 〈大韓民國學術院法〉이 성립되기까지, 학술원 발전과정의 단계별 특성을 약술하게 되겠다.[1]

1. 국립 학술원 설립의 역사적 배경

가. 18~19세기의 시대상황과 국가개신의 사상

---

[1] 학술원사 전체의 흐름은 대한민국학술원, 《學術院 50年史》, 2004를 참조. 북의 과학원까지도 포함한 좀 더 구체적인 기술은 김용섭, 《남북 학술원과 과학원의 발달》 지식산업사, 2005에서 살필 수 있다.

임진·병자의 양란기(1592~1636) 이후, 조선왕조는 정치·경제·사회·사상 등 모든 면에서, 구조적 모순이 심화되고 있어서 위기상황이었다. 동양 3국의 전란 격동 속에서 중국에서는 명·청이 교체되고, 일본에서는 풍신·덕천 정권이 교체되었는데, 정작 피해의 당사자인 조선에서는 혼란 속에 시달리면서도 국가가 교체되는 데까지는 이르지 않았다. 그러나 이것이 조선왕조에 득이 된 것만은 아니었다. 조선에서는 너무나도 오랜 세월에 걸쳐 큰 변화를 겪지 못하였으므로 그 후 제국주의 시대에 세상이 변하는데 대한 대응능력을 키우지 못하고 있었다.

물론 조선왕조에서도 세상이 변하고 모순구조가 심화되는데 대한 대응조치가 없었던 것은 아니었다. 정부에서는 《수교집록》, 《속대전》, 《대전통편》, 《대전회통》 등 여러 법전을 편찬, 간행함으로써, 점진적으로나마 국가체제의 변화를 모색하였다. 탕평책, 대동법, 균역법, 양전 시행, 서얼허통, 노비신분의 부분해방 등을 하고, 민의 여론을 듣는 책문 소회, 소원, 순문을 시행함으로써, 모순구조를 다소나마 완화시키고자 노력하기도 하였다.

그러나 조선후기 위기상황의 심도를 이러한 정도의 대책으로서 극복하기는 어려웠다. 위기상황의 근본은 이 시기의 주자학적인 정치사상, 경제제도, 뿌리깊은 신분제도에 있었으므로, 그 위기를 극복하기 위한 대책은, 이 문제를 큰 틀로서 정면으로 타개하지 않으면 안 되었다. 그렇지만 이 문제는 조선왕조의 國定敎學을 부정하는 것이 되고, 조선왕조 지배층의 신분계급적 이해관계를 또한 부정하는 것이 됨으로, 국가와 집권세력이 좀처럼 이를 추진하기 어려웠다.

그래도 이때의 시대상황은 이 문제를 비켜갈 수 없었다. 세론은 이 문제를 타개하고 국가체제를 획기적으로 변혁하거나 개신할 것을 요구하고 있었다. 모순 구조의 심화는 결국 여러 계통으로 민의 항쟁을 유발하고, 그것은 결국 혁명으로 이어질 것이기 때문이었다. 그리하여 이 시기에는 실학파 등 많은 진보적 인사들이, 이 문제에 대한 크고 작은 개혁방안을 論策 또는 저서로 써서 여론을 환기하고 시국을 수습하려 하였다.

18세기 말에는 국왕 정조도 규장각을 설치하여, 귀중도서와 통치 자료를 모은 연구원 겸 도서관을 구성하고, 많은 인사를 모아 經史를 연구 토론케 하며, 도서도 간행케 함으로써, 시대 분위기, 정치사회의 분위기를 쇄신하려 하였다. 그리고 이와 아울러서는, 수시로 전국 각계 각층의 지식인들에게 論·策을 쓰게 하고, 왕은 民瘼을 詢問하며, 이를 통해서 민의를 반영하는 정치를 하려고도 하였다. 농서를 써 바치도록 하는 求言敎를 반포하고, 이렇게 해서 올라오는 〈응지진농서〉를 통해서는, 주자의 농정사상 《농가집성》을 극복하려고도 하였다. 정조는 말하자면 이 시기의 시대상황, 정치상황을 여론을 통해서 극복하고, 국가를 개신하고자 하는 정치를 지향하고 있는 것이었다

정조의 정치쇄신의 구상은 그의 갑작스런 사망으로 좌절되었지만, 그러나 정조의 정치는 시대적 요청을 반영한 것이었으므로, 뜻있는 인사들은 정조의 사망 이후에도 그 정책노선에 따라, 정조가 추구하였던 목표를 달성하기 위하여 연구를 계속하였다. 그중에는 다산 정약용도 있었는데 그 연구는 출중하였다.

다산은 정치가, 관인으로서는 대성하지 못하였다. 그뿐만 아니라 그는 정계에서 추방되기까지 하였다. 그렇지만 학자로서는 후세에까지도 기억에 남을 수 있는 큰 성과를 올리고 있었다. 그는 經學을 깊이 연구하고, 국가개혁에 관한 일표이서(一表二書 : 《經世遺表》, 《牧民心書》, 《欽欽新書》)를 저술함으로써, 그리고 많은 논·책을 저술함으로써, 국가를 동아시아문명, 우리의 전통사상을 통해서 개신하려 하였다. 그는 그것을 '新我舊邦'이라고 하였다. 18~19세기의 시대상황이 요구하는 국가개신의 사상과 방략이, 다산의 연구, 茶山學에 집약된 셈이었다.

나. 20세기 전반 茶山 기념사업과 중앙아카데미 구상

국가가 어려운 상황에 처하면 사람들은 으레 위대한 선인에게 길을
묻는다. 다산은 그러한 인물이었다. 한말부터도 이미 그러하였지만 일
제에게 침략당하여 나라를 잃고 지배를 받던 때는 더욱 그러하였다.
이때에는 일본제국주의가 대륙침략, 태평양전쟁을 본격적으로 시작하
게 되는 때이기도 하였다. 조선이 그것을 위한 후방기지 병참기지화되
고, 조선인의 일본인화와 조선 문화의 말살정책이 절정에 달하는 가운
데, 우리 민족은 방향감각을 잃게 되고 있었다.

지식인 사회를 이끄는 지도자들은 민족 장래를 위해서 진로를 개척
하지 않으면 안 되었다. 그것은 난세를 사는 지식인들의 임무이고 사명
이었다. 그들은 그것을 다산사상으로서 대변하기로 하였다. 1936년은
다산 사망 100주년이 되는 해인데 문화 학술계의 지도자들은 이를 기
회 삼아, 다산의 학문과 개혁사상을 부각시키고, 이를 통해 무언중에
민족해방 민족문화의 진로를 제시하고자 하였다. 그 사업은 세 방향으
로 진행되었다.

그 하나는, 金誠鎭, 鄭寅普, 安在鴻 등 대학자들이 다산의 문집《與
猶堂全書》(76책)를 정리·간행한 일이었다(신조선사, 완간은 1938).

다른 하나는, 정인보, 안재홍, 白南雲, 白樂濬, 安昌浩, 李春昊, 그
밖의 여러 지식인 과학자들이《조선일보》,《동아일보》,《신조선》등을
통해 '정다산 서세백년제'의 학술행사를 대대적으로 전개한 일이었다.

이 학술제에 참여한 인사들은 모두 다산을 찬양하는 글을 쓰되, 그의
큰 틀의 국가개혁사상 — 新我舊邦의 개신사상에 감탄하고 있었다. 그
들은 다산사상이 우리에게 있음을 자랑스럽게 생각하였으며, 그 사상
을 우리의 전통사상이 그때까지 도달한 최선·최신의 사상으로 보고,
그 이념을 비판적으로 계승하여 현대학문과 연계함으로써, 새로운 차

원의 민족문화를 건설해야 할 것으로 생각하였다.

그리고 셋째는, 그러한 사업을 추진하기 위해서는, 그 일을 감당할 수 있는 학술기관이 있어야 할 터인데, 그들은 그것을 중앙아카데미(학술총본부)를 설치함으로써, 그 목표를 달성하고자 하였다. 그들은 이 구상을 다산 기념학술제가 한창 진행 중인 가운데,《동아일보》1936년 1월 1일 신년 학술특집호를 통해서 공개하였다. 이 일은 백남운을 중심한 인사들이 중심이 되었다.

중앙아카데미는, 일제하의 관학에 눌려 침체하고 있는 민족문화 연구를 앙양시키고, 내일의 우리나라 학문을 등에 짊어질 역군, 다시 말하면 민족해방과 신국가를 건설하게 될 때 기여할 수 있는 학술기간부대를 양성하고자 하는 것이었다.《李朝實錄》(그때 명칭)의 번역 등 자료정리를 할 수 있을 것으로 생각하였다. 그들은 그 설치방법까지도 구체적으로 제시하였다. 이는 오늘의 학술원과 흡사하였으나, 오늘의 학술원보다도 그 목표가 뚜렷하였다.

다. 20세기 중반 민족해방과 민립 조선학술원 설립

중앙아카데미 설치 계획은 조선 학술계의 일제에 대한 일종의 독립선언이었다. 이것이 일제에 의해서 용납되기는 어려웠다. 이것은 다만 과학자들의 후일에 대비한 마음의 준비이고, 민족적 자존심의 확인일 뿐이었다. 희생도 따랐다. 그러나 그 후일은 그리 오래 기다리지 않아도 되었다. 그 후 10년, 1945년 8월 15일, 제2차 세계대전이 일제의 무조건 항복, 연합국의 승리로 끝남으로써 우리민족은 일제의 강점으로부터 해방될 수 있었다. 과학자들은 바라던 대로 학술원을 세워 신국가 건설에 기여할 수 있게 되었다.

그러나 이때의 민족해방은 우리가 기다리던 진정한 의미의 민족해방이 아니었다. 미국, 소련, 중국, 영국 등 연합국은 한반도에 대한 이해관계를 달리하고 있었으므로, 그들의 세계정책으로서 한반도를 북위 38도선을 기준으로 남북분단하고, 남에는 미 군정, 북에는 소 군정을 시행했으며, 이어서는 남북에 체제를 달리하는 두 국가를 수립케 하였다. 그리고 그 두 국가를 그들의 동서냉전체제의 최전방에 내세웠다.

우리는 민족 분단만은 후손들을 위해서 한사코 막아야 했으나 노력이 부족하였다. 해방이 되자 여러 정치단체, 사회단체, 문화단체가 우후죽순으로 쏟아져 나왔고, 모두 국가건설의 주체가 될 것임을 내세웠다. 민족 내부의 갈라진 정치 사회세력의 모순구조, 갈등구조도 더욱 심화되었다. 그리고 그것은 6.25의 남북전쟁과 세계의 동서간 전쟁으로까지 확대되었다.

해방이 되었을 때 한민족의 대부분의 과학자 지식인들은 세상이 이렇게까지 될 것은 상상도 못했다. 그들은 해방에는 다소의 파열음이 따른다 하더라도, 일제에게 침략 당했던 우리가 하나의 민족국가로 회복되는 것은 당연한 일이라고 생각했다. 그러나 우리를 둘러싼 세계정세, 한반도정세는 그들이 생각하는 바와는 반대의 방향으로 흘렀다. 제국주의국가들의 제2차 세계대전이 한반도에서는 아직 東西 간 냉전의 형태로 계속되고 있었다. 그래도 과학자, 지식인들은 학문적으로 국가건설에 기여해야 할 것으로 생각하였다. 그들은 해방과 더불어 곧 학술원 조직에 착수하였다.

학술원의 설립은 두 계통에서 발의되고, 하나로 합쳐서 추진되었다. 그 하나는, 10년 전에 중앙아카데미 설립을 구상하였던 백남운계의 인사들이었다. 전문학교 이상의 고등교육기관에 재직 중인 과학자와 사회 저명인사로서의 지식인들이 중심이 되었다. 그들은 10년 동안이나 이 일을 생각해왔으므로 일이 일사천리로 진행되었다.

8월 16일 오후 2시, 서울에 있는 都逢涉, 安東爀, 金良瑕, 李鈞, 許達 등이, YMCA에 모여 조선학술원 설립을 위한 준비회의를 열었다. 허규가 개회선언을, 안동혁이 취지 설명을 하고, 이어서 설립준비위원 (김양하, 허규, 洪命熹, 李源喆, 金鳳集, 崔允植, 도봉섭, 백남운, 尹行重, 申南澈, 趙伯顯, 尹日善, 金晟鎮, 崔容達, 金桂淑, 이균, 尹日重) 17명을 선정하였다. 이들이 그날 저녁 경성공전에서 조선학술원 설립 총회를 개최함으로써, 미리 마련한 暫定規章 - 안동혁, 김양하, 윤행 중 기초- 을 통과시키고(9월 3일에 다시 심의), 이 규장에 따라 기구의 위원을 선정함으로써 조선학술원은 창립되었다. 위원장에는 백남운이 추대되었다.

다른 하나는, 8월 18일 건국준비위원회(여운형) 측의 요청으로, 공업기술 자연과학계를 중핵으로 하는, 정치성을 배제한 순수 학술단체를 조직하게 된 일이었다. 이 일은 건준 측에서 경성공전의 안동혁 교수에게 사람을 보내(후에 부산대학 교수가 된 K씨), 일제가 철수한 후의 산업계와 고등교육기관의 공동화를 막기 위해서는 이러한 대책이 필요하니, 안 교수가 이를 학술원과 연계하여 성사시키면 어떠냐는 제언이 있어서 있게 되었다. 그리하여 결국 새로 출발한 학술원에는 공업·자연과학계의 큰 조직이 추가되고, 따라서 조선학술원은 공업·자연과학계와 인문·사회과학계에 불균형이 있는 조직이 되었다.

그런데 학술원의 일부가 된 공업·자연 과학계에서는, 그 산업현장 고등교육기관과의 관계 등 자연과학이 당면한 중요 과제에 비추어, 그들만의 별도의 조직이 필요하다 하고 朝鮮工業技術聯盟을 조직하게 되었다. 학술원 측에서는 기구의 일원화를 요구했으나 잘 조정되지 않았고, 결국 그 조직은 학술원의 자매단체가 되었다. 좀 시간이 흐르면서 인문사회계에서도 기구 내 연구소 설치계획을 변경하여, 자매기관으로서 民族文化研究所를 설치하고(1946년 5월 6일), 기관지《民族文化》

의 간행과 강좌를 개설하였다. 학술원의 운영은 그들이 처음 구상하였던 바와는 적잖이 차이가 있게 되었다.[2]

라. 조선학술원의 목표 특성 쇠퇴

조선학술원은 그 목표가 학술연구를 통해서 국가발전, 문화발전에 기여한다는 점에서 다른 나라의 학술원과 다르지 않았다. 이 학술원의 기본 목표는, 여러 분야의 과학에 관하여 그 진리를 탐구하려는 것이었다(규장 제3, 4조).

그러나 조선학술원의 목표는 우리의 당시 시대상황이 민족해방과 신국가 건설기라고 하는 특수상황이었음에서 다른 나라의 학술원과 다른 특별한 목표를 또한 지니고 있었다. 그것은 과학의 모든 분야에서 진리를 탐구하고 기술을 연마하여, 그 신국가가 성립되어 국가조직이 완성되고 국책이 확립될 때까지, 국가건설, 신문화건설에 학문적으로 淵叢 [think tank]이 될 것을 당면과제로 삼는다는 것이었다(규장 제1조 및 취지서). 이는 이 단계 조선학술원의 큰 특징이었다.

그러므로 이때의 조선학술원 설립의 주체들은, 이 목표를 달성하기 위하여 유능한 전문 학자, 지도적 기술자들과 좌·우·중도를 막론하고 대동 집결하여, 이 학술원을 조직하고, 새로 건설될 신국가의 국가체제·경제체제·사회 문화의 성격을 규정할 수 있는 핵심문제에 대한 과학적 토의를 거듭하기도 하였다. 신국가에 대한 확신을 갖고자 함이었다. 그러나 그러면서도 조선학술원은 당시의 시점에서는 정치적으로 不偏不黨할 것을 대전제로 하였다.

---

2) 도상록, 〈조선학술원〉, 《학술》 (해방기념논문집), 제1집, 1946, 서울신문사 출판국 참조.

　따라서 조선학술원은 우선은 국가가 건설되고 정부가 수립될 때까지 잠정적으로 존속하며 활동할 기관이었으며, 그 후에는 국립의 학술원이 되어 정상적인 학술활동을 하게 될 것으로 기대되는 기관이었다.

　이 같은 조선학술원은 이밖에도 이 단계 학술원으로서의 성격 특성을 크게 드러내는 점이 있었다. 그것은 이 시기는 우리나라가 서양사상, 서구문명을 수용하여 제2차 문명전환을 하는 때였는데, 이 학술원을 설립한 주체들은 그 문명전환을 서양사상 수용에만 열중하지 않았고, 우리의 전통사상 중에서도 앞서가는 선진적 사상을 바탕으로, 우리 역사, 우리 문화를 발전적으로 이해하며, 우리의 입장에서 양자를 종합하고 통합하여 우리의 신문명 신문화를 건설하고자 하였다는 점이다. 이는 우리의 제1차 문명전환에서의 방법 자세와 같은 것이었다.

　그 선진사상은, 그보다 10년 전 그들이 다산의 서세 100년을 기념하여, 18~19세기의 우리나라 사상을 연구 개발하되, 그것이 다산학으로 집약되는 국가개신의 사상이었던 것으로 파악하고, 이를 기반으로 중앙아카데미 설립운동을 벌였던 그 개혁사상이었다. 특히 그 바탕에는 정조가 많은 논·책·소를 써내는 진보적인 학자 지식인들을 규장각을 중심으로 모아, 이 시기의 사회모순을 타개하고 국가를 개신코자 한 사상계의 풍토가 있었다. 조선학술원은 말하자면 우리의 18~19세기 선진 국가개신의 사상과 그 풍토를 계승하면서, 그들 시대의 국가건설 신문화 건설을 문명전환 차원에서 추진하고 있는 것이었다. 그들은 이러한 목표를 지속적으로 추진해나가기 위해서, 학술요원을 육성하고, 연구소 도서관도 설치할 것을 구상하고 있었다.

　조선학술원은 학술단체이면서 국가건설 운동을 하고 있는 정치단체이기도 하였다. 이는 당시의 시대상황이 과학자들도 국가건설에 동참해야 한다는 시대 분위기에서 연유하였던 것이지만, 그러나 이는 조선학술원을 학술단체로서 지속적으로 발전시켜 나가기 어렵게 하는 바가 되게도 하였다. 뿐만 아니라 정치단체로서도 학술원 조직으로서는 성공하기 어려웠을 것이라고 생각된다. 정치를 지향한다면 정치단체로서의 정도를 가는 것이 순리이기 때문이다.

조선학술원은 출발할 때 그 정치적 입장을 여러 계통 학자들이 불편부당하고 대동단결할 것으로 표방하였지만, 남북분단의 장기화가 거의 확실시되고 신탁통치의 말까지 나오게 되었을 때, 국가건설을 목표로 하는 조선학술원의 회원들이 정치적으로 무관심이 되기는 어려웠다. 그 위원장 백남운도 같은 생각이어서 그는 신민당에 참여하고 위원장이 되었다(1946년 3월). 그는 학문과 정치를 병행하고자 하였으며, 이 단계에서는 그것이 가능할 것으로 생각하였다. 그러나 두 목표를 다 달성하는 것은 어려운 일이었으며, 이는 그가 조선학술원을 포기하고 정치가로 전신하는 과정이 되었다. 그리고 이어서는 평양으로 북상하였다(1947). 조선학술원은 학술기관으로서 더이상 지속되기 어려웠다.

2. 문화보호법 및 신문화보호법과 학술원

가. 1951년 문화인의 전시과학연구소 설립

남북이 분단된 상황에서 해방정국의 정치 사회적 혼란은 남북 사이의 분단의 골을 더욱 깊어지게 하고, 사회계급상 이해관계와 정치이념상의 갈등을 한층 더 심화시켰다. 모든 분야가 좌우대립의 국면으로 경직되고, 남북에 체제를 달리하는 두 국가가 건설되었다. 그리고 이어서는 6.25의 남북전쟁이 발발하게 되었으며, 이것은 동서 간 세계전쟁으로까지 확대되었다.

민족 전체가 남북으로 갈리는데 학술계 지식인 사회라고 예외일 수
는 없었다. 조선학술원에 회원으로 속해 있었던 과학자, 지식인들도
마찬가지이었다. 그들은 국가발전, 문화발전이 있기 위해서는 국가차
원, 민족차원의 고도한 정책목표까지도 다룰 수 있는 학술원, 과학원이
필요하다고 생각하는 인사들이었다. 그러므로 그들은 남북으로 갈린
후에도 조선학술원 시절의 경험을 살려서, 각각 남북에서 필요로 하는
학술원, 과학원의 설립을 추진하는 주역이 되었다.

단, 학술원, 과학원을 직접 설립하는 것이 아니라, 북에서는 그것을
정부(교육성)가 정부기구 내에 설치되어 있는 "정치경제학 아카데미
야"(1949)를 통해서, 그리고 남에서는 그것을 문화인을 중심한 민립의
"戰時科學硏究所"(1951)를 거쳐서 이루고 있었다. 이 연구소는 전시
하에 학술원으로 가는 架橋이었다.

이 연구소는, 6.25 전쟁 중 서울 등지에서 임시수도 부산으로 피난
온 과학자, 지식인들에 의해서 전시 하의 종합 과학연구소로서 설립되
었다. 그런 가운데서도 중심이 된 것은 조선학술원의 회원이었던 인사
들과 피난 온 대학의 교수들이었다.

조선학술원의 회원이었던 인사들 가운데서도, 이때 이 연구소를 설
치하는데 주역이 되었던 사람들은 군 기관에 이런저런 명의의 군속 고
문으로 근무하고 있었던 인사들이었다.[3] 전시 하의 문화인의 생활은
비참하였는데, 이들은 군 기관에 근무함으로써 생활문제도 해결하고
차량, 통신 등 기동력이 있어서 일을 추진하는데 중심이 될 수 있었다.

그런 인사들 가운데서도 특히 중추적인 역할을 한 것은 조선학술원
시절의 상임위원으로 서기국 기획과에서 능력을 발휘하였던 김동일 위
원이었던 것으로 생각된다. 그가 조선학술원 시절의 노 회원으로 상임

---

3) 《남북 학술원과 과학원의 발달》, 71쪽, 주 13 참조.

위원이며 의학부장이었던 윤일선 위원 및 상임위원이며 역사철학 부장
이었던 이병도 위원과 상의하고, 다른 학자들과도 의논한 가운데 일을
추진하였던 것으로 이해된다. 이 두 노학자는 후배 학자들이 전시 하의
학계를 끌어가는데 支柱가 되고 있었다. 그리하여 많은 학자들이 이
연구소의 창립에 참여하는 가운데, 전시과학연구소를 창립하고 그 규
약을 정하였다(1951년 5월 13일). 그는 연구소의 소장으로 선출되었
으며, 기관지 《戰時科學》(1951)의 간행에서는 장문의 창간사를 쓰기도
하였다.

　전시과학연구소의 목표는 정부와 학계에 진로를 지시할 수 있는 지
적 사령탑, 淵叢이 없는 가운데 戰時 하라고 하는 특별한 상황에서였지
만, 스스로 국립 학술원의 역할을 하겠다고 자처하고 나선 것이었다.
그 연구소의 구성원은 당대의 학자들이 다 모인 것이어서, 그 조직을
조금만 조정하면 그대로 국립 학술원이 될 수 있는 것이었다.

　그러나 이 연구소의 활동이 정부의 전쟁수행에 협력만 한 것은 아니
었다. 기관지 《전시과학》을 통해서는 대학자들이, 전쟁을 수행하고 있
는 정부에 문화인 대책, 문화정책이 없음을 혹독하게 비판하기도 하고,
「개헌론 시비」를 게재함으로서 자유당 이승만 정권을 비판하기도 하였
다. 이는 문화인의 멸종이 논의될 만큼 문화세계가 침체된 상황에서,
문화인의 사기를 진작하고 정부 비판의 세론을 조성하는 것이 되기도
하였다.4)

나. 1952년 국회와 정부의 문화보호법 제정과 학술원 창립

　1) 문화보호법의 제정

---

4) 전시과학연구소, 《전시과학》 창간호, 1951, 부산, 참조.

6·25의 남북전쟁은 1952년에 들면서 새로운 국면으로 전개되었다. 휴전 협상의 전망이 밝아지고 있었으며, 따라서 정부와 학술계에서는 휴전 후의 전후 복구, 재건을 위한 준비를 하지 않으면 안 되었다. 전후의 복구, 재건을 위해서는 무엇보다 먼저 모든 분야에서 전문지식을 갖춘 인재를 육성하는 것이 필요하였다. 이미 양성된 과학자, 문화인은 더이상 희생되지 않도록 보호해야 했다. 정부에서는 대학교육을 강화하고, 교수 수급을 위한 특별 조치를 취하기도 하였다. 그리고 학계에서는 전공분야에 따라 그 학문의 수준을 높이기 위해서 학회를 조직하고 학보를 간행하였다. 국어국문학회, 역사학회, 한국경제학회, 한국물리학회 등이 이때 창립되었다.

이러한 대책과 아울러 과학자들은 국가발전, 문화발전을 위해서는 국가를 대표하는 학술원을 창립하여, 업적이 두드러진 유능한 과학자를 선발하여 예우하는 가운데 그 학문을 계속 연마토록 하며, 아울러 민족 국가의 진로를 제시하고 민족 문화를 이끌어갈 차원 높은 학술원으로 육성하는 것이 필요하다고 생각하였다. 그래서 전시과학연구소의 지도자들은 실제로 정부에 학술원 설립을 건의하기도 하고, 그들의 사랑방 토론을 통해 국회에 막후교섭을 하기도 하였다.[5]

당시의 정부는 학술계, 문화계의 이러한 동향에 무관심할 수 없었다. 이때의 문교부장관은 연희대학교의 백낙준 총장이었는데, 그는 일제하의 중앙아카데미 설립운동에도 참여했으므로, 학술원을 설립하고 고급지성을 망라하여 학문, 특히 민족문화를 발전시켜야 한다는 점에 관해서는 누구 못지않게 열성이었다. 그는 학술계, 언론계, 정계에 분위기가 조성되는 것을 기다려서 국회와 더불어 이 일을 추진하여 〈文化保護法〉(1952년 8월 7일)을 성사시키고, 학술원과 藝術院을 창립케 하였

---

5) 초창기 회원의 회고담.

다. 이 법은 전4장 30조와 부칙으로 구성된다.

그러나 문화보호법은 그 운영을 위한 행정체계가 뒤따르지 않았고, 회원을 文化人登錄을 통해 선거제로 선출해야 하는 규정으로 인해 입법은 하였으나 학술원을 창립, 개원하는 데까지는 시간이 많이 걸렸다 (개원식 1954년 7월 17일). 초대, 제2대 회장에는 앞에서 언급한 윤일선, 이병도 회원이 선출되고 여러 차례 연임하는 예우를 받았다.

2) 문화보호법 학술원의 특성

문화 학술계에서는 오래 전부터 국가를 대표하는 학술원을 건설하고자 하였으므로, 문화보호법 안에서이기는 하였지만, 학술원이 그 일부로서 성립되었음은 반가운 일이 아닐 수 없었다. 그러나 이 법이 공포되었을 때 문화 학술계 특히 조선학술원을 아는 인사들은 냉담하였고, 그것은 그들의 환영을 받을 만한 것이 되지 못하였다. 그것은 몇 가지 점에서 국가를 대표하는 학술원의 규정으로서 적절하지 못하다고 판단되었기 때문이었다. 그러므로 이 총설에서는 이 단계의 학술원이 어떠한 특성을 지니고 있었는지, 살펴두는 것이 필요하다 하겠다. 우리는 그것을 몇 계통으로 추적하는 가운데 비교하고 종합해 볼 수 있다.

가) 학술원 법규의 문제점

먼저 살펴야 할 것은 문화보호법 학술원에서 문제가 되는 법 자체이다. 몇 가지 예를 들어보기로 하겠다.

문화보호법은 명칭이 보호법인데 국가를 대표하는 학술원법을 제정하면서, 그 법의 명칭을 보호법이라고 한 것은 적절해 보이지 않는다. 조선학술원을 건설하였던 과학자들이 그 학술원을 건설하였던 이유는, 그들이 습득한 높은 학식으로서 해방 후 신국가 신문화를 건설함에 있어서 '淵叢'이 되고자 하는 차원이 높은 것이었는데, 문화보호법에서는 학술원을 정부 아래에 두고 보호하겠다는 것이었다. 학술원을 생각하는 자세가 근본적으로 달랐다. 더욱이 보호라는 용어는 신축성 있게 쓰여질 수 있는 부정적인 뜻을 갖는 용어이기도 하였다.

문화보호법의 학술원은 국내외에 대하여, 과학자를 대표하는 학술기관이라고 하였지만(제4조), 그러나 그 회원의 구성을 보면 한 나라를 대표하는 과학자라고 보기 어려운 회원들이 있었다. 회원자격 대학 졸업 후 3년 이상 학술연구에 종사한 연구자(제7조)로서, 회원이 된 사람이 그 예이다. 老大家는 그 수가 적었다. 이를 통해서 보면 이때의 학술원은 당당한 대학자들로 구성된 학술연구기관이 아니라, 소수의 선배 회원들이 다수의 등급제, 차등제로 구성된 후배회원들을 지도 육성하고 있는, 초창기 '부生'(안동혁 회원의 표현)의 학술원이었다고 하겠다. 고지식한 인사들에게는 이러한 학술원이 탐탁하게 보일 수가 없었다.

그러나 그러면서도 이때의 학술원은, 그 회원을 모두 정부가 임명하는 것이 아니라, 문화인등록을 하고 심사를 받은 문화인들이 자율적으로 선거하고 운영하는 자율적 학술기관이었다(제7, 8조). 이는 학술원의 어용화를 막기 위해서였다고 하나(초창기 회원의 회고담), 지극히 번거로운 일이었다.

그러면 그 학술원이 성취하고자 하는 궁극목표는 무엇이었는가? 문화보호법의 제1조는 그것을 말해준다. 학술원에 관해서만 압축해서 말한다면 그것은 회원들의 학문의 자유를 보장하고 그 지위를 향상시킴으로써, '민족문화의 창조 발전에 공헌'케 하려는데 있었다. 우리가 살아온 지난 날의 전통문화, 역사적 배경과의 관계는 언급함이 없이 앞날의 민족문화의 창조, 발전만을 내세우고 있었다. 법 입안자는 문화보호법을 당시의 헌법(〈제헌헌법〉)에 의거하여 기초하고 있었으므로 여기서 '민족문화의 창조'라는 표현은 '민주주의적 민족문화의 창조'라는 뜻이 되겠다. 그러나 그러면서도 민족문화에 관해서는 다른 설명이 없으므로, 우리는 학술원의 목표를 이 '창조'라는 용어와 관련시켜 이해하는 수밖에 없겠다. 그렇다면 우리에게는 과거에 훌륭한 민족문화의 전통이 없거나, 있어도 신통치 않으므로 다 버리고 이제부터는 새로운 민주주의적 민족문화만을 창조하여 발전시켜 나가자는 뜻이 되겠다.

나) 학술원 법규에 대한 각계의 반응

일국의 학술원이 그 목표를 이같이 정한데 우리는 어리둥절하지 않을 수 없다. 1930년대 이래로 학술원 설립운동을 해온 선배 학자들의 자기문화 인식과는 정반대됨을 알 수 있다. 이로써 학술원은 개회식에서부터 그 후 한동안 자기문화 인식이 명쾌하지 못했고, 혼선이 있게 되었다. 그러나 이 법은 법률로서 이미 공포되었으므로 학술원은 이를 그대로 따를 수밖에 없었다. 그것을 이 시기 국회·입법부의 사상이었다고 보면 특히 더 그러하였다. 그런 점에서 이를 그대로 받아들인 당시 학술원도, 그 초창기의 미숙성을 보여주는 것이라고 하겠다.

법 입안자의 입법 자세 : 문화보호법은 국회에서 이재학 문교사회위원장의 지시로, 이항녕 전문위원이 문교부와 의논하며 기초한 것이었다. 이항녕 위원은 일제 말년에 경성제국대학을 졸업했으며, 재학 중 일본 고등문관시험 행정과에 합격했다. 조선총독부를 거쳐 하동군수, 창녕군수를 지냈다. 그러므로 그의 정치사상이나 우리 문화를 인식하는 자세도 이 무렵에 그가 경험한 바에 의해서, 시대가 달라지면 법도 달라지는 것이라고, 그 기본이 형성되었을 것으로 짐작된다.

그는 해방 후에도 경남지방에서 지방관청과 초등학교 중학교 부산 동아대학교에 근무하였던 관계로 서울 학계, 특히 조선학술원의 동향을 모르는 가운데 이 법안을 기초하고 있었다(초창기 회원의 회고담).

그는 일제하에 중앙 아카데미 운동을 한 사람들이나, 해방 후에 조선학술원을 세운 사람들과 학문적, 정치적 계보를 달리하는 인물이었다.

대통령의 개원식 축사 : 다음은 문화보호법의 법안을 최종적으로 결재 서명한 이승만 대통령의 학술원 개원식에서의 축사를 통해서이다. 개원식에는 본인이 참석하지 못하고, 변영태 국무총리(학술원 창립준비위원)가 그 축사를 대독하였다. 이에 따르면 이 대통령의 우리 문화에 대한 인식은 문화보호법 기초자의 그것과 근본적으로 달랐다. 그 내용의 요점은 대략 다음과 같았다.

우리는 역사적으로 문명국이고 선진국이었으나 - 禮義文明國-, 지난 4, 50년 동안에 우리가 정치를 잘못하여 일제의 침략을 받고 그 압제 하에서 퇴보의 길을 걸어왔다. 그러나 이제는 자유를 찾고 국가를 건설하고 통일을 지향하고 있으니, 학술원과 그 회원들은 모든 능력을 다 발휘하여 우리 민족의 고유한 문화전통의 장점-고유한 신발명의 기능과 지혜-을 계승, 발전시켜서 지나간 반백 년 동안에 일제 침략으로 잃어버린 시간, 민족문화의 모든 것을 원상으로 회복시켜야 한다는 것이었다.

그는 미국에서 세계 여러 나라 민족의 학생들을 다 보았으므로, 우리 문화에 대한 자부심을 가질 수 있었으며, 따라서 이 같은 내용의 확신에 찬 축사를 하였던 것으로 이해된다.

학술원의 개회식 선언문 : 셋째는 학술원이 그 개원식에서 보여준 학술원선언문을 통해서이다. 이에 따르면 학술원은 문화보호법의 입안자와 대통령, 입법부와 행정부 사이에서 난처했던 것으로 보인다. 그러나 난세를 살아온 역전의 학술원 지도자들은 그 두 견해를 일면 긍정하고 일면 비판하면서, 그들의 견해를 강도 높은 목소리로 제시하였다.

그러면서도 양자의 시비를 가리는 자세는 어느 쪽인가 하면, 대통령의 견해를 혹독하게 비판하는 경향을 보이고 있었다. 그 요지는 대략 다음과 같았다.

우리 민족은 원래 문화민족으로서 학문을 애호하는 지성의 소유자였다. 이 지성으로서 각 시대의 난국을 타개하고 국가, 사회, 문화를 발전시켜온 것도 사실이었다. 그러나 근세 이래로는 우리 사회의 파행성과 외래의 신문명, 신사상을 적절히 조정, 수용하지 못한 데서 문화적 사상적 혼란을 면치 못한 채 −남북전쟁− 오늘에까지 이르렀다는 것이었다. 그러므로 이 민족적, 문화적, 사상적 위기는 극복하지 않으면 안 되는데, 그러기 위해서는 우리 과거의 전통문화를 재비판, 재검토하여 비판적으로 계승하는 동시에, 과학적인 현대문명의 精粹(민주주의의 사상과 사회)까지도 집대성한 '새롭고 참다운 민족문화를 건설'하지 않으면 안 된다는 것이었다. 이는 문화보호법의 '민족문화의 창조 발전' 운운을 그대로 받아, 학술원 입장에서 보충 설명한 것이었다. 그리고 그러기 위해서는, 학술원이 그 '새롭고 건전한 민족문화의 재건의 지표와 실천의 구체안을 확립해야 한다.'는 것이었다.

학술원은 문화보호법의 정신, 따라서 그 법이 의거하고 있는 〈제헌헌법〉의 정신으로, '새롭고 참다운 민족문화를 건설'함으로써, 민족적 위기도 타개하고자 하는 것이었다고 하겠다. 요컨대 이들의 우리 문화 인식의 자세는 3자 3색이었다. 이때의 학술원은 과학자들이 구상해 온 학술원이 아니었으며, 준비 없이 태어난 조생아와 같았다. 입법부, 행정부, 학술원은 학술원 설립의 목표, 자기문화 인식에서조차도 일체화하지 못하고 혼선을 일으키고 있었다. 이 같은 상황에서는 문화보호법 학술원이 순탄하게 발전하기 어려웠다.

다. 1961년 정부의 문화보호법 학술원 개혁 시도

문화보호법 학술원은 그 후 군사정권하에서 두 차례에 걸쳐 큰 변화를 맞게 되었다. 한 번은 개혁의 시도로 그쳤고, 다른 한 번은 실제로 개혁이 실현되었다. 정부가 이같이 학술원에 대한 개혁정책을 추구한 것은, 문화보호법 학술원에는 한 나라를 대표하는 학술기관으로서, 근본적으로 문제가 있다고 보았기 때문이었다. 이는 학술원에 대한 세상의 여론과 무관하지 않았다. 세상에서는 문화보호법 학술원의 존재의의에 대하여 많은 의문을 제기하고, 회원들의 무사안일을 혹독하게 비판하고 있었다.

학술원 개혁의 첫 번째 시도는 1961년의 군사정권이 國家再建最高會議를 설치하고, 국가개혁 차원에서 학술원을 축소하거나, 정부가 구상하는 거대한 民族文化科學硏究院으로 흡수 통합하려는 것이었다. 중국의 과학원에 유사한 기관이었다. 이 구상은 그 계획 자체가 변동되고, 학술원 측의 끈질긴 대정부 설득과 학술원 측의 학술원 개혁방안 -〈학술원 법안〉- 제시도 있어서, 문화보호법 학술원은 그대로 유지될 수 있었다. 그러나 그 학술원이 안고 있는 문제점이 해결된 것은 아니었다.

라. 1981년 정부의 신문화보호법 제정과 학술원 변동

학술원 개혁의 두 번째 시도는, 1981년의 신군부의 정부에 의해서 단행되었다. 박 대통령 피격 후 민주화운동의 물결을 진압하고 등장한 신군부는 國家保衛立法會議를 설치하고 국정 전반을 쇄신하고 질서를 확립하려 하였다. 그러기 위해서는 정부가 학술·문화계의 지적 연원인 학술원도 장악하고 이를 개혁하여, 정부정책에 적극 협력하는 연구원으로 개조할 필요가 있었다.

물론 이때에는 학술원에 대한 사회적 비판이 앞에서 언급한 것보다 두 가지 면으로 더 확산되고 심화되고 있었으므로, 이를 수습하는 차원에서도 학술원 개혁론은 제기될 수 있었다. 그 하나는 학술원은 회원 영입에서 폐쇄적이라는 것이고, 다른 하나는 학술원의 연구는 활성화되지 못하고 있다는 것이었다. 그러므로 문교부는 학술원 개혁의 문제를 이 두 가지 문제에 초점을 맞추어 구래의 문화보호법을 新문화보호법으로 개혁하게 되었다.[6]

이 법으로 개혁된 학술원은, 회원을 등급제, 정년제로 구성하고, 그 정원수를 대폭 확대하며, 최초 회원의 선발은 문교부장관이 제청 임명토록 하였다. 학술원의 기능을 국내외에 대하여 과학자의 대표기관으로서 학술 진흥에 기여케 함은 종전과 같았으나, 정부의 과학행정·어문행정·교육행정 및 문화정책 그리고 국민정신교육에 관한 사항 등에 관하여 정부의 자문에 응하거나 직접 참여하여 협력함으로써, 과학발전에 기여토록 하는 등 그 변화의 폭이 넓었다.

이를 통해서 보면, 신문화보호법의 학술원은 순수 학술연구에 주목표를 두고 개혁한 것이 아니라, 종래의 학술원을 군사정권 문교부 산하의 일종의 교육연구원으로 개편하고자 한데 그 주목표가 있었던 것이라고 하겠다.

---

6) 문화보호법 개정법률 : 문화보호법 제4차 개정.

3. 대한민국학술원법과 그 학술원

가. 민주화의 물결과 새로운 학술원법 제정

신문화보호법은 신군부가 문화보호법 학술원에 대한 사회적 비판 여론을 배경으로 단행한 개혁이었지만, 그러나 이때에는 군사정권 자체를 부정하고 비판하는 보다 높은 차원의 세론이 또한 형성 진행되고 있었다. 정계에서는 신군부의 군사통치를 종식시키고 민주주의를 회복시키려는 움직임이 일고, 사회단체, 종교계, 지식인, 학생층 사이에서는 군사통치를 비판하고 민주화를 외치는 물결이 바다 저쪽으로부터 밀려오는 해일과 같이 일어났다.

민주화의 물결은 학술원 내에서도 일어나고 있었다. 신군부의 학술문화정책이 더이상 지속되기는 어려웠다. 신군부가 등장하여 문화보호법을 개혁하려 할 때, 학술원은 이에 반대하는 성명서를 내고 사퇴서를 쓰는 등의 방법으로 그것을 거부하였으나, 이제는 그 신군부가 개혁한 신문화보호법 자체를 부정하고 이를 재개혁하자는 여론이 일어났다. 그리고 차제에 그들의 본래 구상인, 학술원을 예술원과 분리하여 독자적인 학술원으로 창립하자는 여론이 강하게 제기되었다. 이는 1962년에 '학술원 법안'으로 이미 시도한 바 있었으므로 어려운 일이 아니었다.

이러한 여론을 실현시키는 작업은 1987년 6·29 선언 이후 결실을 볼 수 있게 되었다. 沈鍾燮 회장 임기(1983년~1988년)에서 徐燉珏 회장 임기(1988년~1991년)에 이르는 사이였다. 심 회장이 새로 취임하여 학술원의 활성화 방안을 논의하였을 때, 절대다수 회원들의 의견은 무엇보다도 신군부에서 개정한 신문화보호법을 재개혁해야 한다는 것이었다.

신문화보호법을 재개혁하기 위해서 학술원과 예술원이 공동으로 신문화보호법 재개혁 특별위원회를 구성하였다. 위원장에 심종섭 학술원회장, 학술원측 위원에 趙幾濬, 서돈각 회원, 예술원측 위원에 金東里, 李海浪 회원이 지명되었다. 서돈각 회원이 법학자였으므로 법안을 작성하는데 어려움은 없었다. 학술원에서는 임원회에서 이 법안에 대한 협의를 거쳐, 국회와 정부에 그 입법화운동을 전개하였다. 그리고 그것은 1988년 12월 31일, 〈대한민국학술원법〉(이하 '학술원법'으로 약칭, 예술원은 〈대한민국예술원법〉)으로 제정되었다. 신군부에서 개정하였던 〈신문화보호법〉은 폐기되었다.

나. 학술원법이 종래 학술원 원칙 조정 개혁

특별위원회가 새로운 학술원법을 입안함에 있어서는 종래의 학술원 규정들을 모두 폐기하고 새로운 획기적인 법안을 마련하거나, 종래의 학술원과 근본적으로 다른 새로운 획기적인 학술원을 구성하려는 것은 아니었다. 그것은 앞에서 언급하였던 바와 같이, 과거에 국회와 군사정권의 문교부가 입안하였던 바 학술원 규정 중에 있는 문제점, 그래서 학술원에서 늘 비판의 대상이 되었던 몇 가지 원칙들을 재조정하고 개혁하려는 것이었다.

1) 학술원법의 학술원 기구조정과 학술교류
그러한 사정을 우리는 학술원법을 살핌으로서 확인할 수 있다. 그것을 우리는 다음과 같이 정리할 수 있다.

가) 학술원을 독립된 학술연구기관으로 설치한다.

이번 학술원법 입안에서 위원들은 학술원을 명칭 그대로 – 대한민국 학술원법 – 독자적인 학술연구기관으로 독립시키고자 하였다. 문화보호법 및 신문화보호법에서는 학술원을 예술원과 묶어서 하나의 문화보호법으로 제정하고 있었는데, 이번 법 제정에서는 학술원과 예술원을 법제를 달리하는 독립기관으로 분리시키고 자립시킨 것이다. 이는 1952년 전시 하에 제정된 문화보호법 학술원이 정부의 문화인 '보호' 정책과 관련하여 발족하였고, 따라서 학술원은 정부의 신축성 있는 '보호' 정책하에 있을 수밖에 없었는데, 이제는 학술원이 그간 내적으로 성장하고 충실해져서, 자립이 가능하게 된 것이다.

나) 학술원은 순수 학술연구기관으로 국가의 대표 학술기관이 된다.
학술원법에서는 학술원이 순수 학술연구기관임을 재확인하고, 그러한 점에서 국내외에 대한 과학자의 대표 학술기관이 되게 하였다. 즉 신문화보호법에서는 학술원을 다분히 문교부 산하 교육연구원과 같이 개정하였었는데, 이번 법제정에서는 이에서 탈출하여, 본래 학술원의 순수 학술연구 기능을 재확립한 것이다. 그러기 위해서는 그 회원이 될 수 있는 자격요건을, 지금 우리가 아는 바와 같은 규정으로 – 대학 졸업 후 20년 이상 연구경력, 학술발전에 현저한 공적이 있는 과학자 – 대폭 강화하지 않으면 안 되었다.

다) 학술원은 독립된 학술연구기관으로서 자율적으로 운영한다.
학술원법에서는 학술원을 국가의 최고 수준의 과학자들이 모이는 독립된 학술연구기관으로서, 그 원무를 학술원이 자율적으로 운영할 것임을 재확인하였다. 이는 문화보호법에서 본래 그러하였으나 신문화보호법이 이를 개정하여 '학술원은 문교부장관이 관리한다'라고 하여, 학술원을 그 문교부장관 관리하에 두도록 하였는데, 이번 학술원법에서는 이를 다시 삭제하여 문화보호법의 자율적 운영권을 되찾고, 이를 새로운 학술원의 권리로 재확립하였다.

그러나 이 문제는 전체 정부기구의 조직문제와 깊이 관련되므로, 학술원법에서는 문교부장관(뒤의 교육부장관)과 학술원과의 관계를 법제상으로 명쾌하게 정리하지 않으면 안 되었다.

그리하여 학술원법 입안자들은 1990년에 이르러, 개정법률로서 신문화보호법이 '학술원은 문교부장관이 관리한다' 한 것을, 학술원법에서는 '문교부장관은 학술원의 활동을 지원하여야 한다'로 조정하였다(제17조). 이는 학술원이 문교부에 상하관계로 직속하는 관료제적인 기관이 아니라 정부기구 옆에 병렬해 있는 국가를 대표하는 상징적 연구기관으로서, 그 업무의 성격상 행정적으로는 문교부의 지원을 받는다는 것을 말함이었다. 이는 학술원이 학술연구기관으로서 그만큼 충실해지고 성장하였음을 반영하는 것이었다고 하겠다.

라) 학술원은 비관료제적 학술기관으로 민주적으로 운영한다.

뿐만 아니라 학술원은 스스로도 비관료제적 학술기관일 것을 추구하였다. 학술원이 성립되는 배경에서 −조선학술원, 전시과학연구소− 보면, 이 기관은 관료제적 사령탑의 방향으로 갈 수도 있었다. 그러나 학술원은 회원을 150명씩이나 확보하고 있으면서도 그 방향을 택하지 않았다. 법 입안자들은 학술원이 비관료제적 국가의 상징적 대표 학술기관이기를 바랐다. 문화보호법이나 신문화보호법이 정하였던 회원의 등급제 차등제도 수평형 회원제로 개혁하였으며, 각종 회의도 민주적으로 운영하도록 하였다.

마) 학술원은 국제학술기구에 가입하고 학술을 교류한다.

이 법에서는 학술원을 국내외에 대한 과학자의 대표 학술기관으로서 그 수행해야 할 학술발전에 관한 여러 가지 사업을 구체적으로 명시하였는데, 거기에는 3항으로서 '국내외 학술의 교류 및 학술행사 개최'가 있었다. 이 항은 문화보호법에서는 그 법규상에다 명시하지 않은 사항이었다. 문화보호법이 '민족문화의 창조 발전'은 강조하면서, '국내외 학술의 교류' 문제를 언급하지 않은 것은 이 법안의 아쉬운 점이었다.

그러므로 문화보호법 학술원에서는 그 출발부터 '민족문화의 창조 발전'은 '국내외 학술 교류'가 있을 때, 그 성과가 더 큰 것이라고 하는 비판의 소리가 나오기도 하고, 학술원 선언문에서는 3항에 학술교류 문제를 보완 설명함으로써 후진성을 극복하겠노라고 선언하기도 하였다. 뿐만 아니라 1957년부터는 실제로 국제학술기구에 참여하여 학술교류 문화교류에 나서기도 하였다. 이때는 우리의 자주적인 제2차 문명전환의 시기였으므로, 국내외의 학술교류는 필수적이었으며, 이를 거부하면 문명의 대열에서 낙오하게 마련이었다.

학술원법에서는 문화보호법 단계의 이러한 사정들을 종합하는 가운데, 그 학술원 기능을 위와 같이 법제화하고 정착시키게 되었다.

2) 학술원법의 학술원 설치목표 조정 개혁

그러나 학술원법에서는 신문화보호법의 불합리한 조항을 조정할 뿐만 아니라, 문화보호법 이래의 오랜 역사를 가진 학술원 규정이라도 그것이 시세에 맞지 않는다고 판단하면 이를 크게 조정, 개혁하고 있었다. 민족이니 민족문화니 하는 이념성 용어 목표를 피해가고 있었음은 그 단적인 표현이었다. 이는 학술원법 단계의 학술원이 전 학술원의 발전과정에서 보여준 한 특성이기도 하였다.

즉, 문화보호법 따라서 신문화보호법에서도 그 학술원 설치의 목표를 '학문의 자유를 보장하고 과학자의 지위를 향상시킴으로써 민족문화의 창조 발전에 공헌케 한다'(제1조)라고 하였는데, 학술원법에서는 이를 '대한민국학술원을 설치하여 학술발전에 현저한 공적이 있는 과학자를 우대 지원하고, 학술연구와 그 지원사업을 행함으로써 학술발전에 이바지하게 한다.'(제1조)로 조정하고 있었다.

여기서 주목되는 점은, 두 문화보호법이 강조한 학술원 설치의 목표 '민족문화의 창조 발전' 운운을 학술원법에서는 삭제하고 있는 점이다. 이 목표를 삭제한 데는, 이로 인한 문화보호법 학술원 출발 당시 있었던 자기문화 인식상의 혼란이라던가, 이 시점의 여러 가지 정치사정이 고려되었겠지만 이 법안의 입안자들은 무엇보다도 이제는 시대가 많이 달라지고 있다는 점을 의식하며 작업을 하였을 것으로 생각된다.

그것은 군사정권 하에서 문민정부에 이르기까지, 여러 차례의 헌법 개정(1962년 헌법~1987년 헌법)이 있었고, 이를 통해서는 그간 1948년 제헌헌법이 표방하였던 경제질서 민주화가, 그 후의 개정 헌법에서는 대기업 대자본의 자유로운 창의적 경제활동이 존중되는 경제질서로 크게 전환하게 되었음이었다. 뿐만 아니라 이때에는 한일회담을 통해 산업발전에 필요한 많은 자금을 확보하고 따라서 한국자본주의는 대자본이 주도하는 대량의 상품생산과 그것을 해외시장에 수출하는 시대로 가고 있는 것이었다. 한국사회는 구래의 전통적인 농업중심 사회에서 상공업, 금융자본 중심의 사회로 문명전환을 하고 있는 것이었다.

이러한 시대상황 하에서라면, 학술원법 입안자들은 새롭게 변동하고 있는 헌법을 면밀히 살피며, 그들의 법안을 기초하였을 것이다. 1952년에 문화보호법을 기초한 국회의 이항녕 전문위원이 제헌헌법에 의거하며 작업을 하였듯이, 1987년~1988년에 학술원법을 기초하였던 위원들은 아마도 가장 가까운 시기에 나온 1987년 헌법에 의거하며 작업을 하였을 것이다. 그리고 그러하였다면, 그 위원들은 이때의 학술원법에서는 '민족문화 창조 발전' 운운의 목표를 내세우지 않는 것이 국가의 수출성장 경제발전을 위해서 유리한 일이라고 판단하였을 것이다. 제

헌헌법 단계에서는 문화보호법 학술원 원칙으로도 되었지만, 1987년
헌법 단계에서는 학술원법의 학술원 원칙이라야 된다고 판단하였을 것
이다.

그러나 이 경우 '민족문화 창조 발전' 운운의 목표 삭제가 그 위원들
이 민족문화 창조 발전의 정신을 포기한 것이라고 보아서는 안 되겠다.
그들 법 입안자들이 법안제목을 '대한민국학술원법', 회원자격을 '대한
민국 국민'이라고 한 틀 속에서, 모든 분야에서 학술발전에 현저한 공
적이 있는 과학자를 우대 지원함으로써, 그들로 하여금 학술발전에 더
욱 이바지하도록 하면, 그 성과 전체가 우리 민족 국가의 학술 문화의
자산이 되고, 따라서 그것은 말은 안 해도 실질적으로 우리의 민족문화
를 창조 발전시키는 기반이 되기 때문이었다. 그들은 말하자면 민족문
화 창조 발전의 정신을 내면화시키고 있는 것이었다고 하겠다.

3) 학술원법이 지향하는 학술원 유형

끝으로 궁금한 것은, 이때의 학술원법은 결국 우리의 학술원을 어떠
한 유형의 학술원으로 건설하고자 하였는가 하는 점이다.

학술원법에서는 그 학술원의 유형을 명시적으로 내세우지 않았지만,
세계적으로 여러 유형의 학술원이 있는 가운데 ─ 제1유형 : 예우형
학술원, 제2유형 : 연구형 학술원, 제3유형 : 절충형 학술원 ─ 제3의
절충형으로 정착시키고자 하였다.

이럴 경우 예우형의 개념 내용은 결국 회원의 학문적 사회적 위상을
높이는 문제이어서 그간 학술원에서는 회원들의 품위유지를 위하여 적
절한 수고비를 지급하고, 최근에는 학술원 회원의 신분보장을 위하여,
그리고 더 좋은 연구 성과가 있기를 기대하면서 회원의 임기를 4년제에
서 평생 동안으로 개정하기도 하였다(대한민국학술원법, 2011. 6. 7.
개정).

　그러므로 학술원법의 절충형은 제1유형과 제2유형을 절충하되, 제2유형보다는 제1유형에 더 비중을 두고 종합한 절충형이었다고 이해된다. 그러한 점에서 지금의 우리 학술원은 균형 잡힌 절충형 학술원이라고 보기 어렵겠으며, 그것에 도달하기 위해서는 제2유형의 비중이 더 높여져야 한다고 하겠다. 그리고 그러기 위해서는 그럴 수 있는 학술원의 연구시설, 즉 도서관, 전산실, 연구실, 조교 지원, 기타 등등이 더 충실하게 갖추어야 할 것으로 생각된다.

참고문헌
최상업, 《學術院四十年史》, 1994, 제9장, 과제와 전망.
전해종, 《學術院五十年史》, 2004, 제1장, 서론.
본서(《學術院六十年史》) 제2장, 《대한민국학술원법》.

《學術院六十年史》, 대한민국학술원, 2014. 8.

金容燮 先生 論著目錄

1. 저작집

① 1995. 8,《朝鮮後期農業史研究(Ⅰ) − 農村經濟·社會變動》(增補版), 지식산업사.

② 2007. 1,《朝鮮後期農業史研究(Ⅱ) − 農業과 農業論의 變動》(新訂 增補版), 지식산업사.

③ 2009. 8,《朝鮮後期農學史研究 − 農書와 農業 관련 文書를 통해 본 農學思潮》(新訂 增補版), 지식산업사.

④ 2004. 3,《韓國近代農業史研究(Ⅰ) − 農業改革論·農業政策(1)》(新訂 增補版), 지식산업사.

⑤ 2004. 3,《韓國近代農業史研究(Ⅱ) − 農業改革論·農業政策(2)》(新訂 增補版), 지식산업사.

⑥ 2001. 7,《韓國近代農業史研究(Ⅲ) − 轉換期의 農民運動》, 지식산업사.

⑦ 2000. 9,《韓國近現代農業史研究 − 韓末·日帝下의 地主制와 農業問題》(增補版), 지식산업사.

⑧ 2000. 7,《韓國中世農業史研究 − 土地制度와 農業開發政策》, 지식산업사.

⑨ 2019. 3,《韓國古代農業史研究 − 古朝鮮의 농업환경과 국가건설, 국가재건》, 지식산업사.

⑩ 2022. 10,《해방세대 학자의 역사의식, 역사연구》, 지식산업사.

2. 저작집 외 저서

2005. 8,《남북 학술원과 과학원의 발달》, 지식산업사.

2011. 3,《역사의 오솔길을 가면서−해방세대 학자의 역사연구 역사강의》, 지식산업사.

2015. 10,《東아시아 역사 속의 한국문명의 전환 − 충격, 대응, 통합의 문명으로》(신정증보판), 지식산업사.(초판 2008. 7.)

2017. 10,《농업으로 보는 한국통사》, 지식산업사.

3. 저서(저작집의 원저)

1970. 8, 《朝鮮後期農業史硏究(Ⅰ) － 農村經濟‧社會變動》, 一潮閣.

1971. 1, 《朝鮮後期農業史硏究(Ⅱ) － 農業變動‧農學思想》, 一潮閣.

1975. 7, 《韓國近代農業史硏究 － 農業改革論‧農業政策》, 一潮閣.

1984. 10, 《韓國近代農業史硏究(上) － 農業改革論‧農業政策》(增補版), 一潮閣.

1984. 10, 《韓國近代農業史硏究(下) － 農業改革論‧農業政策》(增補版), 一潮閣.

1988. 12, 《朝鮮後期農學史硏究》, 一潮閣.

1990. 6, 《朝鮮後期農業史硏究(Ⅱ) － 農業과 農業論의 變動》(增補版), 一潮閣.

1992. 1, 《韓國近現代農業史硏究 － 韓末‧日帝下의 地主制와 農業問題》, 一潮閣.

4. 論文

1955. 12, 〈朝鮮時代 農民의 存在形態〉, 《史叢》 1. 저작집 ⑩ 수록(이하 저작집 번호만 기재)

1956. 10, 〈哲宗朝 民亂發生에 對한 試考〉, 《歷史敎育》 1. ⑩

1958. 7, 〈東學亂硏究論 － 性格問題를 中心으로〉, 《歷史敎育》 3. ⑩

1958. 12, 〈全琫準供草의 分析 － 東學亂의 性格一斑〉, 《史學硏究》 2. ⑥

1960. 5‧11, 〈量案의 硏究(上‧下) － 朝鮮後期의 農家經濟〉, 《史學硏究》 7‧8. ①

1961. 12, 〈晉州奈洞里大帳에 對하여〉, 《亞細亞硏究》 8. ①

1962. 6, 〈最近의 實學硏究에 對하여〉, 《歷史敎育》 6. ⑩

1963. 2, 〈日帝官學者들의 韓國史觀 － 日本人은 韓國史를 어떻게 보아 왔는가〉, 《思想界》 63년 2월호. 《역사의 오솔길을 가면서》

1963. 4, 〈朝鮮後期에 있어서의 身分制의 動搖와 農地占有 － 尙州量案硏究의 一端〉, 《史學硏究》 15. ①

1963. 12, 1964. 5, 〈續‧量案의 硏究(上‧下) － 朝鮮後期의 佃戶經濟〉, 《史學硏究》 16‧17. ①

1963. 12, 〈農村經濟〉, 韓國史學會 第2回 學術討論大會 會報 ; 朝鮮後期에 있어서의 社會的 變動, 《史學硏究》 16. 《역사의 오솔길을 가면서》

1964. 3, 〈朝鮮後期의 水稻作技術 － 移秧法의 普及에 對하여〉, 《亞細亞硏究》 13. ②

1964. 9, 〈司宮庄土의 管理 － 導掌制를 中心으로〉, 《史學研究》 18. ①

1964. 12, 〈朝鮮後期의 水稻作技術 － 稻·麥二毛作의 普及에 對하여〉, 《亞細亞研究》 16. ②

1965. 6, 〈朝鮮後期의 水稻作技術 － 移秧과 水利問題〉, 《亞細亞研究》 18. ②

1965. 9, 〈司宮庄土의 佃戸經濟와 그 成長 － 載寧餘勿坪庄土를 中心으로〉, 《亞細亞研究》 19. ①

1966. 8, 〈日本·韓國에 있어서의 韓國史敍述〉, 《歷史學報》 31. 《역사의 오솔길을 가면서》

1968. 1, 〈18世紀 農村知識人의 農政觀 － 柳鎮穆과 林博儒의 경우〉, 《創作과 批評》 12. ⑩

1968. 7, 〈高宗朝 王室의 均田收賭問題〉, 《東亞文化》 8. ⑤

1968. 9, 〈光武年間의 量田事業에 關한 一研究〉, 《亞細亞研究》 31. ⑤

1968. 10, 〈奎章閣〉, 《月刊中央》 68년 10월호. ⑩

1968. 12, 〈十八世紀 農村知識人의 農業觀 － 正祖末年의 應旨進農書의 分析〉, 《韓國史研究》 2. ①

1969. 9, 〈朝鮮後期의 田作技術 － 畎種法의 普及에 對하여〉, 《歷史學報》 43. ②

1969. 12, 〈收奪을 위한 測量 － 土地調査〉, 《韓國現代史》 4, 新丘文化社. ⑩

1969. 12, 〈朝鮮後期의 經營型富農과 商業的農業〉, 《朝鮮後期農業史研究》(Ⅱ), 一潮閣. 1971. ②

1970. 5, 〈朝鮮後期 農學의 發達〉, 《韓國文化研究叢書》 2, 서울大學校. ③

1971. 5, 〈우리 나라 近代歷史學의 發達(1) － 1930·40년대의 民族史學〉, 《文學과 知性》 4. 《역사의 오솔길을 가면서》

1971. 9, 〈近代歷史學의 成立＝國史學〉, 《韓國現代史》 6, 新丘文化社〈韓國近代歷史學의 成立〉, 《知性》 5 (1972. 3)에 再錄). 《역사의 오솔길을 가면서》

1972. 8, 〈우리 나라 近代歷史學의 發達(2) － 1930·40年代의 實證主義歷史學〉, 《文學과 知性》 9. 《역사의 오솔길을 가면서》

1972. 12, 〈光武量田의 思想基盤 － 量務監理 金星圭의 社會經濟論〉, 《亞細亞研究》 48. ⑤

1972. 12, 〈18·9世紀의 農業實情과 새로운 農業經營論〉, 《大東文化研究》 9. ④

1972. 12, 〈韓末·日帝下의 地主制 － 事例 1 : 江華金氏家의 秋收記를 통해 본 地主經營〉, 《東亞文化》 11. ⑦

1972. 9, 〈韓末·日帝下의 地主制 − 事例 2 : 載寧東拓農場에서의 地主經營의 變動〉, 《韓國史研究》 8. ⑦

1973. 9, 〈丁若鏞과 徐有榘의 農業改革論〉, 《創作과 批評》 29. ⑩

1974. 9, 〈哲宗 壬戌年의 應旨三政疏와 그 農業論〉, 《韓國史研究》 10. ④

1974. 12, 〈甲申·甲午改革期 開化派의 農業論〉, 《東方學志》 15. ⑤

1975. 1, 〈韓國農業史〉, 《韓國文化史新論》, 中央大學校 ⑩

1975. 3, 〈茶山과 楓石의 量田論〉, 《韓國史研究》 11. ④

1975. 12, 〈高麗時期의 量田制〉, 《東方學志》16. ⑧

1976. 4, 〈書評 : 申鏞夏 著《獨立協會研究》〉, 《韓國史研究》 12. ⑩

1976. 5, 〈朝鮮後期의 農業改革論〉, 《韓國思想大系》II, 社會·經濟思想篇, 成均館大學校 ⑩

1976. 8, 〈韓末·日帝下의 地主制 − 事例 3 : 羅州李氏家의 地主로의 成長과 그 農場經營〉, 《震檀學報》 42. ⑦

1976. 12, 〈朝鮮後期의 農業問題와 實學〉, 《東方學志》 17. ⑥

1977. 9, 〈朝鮮後期의 農業問題와 實學〉, 《創作과 批評》 45. ⑥

1978. 2, 〈韓末·日帝下의 地主制 − 事例 4 : 古阜金氏家의 地主經營과 資本轉換〉, 《韓國史研究》 19. ⑦

1978. 12, 〈韓末에 있어서의 中畓主와 驛屯土地主制〉, 《東方學志》 20. ⑤

1980. 2, 〈朝鮮後期의 民庫와 民庫田〉, 《東方學志》 23·24合輯 ④

1981. 1, 〈高麗前期의 田品制〉, 《韓㳓劤停年紀念史學論叢》, 知識産業社 ⑧

1981. 〈土地制度의 史的推移〉, 《韓國中世農業史研究》(지식산업사, 2000)에 수록. ⑧

1982. 2, 〈朝鮮後期의 賦稅制度 釐正策 − 18世紀 中葉~19世紀 中葉〉, 延世大博士學位論文. ④

1982. 9, 〈朝鮮後期 軍役制의 動搖와 軍役田〉, 《東方學志》 32. ④

1982. 10, 〈朝鮮後期 軍役制 釐正의 推移와 戶布法〉, 《省谷論叢》 13. ④

1982. 12, 〈還穀制의 釐正과 社會法〉, 《東方學志》 34. ④

1983. 8, 〈純祖朝의 量田計劃과 田政釐正問題〉, 《金哲埈博士華甲紀念史學論叢》, 知識産業社 ④

1983. 12, 〈前近代의 土地制度〉, 《韓國學入門》, 學術院 ⑨⑩

1983. 12, 〈農書小史〉, 《韓國學文獻研究의 現況과 展望》, 亞細亞文化社 ⑩

1984. 3, 〈韓末 高宗朝의 土地改革論〉, 《東方學志》 41. ⑤

1984. 4, 〈農事直說의 木斫과 所訖羅〉, 《直民李杜鉉博士回甲紀念論文集》, 學研社. ②

1984. 6, 〈朝鮮初期의 勸農政策〉, 《東方學志》 42. ⑧

1984. 12, 〈梅泉 黃玹(1855~1910)의 農民戰爭 收拾策〉, 《歷史와 人間의 對應 － 高柄翊先生回甲紀念史學論叢》, 한울. ⑤

1985. 5, 〈朱子의 土地論과 朝鮮後期 儒者〉, 《延世論叢》 21, 延世大學校. ②

1985. 6, 〈朝鮮後期의 大邱《夫人洞洞約》과 社會問題〉, 《東方學志》 46 · 47 · 48合輯. ①

1985. 10, 〈山林經濟의 「補說」과 그 農業經營論〉, 《邊太燮博士華甲紀念史學論叢》, 三英社. ③

1986. 3, 〈《千一錄》의 農業論〉, 《東方學志》 50. ③

1986. 9, 〈《閑情錄》의 農業論〉, 《東方學志》 52. ③

1986. 12, 〈《農事直說》의 編纂과 技術〉, 《애산학보》 4. ③

1987. 6, 〈《農家月令》의 農業論〉, 《東方學志》 54 · 55 · 56合輯. ③

1987. 12, 〈《農書輯要》의 農業技術〉, 《世宗學研究》 2, 세종대왕기념사업회. ③

1988. 2, 〈近代化過程에서의 農業改革의 두 方向〉, 《韓國資本主義性格論爭》, 大旺社. ⑦

1988. 3, 〈《農書要志》의 水稻乾播技術〉, 《孫寶基博士停年紀念韓國史學論叢》, 知識産業社. ③

1988. 3, 〈《農事直說》과 《四時纂要抄》의 木棉耕種法 增補〉, 《東方學志》 57. ③

1988. 6, 〈朝鮮後期의 社會變動과 實學〉, 《東方學志》 58. ⑩

1988. 7, 〈《衿陽雜錄》과 《四時纂要抄》의 農業論〉, 《겨레문화》 2, 한국겨레문화연구원. ③

1988. 12, 〈朝鮮後期의 麥作技術〉, 《東方學志》 60. ②

1989. 6, 〈朝鮮後期 土地改革論의 推移〉, 《東方學志》 62. ②

1989. 12, 〈朝鮮後期 兩班層의 農業生産 － 自作經營의 事例를 中心으로〉, 《東方學志》 64. ②

1990. 3, 〈高麗刻本《元朝正本 農桑輯要》를 통해서 본 《農桑輯要》의 撰者와 資料〉, 《東方學志》 65. ⑧

1990, 〈日帝의 初期農業殖民策과 地主制〉, 《韓國近現代農業史研究》(지식산업사, 2000) ⑦

1991. 3, 〈韓末 · 日帝下의 地主制 － 事例 5 : 日帝下 朝鮮信託의 農場經營과 地主制

變動〉,《東方學志》70. ⑦

1992. 9,〈古阜郡螢蒲面量案의 分析-1791년 古阜民의 農地所有〉,《東方學志》76. ①

1991,〈朝鮮王朝最末期의 農民運動과 그 指向〉,《韓國近現代農學史研究》(지식산업사, 2000) ⑦

1993. 12,〈朝鮮後期 身分構成의 變動과 農地所有 - 大邱府 租岩地域 量案과 戸籍의 分析〉,《東方學志》82. ①

1994. 10,〈朝鮮後期 無田農民의 問題 -《林川郡家座草册》의 分析〉,《增補版 朝鮮後期農業史研究》I, 지식산업사, 1995. ①

1994,〈古阜民亂의 社會經濟事情과 知的環境〉,《韓國近現代農學史研究》(지식산업사, 2001) ⑥

1996. 12,〈哲宗朝의 民亂發生과 그 指向 - 晉州民亂 按覈文件의 分析〉,《東方學志》94. ⑥

1998,〈結負制의 展開過程〉,《韓國中世農業史研究》(지식산업사, 2000)에 수록. ⑧

2000. 12,〈世宗朝의 農業技術〉,《세종문화사대계》2. 과학·역사·지리편, 세종대왕기념사업회. ⑧

2001. 12,〈高麗 忠烈王朝의〈光山縣堤馬待幸序〉의 分析 - 新羅 金氏家 貫鄕의 光山지역 定着過程을 중심으로〉,《歷史學報》172. ⑩

2003. 12,〈宣祖朝「雇工歌」의 農政史的 意義〉,《學術院論文集》42. ②

2003. 12,〈나의 韓國農業史研究 회고〉,《歷史學報》180. ⑩.《역사의 오솔길을 가면서》

2006. 12,《한국의 학술연구—역사학》, 인문사회과학편 7집, 제1부 한국사, 제1장 총설, 대한민국 학술원.《역사의 오솔길을 가면서》

2014. 8,〈학술원의 성립과정〉,《學術院六十年史》, 총설. ⑩

2016. 3,〈고조선 기자정권의 쇠망과 그 유민들의 국가재건 - 부여와 고구려의 경우〉,《歷史敎育》137. ⑨

2016. 2,〈辰國의 남하 3韓 건설과 新羅의 '순장'관행 개혁〉,《學林》37. 연세사학회. ⑨

2016. 2,〈한민족의 문명 전환의 역사 - 연구의 계기와 관점〉,《學林》37. 연세사학회. ⑨

2016. 8,〈百濟의 시원과 그 국가재건의 성격〉,《學林》38. 연세사학회. ⑨

4. 논저 번역본

2002, 鶴園裕 譯, 《韓國近現代農業史研究: 韓末·日帝下の地主制と農業問題》, 東京: 法政大學出版局.

2010, *The Transformations of Korean Civilization in East Asian History*, Seoul: Northeast Asian History Foundation.

1964, "*The techniques of waterfield rice cultivation in the latter period of the Yi Dynasty : on the spread of double − cropping of rice and barley*", Journal of Asiatic Studies 7, No. 4. 3.

2005, "*The landlord system and the agricultural economy during the Japanese occupation period,*" Pang Kie−Chung and Michael D. Shin, editors, Landlords, Peasants and Intellectuals in Modern Korea, New York: Cornell University East Asia Program, 2005.

索引